U0937558

全景插图版

拿破仑与法兰西第一帝国

约瑟夫·富歇回忆录 

[法] 约瑟夫·富歇 著 任茹茹 译

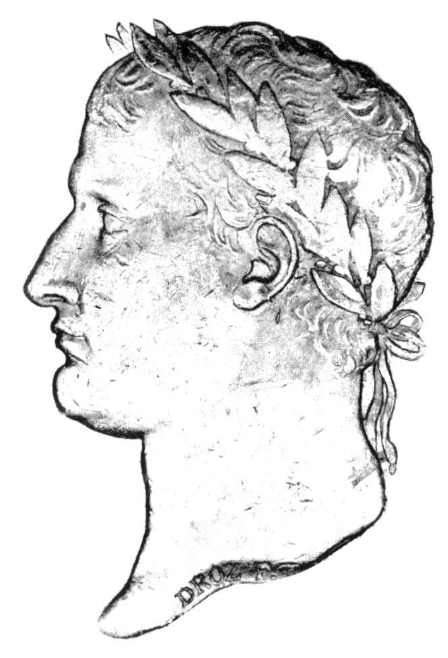

中国画报出版社·北京

图书在版编目（CIP）数据

拿破仑与法兰西第一帝国：约瑟夫·富歇回忆录：全2册 /（法）约瑟夫·富歇著；任茹茹译. -- 北京：中国画报出版社，2019.1
ISBN 978-7-5146-1658-3

Ⅰ. ①拿… Ⅱ. ①约… ②任… Ⅲ. ①富歇(Fouche, Joseph 1759-1820)—回忆录 Ⅳ. ①K835.657=41

中国版本图书馆CIP数据核字(2018)第198460号

拿破仑与法兰西第一帝国：约瑟夫·富歇回忆录（全2册）
[法] 约瑟夫·富歇 著　　任茹茹 译

出 版 人：于九涛
责任编辑：李　媛
责任印制：焦　洋

出版发行：中国画报出版社
地　　址：中国北京市海淀区车公庄西路33号　邮编：100048
发 行 部：010-68469781　010-68414683（传真）
总编室兼传真：010-88417359　版权部：010-88417359

开　　本：16开（710mm×1000mm）
印　　张：44.75
字　　数：654千字
版　　次：2019年1月第1版　　2019年1月第1次印刷
印　　刷：北京通州皇家印刷厂
书　　号：ISBN 978-7-5146-1658-3
定　　价：168.00元

目 录

第 1 章

出版《回忆录》的初衷

精彩看点

不惜代价说出真相——谁挑起了革命——革命从何而起——上层的堕落——共和的洪流——谁点燃了革命之火——由暴动到战争——击退第一次反法同盟——如果历史可以假设——保卫法国——为帝制铺平了道路——认识韦尼奥和罗伯斯庇尔——与罗伯斯庇尔越来越疏远——最严重的危机——坚决反对吉伦特派的政治主张——雅各宾派教给我的道理——极端独裁的议会——政治的进步——不容置疑的事实——投票中的选择与牺牲——特派员的任务——我所应负的责任是很有限的——走出历史迷宫

在动荡的革命年代里，他从最初的众议员做起，凭借自己的谨慎和能力，官居大使、部长、参议员之位，还受封为公爵，取得了高位和大权，成为国家的实际掌权人之一。在荣耀之巅，他可以退居二线，被他人肆意抨击：这个人，他需要别的武器。没错，这个人就是我。我在大革命中成长起来，却跌倒在反革命中——一场我早有预感、防范的革命，然而，当危机降临的那一刻，我才发现自己束手无策、毫无防备地暴露在恶毒的喧闹和忘恩负义的凌辱之中。

过去，我曾长期掌握着神秘而强大的权力[①]。然而只有在需要平息民愤、分化党派和防范阴谋时，我才会动用手中的权力。其他时候，我一直试图弱化权力，在不得已之时，也会尽可能人性化权力。同时，我也在努力地调和可能会分裂法国的各种对立因素，调和国内相互对立的利益集团。你们如果能认真审视我在行政工作中做出的努力以及我曾经发表过的见解，毫无疑问就会发现，这是我一贯的行动准则，没有人能够否定它。

① 约瑟夫·富歇（1759—1820），法国大革命时期的政治人物。1793 年，因血腥镇压里昂起义而升任督政府公安部长，此后分别在督政府、执政府以及拿破仑帝国中出任公安部长或公安大臣。——译者注。（本书注释大部分为译者注，以下只对原注加标明）

现在，在这片流放之地[①]，我该用什么来对抗那些狂热的对手——那些曾经在我面前摇尾乞怜、如今却肆无忌惮地攻击我的乌合之众呢？用冰冷的谴责吗？用学究气的文字吗？

不，当然不，我想以部长和国家领导人的身份，清晰地表达出我的思想，真实地陈述出当时混乱的局势下，我亲身参与过的历史事件——在一些事件中，我甚至是掌舵之人。我要让他们在事实和证据面前哑口无言、局促不安，这就是我想要达到的目的。

我知道，真相并不会保全我。甚至我说出真相的时刻，恐怕也就是“有心人”制造“真相”的时刻。然而，即便如此，我依然会不惜一切代价地说出真相，就算那时我的残骸已然入土，面对历史，在死神面前，我也会拿着这些文字，与他们对质。

首先，没有人可以让我一个人担负革命和专政中的错误。在法国和欧洲最初的动荡中，我只是一个没有任何权力的小卒。

事实上，1789 年以前，关于封建王朝会崩塌的预言一直困扰着君主政体。时势摧枯拉朽，波旁王朝覆灭的命运亦不可避免。任何制度都有一个时限，经过几个世纪的历史洗涤，它总会到期。而经过一千多年的发展，封建君主制也即将走到生命的尽头。当然了，我们也可以说，已经维持了一千多年的君主制大限将至。

如果君主制能够起死回生，用武力把欧洲置于其桎梏和恐惧之中，世界又会变成什么样子呢？抑或君主制虽然大难不死，但大势已去的它只能苟延残喘。当然了，现在的我们不必再细想它在变革中的其他归宿了。

地理位置已经注定了法国在未来几个世纪中的命运，被“世界之主”

① 特里雅斯特位于意大利东北部，靠近斯洛文尼亚。1816 年 1 月 12 日，约瑟夫·富歇因弑君罪被流放至此。

约瑟夫·富歇

征服的高卢人不过臣服了区区三百年[①]，现在，其他侵略者已经在北方磨刀霍霍[②]了。

那么，革命又是什么呢？革命筑起了抵抗侵略者的长城。人们一点点毁了这长城，又一点点筑起这长城。时间是强大的，它锤炼了人民，也锤炼了政党和政府在革命的奇观前大发雷霆的你们，在革命面前不敢抬头的你们，只能承受革命，将来也将继续承受革命。

那么是谁挑起了革命？是议会和王室的人，是年轻的殖民者们，是宫廷里的王妃们，是拿着王室俸禄的文人们。就是这些人挑起了革命，挑起了这场连公爵夫人们都响应的革命。

革命又是从何而起的呢？它是从大人物们的沙龙里，是从部长们的办公室里而起的。见识了国家上层的堕落、教士的放荡、部长们的荒唐后，我羞愧得无地自容，与此同时，我想起了新巴比伦王国在动荡中灭亡[③]的画面。此前的四十年里，正是这些人们眼中的法国精英们树立起了人们对伏尔泰、卢梭的崇拜，也是他们推崇美国的民主和自由，主张在法国建立自由和民主的政府。当人们向往共和时，君主制已经腐朽不堪。这时，再坚实的君主制也难以阻挡共和的洪流。

在上层阶级解体的过程中，国家慢慢成长、成熟起来。人们反复地说要解放国家，最后，它真的迎来了解放。

历史证明，面对暗潮汹涌的巨变，国家毫无准备。本来人们可以让

① 现代法国人的祖先是高卢凯尔特人。公元前 1 世纪中叶，恺撒征服了高卢。此后三个世纪里，罗马确保了整个帝国的平稳，高卢人变成了高卢罗马人。随后，边境被蛮族围攻，高卢罗马文明逐渐消失，基督教文明逐渐兴起。公元 486 年，法兰克国王克洛维在苏瓦松击败了罗马在高卢的末代统治者，由此结束了罗马帝国在高卢长达五百多年的统治。文中使用“臣服”三百年这种表达方式，意指罗马对高卢的实际控制时间为三百年

② 这里指位于法国北部的大英帝国、神圣罗马帝国、德意志联邦、沙皇俄国等。

③ 新巴比伦王国也就是迦勒底王国。王国末期，政局恶化，社会动荡，王国很快灭亡。这里暗指法国封建社会的解体。

国家随着时间的推移慢慢解放，这也是国王和智者们的希望。然而，政治的腐败、王公贵族们的贪婪、法庭上的不公、宫廷中的失误、部长们的差错，共同把这种希望推向了深渊。对当权者们来说，把一个躁动的国家置于一触即发的革命危险之中是再简单不过的事情。

那么，是谁点燃了革命之火呢？是来自第三等级[①]的桑斯大主教[②]吗？是日内瓦的内克尔[③]、米拉波[④]、拉斐特侯爵[⑤]、新奥尔良公爵[⑥]、阿德里恩·达波特[⑦]、肖代洛·德拉克洛[⑧]吗？是斯塔尔家族[⑨]、拉罗科什富

---

① 第三等级也称市民等级，区别于以贵族为代表的第一等级以及以教会僧侣为代表的第二等级。具体包括农民、手工业者、小商贩、城市平民和资产者，占法国人口的 95% 以上，承担了几乎所有的赋税。第三等级中，大商人和大作坊主构成此等级的上层，其中有些人在政府中担任要职，成为新的权贵人物。法国大革命前夕，一些受到启蒙思想影响的贵族议员也加入了第三等级。

② 埃蒂安·夏尔·德·洛梅尼·德·布里安（1727—1794），1787 年出任路易十六政府财政大臣，1788 年任桑斯大主教及枢机主教。在任财政大臣时因无力对付日益恶化的财政危机，他辞职，让位于雅克·内克尔。

③ 雅克·内克尔（1732—1804），日内瓦银行家，政治人物，曾担任路易十六政府财政大臣。担任财政大臣期间，他推动了法国经济结构的现代化。

④ 奥诺雷·加比耶·瑞克缇·米拉波（1749—1791），被誉为“人民的演说家”“普罗旺斯的火炬”，三级议会中代表第三等级的杰出议员。

⑤ 拉斐特侯爵（1757—1834），即吉尔贝尔·杜·莫提耶，法国将军、政治人物。

⑥ 新奥尔良公爵路易·菲利普二世（1747—1793），统治法国的波旁王朝之庶系分支奥尔良家族成员。他因热心支持法国大革命而被称为“平等的菲利普”，但在雅各宾专政时期被送上断头台。他的长子路易·菲利普在 1830 年 7 月革命后成为法国国王。

⑦ 阿德里恩·达波特（1759—1798），法国大革命时期重要的社会活动家、议员。1789 年 5 月，阿德里恩·达波特当选为贵族等级议员代表，但拒绝接受 6 月 17 日贵族等级针对第三等级所作出的宣言，并于 6 月 25 日加入第三等级，成为最初加入第三等级的四十七位贵族之一。

⑧ 肖代洛·德拉克洛（1741—1803），法国大革命期间，他被拿破仑任命为陆军准将。他也是一位小说家，其代表作品为《危险关系》。

⑨ 斯塔尔家族源自德意志的贵族世家。这里指其在法国的代表人物、路易十六财政大臣尼克尔之女——斯塔尔夫人。

图中手握权杖者为桑斯大主教

米拉波

拉斐特侯爵

新奥尔良公爵

家族[①]、博沃家族[②]、蒙莫朗西家族[③]、诺瓦耶家族[④]、拉姆斯家族[⑤]、拉图迪潘家族[⑥]、勒弗朗家族[⑦]吗？还是 1789 年挑战王权的其他人呢？

如果没有王宫和红山区的秘密会谈，布雷顿俱乐部[⑧]必会被解散。倘若 7 月 12 日路易十六的将士能够恪守职责，7 月 14 日的大革命也将不复存在。

贝森瓦尔[⑨]是王后的宠儿，但在关键时刻，他却罔顾国王的命令，在叛乱者面前撤退了。而就在当天，布朗威尔元帅[⑩]也被他的幕僚团架空了。谁都无法驳斥这些事实。

我们知道人民为何会起义。军队和宫廷在叛变，人民也希望声张自己的权益。因此，叛乱者和肇事者赢得革命不是顺理成章的事情吗？更何况他们还有周密的部署和狂热的想法。

---

① 拉罗什富科家族是法国的贵族世家。法国大革命期间，拉罗什富科家族的很多成员大力支持革命。

② 博沃家族是源自安茹的古老骑士家族。法国大革命期间，博沃家族很多成员积极投身革命。

③ 马修・蒙莫朗西公爵曾公开承认自己的错误。作为部长和国家重要领导人，马修・蒙莫朗西公爵因为坦诚以及自己无私的行为赢得了民众的广泛赞誉。

④ 诺瓦耶家族是法国古老而杰出的贵族世家。法国大革命期间，接受新观念的路易・马利・诺瓦耶致力于废除贵族特权，曾担任立宪议会议员。

⑤ 法国大革命期间，拉姆斯家族成员出了许多军事、政治人才。奥古斯丁・拉姆斯、查理・拉姆斯、亚历山大・拉姆斯均曾被封为将军。

⑥ 拉图迪潘家族是源自多菲内的贵族世家。法国大革命期间，拉图迪潘家族成员让・拉图迪潘曾在三级议会中担任贵族等级议员，也是路易十六的大臣。

⑦ 在这里特指积极投身法国大革命的让・雅克・勒弗朗。在政治上，让・雅克・勒弗朗属于雅各宾派，曾在法兰西第一共和国担任要职。

⑧ 布雷顿俱乐部是指三级议会和制宪议会中来自布列塔尼地区的议员团体。这些议员们习惯在凡尔赛的圣克劳德大街或是卡诺大街聚会，商讨政治问题。布雷顿俱乐部的影响力远远超过了它本身的规模，成为雅各宾俱乐部的前身。

⑨ 贝森瓦尔（1721—1794），瑞士人，作家、军人，被称为“王后集团的宠臣”和“末代王朝的见证者。”

⑩ 布朗威尔（1718—1804），法国贵族、禁卫军统帅。他追随孔代亲王，率部参加反革命运动。

王后的宠儿贝森瓦尔

布朗威尔

路易王子[①]让一切雪上加霜。本可以通过王位交替掌控局势的他，因年幼无所作为而导致没有任何目标的革命四处“流窜”。在这场暴风雨中，那些信念崇高、理想炽热、能力强大的人深信历史的变革即将到来，他们恪守着誓言，坚定地抗议着，为新世界的到来贡献了自己的力量。

在这样的社会背景下，我们这些卑微的、来自第三等级的外省人，我们这些被自由的梦想所引导、被醉人的国家复兴神话所吸引的人做起了公共物品[②]的狂热幻梦。那时的我们，没有丝毫野心，没有任何个人的盘算或是龌龊的想法。

很快，反抗王权的行为使人们变得狂热起来，而党派精神也带来了无情的仇恨，一切都被推向了极端。所有人开口必谈为了人民。面对权力，路易十四曾说过“朕即国家”，而人民则说 “人民即主权，民族即国家”，就这样，国家独自前行。

在这里，请注意这么一个事件，这件近乎奇迹的事情成了后续事件的关键。由于缺乏进行内战的必要资源，在国内孤立无援的保皇派和反革命者转身向流亡国外的贵族求助、向国外求助。

一般来说，在这种情况下，欧洲其他国家会冻结流亡贵族的财产，以防止这些人集结起来武装反抗。然而，在君主制政体下，如何介入财产权才能不损害君主制的根基呢？从最初的查封到后来的掠夺，这意味着一切秩序的崩塌，因为财产的转移意味着对既有秩序的颠覆。“要变动财产！”这句话不是我说的。然而，这句话比格拉古兄弟[③]说过的任

① 即路易・约瑟夫・泽维尔・弗朗索瓦（1781—1789），他是法王路易十六和王后玛丽・安托瓦内特的第二个孩子。作为法王的长子和继承人，他被称为“法国王太子”。筹备三级议会期间，七岁的他因患肺结核不幸薨逝，他四岁的弟弟路易・夏尔接替他成为新的法国王太子。

② 公共物品是经济学中商品的一种分类，从需求方面的观点上，具有“非竞争性”；从供给方面的观点上，具有“非排他性”。

③ 格拉古兄弟是指提比略・格拉古和盖约・格拉古两兄弟，他们是公元前 2 世纪罗马共和国著名的政治人物，平民派领袖。

何话都更加尖锐，而当时的法国却没有西庇阿・纳西卡[①]。自此之后，革命就不再只是一场暴动了，因为暴动远没有战争那么残酷。为了镇压革命，欧洲各国都打开了雅努斯神殿[②]。战争一开始，面对体制老朽的欧洲各国、分歧不断的各国同盟军，朝气蓬勃、富有活力的革命派取得了一个又一个的胜利。

需要注意的还有另一件事，第一次反法同盟的同盟军蒙羞败退了。倘若第一次反法同盟的同盟军征服了法国爱国同盟；倘若普鲁士军队没有在香槟地区遭到沉重打击，而是一直打到巴黎；倘若法国革命军组织涣散，倘若历史真如这般，毫无疑问，法国的命运会与波兰一般无二[③]——国家的力量、君主的权威全线崩塌。

瓜分法国是欧洲大国共同的政治、外交主张，当时，启蒙思想还没有使欧洲各国诞生团结的理念，欧洲人也没有想到可以用赔款来代替军事占领。1792 年，爱国者们浴血奋战，抵御外辱，或许不是有意为之，但无疑为将来的帝制奠定了基石。虽然有人对这场鲜血淋漓的革命唏嘘不已，但在外敌入侵、四面楚歌的情况下，法国如何能平静以对？很多人都错了，这里没有刽子手。

现在，我们已经不必再纠结 8 月 10 日奥地利和普鲁士出兵的原因。无论如何，两国出兵的时间都太晚了。而且如果我继续探讨下去的话，恐怕我们就得探讨法国生死存亡的问题了。

---

① 西庇阿家族是罗马共和国的一个家族，属于科尔内利乌斯氏族的一个分支，大西庇阿、小西庇阿皆出自此家族。在两百年的时间里，西庇阿家族产生了三十位执政官。这里指公元前 138 年的执政官，杀害格拉古兄弟的西庇阿・纳西卡。

② 雅努斯神殿是古罗马时期位于古罗马广场的神殿之一。神殿两侧刻有门神雅努斯。神殿在平时关闭，只有在战争爆发时才会打开。历史上有诸多罗马皇帝，例如奥古斯都都曾亲自关上雅努斯神殿的大门。

③ 13 世纪波兰形成统一的国家，到 16 世纪时已经成为东欧的一个大国。18 世纪末被俄国、普鲁士和奥地利瓜分而亡国，直到第一次世界大战后才重新获得独立。

是的，革命是暴力的，是残忍的。大家对此都很清楚，我也不会再对此赘述，况且这也不是我写回忆录的目的所在。在这本回忆录中，我想谈的是我自己，或者说是我作为部长时所亲历的事情。不过在此之前，我觉得我有必要交代清楚时代背景。

我知道，你们很难想象我会作为一个普通人、一个默默无闻的公民去生活，但我的仕途在刚开始的阶段确实没有可圈可点之处。这些琐碎小事可能会引起无聊的当代传记作者或者街头无所事事之人的注意，但毋庸置疑那只是一些无足挂齿的小事。

我的父亲是一名船商，我们家在当地很受人尊敬，所以我的家人自然希望我能子承父业，在航海方面有所建树。我从小在奥拉托利耶稣会[①]长大，并且是它的会员。后来，我决定从事教育工作。革命爆发的时候，我已经是南特教会中学的学监了。我说这些是为了表明自己既谈不上无知，也谈不上堕落。只是想告诉大家，所谓我从来没有从事过任何教会工作或者管理工作的事情，都是毫无根据的造谣和中伤——当然了，在离开奥拉托利会之前，我的确没有担任过任何公职。我说这些，更是想让大家清楚，如果条件允许，我可以成为一个精神强大的哲人。

在南特成婚后，我准备在权威的法律约束下从事律师工作。和那些盲从或者一时兴起的人不同，我是在经过深思熟虑之后才做出了这个选择。当时，我认为，律师这个工作既符合我的个人志向，也有利于社会。因此，可以说，我很幸运地契合了时代的精神。这样看来，我能够有幸成为国民公会[②]中的人民代表，难道不是合情合理的吗？此后我就开始

① 奥拉托利耶稣会，也被称作法国奥拉托利会，以塑造符合罗马教皇教规的生活方式为宗旨。它是圣·菲利普·内瑞奥拉托利会的分支。

② 国民公会存在于 1792 年至 1795 年间，是法国大革命时期的单一国会。国民公会由七百四十九名议员组成，其中吉伦特派为右翼，约一百六十人，山岳派为左翼，约一百四十人，而人数最多的为中间派，也称平原派或沼泽派。

了风云变幻的一生。

我可以公正且毫不夸张地说，人们给我“穿戴”上了各种历史责任，他们把我在法庭上说过的话当成了我做过的事，把我被迫发表的演说当成了我的个人意愿。他们根本就没有考虑时间、地点和当时的社会情况，也根本没有考虑当时整个社会对于共和的狂热——这种狂热是两千万法国人有目共睹的。

我最初供职的地方是公共制度委员会[①]，在那里，我认识了孔多塞侯爵[②]，后来，我又通过他认识了韦尼奥[③]。机缘巧合，在阿拉斯[④]教授哲学时，我认识了罗伯斯庇尔[⑤]。后来，当他当选为国民公会议员，要去巴黎履职时，我还借了一些钱给他。

当我和罗伯斯庇尔在国民公会中重逢时，以及我们重逢后的一段时间内，我们的往来还是很频繁的。不过后来，因为我们的政见不同，或者更明确地说，因为我们的性格不同，我们两人的关系越来越疏远。

我一生遭遇过很多危机，在这里，我想讲述其中最严重的一次。一天晚饭过后，在我的家里，罗伯斯庇尔公开、粗暴地宣布反对吉伦特派[⑥]，并严厉斥责在场的韦尼奥。我很欣赏韦尼奥这个长于辩论又朴实无华的人，于是，我走到韦尼奥的身边，对罗伯斯庇尔说道：“用这样

① 法国大革命初期，公共制度委员会是国民立法议会的组成部分。

② 即马利・让・安托万・尼古拉・德・卡里塔（1743—1794），18 世纪法国启蒙运动时期杰出的代表之一，也是数学家和哲学家。1789 年法国大革命爆发，他成为法兰西第一共和国的重要奠基人，起草了吉伦特派宪法。

③ 即皮埃尔・韦鸠尼昂・韦尼奥（1753—1793），法国律师和政治人物、国民立法议会波尔多代表。他是一位雄辩的演说家，也是吉伦特派的支持者。

④ 法国北部加来海峡大区加来海峡省的市镇，加来海峡省的省会，阿图瓦地区的中心。

⑤ 即马克西米连・弗朗索瓦・马里・伊西多・德・罗伯斯庇尔（1758—1794），法国大革命时期政治人物，雅各宾专政时期的实际最高领导人。

⑥ 吉伦特派或吉伦特党人是指在法国大革命中从 1791 年到 1795 年期间，源自吉伦特省的一个政治派别。吉伦特派由国民立法议会和国民公会的议员组成，代表当时信奉自由主义的法国工商业资产阶级。

孔多塞

韦尼奥

罗伯斯庇尔

暴力的方式，您赢得了亢奋的民意，但您却得不到尊敬和信任。”这句话伤害到了罗伯斯庇尔，他往后退了一步。不过很快，你们就会知道，这个易怒的人把他对我的仇恨推向了何处。

我帮韦尼奥说了话，但我坚决反对韦尼奥领导的吉伦特派的政治主张。在我看来，这种政治主张会把法国分裂成许多地区和省份，并威胁到巴黎。国家最好的“救赎”在于统一和不可分割的政治一体性，否则便会留下无穷后患。尽管我非常痛恨雅各宾派[①]的过度暴力，但这个道理正是雅各宾派教会我的。从道德和法律的层面来看，雅各宾派确实是恐怖至极，但我们航行着的大海正是一片惊涛骇浪。

革命进入了白炽化：君主没有了，政府也没有了，只剩下一个极端独裁的议会控制着局势。这个议会颠覆了从前的秩序，于是，在法国，雅典式的无政府模式[②]和奥斯曼式的专政模式[③]交替“上演”。

其实，从某种程度上来说，在革命和反革命中，在革命和反革命之间，政治取得了一次纯粹的进步。虽然国民公会中有很多倾轧，虽然国民公会出台了很多疯狂的法令，然而，正是这些法令确保了法国的统一，这是不容置疑的事实。

正是因为这个缘故，所以，我绝不会否认我参与了国民公会的工作，更不会否认自己对它的支持。要用判例法[④]来审判革命吗？如果站在历史的审判台前，那么，所有雅各宾派的成员都可以像西庇阿这样的伟人

---

① 雅各宾主义是一种维护人民主权以及法兰西共和国统一的政治主张。法国大革命期间，其成员在巴黎雅各宾修道院集聚，被称作“雅各宾派”。

② 在古希腊哲学体系内，芝诺无政府自由社群的主张与政府论相对，后者的代表性表述是柏拉图共和政体和乌托邦。芝诺提出人有自卫本能，这让人变得利己，自然赋予了人类另一本能——社会性。

③ 奥斯曼式的专政模式指以军事扩张为途径的专政模式。

④ 判例法是以个案判例的形式表现出的法律规范，以遵循先例的法律原则作为其建立的基础。简而言之，作为判例的先例对其后的案件具有法律约束力，可以成为日后法官审判类似案件的基本准则。

一样说道："我拯救了共和国，以神的名义，让我们去国会大厦吧！"

对于那次投票，我依旧无法做出辩解。但我可以既不软弱也不羞愧地承认，我对此追悔莫及。上帝，请您证实我说的都是实情吧：我那张票，与其说是为了对抗路易十六国王这位公正而善良的人，不如说是为了对抗与新制度不相容的王冠。我还想说的是，我的想法与当时很多人一样，我们都认为，只有采用极端的方式，摆脱所有的限制，与所有革命精英站在一起，我们才能从人民那里得到足够的支持来渡过难关。

这也是我们当时必须承受这样巨大牺牲的原因。政治上，这样的牺牲有时候在所难免。如今，已经没有人问我们这样的问题了：如果自由之树长得足够高大，它的根扎得足够深，甚至连当初亲手种树之人的斧头都无法修剪它时，谁应该为此负责，这又是谁的错？我想，在用自己儿子的鲜血浇筑自由事业之时，布鲁图斯[①]应该更幸福吧。我是这样考虑这件事情的：对他来说，把君主制交到现存的贵族手里更容易；但对1793年国民公会的代表们来说，除了牺牲王室代表之外，他们真的没有别的方式重建国家了。在我们的国家，平等思想已经深入人心，那时，我们已经到了只能把权力让渡给民主制度的地步，尽管此时的民主制度极其不稳定，简直如同"流沙"一般。

在人们眼中，现在的我已然是雅各宾派的法官和同谋，但我仍想谈一谈我在职期间的几件小事——几个可以减轻我罪行的情节。

在我被派往外省执行任务时，我不得不迎合那个时代的语言，审时度势，对一些人执行死刑。大批的教士和贵族被依法处以监禁。以下是

① 即鲁基乌斯·尤尼乌斯·布鲁图斯，罗马共和国的建立者，传统上被认为是第一执政官。在布鲁图斯成为执政官之前，当时的贵族子弟参与推翻罗马王政时代第七任君主—卢基乌斯·塔奎尼乌斯·苏培布斯统治的政变，其中包括布鲁图斯的两个儿子。当时布鲁图斯亲自宣读了对谋反者的宣判，并参与了死刑的执行。

我于 1793 年 8 月 25 日对此事发表的声明。

> 法律禁止反革命党人参与社会贸易，但判决的依据却是你们无耻的揭发。公正的法律在上，我不能接受这种无耻的揭发行为——因为造谣的“剑锋”不能随意指向他人。法律会严厉惩罚反革命党人，维护国家的利益，但绝不会违背道德、野蛮地侵犯人权。
>
> 当时有几个勇敢的人在自己能力范围内，对这些政令进行了弹性执行。其实，我并不想以特派员的身份执行任务，因为某些事情并不完全以我个人的意志为转移。请你们查证，在我所执行的任务中，可以谴责的大多是那个时代惯用的言辞，而不是我的行为。即使是在如今的和平年代，这些言辞依然会激起恐慌，因此，请不要以我当时所处的位置来说事。作为疯狂议会的一个代表，我愿意坦言我曾经执行过残忍的法律。然而，对于别的控告——比如说我只是机械地执行了特派员任期内的任务，我想说的是：我从来都不是政府委员会的成员，在那个恐怖时期[①]，我也从来没有真正掌握权力。相反，你们很快就能看到，那个恐怖时期同样给我留下了灾难性的影响。这些事情明确表明，对当时发生的那一切，我所应负的责任很有限。

我希望我们能一起来理顺这些事情，借助它们，让我们走出历史的迷宫，这正是我写这部回忆录的目的所在。

---

① 雅各宾专政，即恐怖统治（1793—1794），是法国大革命一段充满暴力的时期，是对立的吉伦特派与雅各宾派爆发冲突后形成的。当罗伯斯庇尔领导的雅各宾派取得政权统治法国时，内战及第一次反法同盟的入侵压力，迫使罗伯斯庇尔以革命手段大规模处决“革命的敌人”，以救亡图存。

第 2 章

恐怖时期与督政府的成立

精彩看点

白热化的革命和恐怖统治——罗伯斯庇尔——“死亡名单”——我的反击准备——我的勇气——反对罗伯斯庇尔的力量——罗伯斯庇尔的应对——我的行动——罗伯斯庇尔倒台之后——蒲月政变——波拿巴——我的决定——督政府成立——平衡与偏离——我被打入冷宫——我和巴拉斯私下会面——巴拉斯的要求——我的陈情书——为了革命一无所有——做生意——督政府的内部危机——共和精神的丧失——三头同盟——军队的躁动——果月政变

革命和恐怖统治已经白热化，国民公会只能依靠铡刀来维持国家秩序了，怀疑和猜忌吞噬着人心，恐惧盘旋在人们的头顶，那些手中握着恐怖武器的人也变得岌岌可危。在国民公会中，似乎只有一个人广受欢迎，那就是诡计多端且自负的罗伯斯庇尔。他非常善妒，也非常记仇，几乎是睚眦必报，只有同僚的鲜血才能满足他的欲望。不过，凭借着超群的能力、连贯的想法和坚韧不拔的意志，在紧急情况下，这个人总能找到应对的办法。后来，利用公共安全委员会[①]赋予的特权，他公开宣称要抛弃罗马式十人执政制度[②]，采用马略[③]和苏拉[④]的独裁制度。

野心勃勃、胆识过人的他任性地主宰着革命，差点儿成为革命的独

① 1793年4月，国民公会创建公共安全委员会。在法国大革命发展阶段，公共安全委员会是恐怖统治期间政府实际的执行机构。公共安全委员会继承先前1793年1月成立的一般防卫委员会，并承担保护新成立的共和国抵抗外国入侵和镇压内乱的使命。作为战时措施，公共安全委员会由起初的九个成员扩增到十二个，并被广泛赋予军事、司法和立法工作的监管权力。

② 公元前452年，罗马的平民与贵族同意组成一个十人委员会进行立法，定义罗马政府的执政原则；在十人委员会任职期间，其他长官的职务会被暂时停止，而前者的决定不必进行民意公决。

③ 即盖乌斯·马略（公元前157—公元前86），罗马共和国军事家、政治家。

④ 即卢基乌斯·科尔内利乌斯·苏拉（公元前138—公元前78），罗马共和国政治人物、军事家、独裁官。

裁者。没错，如果再有三十颗人头——国民公会里的三十颗人头，他就能成为独裁者了。

我知道他的企图，也知道我就在他的“死亡名单”上。后来，当我正在执行任务的时候，他控告我迫害爱国者、与贵族图谋不轨，回到巴黎之后，我便接到了法庭的传票。之后，在法庭上，我要求他解释他对我的控告，而他，罗伯斯庇尔，雅各宾派的最高领袖，则下令追捕我。对我而言，这无异于一场剥夺公权的监禁①。

我既不想拿自己的脑袋开玩笑，也不想与那些同样受到威胁的同僚们在秘密会议上密谋什么。分别联系了勒让德②、达连③、杜波瓦④、达努⑤、舍尼埃⑥后，我对他们说：“我确定名单上有你，你和我一样都在名单上！”得知此事后，达连、布东⑦和杜波瓦很愤怒，而且达连还决定为布东和杜波瓦而战。对他而言，相比于自己的性命，布东和杜波瓦更重要。因此，他决定给这个未来的独裁者一拳。但这谈何容易呢，一旦有人告密，我们就是罗伯斯庇尔坟前的殉葬品。

在推翻罗伯斯庇尔、夺取他权力的事情上，我并没有和达连同行。不过，我知道他需要更多的帮助，因此，我直接找到了几个虽然在恐怖

---

① 丹敦死后，在公安委员会的命令下，卡米尔•德斯莫林斯等议员在家中被逮捕。这些被迫出席革命法庭的议员完全没有任何申辩的机会。害怕受到同样迫害的丹敦的朋友勒让德、达连、库尔图瓦和其他议员再也不敢在家里睡觉，每天晚上都在各处流浪。这就是罗伯斯庇尔对待政敌的恐怖政策之一。

② 勒让德（1766—1828），法国大革命时期的将军。

③ 达连（1767—1820），革命者、记者。

④ 即亚历山大•杜波瓦（1747—1814），政治人物、将军。

⑤ 达努（1761—1840），政治人物、历史学家，法兰西文学院常任秘书。

⑥ 安德烈•舍尼埃（1762—1794），法国诗人。由于主张君主立宪制，在罗伯斯庇尔的“革命恐怖”下，7 月 25 日，他被送上断头台。

⑦ 布东（1758—1798），法国大革命时期的政治人物。

杜波瓦与妻子

青年时期
的舍尼埃

政府中供职，却忌妒、害怕罗伯斯庇尔的人。我告诉高罗[①]、卡诺[②]和瓦雷纳[③]，如果罗伯斯庇尔当政，那么未来的法国只能是现代版的阿皮乌斯。在和他们几人单独交谈时，我详细地分析了他们正面临的危险，也巧妙地激起了他们反抗的勇气，号召他们反抗暴君罗伯斯庇尔，反对他残杀国民公会的同僚。我对他们说："数一数你们手中的选票吧，如果你们团结一致，那么支持罗伯斯庇尔的就只剩下库东[④]和贾斯丁等少数人了。因此，不要支持他，用你们的选票孤立他吧。"

要想不激怒雅各宾派以及罗伯斯庇尔狂热的追随者们，需要特别细致的谋划，所以前方的道路势必曲折！一切安排妥当后，在牧月 20 日（1794 年 6 月 8 日），我终于有勇气对抗罗伯斯庇尔了。那天，在杜伊勒里宫前，他当着所有人的面宣称自己是最高主宰、最高裁判和调停人。当他走向神台，向上帝表态时，我大声地对他喊道（当时有二十位同事听到了这句话）："你的末日近在眼前！"

五天后，他决定对我和我的八个朋友动手，并计划接下来至少处决二十个人。然而，就在这个时候，他却发现公共安全委员会内部也有一股反对他血腥计划的力量，这时，他该是多么震惊和愤怒！这股力量警告他，民意已经被过分破坏，是时候停止杀戮了。发现自己失去了大部

① 高罗（1749—1796），政治人物，曾在国民公会中担任山岳派议员。

② 即拉扎尔·尼古拉·卡诺（1753—1823），法国数学家。他在法国大革命中获得伟大称号—"组织胜利的人"，是极其优秀且成功的军备与后勤天才。在法国历史上，路易十四的军备天才卢福瓦侯爵与他齐名。

③ 即比洛·瓦雷纳（1756—1819），曾在国民公会中担任山岳派议员，并供职于公共安全委员会。

④ 即乔治·奥古斯特·库东（1755— 1794），政治人物和律师。他在法国大革命时期作为国民立法议会的代表而闻名。1793 年 5 月 30 日，库东当选为公共安全委员会成员，与他的朋友罗伯斯庇尔和圣茹斯特在恐怖统治时期紧密结合共事，直到罗伯斯庇尔被处决。库东在牧月 22 日法令的制定中扮演重要角色，这个法令使被指控为反革命而遭处决的人数急剧上升。

一场对罗伯斯庇尔不利的会议

分人的支持后，罗伯斯庇尔愤怒地离开了公共安全委员会，离开前，他还发誓说：如果委员会一直不明白我的意思，那我便不再归来。

离开公共安全委员会后，罗伯斯庇尔迅速召来了正在军队里的贾斯丁，又重新集结了库东麾下的铁血大军并控制了革命法庭[①]，随后，他又整顿了国民公会。做完这一切后，罗伯斯庇尔认为自己已经控制了雅各宾派和巴黎所有的革命团体，以及国民自卫军[②]的长官昂里奥。他坚信，在如此强大力量的支持下，他一定能取得胜利。当时，他一定希望自己远离权力的旋涡，坐山观虎斗，静静地看着对手自相残杀，最后再把他们交给亟待复仇的人民吧。然而，软弱多疑的他并没有立刻行动，因此，他的对手获得了整整五个星期的时间来密谋接下来的行动。

我一直不停地观察着罗伯斯庇尔，随着他的势力渐渐衰落，我又秘密游说了他在公共安全委员会里的其他对手，让他们远离了忠于罗伯斯庇尔的巴黎火枪手，并且撤掉了昂里奥的职务。在卡诺的坚持下，我还采取了一项措施，加强了军队里的炮兵建设。

撤掉昂里奥的职务似乎太过激进了，因此在军队里，这项措施并没有得到落实：昂里奥依然留在国民自卫军。另外我得承认，热月 9 日（7 月 27 日），正是因为他的参与，我们才推翻了罗伯斯庇尔的统治。这个昔日沉醉又愚蠢的奴才，等待他的又会是什么呢？

① 革命法庭是法国大革命期间，国民公会为了审判政治犯而在巴黎成立的法庭，是实行恐怖统治的强力机构。由一个陪审团、一个检察长和两个副检察长组成，均由国民公会任命，其判决定案后，不得再上诉。

② 国民自卫军是指法国大革命时期，各城市效仿巴黎的国民自卫军组建的民兵组织。这是一支区别于正规军的独立军事力量，最初由拉斐特侯爵指挥，然后短暂地归曼达特侯爵指挥。直到 1792 年夏，它还与资产阶级有密切联系，并积极支持君主立宪制。国民自卫军对革命有一定影响，但后来被拿破仑解除武装，仅在 1809 年和 1814 年被召回用以保卫法国。在拿破仑被流放后，国民自卫军重建并在 19 世纪的每次革命中扮演了非常重要的角色。

雕版画：革命法庭开庭

接下来发生的便是众所周知的事情了，罗伯斯庇尔遇刺了。有的作家把他比作格拉古兄弟，但我觉得与他们相比，罗伯斯庇尔既没有演讲才能，也没有贵族教养。

我承认，沉浸在胜利中的我曾对当时支持罗伯斯庇尔的人说过这样的话："虽然你们给了他如此大的荣耀，但他是个既没有计划又没有远见的人，他的所作所为都是出于无法自制的本能和冲动，像他这样的人又如何能掌控未来呢？"

当时的我也是当局者迷了。让整个国家处于生死存亡边缘的可怕政体终于崩塌了，这是时代的伟大进步。然而，如果我们不妥善经营的话，生活是不会变好的。罗伯斯庇尔倒台之后，我们看到了什么呢？这个让人难以忘却的倒台之后，我们会看到什么呢？在罗伯斯庇尔死后，那些在十人专政时期备受凌辱的人们，开始用最残暴的话语来发

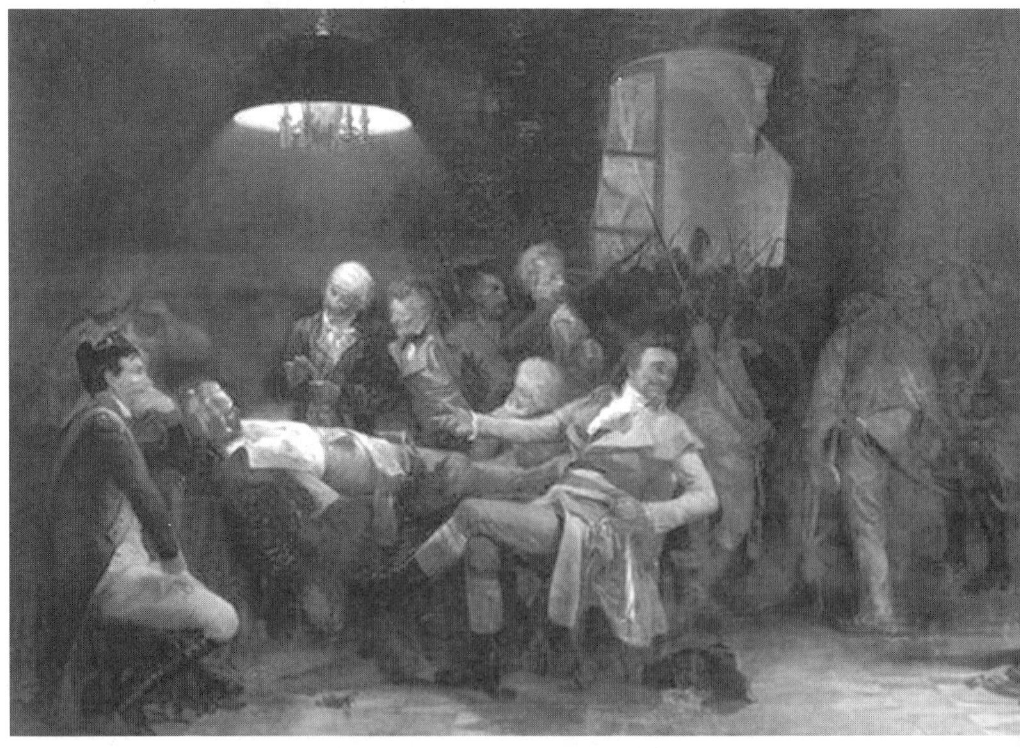

泄他们的仇恨。

不久之后，我们便看到，这场危机没有造福人民，却成了那些阻碍革命之人复仇的借口。国家从恐怖统治转入无政府状态，又从无政府状态陷入仇恨和报复的狂乱之中。

革命在革命的原则中被消耗着，折损着。革命者打着太阳和耶稣的名义组织雇用刺客，暗杀长期活动在外的革命者。虽然我逃过了罗伯斯庇尔的惩处，但我却没能躲过这些复仇的人。他们一直追到国民公会，用一些虚假的控告和罪名将我极不公正地驱逐。那之后，将近一年里，我在各种各样的凌辱和迫害中苟延残喘。也正是在那段时间，我开始思考人性以及乱党的特点。

因为所有的一切都被推向了极端，所以我需要等待，需要等待这些愤怒的人把革命、把国民公会推向绝路。那时，也只有到那时，国民公会才会看到自己脚下的深渊。

这场危机的后果非常严重，整个国家都命悬一线。国民公会终于行动了，对爱国者的迫害到头了！蒲月 13 日，大炮响了整整一天，之后，一切归于平静。既没有领袖、也没有行动中心就草率起义的反革命者们被镇压了。

罗伯斯庇尔遇刺，
他躺在担架上

从某种意义上来说，蒲月的炮响给我带来了自由和荣誉。领导这次革命的年轻将领是波拿巴[①]，这一次，他为法国开辟了崭新的道路，所以，他必将青史留名。我承认从那个时候起，就很关注这位年轻将领的命运。

蒲月的炮响之后，我也准备重新与命运搏斗，是的，当时我觉得，我还有未来，我不该这么早就妥协。

这场暴动之后，督政府[②]成立了，说到底，督政府还是一种复合政府的尝试，它被四千万人称作民主共和国的协调者。

当然了，不得不说，在虎视眈眈的敌对武装面前，这个新生的督政府是一个伟大而勇敢的尝试。战争带给我们力量，这没有错，然而，战争也夹杂着罪恶。当时，我们根本无法分清到底哪一种政体——新的还是旧的——会最终取胜。莱茵河和阿尔卑斯山是我们天然的屏障。

人们都在等待，太多的罪恶浮现出来——控制我们的内心并非轻而易举之事。为了在两种势力间寻求平衡，督政府费尽了心力。它的一边是只想替换临时政府当权派的政客们，另一边则是无力反抗督政府而退居南部和西部省份、勾结国外势力、策划内战的保皇派。

然而，正如所有的新政府那样，充满活力的督政府重组了军队，并且遏制了内战。不过，它可能过于担心那些政客们的举动了。然而，这也是没有办法的事情，因为在督政府的统治下，这些身在巴黎的政客们集结了所有不满的革命者。在这双重暗礁里航行时，督政府慢慢偏离了航道——它在疏远革命者的同时（它自己就源于革命者），重用了那些

① 即拿破仑·波拿巴（1769—1821），法国军事家、政治家与法学家，在法国大革命末期达到权力巅峰，后建立法兰西第一帝国。

② 督政府是法国大革命中于1795年11月2日至1799年10月25日期间掌握法国最高政权的政府，前承国民公会，后启执政府。

拿破仑·波拿巴

人品欠佳、见风使舵的投机者。在这些投机者中，有那么五个人，虽然他们曾在国民公会中叱咤风云，但如今，他们却开始迫害起自己曾经的同事，安抚起保皇派，采取了和自身状况完全相反的制度。

所以，虽然我是共和国的开创者之一，但我却遭到了冷遇——在共和国，虽然我的情况算不上被流放，但那也绝对称得上是被打入冷宫了。那时，我没有任何公职，没有任何地位，在将近三个月的时间里，和我之前的许多同事一样，我空有一身爱国之情，却遭受着不公平的冷遇。

最终我能脱身而出，完全归功于偶然和制度的变化，在这里，我想说这么几个细节。

在那些供职于督政府的人中，巴拉斯[①]是唯一一个还和以前的同事来往的人。他像南方人一样坦率、忠诚和乐于助人，虽然他在政治上并不强势，但他老成持重，有着坚定的决心。不过，在生活中，他就太随意，甚至是放纵了，在道德原则上，他又太宽容了，所以，他的周围挤满了忘恩负义的吸血鬼。是的，他摆出一副共和国王子的姿态，而他身边那些溜须拍马之人和他的情妇则簇拥着他。

当时他的竞争对手是卡诺，而他身边的人是怎么支持他的呢，喏，他们对他的支持仅限于派他冲往前线，让他像蒲月 13 日那样骑着战马冲锋陷阵。

在罗伯斯庇尔危机之前，我就见过这个人，罗伯斯庇尔倒台之后，我又见到了他。我清楚自己的见解给他留下了深刻的印象。因此，在私底下，我通过他的心腹隆巴德[②]和他碰了面。

① 即保罗·弗朗索瓦·让·尼古拉·巴拉斯（1755—1829），上普罗旺斯阿尔卑斯省子爵，俗称“保罗·巴拉斯”，是法国大革命时期的政治人物及 1795 年至 1799 年督政府的主要领导者。

② 隆巴德（1750—1821），法国大革命时期的政治人物。

巴拉斯

当时，政府和巴贝夫派[①]针锋相对。在这次会面中，他请我把这些事情记录下来。于是我写了一份陈情书给他，指出了督政府所处的政治环境，并细数了它面临的危险。接着，我又详细分析了巴贝夫派，我指出，这一派人一方面希望颁布新的土地政策，另一方面则在觊觎着督政府的权力，暗地里想着伺机推翻它。如果他们的阴谋得逞，那么国家便会重新回到流血和恐怖之中。

我的陈情书对他触动很深，于是，为绝后患，巴拉斯派人去斩草除根了。此事过后，巴拉斯给了我一个闲职。不过我并不想通过这种方式来获得差事，所以我拒绝了他。他对我说："关于破格提升你这件事，我已经尽力了，但现在，我在督政府的地位还不足以说服我的同僚们。"随着天气渐渐变冷，似乎所有的事情都被延后了。

在这期间，我有幸实现了财务自由。为了革命，我已经牺牲了一切，失去了原有的社会地位，最后却遭遇了最不公正的控告。对我来说，升迁已是无望，这个时候，我的朋友们极力劝说我去效仿之前的同事们。哦，在督政府官员的庇护下，这些和我处于同样境况的人从家具行业里赚了一些钱。于是，我加入了一家公司，并在巴拉斯的担保下得到了一部分货物[②]。像伏尔泰那样，我开始赚钱，并把赚到的部分钱分给合伙人。凭借严格履行合同条款的能力，我的合伙人们在与共和国做生意上脱颖而出。当然我也参与了这些事情。在这个新的领域，也许我可以为那些遭受冷落的爱国者们做更多。

① 格拉克斯·贝巴夫（1760—1797），法国大革命时期的政治活动家和记者。巴贝夫深受卢梭平等主义思想的影响，主张财货共有。激进的平等思想使他被法国当局多次逮捕，最终遭到处决。1796年，追随巴贝夫的平等主义运动者曾策划推翻当时的督政府。

② 约瑟夫·富歇依然不乏对自己行为的粉饰，尽管我们知道他已经在尽可能地陈述事实。在这部回忆录中，他已经供述自己的财富积累并不是那么光明正大，之后，我们还会知道他是如何一步获得巨额财富的。

然而，督政府内部的危机却越来越严重，大量的革命党人被当成别有用心的政客和无政府主义者，不过，除非民众同意打压这些人，否则政府是不会轻易下手的。民意已经滑入了误区，共和党人虽然掌握着国家的缰绳，但整个国家却处于轻率的冲动之中，到处都是狂热地追求自由之人。在这些极端诉求的牵引之下，督政府在原本的康庄大道上惴惴不安。

流亡国外的贵族开始利用一些别有用心的文人公开宣扬新政府将命不久矣，显然，这些人的根本目的是为了削弱共和党人和国家领导人。然而，这个时候，督政府内部正为了各派别的利益争斗得你死我活，于是，他们一点点地丧失了掌控国家的主动权。

最后会发生什么呢？当共和国和革命的军队战无不胜，一路高歌猛进，不断向意大利推进时，共和精神却在内部一点点死亡。选举成了保皇派和反革命分子的阵地，当上下两院①高票反对督政府时，一场分裂已经无可避免了。

危机之下，督政府成立了三头同盟②，巴拉斯、雷维耶③和韦伯④获得了远高于他们职务的权力。共治委员会成立后，三人意识到，他们所能依靠的似乎只有大炮和刺刀了。而且为了避免将领夺权，他们还需要调用军队。不过，与当下棘手的难关相比，后者的风险似乎暂时还没有那么严重。

① 1795 年 8 月，热月党控制的国民公会颁布了新的共和三年宪法，规定新立法机构分为上下两院，上院称参议院，由两百五十人组成，下院称五百人院，由五百人组成。宪法规定，现政府代表必须在新立法机构中占据三分之二以上的席位。根据五百人院的提名，参议院选举出五名督政官组成督政府，每年改选其中一人。督政府成员以三个月为期，每人轮流担任主席。

② 三头同盟指三个有权力的人占主导地位的政治体制。

③ 雷维耶（1753—1824），法国大革命期间督政府的五位首脑之一。

④ 韦伯（1747—1807），法国政治人物、外交家、共和党人。

雷维耶

韦伯

也就是在这个时候，波拿巴相继征服了意大利伦巴第区[①]和奥地利，并在军队里的每个分队中设立了俱乐部。可就在这时，士兵们被告知督政府是革命的叛徒，他们正把法国卖给敌人。于是，士兵们在祭台前宣了誓，宣称以消灭叛徒为己任，之后，他们还把法外之徒的地址信息散布到了包括巴黎在内的所有省份。

北方的军队做的更多，作为桑布尔和默兹地区[②]将军的罗石[③]，带上补给，率领着军队向巴黎进军，并且在巴黎的周围城市安插了部队。不过，到了最后，不知出于什么原因，这项行动突然停止了。也许是因为军队内部还没有就袭击两院一事达成一致，但我更愿意相信大家希望把荣耀留给那位意大利的征服者。

不过，可以肯定的是：在三头同盟中，巴拉斯代表着波拿巴的利益；被征服的意大利成了督政府的新财源；女人们也参与其中，筹划着各种阴谋。

果月 18 日（9 月 4 日），在拿破仑的授意下，皮埃尔・奥热罗[④]带领军队控制了巴黎。在武器面前，法官低下了头颅，最后，在未经任何法律审判的情况下，两名官员、五十三名议员、众多相关报刊的作者和印刷商被流放，四十九省的投票被宣布无效，行政机关暂停工作、等候重组。

就这样，在军队面前，保皇派仓皇逃窜了，人民的力量得以重组，

① 伦巴第是位于阿尔卑斯山和波河的一个意大利北部大区。意大利六分之一的人口居住在伦巴第大区，首府为意大利北部的最大城市米兰。

② 桑布尔和默兹地区位于默兹河畔、布鲁塞尔东南。地理位置非常重要，具有不可替代的战略意义，是兵家必争之地。尤其在 17 世纪和第一次世界大战、第二次世界大战中，这里爆发过多次激战。

③ 罗石（1768—1797），法国大革命期间著名将军。

④ 即卡斯蒂廖内公爵夏尔・皮埃尔・弗朗索瓦・奥热罗（1757—1816），法国元帅，被誉为“法兰西第一击剑能手”和“最善战将军”。曾指挥莱比锡战役。

罗石将军

指挥军队的皮埃尔·奥热罗

和平再次降临。与此同时，对共和党人的迫害也结束了，共和党或者革命党这些头衔不再是人们向上攀爬的资本。

在督政府中，默林·德·杜埃[①]和弗朗索瓦·纳弗莎特[②]取代了卡诺和巴泰勒米[③]。经过这次调整，督政府似乎恢复了一些元气，但即便如此，它还是无法抵挡即将到来的风暴。最终，暴力之下，邪恶退去。然而，实际上，因为牵扯着未来，这样的举动非常危险。

在决定革命命运的那天，也就是果月 18 日暴动开始的时候，我并没有闲着。我向巴拉斯反复建言，那些有预见性的谈话也是有一些效果的，至少它们让三头同盟警醒了。革命的成果应归于那些用智慧和力量支持革命的人，以这样的方式结束革命不是再自然不过的吗[④]？爱国者越过荆棘一路走来，现在不正是他们摘取自由果实的时刻吗？是时候奖励那些有能力的人了。

我们不应该忘记：我们战胜了反法同盟的军队，克服了内战的危机，平定了内部投机倒把分子的谋乱。凭着自己的努力，我们成为国家的主人，获得了各级权力——这都是我们凭借能力取得的。当权力在手的时候，保持这个体制的稳定就是当务之急，其他革命理论都不过是一种愚蠢的虚伪。虽然有些人口头上不承认这条定律，但它却是每个人心中的信念。我，一个有能力的人，说出了这些被认为是国家机密的平凡真理[⑤]。虽然他们能理解我的想法，但执行的过程并不那么顺利。

很快，就像天赐食物一般，我之前的同事们突然成了秘书长、公务

① 即安托万·默林·德·杜埃（1754—1838），法国大革命时期的律师。

② 弗朗索瓦（1750—1828），法国大革命时期作家、政治家、农学家。面对雅各宾派的恐怖统治，他写道："宁愿忍受痛苦也不去施加迫害。"

③ 巴泰勒米·纳弗莎特（1747—1830），法兰西第一共和国领导者之一。

④ 一条珍贵的陈述，讲出了所有革命——过去的，现在的，将来的——的动机。

⑤ 根据史料，当时没有任何一个革命领袖敢这样说。在这里的陈述中，约瑟夫·富歇显得非常幼稚。

人员、警察、公使、大使、秘密机构的工作人员、地区总领，经受如此长时间冷落的他们突然成为民选政府或军队中的一员。

我是第一批可以上任的革命党人之一，他们知道我的价值所在。然而，我多次拒绝了那些副职，当时我已经下定决心了，我只接受那些可以让我直接参与大事件的职务，因此，我很耐心地等待着。

第 3 章

出任阿尔卑斯山南共和国大使

精彩看点

大使之职——《坎波福尔米奥条约》——阿尔卑斯山南共和国的疆域——外交政策——督政府内部的派系——督政府做的事情——相互猜忌的双方——欧坦主教——远征埃及——巴黎的震动——战火再起——前往米兰赴任——人事调整——米兰政变——向人民主权致敬——联盟条款——我的行为——改革失败——督政府的阻挠——我的强烈抗议——督政府的瞎指挥——我的信——特使里沃——儒贝尔其人——军事政变——我开始逃亡——特使里沃的荒诞宣言——我回到巴黎

虽然我为此等了很久，但我的等待是值得的，这一次，巴拉斯终于说服了他的同事，任命我为法兰西共和国驻阿尔卑斯山南共和国[①]大使。为此，他们开了多次会议商讨此事。终于，在走完正规的流程之后，1789年9月，我以大使的身份来到阿尔卑斯山南共和国。

众所周知，对于胜利之师和友好的新政府，我们是心怀感恩之情的。为了答谢这份恩情，我们愿意在奥地利给它修建一座金桥，愿意把威尼斯送给它。

根据《坎波福尔米奥条约》[②]，奥地利把荷兰割让给了法国，把米兰、

① 阿尔卑斯山南共和国，又译“奇萨尔皮尼共和国”，是意大利统一前位于其中北部的政权，统治着伦巴第和艾米利亚－罗马涅以及维内托和托斯卡纳部分地区。1797年6月29日建国。这个所谓的“姊妹共和国”（这是那些仿照革命法国建立的国家的称谓）第一次更名为“意大利共和国”（1802—1805），此后又变为“意大利王国”（1805—1814），首都为米兰。

② 或称《坎波福尔米奥和约》，是第一次反法同盟战争中法国与奥地利签订的和约。条约于1797年10月17日签订，由法国代表拿破仑·波拿巴与奥地利代表路德维希·冯·科本茨尔伯爵签订。条约标志着第一次反法同盟的崩溃、拿破仑在意大利战场的最终胜利。条约规定，奥地利向法国割让奥属尼德兰（比利时）：威尼斯（连同威尼西亚）、伊斯特拉半岛和达尔马提亚归奥地利，法国则获得地中海数个岛屿，包括科孚岛及威尼斯共和国在亚得里亚海的其他岛屿，此外，奥地利承认利古里亚共和国及阿尔卑斯山南共和国独立。

曼托瓦[①]、摩德纳[②]割让给了阿尔卑斯山南共和国。因此，除了伊奥尼亚群岛[③]归法国以外，奥地利依然占有威尼斯的大部分地区。不过，我们可以清楚地看到，对于我们来说，这些剩下的土地不过是一块待接的石头，而且人们已经在谈论着要把革命进行到整个意大利去了。

在这段时间内，《坎波福尔米奥条约》可以用来巩固新的共和国政权。阿尔卑斯山南共和国的疆域非常辽阔，包括了奥地利的伦巴第、莫德内塞、马萨、卡拉拉、博洛尼亚、费拉拉、罗马涅、贝尔格玛、不勒森、克瑞马斯克和威尼斯的一些乡镇。

重组后的新政府也在谋求改变：它希望能得到法国——这个强大国家的庇护，而不是在督政府的残酷统治下苟延残喘。而且比起奴隶，法国更需要强大的同盟。这不仅是我的观点，也是巴拉斯和布律纳[④]将军的意见——此前，这位将军的总部在伯尔尼[⑤]，不久之前，他刚把自己部队的总部移到米兰。然而督政府的另一位领导——来自科尔马的韦伯，一个强势却无能的人——却坚持强硬的政治外交政策，他宣称，不论是对朋友还是对敌人，我们都要用武力来征服——他似乎从这种方式里看到了尊严。

---

① 曼托瓦是意大利伦巴第大区曼托瓦省会。

② 摩德纳是意大利北部城市，位于波河的南岸，摩德纳省会。

③ 伊奥尼亚群岛是希拉欧瑞部伊奥尼亚海的群岛，面积2307平方千米，多火山、地震，地中海气候。

④ 即纪尧姆·马里·安内·布律纳（1763—1815），法国军人、政治人物。布律纳是一位律师之子，生于法国科雷兹省布里夫拉盖亚尔德，法国大革命爆发前在巴黎学习法律，后成为一名政治记者。1793年在北方军团服役期间升为准将，负责镇压反革命。1796年，他被派往意大利军团，晋升为少将。1798年进军瑞士，将日内瓦并入法国，1802年到1804年任驻土耳其大使，受封为法国元帅。1815年，拿破仑一世退位。赴巴黎途中，他在阿维尼翁被群众杀害，其遗体被抛入莱茵河。

⑤ 伯尔尼位于瑞士西半部领土中央偏北之处，是仅次于苏黎世、日内瓦和巴塞尔的瑞士第四大城市，是伯尔尼州首府，亦是瑞士实际上的首都。

19 世纪初期的伯尔尼

布律纳将军

默林·德·杜埃是一个优秀的法学家，同时是一个懦弱的政治家。在大事面前，韦伯更愿意和默林·德·杜埃探讨应对的方法。也就是说，督政府的实际掌权人是韦伯和默林·德·杜埃，特里尔[①]和雷维耶·勒博不过是他们的追随者。有时，巴拉斯也会自成一派，凭借着独特的想法和技巧在政府中占上风。况且人们一直觉得他是一个可靠的人，危难时总会对别人伸出援手。

然而我们已经不能再沉迷于过去的胜利之中了。我的想法是，在这个关键的时期，我们最好明确一些重要的事情，为接下来的事情做好准备。

《坎波福尔米奥条约》签订后，在这不到一年的和平时间里，新政府已经过度耗损了自己的信用，统治的根基被逐渐蚕食。然而我们的脚步并没有停下：在海尔维[②]、罗马和意大利中部，到处是被滥用的武力；在国家没有国王之时，政府贸然和瑞士开战；而出征埃及[③]更是让一切雪上加霜。

对于出征埃及这件事，我觉得有一个特殊的原因值得注意。波拿巴既害怕联合政府，又轻视被他称为五个末代国王的督政府。从意大利凯旋之后，法国人的热情让他昏了头，于是他计划着夺取最高权力。不过因为自身的经历，在政府里没有足够的威望，用他自己的话说——“果实还没有成熟”。

督政府也在担心这位即将出征英国的大将会对巴黎造成不好的影

① 特里尔（1742—1810），法国政治人物、法学家。曾担任制宪议会主席、国民公会主席和五百人院主席。

② 海尔维是 1789 年在瑞士成立的三个假想共和国之一。

③ 埃及—叙利亚战役是指 1798 年至 1801 年期间法兰西第一共和国远征奥斯曼帝国辖下的埃及的军事行动，后来战火烧至叙利亚。法国东方远征军由拿破仑率领，攻打当时属于奥斯曼帝国辖下的半独立政权埃及。法军占领埃及后，受到英国和奥斯曼帝国的联合进攻，最终不得不放弃埃及。

响，毕竟这位大将并不害怕牺牲阿尔比恩。说实话，对于这么一个希望加强自己力量的失势政府，我们真不知道该如何是好。

就在我们寻找应对之策时，前任欧坦主教[①]进入了我们的视野之中。通过内克尔[②]诡计多端的女儿，这个投机分子参与到了外交事务中。他觉得他可以借助出征埃及之事把波拿巴排挤出局，因此，他首先说服了韦伯和默林·德·杜埃，接着，他又去游说了巴拉斯。虽然他计划的核心不过是那些老掉牙的明争暗斗，但最终却成为一个国家级事件。

对督政府来说，把这位粗犷勇敢的将军放逐到吉凶难料之地的计策看起来非常不错。而波拿巴，这位意大利的征服者在最开始的时候，也是信心满满、势在必得：在征服遥远土地的同时，又可以获得更高的威望。然而很快他的热情就冷却了：或许是觊觎着最高权力，又或许是纠结着是否要离开一支可以征服东方的军队。总之，他并没有急着离开巴黎，并开始暗自接触军队里的精英。

最初，这场远征一切顺利，我方很快就攻下了马耳他。然而，紧接着到来的却是极大的灾难，在尼罗河，我们的一个中队被全歼了。局势瞬间大变，以胜利者姿态出现的英国联合了俄国和两西西里王国[③]，开

① 这里是指法国著名政治人物、外交家夏尔·莫里斯·塔列朗－佩里戈尔（1754—1838）。夏尔·莫里斯·塔列朗－佩里戈尔曾于1788年到1790年担任欧坦主教。由于腿部残疾，他不能如家族期望的那样从军，转而学习神学。1780年，他成为一般代理神职人员并成为法国王室的教会代表。他曾在数届法国政府担任高等职务，通常是外交大臣或其他外交要职。他的职业生涯跨越路易十六、法国大革命、拿破仑帝国、复辟的波旁王朝和奥尔良王朝时期。塔列朗的上级通常都不信任他，但拿破仑本人认为他是个十分能干的外交官。“塔列朗式”已经成为一种玩世不恭、狡猾的外交态度的代名词。

② 即雅克·内克尔（1732—1804），法国路易十六的财务大臣、银行家。他的女儿是作家、社会活动家斯塔尔夫人。

③ 在拿破仑时期法国入侵前，波旁王朝统治两地，但它们形式上被分为“那不勒斯王国”和“西西里王国”，统称为“两西西里王国”，在更改王国名称之后，费迪南多成为国王费迪南多一世。

内克尔诡计多端的女儿斯塔尔夫人

拿破仑指挥军队与埃及人作战，远处为雄伟的金字塔

拿破仑与狮身人面像

始挑唆新的战争。

在巴黎，接连不断的事件引起了巨大的震动，似乎又要变天了，所有人都开始备战，所有的一切都带着敌意和晦暗的色调。政府已经强制向富人借贷八千万法郎，而且据说征收标准还在提高。也就是从这个时候开始，由儒尔当[①]向两院[②]提出的仿效奥地利的募兵计划得以推行和完善：意大利和德意志至少征召了二十万士兵，军事力量得到了加强。各地几乎同时拉开了战争的序幕：斯海尔德河流域[③]、德塞夫勒[④]、梅赫伦[⑤]和布鲁塞尔暴动频发；沃盖合和曼图亚周围骚乱不断；皮埃蒙特[⑥]大区的政权在一夜之间被颠覆；受我们革命的影响，热那亚和米兰的党派内部也是纷争不断。

在这种局势不明朗的情况下，我前往米兰赴任了。到达米兰的时候，布律纳将军正打算在阿尔卑斯山南共和国推行人事调整，而我则是这次调整中的关键。人事调整的目的在于把权力下放到更有能力、更果敢的人手中，此次人事调整完成后，阿尔卑斯山南共和国将获得新生，并给整个意大利的发展注入活力[⑦]。

---

① 即让－巴普蒂斯・儒尔当伯爵（1762—1833），法军指挥官，拿破仑帝国的元帅之一。他曾做过路易十六的士兵，在西印度群岛服役。

② 1795年10月26日，国民公会解散，其立法权力由法兰西第一共和国参议院和五百人院继承，被称为两院。

③ 斯海尔德河，也称埃斯科河，发源于法国埃纳省，流经比利时，最终在荷兰注入北海，全长三百五十千米。

④ 法兰西第一共和国期间，德塞夫勒是法国行省。

⑤ 梅赫伦是比利时弗拉芒区安特卫普省的一座城市。

⑥ 皮埃蒙特是意大利西北的一个大区，首府是都灵。

⑦ 关于这项改革，约瑟夫・富歇并没有交代特别清楚。这项计划遭到督政府中大多数人反对，它的推行直接导致奥热罗将军失势。作为三军统帅，奥热罗将军在即将进攻施瓦本前被紧急召回。有人插手《坎波福尔米奥条约》刚刚确立的政治格局，引起拿破仑・波拿巴十分不满。需要承认的是，这项推行了一半的、大胆的全面改革方案为1799年的革命埋下了伏笔。

我们希望此举能够得到督政府中大多数人的支持。我和布律纳商量着推进此事，于是，我负责动员那些最热情的伦巴第人。我们一致认为，这次调整要平稳有序地进行，不允许有暴力或者随意剥夺公权的事情发生。

10月20日早上，米兰发生了一起军事政变，米兰城的城门被封锁——当时阿尔卑斯山南共和国的所有领导人和议员都在工作岗位上。在法国武力的威胁和督军布律纳的暗示下，阿尔卑斯山南共和国的五十二名代表主动辞职，新的代表立刻走马上任；同时，由前大使杜威选定并向督政府备案过的三名领导阿德莱修、罗斯和索普内斯也被暗示辞职，并被布鲁内提、萨巴提和希纳斯尼代替。

这场类似果月18日的人事调整推进得很平稳，取得了成功，并且获得了初级议会的承认。以人民主权来惩戒侵犯它的人，是我们向人民主权的致敬。

阿尔卑斯山南共和国的前领导人索普内斯带领着二十二名议员向我提交了异议书，而我则劝他们不要固执己见。不过很明显，我的话没有起到任何作用。在当时的情况下，我们只能强行用武力让索普内斯离开他所在的督政府府邸，并且重新提交一份文书，说明他曾向督军布律纳否认窃取阿尔卑斯山南共和国的领导权力。

悄无声息中我们渡过了所有的难关，躲过了各种分裂，但我们也知道，失势的人们已经把不满传到了巴黎的督政府。

在我看来，阿尔卑斯山南共和国10月20日的人事调整之所以能够取得成功，一是因为它有之前果月18日政变的榜样，二是因为它的主事人督军布律纳深思熟虑，三是因为最近督政府为了清除一些焦虑和危险的议员而临时颁布了废除各省选举结果的议案。

我甚至还有更多的打算，当然考虑最多的还是法国和阿尔卑斯山南共和国所签订的联盟条款。

阿尔卑斯山南共和国的军队

这项于1796年3月7日得到参议院支持的条款规定：法国明确承认阿尔卑斯山南共和国，承认其为自由独立的国家。作为条件，阿尔卑斯山南共和国需要参与法国所有的对外战争；在督政府征召时，它要无条件服从；阿尔卑斯山南共和国负责两万五千将士的日常所需，每年预留一千万法郎作为此项支出；最后，军队要受法国的绝对控制。

为了确保该条约能够被严格执行，督政府和议会要在阿尔卑斯山南共和国安排一些可靠的人，一些能够放心把权力转交过去的人。现在我为政府和议会做了这件事。并且我还指示新政府循序渐进地革除政府中的各项弊端，推行精兵减政之事，尽量不要让改革成为民众的负担。

这段时间里，米兰的两院已经允许督政府出售三千万国有领地——很多神职人员的领地也包括在内。所以说，这次人事调整也有保护巨额国有资产的考虑，督军布律纳的急件可以说与我不谋而合。

然而我们的指示几乎没有效力。自傲、自大、最阴险的盘算以及外国的觊觎纷至沓来。是时候启用战时紧急措施：推翻已经腐朽不堪的旧政府，关系到我们沿用还是放弃意大利联邦共和国制度①。

然而，这项坚决的改革还是失败了。阴险的内务部长用尽手段阻挠改革，而最后，他也的确做到了②。狂妄的韦伯和默林·德·杜埃决定反对米兰的改革，唯一投赞成票的是巴拉斯。但不久之后，他的赞成票就被宣布无效。

10月25日，督政府一怒之下推行的法令正式否决了布律纳的改革。与此同时，我也收到督政府的来信，在信中，他们对我的改革表达了不满，并且暗示我让被驱逐出议会和督政府的人官复原职。

① 历史将会为约瑟夫·富歇的1789年的改革方案正名。毫无疑问，之后他会提供新的证据。改革方案“随着形势发展做过调整”，毫无疑问是正确的。

② 这种个人情绪的宣泄是毫无用处的。对不了解实情的读者来说，只需要去翻翻当时的年鉴即可。

本来，我是可以很轻松地和这件事撇清关系的，因为在这起事件中，我没有直接参与任何行动。严格来说，我只是一个刚赴任的大使，根本不知道事件的起因和目的。如果我是一个为了保全自己的大使公职而不惜牺牲自己的观点和荣誉的人，那么我的确会这样做。但我不是这样的人，因此，我没有这样做。不仅如此，我还强烈地抗议了督政府的来信，告诉他们倒行逆施的危险。人民在初级议会抗议示威，指责阿尔卑斯山南共和国的政府行为轻率、言行不一，简直如同傀儡，政府的人已经不知该如何行事才能免于这种指责。我还向督政府指出，让阿尔卑斯山南共和国的爱国者们失望绝对是一个巨大的政治失误！我警告督政府说反对派已经开始在那不勒斯蠢蠢欲动，三万奥地利人正在向阿迪杰河集结。

然而，对我的警告，督政府置若罔闻。就在我接到督政府正式法令的同时，布律纳将军也接到调令督命他前往荷兰，取代他的是儒贝尔[①]。不过，果敢、谦逊而又忠诚的儒贝尔将军迅速平定了这一切，这真是共和国之万幸！

11 月 7 日，我接到了督政府的命令：如果阿尔卑斯山南共和国政府不能恢复到 10 月 20 日之前的状态，那么法国将会断绝与阿尔卑斯山南共和国的一切关系。此后，米兰两大派系杀气腾腾地较着劲，一方渴望恢复旧秩序，另一方则决定反击。此外，督政府还命令我组建新的初级议会。

对这种违背共和精神的出尔反尔，我非常愤怒。法国的制度就是建立在共和精神之上的，但现在，他们却要用这种奴役别人的制度来治理一个共和国盟国，对我来说，这简直荒谬至极。督政府想把意大利半岛变成一个只服务于自己的机器，这完全违背了盟军条约。

① 即巴泰勒米・卡特林・儒贝尔（1769—1799）），法国将军。1784 年，他加入法国皇家军队，法国大革命时期，他战功卓著，拿破仑・波拿巴认可他的才能，非常信任他。1799 年在诺维战役中阵亡。

在某种程度上，我对两国的高层进行了报复性反抗。以下内容节选自我写给阿尔卑斯山南共和国政府的信：

> 各位领导，身为公民的你们，不要妄图去证明自己地位的合法性了。你们的合法性只是暂时的，因为，我国督政府不同意且严厉指责这项政令（这里，我的语气应当稍微缓和些）。在你们的初级议会中，你们的同胞们已经对这个合法性提出异议，你们应当考虑并对阿尔卑斯山南共和国人民的抗议负责！
>
> 骄傲地承认它的独立和你们的独立，坚定地守住它交给你们的管理权，而不是去拥抱那些背信弃义的建议；用一致和公正的政策来捍卫你们的权威；抵制那些邪恶的冲动，用坚定和公正来征服你们的敌人。
>
> 我们一直希望给这片土地以和平，但如果对鲜血的饥渴和狂妄让你们的独立受到了威胁……那么这些叛徒，抱歉了！自由的人们会从你们的身上绝尘而去！
>
> 各位领导们，身为公民的你们，提高你们的觉悟吧！如果你们想控制局势，那么你们就必须拥有比局势更宽广的胸怀！不必担心未来，共和才是正道，胜利和自由必将嘉奖这片土地。
>
> 解决眼前棘手的运动后，你们的同胞会感谢你们的付出……你们要让他们知道，力量不是狂热，自由不是为所欲为的独立。

然而，阿尔卑斯山南共和国的高层远远没有这样的高度。我四处寻找坚定忠贞的心，幻想着哪怕有一颗也好，但四处只充斥着懦弱、犹豫的灵魂。

我在阿尔卑斯山南共和国公众面前的言论引起了临时政府——驻扎

在卢森堡公园的督政府的不满。他们立刻命里沃以特使的身份来米兰接替我的职位。这位特使里沃[①]肩负着命我离开意大利的使命来到了米兰，但，我没有离开，督政府没有权力驱逐一个自由人。

在这件事情上，刚接手布律纳之职的儒贝尔与我不谋而合，因此，我决定留在意大利静候事态的变化。儒贝尔是波拿巴将军手下最勇敢、最机智、最令人尊敬的中尉，《坎波福尔米奥条约》签订之后，他一直支持荷兰的人民运动。来到米兰后，他不顾督政府政策上的失误，坚决地践行着自己的信念，支持民众希望获得自由的想法。我尽力劝说他不要被牵扯到我的事情里，最好避开我行事。

在此期间，特使里沃根本不敢做任何事情，他只是知会了他在卢森堡公园的代理人，向他们禀报了自己的境况。卢森堡公园立刻发出急件，要求里沃采取军事行动。12 月 7 日晚到 12 月 8 日，法国军队接管了阿尔卑斯山南共和国的政府和两院的保卫工作，国民议会、政府以及两院的入口被封锁，宪法委员会的门上贴满了封条。12 月 8 日晚上，阿尔卑斯山南共和国政府召开了秘密会议，会后，新的政府官员被迫辞职，取而代之的是旧的政府官员。同时，里沃发布了数条逮捕令。若不是得到儒贝尔及时通知的话，恐怕我就要被捕并押回巴黎了吧。

得到儒贝尔的及时通知后，我逃到了蒙扎[②]附近的一个村庄里，与此同时，我收到了特使里沃对内高卢人民的宣言。在这份荒诞的政治文书中，里沃谴责 11 月 20 日的军事行动过于暴力。让人愤怒的是，在当时行动时，军队保护的正是他们这些人。可笑的指正，它批判果月 18 日的政变，和最近在米兰上演的这一幕，一幕巴黎在米兰上演的闹剧。

① 即让・里沃（1755—1803），法国大革命时期的将军。

② 蒙扎是意大利伦巴第政区中的一个城市，从 11 世纪开始，成为米兰的卫星城市。13 世纪成了自由市，14 世纪由米兰维斯孔蒂家族管辖，后由哈布斯堡家族统治。1859 年，蒙扎属撒丁王国，1861 年归意大利王国。

这位特使鹦鹉学舌般地指责了我和布律纳，斥责我们是没有人格和没有使命的改革者，最后强调指出，我们过分的爱国精神让人民的政府蒙羞。这些毫无道理的指责让人不齿！

获知我藏在米兰后，督政府又派了一名特使，负责把我逐出意大利。接到任命后，那位特使立刻给阿尔卑斯山南共和国的政府写信："若您知道富歇在哪里的话，请您通知我。"他对我的怀疑和两国政府对我的恐惧让我觉得可笑。离开蒙扎后，我翻过阿尔卑斯山，于 1799 年 1 月初回到了巴黎。这时，韦伯和默林·德·杜埃的威信已大不如前，因为上下两院的压力，他们不得不低调行事。因此，他们没有追究我的责任，只是以官方名义宣布我结束了阿尔卑斯山南共和国的工作，回到了巴黎。我觉得我有足够的力量去质问他们对我采取的野蛮行径，并要求他们补偿我长途跋涉的损失，但当时，我并不想与他们争辩什么。

从高位跌落的每一个细节，这个时期的精神状态，以及我拥有的平台让我懂得了很多。在去马伦哥[①]前，受波拿巴之邀，我用文字记录下了这段历史。现在，重读它们的时候，我还能够从其中发现很多让我津津乐道的地方。

---

① 马伦哥是意大利皮埃蒙特大区的一个小镇。这里爆发了著名的马伦哥战役（1800 年 6 月 14 日）。法军由拿破仑率领，凯旋而归。

第4章
督政府与第一次反法同盟战争

精彩看点

暗流——五个末代国王——俄国宣战——将军们——战事不利——战败的后果——战略调整——拿破仑的弟弟——韦伯出局——西哀士——选举——两个立法联盟——危机——不满——导火索——解除言论管制——西哀士的胜利——议会的胜利——荷兰大使——与西哀士道别——我的建议——西哀士的想法与私心

督政府的权威摇摇欲坠。除了公开的反对外，更多的是各派系对督政府统治的不满。人们看不清他们的真面目，但毋庸置疑，这些人已经在暗处酝酿着阴谋，准备着发起攻击。

那个时候，人们已经厌烦了那五个末代国王[①]，厌倦了不断地神话他们这种幼稚的事情，更让人愤怒的是，在他们的统治下，人们只看到了掠夺、不公和荒诞。因此，那些派系的人决定唤醒昏昏欲睡的人民，率领他们反抗督政府的暴政。和一些有影响力的人做过几次交流后，我的直觉告诉我将有大事发生了。

俄国人正在不断地推进，督政府指示奥地利做出应对，试图阻止俄国人的扩张。2 月底，俄国突然宣战。督政府与奥地利结为同盟。然而，最优秀的将军们却还困在别的战场上：拿破仑正在非洲沙漠上奋战，从爱尔兰远征军中逃走的罗石被人毒杀，皮什格鲁[②]被放逐到了锡纳马

① 这里指督政府的五位督政官。

② 即让・夏尔・皮什格鲁（1761—1804），法国大革命期间一位有争议性的将领。他曾率法军占领比利时与荷兰。后来，皮什格鲁成为保王党重要领袖之一，当选为议员。1797 年，奥热罗发动果月 18 日政变，皮什格鲁与巴泰勒米等人被捕，同十四名同党一起被流放到法属圭亚那的卡宴。后来他与其他七人逃亡到帕拉马里博，从那里乘船逃往美国。随后前往英国，成为亚历山大・高沙可夫的幕僚，积极参与组织第二次反法同盟。

里[①]，莫罗[②]也受到了排挤，尚皮奥内[③]更是被革职查办。据说，为了遏止督政府中那些代理人的巧取豪夺，贝尔纳多特先是辞去了维也纳使馆的职务，接着又辞掉了观察军总指挥一职。最后，儒贝尔，那个勇敢善良的儒贝尔，那个想要在意大利建立自由政权来巩固两国关系的儒贝尔，也被免去了职务。

尚皮奥内

① 锡纳马里是今法属圭亚那的一个小镇。

② 莫罗（1755—1828），法国大革命期间拿破仑帝国的著名将领，曾获得法国荣誉军团勋章。

③ 即让·艾蒂安·瓦谢尔，又称尚皮奥内（1762—1800），法国将军，曾参加直布罗陀包围战。法国大革命爆发时，他参加革命运动。

瑞士、意大利和埃及的战争不过是第二次大陆战争的一个序幕，3 月 1 日，战争正式拉开帷幕，3 月 21 日，在施托卡[①]，儒贝尔战败，不得不率部迅速转战莱茵河。不久之后，两院与拉施塔特断绝关系。在德意志地区，我方居于劣势，意大利地区的战事也是如此，在阿迪杰河，韦伯的爱将舍雷尔屡战屡败，连输了三场战争，输掉了我们用三场恶战才赢得的土地。

如果说之前我们是捷报连连，那么现在，我方就是节节败退。督政府也预料到了这些消息可能产生的可怕后果，如果战时的政府只会引起人们的不满，却无法击败敌人的话，那么它必将丧失权力。我方战败的消息传来后，野心家们开始蠢蠢欲动。

那段时间，我参加了很多议员和将军们的秘密集会。我发现不满督政府的党派们没有共同的目标，这些人聚在一起不过是为了推翻督政府，然后按照自己的方式建立新政府。因此，在这一点上，我说服巴拉斯调整战略，想尽一切办法把韦伯赶出高层，与特里尔、梅兰・德・杜埃和雷维耶・勒博做一个了断。尤其是默林・德・杜埃和雷维耶・勒博，为了孤立两院中最热情的共和党人，这两个人曾支持分党派选举。

我也知道，在拿破仑被战略流放的这段时间里，他的两个兄弟约瑟夫[②]和吕西安[③]负责保障他在巴黎的利益。有极端爱国情绪的吕西安是一个反对党的头目；约瑟夫则斥巨资维持着一个“大家族”，那里聚集着议会里最有影响力的议员们、职位最高的政府官员们、战功最显赫的将军们以及那些最有心计的女人们。

① 施托卡是今德国巴登－符腾堡州的一个城市。法军与奥军曾于 1799 年及 1800 年在这里交战。

② 约瑟夫・波拿巴，那不勒斯国王，西班牙国王（1768—1844），拿破仑的哥哥。他在拿破仑帝国瓦解后流亡美国，后在佛罗伦斯辞世。

③ 吕西安・波拿巴（1775—1840），拿破仑的弟弟，法国政治人物、科学家。

施托卡之战，儒贝尔将军战败

拿破仑的哥哥约瑟夫

拿破仑的弟弟吕西安

韦伯出局了。对于自己出局，韦伯困惑不解，他将之归于天意。这时只要能获得元老议员的退休资格，他就很满足了。当然，默林·德·杜埃也不过是一只即将被牺牲的替罪羔羊。那么，在督政府中，谁来代替韦伯呢？默林·德·杜埃和他的追随者们，以及那些大腹便便的议员们，最终决定把来自滨海塞纳河省的杜瓦尔[①]推上之前韦伯所在的位置。时任公安部部长的杜瓦尔，虽然为人正直，但能力平平，目光短浅，看不清局势。

我们没有插手督政府换人之事。当时的我们正全力以赴扶植驻柏林大使西哀士[②]——十年来，人们一直认为这个人有神秘能力。我知道，对于革命，西哀士有一些积极的、强烈的想法，然而我也知道，这个人多疑且虚伪，他的一些私心和我们自由的原则格格不入。虽然我并不愿意支持西哀士，但在这突然间形成的阵营里，我选择站在了他这一边。也许我们的联盟需要一个领导人，一个有能力平息普鲁士人的领导人。然而，当他向联盟发出警告之时，我们便已经确信他的政治生涯即将结束。

接着便是选举。即使到了现在，每次想起选举结束时默林·德·杜埃脸上的失望神情，我都哑然失笑。选举结束后，默林·德·杜埃这个善良的人命人从公安部发电报，向两院宣布自己当选为督政府委员，结果却得知一部分人已经叛变。默林·德·杜埃和杜瓦尔都无法想象这样一桩胜券在握的事情居然会一败涂地。但我们知道为什么。在当晚的战术研讨会上，人们在谈到这件事的时候，颇有些幸灾乐祸。

梅兰·德·杜埃把西哀士看作一个危险的竞争对手，一直以来横眉

① 杜瓦尔（1750—1829），法国政治人物。曾担任制宪议会、国民公会和下议院议员。拿破仑帝国时期，供职于公安部。

② 艾玛纽尔·埃贝·西哀士（1748—1836），法兰西天主教会神父。1799 年，他煽动雾月政变，协助拿破仑·波拿巴夺取政权。

冷对。至于好人杜瓦尔，不久后被一个勃艮第人所代替，从此郁郁寡欢。不得不说，梅兰·德·杜埃和杜瓦尔，这两个资质平平的人都不是能掌控政治的合适人选[①]。

好戏才刚刚开始，两个立法联盟出现了：一边是布雷·莫尔特、舍尼埃、弗朗索瓦·德·南特、夏米尔[②]、塔克西埃·奥利维尔[③]、伯捷、巴丁[④]、卡巴尼斯、雷尼尔和波拿巴兄弟，一边是贝尔特朗·杜·卡尔瓦多斯、普兰达、德斯[⑤]、贾洛[⑥]、阿瑞纳[⑦]、萨利斯提[⑧]和其他“得力干将”。为了给巴拉斯物色可为我们所用的人，我从一开始就密切关注着这两派的人员。后来，巴拉斯也有效控制了我帮他物色到的人。最开始，我们只能秘密行事，毕竟摊牌的时机未到。

法国面临的危机似乎无意中帮助了我们。二十多场败仗下来，十七万疲惫不堪、士气低落的士兵和那些一直受冷落的将军们，如何才能挡住十万意气风发、士气高昂的敌军？在意大利和德意志的支持下，敌军正杀气腾腾地逼近法国边境。

很快，人们对督政府的不满便彻底爆发：“一直以来，督政府都在掠夺我们，行不义之事。果月 18 日以来，政府一直在滥用职权，独裁专政。而且自执政以来，督政府已经造成巨大的财政亏空，严重威胁到

① 约瑟夫·富歇是个自大的人，认为只有他自己才能主宰公安部，才能灵活运用那些阴谋诡计，才能够获得巨大的财富。

② 夏米尔（1756—1829），政治家、历史学家、作家，前期是坚定的共和主义者，后期坚决反对拿破仑独裁。

③ 塔克西埃·奥利维尔（1764—1849），政治人物。他曾任下议院议员与上维埃纳省省长。

④ 巴丁（1748—1799），法国政治人物，革命家。

⑤ 德斯（1754—1804），法国政治人物，革命家。

⑥ 贾洛（1762—1829），法国议员，政治人物，革命家。

⑦ 阿瑞纳（1753—1832），法国大革命期间的重要政治人物，因策划过暗杀拿破仑的事件而声名大噪。

⑧ 萨利斯提（1757—1809），政治人物。

了共和国的安危。”

只有在议会里，督政府还有一些蹩脚的支持者。当巴约勒[①]在宣传册里写下“比起边境上的俄国人，我更担心的是两院中的俄国人”时，民众的愤怒终于一发不可收拾。

这段文字成了战争的导火索。当时，刚刚上任的新领导西哀士正向督政府询问共和国当前的内政外交情况。牧月 28 日（6 月 18 日），在不清楚卢森堡宫事态进展的情况下，国务委员会宣布进入紧急状态。为了反击，督政府也宣布进入紧急状态，然而这时的督政府已经无力应对接下来将要发生的事情。

首先，督政府被迫解除了言论管制，人民终于可以自由地表达自己的观点，国内再也不是法学家的一言堂。同时，在人民的强烈要求下，特里尔离开了督政府。

默林・德・杜埃和雷维耶・勒博依然认为自己在督政府的地位没有受到威胁。然而，莫尔特・布雷以及他阵营的议员们已经前往卢森堡公园，公然要求督政府将他们二人革职查办。与此同时，贝尔特朗・杜・卡尔瓦多斯也以十一人委员会（吕西安也是其成员之一）的名义，站在审判台上，向政府领导人宣读罪状书：

> 哈比内、里沃、杜威、法比乌[②]之流，不断激怒我们的盟军，侵犯人民的权益，迫害共和党人，任用叛徒！……

对于这样的控诉，我一点儿也不陌生，我自己的遭遇不就是它的真实写照吗？

---

① 巴约勒（1762—1843），律师，政治人物，作家。

② 法比乌（1752—1817），政治人物。

最终，牧月30日（6月20日），在确认自己可以全身而退后，梅兰·德·杜埃和雷维耶·勒博引咎辞职。西哀士是这场战役的幕后推手，所有的革命力量都围绕在西哀士和巴拉斯周围。

和议会中的闹事者们取得一致意见后，西哀士等人立刻向督政府施压，迫使他们起用了皮埃尔·罗歇·迪科[①]、穆棱[②]和高杰来填补督政府

穆棱

① 皮埃尔·罗歇·迪科（1747—1816），法国大革命以及法兰西第一帝国时期的政治人物，是国民公会以及督政府的高官。1799年11月9日，迪科参与了拿破仑·波拿巴的雾月政变，成为三执政之一（其余两位是拿破仑和西哀士）。随着稳定的宪法的出现，迪科成为议院副议长。在拿破仑帝国时期，他多次被授勋。但到了1814年他抛弃了拿破仑，并投票将其废黜。

② 穆棱（1752—1810），法国大革命时期将军。

中空缺的位置。这些被选中的人要么能力不足、要么性格软弱，完全不会给西哀士等人带来任何困扰。不仅如此，因为皮埃尔·罗歇·迪科和西哀士进行了利益捆绑，所以新上任的这些人还可以帮助西哀士等人成为幕后真正的领导人。

重组的议会马上通过了对儒贝尔的任命。巴拉斯从西哀士手中接过任命书，任命儒贝尔为巴黎总指挥。这项任命也在我的意料之中。为了补偿我，几天后，我也接到了法国驻荷兰大使的任命书。

向西哀士道别时，他对我说："在此之前，我们的管理都没有章法，可以说只是见机行事，将来不能继续这样下去了。"同时，对于自己这种想法，他也表现出了焦虑，说：

"我们永远也掌控不了局势。"

"没有目标、没有规矩的民主做派应该让位于共和精英管理体制了，只有这样，我们才能保证一个稳定的政权。"我对他说。

"的确，如果能这样，那就真是再好不过了，然而，目标依然遥远，我们任重而道远！"

在道别时，我还向西哀士提及了儒贝尔。在意大利时，我有幸见识过这位将军的英勇和无私。我对他说："在必要的时候，我们可以放心地重用这位将军，给他权力和影响力。儒贝尔将军是一个永远不会背叛国家的人，我们无须提防他，可以放心地把兵权交给他。"

西哀士很认真地把我要说的话听完，但他只是简单地回了一句"不错"。他说这句话的时候，眼神模棱两可，我无法知晓他内心深处的想法。

猜忌西哀士或是挑战西哀士的信任，我并不感到快乐。在这之后，我得知他曾和某个人——刚上任的参议员塔列朗的一个朋友——进行过一次卓有成效的谈话。他向这个人坦言："我觉得我们国家的革命一直游走在一个怪圈里，只有仿效1688年英国革命[①]，依托于一种社会组织，我们才能走出这个怪圈。”此外，他还说道：“过去的一百年已经证明，在英国社会中，自由和王权可以相安无事。”

那人反驳道：“但世界上已经没有第二个纪尧姆了！”

他回应道：“是的没错，但德意志北部还有一些开明的王公贵族、将士和哲学家，他们依然如同利奥波德管理托斯卡纳[②]那样管理着自己的领地。”

听到西哀士在暗指德·布伦瑞克公爵[③]后，那人便用1792年宣言[④]反击他。可这一次，西哀士却情绪激动地说：“这该死的宣言又不是他写的，再说了，他这样做也是为了使法国免去战火之灾。至于剩下的，就不是我们该考虑的了。况且现在，德·布伦瑞克公爵已经和那些觊觎王位的人达成了和解，那些人也不再敢轻举妄动。另外，在我们现有的将军里，我不知道有谁能掌控这些精明强干的人，让我们渡过眼下的难关。不必遮掩了，所谓的权力和宪法正在走向毁灭。”

西哀士的用意显而易见，这些话等于向人们昭告他那不可告人的私心。此外，我又得知，西哀士也对巴拉斯说过同样的话。

毫无疑问，在社会契约方面，西哀士已经有了自己的想法，自大的主教已经迫不及待地想要成为唯一的立法者。离开巴黎的时候，我已经

---

① 光荣革命是一场政变，源自英王与国会权力之争以及基督教新旧教（国教会与天主教会）之争，发生于1688年到1689年。辉格党、托利党联合发动，将信奉天主教的詹姆斯二世赶走，改由詹姆斯二世之女玛丽与夫婿威廉共治。

② 托斯卡纳是意大利一个大区，其首府为佛罗伦萨。

③ 德·布伦瑞克公爵（1735—1806），普鲁士陆军元帅。

④ 这里指《布伦瑞克宣言》，是一份由普奥反法联军总司令布伦瑞克公爵卡尔·威廉·斐迪南在1792年7月25日致法国大革命时期巴黎人民的一份公告。该公告威胁如果法国王室的成员受到任何伤害，法国平民将因此受到严厉的报复。这项公告本来是为了恐吓巴黎，却反倒加剧了人民的革命热情。

德·布伦瑞克公爵

西哀士

匿名讽刺漫画：讽刺布伦瑞克公爵 1792 年的宣言跟擦屁股纸一样

确定，西哀士已经和几个有影响力的人交流过他的想法，比如达努、舍尼埃、卡巴尼斯和嘉禾[①]。这也是为什么接下来革命会再一次爆发的原因。然而，如果不是再一次经受了革命的洗礼，法国可能就会在无政府状态下继续疯狂，也可能会在反法同盟的炮火下苟延残喘。

① 嘉禾（1749—1833），律师、记者、哲学家、政治人物。1803 年曾入选法兰西学院，《法兰西信使》编辑。

第5章
出任督政府公安部长

精彩看点

巴黎的情况——西哀士的做法——公安部长——新的一页——公安部的职责——我的思考与做法——对法令制度的初步判断——督政府开始走向分裂——保皇派——《人质法》——国家的伤疤——西部省份的情况——我的安排——内部的问题——前方战事失利——儒贝尔牺牲——一团糟的督政府——巴拉斯和西哀士的决定——我孤注一掷——向议会发通告——拉拢莫罗——形势危急——近乎于挑战书的党内紧急通报——我们当前的形势——说服贝尔纳多特——担心政变——撤掉贝尔纳多特的决定——吕西安的观点——巴黎恢复宁静——权宜之计——贝尔纳多特离职事件

虽然我的前任隆巴德·德·朗格勒[①]行事有些矫揉造作，但他本质上是一个不错的人。一到海牙，我就发现这里和其他地方一样，统治阶层也有鹰派和鸽派之分，有贵族和平民政客之分。

我坚信只要法国军队能够护卫荷兰，那么爱尔兰和英国将无法对这个国家施加任何影响。在这里我又遇到了布律纳将军。现在的他是军队的统帅。这个人治军甚严，但在一桩非法生意上，他却选择了睁一只眼闭一只眼。在这件事情上，我也随他去了，毕竟我们无法靠一片残骸过活。对于旧政府垮台这件事，我们两人都非常高兴：那些无所作为的统治者总算下台了，也算是对我们这么久以来流离失所的补偿。

然而，巴黎却没有我们想象的那么平静。一切都在变化。我们也开始担心赢得执政权的议会是否会激怒政府，进而导致政府的再次重组。尤其是那些无政府主义者，他们会不会打着革命的旗号，肆无忌惮地试图推翻一切，以夺取权力？这些人先是把贝尔纳多特推到战事部长之位，企图通过他与西哀士以及西哀士的党派抗衡。

① 隆巴德·德·朗格勒（1765—1830），法官、社论家、编辑、剧作家、哲学家、诗人。曾担任法国驻荷兰大使。

庆幸的是，以拿破仑两位兄弟为统帅，以布雷·莫尔特、罗德若和雷尼尔为参谋、代表拿破仑利益的这一派认为他们有必要阻止立法运动的扩大化。吕西安起草了演讲稿，在表达了对未来的一些看法后，他成功地笼络了一些人。

危险迫在眉睫。人民党要求政府交出前任领导人的罪状书，这也意味着所有的贪腐行为都将暴露在光天化日之下。然而，在议会中，那些曾经支持推翻督政府的人也反对这种做法，毕竟他们希望的仅仅是改变制度，然后自己上台。这些人甚至援引了一些有助于被告的言论：他们可能只是在政治上犯了些错误，采用了错误的制度，过度放手手中的权力。与其说他们是有罪的，倒不如说他们是不幸的。这些人还特别提到了当初的承诺：如果政府官员主动辞职，便不再追究他们之前的行为。而且他们还不止一次地提醒议会注意，当初是议会通过了出征埃及、向瑞士宣战的提案。这个诉讼牵扯了太多巴拉斯想要回避的内幕，所以西哀士认为，在政治上，过多纠缠此事是不明智的。于是，在一次又一次的讨论后，公众的注意力被慢慢地转移了，然而，其他事件却在酝酿中[①]。

我们该如何控制那些日渐堕落的报刊和越来越多的无良公民呢？西哀士和他身后四十多位只知道放鱼饵的哲学家、玄学家和议员们能摆平现在的无政府局面，重建社会秩序吗？事实上，西哀士和巴拉斯的联盟很脆弱。在督政府里，西哀士真正信任的人只有皮埃尔·罗歇·迪科，至于穆棱和高杰[②]，他只能指望这两个人有异常坚定的政治信仰。在危机爆发时，这些没用的人很可能转眼之间为他人所用，而那些围在西哀士身边的人，随时都会因为猜忌一哄而散。

① 这一切都非常清楚，是对当时的权谋最好的记载。

② 高杰（1746—1830），议员、督政府督领、雾月政变的主要领导人。

高杰

后来，当西哀士发现巴黎统帅儒贝尔是一个可以倚重的人时，他立刻决定让儒贝尔成为改革联盟的核心人物：儒贝尔接过了意大利军队的首席指挥官之职，也肩负起了为政府赢得胜利的使命。

得到儒贝尔的支持后，西哀士认为他还需要一种坚定而老练的管理模式。当然，这种管理模式肯定会偏向人民党，必然要在政府中安排一些人民党的领袖巨擘。

善良的布吉尼翁[①]把自己的升迁归功于高杰，大家都能感觉得到，布吉尼翁的能力不足以肩负部长一职所带来的重重困难。甚至我为巴拉斯撰写国内情况报告，谈到整体管理方式时，巴拉斯还和西哀士商量着，要不要把布吉尼翁换下来。接着，巴拉斯又找高杰和穆棱商议，最终否绝了西哀士提出的备选人阿尔杰[②]，转而任命我为部长。

我即将赴任的地方动荡不安，但我依然乐意以大使一职来换公安部部长一职。安排妥当相关事宜后，我很快来到了新岗位上。8 月 1 日，新的一页翻开了。

任何政府都需要敏锐的警力为它保驾护航，懈怠的警力是 1789 年王冠落地的主要原因：那些负责保卫王室安危的人没有识破当时的阴谋。公安部的责任是巨大的：要么服从一个更加精英、更加集中、更加专制的政府，要么就是在党派错综复杂的政府里，为某些需要军备的叛乱党提供合理的武力帮助。公安部面临的局势非常复杂，因为所有的一切都在看不见的地方暗流涌动：想要了解内情，我们必须打入他们的内部。我的第一项任务就是找到并解散反对党，除掉保皇派和国外流亡贵族的代理人。不过这里的危险并不是最紧要的。

我用两个小时明确了自己的职责，从细则层面思考了自己作为公安

① 布吉尼翁（1760—？），法学家。督政府期间，他被高杰提拔为公安部长。

② 即夏尔·让·阿尔杰（1752—1826），法国大革命时期的律师、法官、政治人物、外交家。

部长的职责。此外，我还考虑到了其他一些事情。在当时的情况下，我首先要抓的是巴黎的警务工作。在这件事情上我需要倾注全部精力，其他事情需要放手给各级警局来具体负责。我开始研究如何牢牢掌控公安部的各项工作。

首先，我要求直接管理中央办公室，也就是后来的巴黎公安局。出人意料的是，接手巴黎公安局后，我发现它是一个烂摊子，既没有资源，也没有人力，甚至没有警力。好在经过我的努力，不久之后，巴黎公安局的财政问题首先得以解决。

接着，我需要遏制政府内对我不服从的情绪。整个改革的过程中，我慎之又慎，杜绝一切操之过急之事。在一位亲信的协助下，我初步掌控了巴黎公安局的局势。此时，我认为已经有能力处理国内政治事件。在我看来，那些所谓的代理人不过是些靠不住的工具。

总而言之，我认为警务的工作重点不在文书报告。作为部长，我亲力亲为，拜访了各派别有影响力的人。在法国这种方法很有效。比起从我眼前闪过的文件，那些隐秘的谈话、私下的交流更有助于我了解神秘的法国。而且通过这样的做法，我可以清楚地掌握任何可能危害国家安全的蛛丝马迹。大家马上就能明白我说这些话的原因了。

对国内政治有了初步了解之后，对一些法令制度，我有了自己的初步判断：凝聚人心的共和三年宪法①已经千疮百孔、漏洞百出。在我看

① 共和三年宪法是法国国民公会在共和三年果月 5 日（1795 年 8 月 22 日）通过，并于同年 9 月 6 日经过公投通过的宪法，该法创立了督政府。宪法的序言是 1795 年的公民的权利与责任宣言。该宪法直到 1799 年的雾月政变前还依然有效。它比已经失败的法国 1793 年宪法更加温和。共和三年宪法建立了一个选举权建立在缴税数额之上的温和共和国，这点与法国 1791 年宪法相似。宪法规定设立一个两院制立法机构（参议院和五百人院）来延缓立法的进程，同时组建五人督政府。为了缓和民众运动，宪法恢复了两级选举制。中央政府拥有巨大权力，包括紧急禁止新闻自由和结社自由的权力。开篇的公民的权利与责任宣言包括了对奴隶制的明确禁止。这部宪法最终被共和八年宪法取代，后者建立了执政府。

来，这部宪法根本不具有可行性，果月18日和牧月30日的政变已经严重损害了它的权威。当我们从完全的宪政体制[①]过渡到后来的五人专政时，宪法却没有与时俱进。现在，政府的力量被削弱了，如果不采取强有力的措施，五人专政恐怕就会演变成人民风暴。

另外，我还知道，从一开始，当时最有影响力的人物西哀士就瞧不上这样的政府，甚至一度拒绝成为政府的最高领导人。后来，因为认为自己可以尝试着改变一下现行政府，他才勉为其难地就任，毕竟想要攻破政府的防御堡垒，最好的办法就是坐上政府最高领导人的宝座。

我曾和巴拉斯说过这些想法，和我一样，巴拉斯也怀疑西哀士。不过，考虑到自己对西哀士的承诺，巴拉斯决定暂时不插手此事。当然，他这么做也是因为他畏惧人民党的过激行为。事实上，人民党对他并无恶意，而且当西哀士的真面目渐渐显露时，他们甚至还有可能成为巴拉斯对抗西哀士的有力助手。

然而，因为巴拉斯的“袖手旁观”，人们对他的印象也变了，此前，在人们的眼中，巴拉斯是一个热情的共和党人，但现在，人们却认为他变成了一个无用的统治者，他们根本不可能靠他来保全共和。

与此同时，巴拉斯自己也被两面夹击：一方面，在木马集团中，雅各宾派的作风抬头，其成员公然向窃国者宣战；另一方面，西哀士似乎也对他有所隐瞒。

人们都相信，西哀士的心里已经有了新宪法的腹稿，这个希望加强自己手中权力的人无非是在等一个合适的时机，时机一到，他就会把新宪法公之于众。他的阵营牢不可破，在军事上，他还得到了儒贝尔的全力支持。

我从一位将军那里得知，西哀士非常想与保皇派和解。据说，西哀

① 这里指存在于1792年9月20日至1795年10月26日的国民公会。

士曾说过这样的话："仅仅依靠草图和空谈是没有办法建设国家的，在建设国家的过程中，我们需要的是头脑和武器。"我希望他想依靠的武器，不是指他可以为所欲为的权力。

其实西哀士的处境也非常尴尬，一方面，他对巴拉斯有所隐瞒；另一方面，他又不能依靠掌权的穆棱和高杰。

好在他还可以依靠上下两院的同事，抵制立法掠夺，反抗无政府主义者的僭越。在参议院那里，西哀士有着不错的基础，如果能得到"五百人院"中大多数的支持，那他就如虎添翼了。要知道，"五百人院"中大都是激进的年轻人。在政府和政策的双重压力下，这些年轻人也屈服了。在得到大部分人的支持后，督政府决定诉诸武力。

在这种情况下，作为公安部长的我必须机警灵活地应对可能发生的一切。首先，我必须阻止所有反对西哀士的联盟：取缔反动报刊，阻止死灰复燃的政治团体的各种阴谋。这就是我向政府提出的第一项建议。这些措施来自一份政府报告。巴拉斯很关注这份报告，还专门和西哀士讨论了此事。得到了领导人的首肯后，我决定从俱乐部入手。

我先是发了一份通告，告诉人们我刚刚接手公安部门的工作，本着对所有人负责的态度，在接下来的工作中，我会尽力结束国内的混乱局面。这个承诺令一些之前对我有好感的政客大为不满。热月 18 日（8 月 5 日），即我上任后的第五天，督政府把我的政策分析报告移交到了参议院，接着，它又被移交到五百人院。于是，如何在议会面前阐述报告就成了一个棘手的问题。为了不过分刺激共和党敏感的神经，我首先讲了保护俱乐部内部讨论的必要性，然后，我才说一些俱乐部的行为违反了宪法，因此，我们应当把俱乐部的行为置于宪法的管理之下。

我的话音未落，现场便变得嘈杂起来。我记得，戴尔布莱尔[①]和克

① 戴尔布莱尔（1764—1846），五百人院议员，曾经反对雾月政变。

莱蒙梭这两位议员认为参议院准备以这种方式破坏宪法，议员格朗姆则认为我的报告并不属实，还说它是一种反对共和的新形式。

接下来，就是否印刷这份报告，议会进行了激烈的讨论，布瑞尔[①]和贾洛甚至提出了召回报告的建议。最后，议会决定暂时搁置此事。也就是说，在这次的争论中，虽然双方都不是胜利者，但我的劣势已经显露无疑。没有一个人站出来支持我，这让我明白，这些参与革命的人是多么地狭隘，他们关心的全是自己的蝇头小利，他们都在打着自己的小算盘。此事过后，这些人也许会找理由解释他们沉默的原因，但事实却是，他们并不愿意承担责任。

就在同一天，木马集团对我进行了更加暴力的攻击。

开局不太顺利。但我既不惊慌，也不害怕。只要我能够保持本心，不迷失，我就不会输。我决定小心翼翼地在错综复杂的利益关系中寻找出路。

察觉到政府中有人含糊其辞、阳奉阴违，巴拉斯也不积极配合自己的指示后，西哀士命驻扎在杜伊勒里宫[②]的侦查委员会关闭了木马集团的会议室。此举再次引发骚动。

我想，那时的西哀士应该是特别自信吧，在 8 月 10 日的纪念会上，他以政府领导人的身份慷慨陈词，严厉批评了雅各宾派的所作所为。他说："督政府非常清楚一些人妄图对共和国不利的阴谋，我一定会坚决粉碎这一切阴谋，同时，我绝不会利用任何一派去制衡其他党派。"

然而，他这霹雳般的话音还未落下，他和巴拉斯的耳边便突然飞过两三颗子弹，同时，他似乎也听到了人群中的辱骂声。

---

① 皮埃尔·布瑞尔（1771—1827），法国大革命期间重要政治人物，贝桑松共济会成员之一，意大利重要的烧炭党人。

② 杜伊勒里宫曾是法国的王宫，1799 年雾月政变后，拿破仑一世宣布杜伊勒里宫为第一执政的官邸。

杜伊勒里宫

塞纳河畔的杜伊勒里宫

我立刻护卫着这两人回到督政府，在那里，我亲眼看到了这两人的暴怒失态。回到督政府后，我提议说："就算确有阴谋，我们暂时也只能处置那些刚刚挑事的人。"同时，因为担心多疑的西哀士怀疑我，我写了一条纸条，暗示他提防巴黎统帅马尔博将军①。一直以来，马尔博将军都是激进共和党的支持者，并且一直抵触西哀士的各项政策。当晚，在战争统帅贝尔纳多特不知情的情况下，马尔博将军接到了调令，受命前往前线。另一位优秀且甘愿为督政府效命的士官勒费弗尔将军②接替了他的职务。

五百人院中的一部分人认为，西哀士在战神广场③上攻击雅各宾派的行为属于反革命行为，而且越来越多的人开始认同这一看法，因此，督政府开始走向分裂。

那时，巴拉斯不知道他是否应该主动接近穆棱（和高杰，毕竟这两人之前一直不满西哀士）。看出了他的犹豫后，我很坦率地告诉他说现在还不是和西哀士分道扬镳的时候。

西哀士事件后的第三天，我下令查封了雅各宾派在巴克街④的会议室。那时，我有我的考虑。不久之后，督政府亦公开宣布他们从事危及

① 马尔博（1754—1800），将军、政治人物，出自昆西家族。

② 弗朗索瓦·约瑟夫·勒费弗尔（1755—1820），第一代但泽公爵，法国大革命和拿破仑战争期间的法军指挥官，拿破仑的十八个元帅之一。

③ 这个广场的名称来自罗马的战神广场，法文中的"Mars"正是罗马神学中所谓的战神。在18世纪下半叶之前，这是一块被遗弃的空地，直到军事学校在1765年建立，它的地位才逐渐提升，当时主要是用来作为军事训练的场所。在法国大革命时期的1791年7月17日，此处曾发生屠杀流血事件。当时民众群聚此地呈上请愿书，期望可以废除路易十六的王位，建立共和体制的法国，巴黎市长却在此时颁布军事法令，此法允许军队使用武器驱逐民众，造成五十人死亡，上百人受伤。这场屠杀，恶化了温和派与激进改革派之间的关系，而革命主义者、君主、贵族之间的纠纷因此扩大。

④ 巴克街得名于1550年设立的一个摆渡点，位置在今伏尔泰滨河路，用来运输兴建杜伊勒里宫的石块。它跨越塞纳河的地点，1632年由金融家巴比埃兴建红桥，路易十四统治时期改建成今天的皇家桥。

上图（左）为马尔博将军
上图（中）为勒费弗尔将军
上图（右）为正在进行阅兵式的战神广场
下图为战神广场的远景图

宪法的活动。这个大胆的举动之后，议会和政府中的激进党派受到压制。

不过，我们还需要让人们知道，我们也有能力对抗在西部蠢蠢欲动的保皇派——这些人已经在上加龙地区架起大炮。在我的建议下，为了揪出各路流亡贵族和他们的代理人、杀人凶手和土匪们[①]，在接下来的一个月内，督政府派人挨家挨户地搜查。军事手段就足以解决上加龙地区的草莽之士，然而，因为活跃于布列塔尼地区[②]和旺代地区[③]的朱安党人[④]周密的部署，我们很难清除这个根深蒂固的顽疾。

《人质法》详细规定了对流亡贵族亲属的处理方式，但它不仅没有让保皇派的人有所收敛，反而激怒了他们。这项法案让我想起了恐怖统治时期那些令人作呕的法律，它们只会让我们四处树敌，对于时局根本没有任何好处。因此，只要督政府和地方政府没有明确反对，我就在我的能力范围内尽量缓和执行这项法案。

我很清楚，这些问题是我们国家的一个伤疤，一个令亲者痛、仇者快的伤疤。要知道，英国人正在想方设法地激化这个矛盾。不久之后，我安排在西部省份的密探便向我报告了他们了解到的情况：很多保皇派落入我们地方政府手中之后，要么被处以死刑、流放或者终身监禁，要么终日惶惶不安。我知道，他们中的大部分人还是愿意为新政府服务的。我愿意帮助这些人，让他们去发展、壮大自己的势力。而这些人做得也

---

① 这时，约瑟夫·富歇已经不是革命新贵。他是制宪议会中的富歇：他领导下的公安部就像雅努斯一样有两张脸。

② 布列塔尼地区是位于法国西北部的布列塔尼半岛、英吉利海峡和比斯开湾之间的一个大区，首府是雷恩。

③ 旺代位于法国西部沿海，卢瓦尔河以南。旺代战争是法国大革命期间发生的保王党反革命叛乱，也称“旺代叛乱”。1793 年 3 月，反对三十万人征兵令的农民蜂起，以法国西部旺代为中心逐渐扩大。但却被巴黎的共和国政府视为反革命和保王党起事，使在法国大革命期间苦战的国民公会陷入危机。如同朱安党人一般，由自封的天主教和皇家军队领导，起事于卢瓦尔河北方。

④ 朱安党是法国大革命时期发动叛乱的保皇派。

确实非常不错，甚至可以说，正是通过他们，或者说他们提供的信息，我才能顺利结束国内战争。

最严重的还是我们内部的问题。很多人都忙着争权夺利，计较着身份地位，后来，这一部分人更是越来越不耐烦，越来越苛刻，甚至开始不满督政府的统治。取缔了报刊后，我们还能自称民主管理和改革吗？《自由人日报》曾刊发评论说：“督政府的权力和国王的权力不相上下，在 10 月 8 日的演讲中，督政府的首脑不仅公开戕害共和党人，更是下达了关闭俱乐部的命令。”

当我来到卢森堡公园时，西哀士及其同僚根本不知道该如何应对报刊的言论。我随即向议会提议，查禁自由派报刊，管制反革命言论。然而，这项命令还没来得及发出，前方战事失利的消息便传来了——诺维失守了，更糟糕的是，儒贝尔将军牺牲了。

噩耗传来，督政府上下乱作一团。虽然噩耗惊人，儒贝尔将军的牺牲更是让人悲痛莫名，但我认为督政府不应该因此而懈怠，然而，得知这些消息后，督政府的所有人都无心工作。

对我们而言，战场失利是一个巨大的灾难，儒贝尔将军的牺牲更是令此事雪上加霜。儒贝尔将军是带着出征俄国的命令出发的，然而，为了和牧顿小姐的婚事，他耽搁了一个月。因为这宝贵的一个月，敌人得到了喘息之机。

据说，一个火枪手击中了儒贝尔将军，中弹后，将军倒地身亡。然而，目击者复述此事时却支支吾吾的，根本没有解释清楚其中缘由。后来，我又问了别的目击者，据他们说，当时那颗子弹是从一个小屋子里射出来的，敌人应该是提前埋伏在那里的。

儒贝尔将军，一个每次都会前往前线激励士兵的将军，怎么会给敌人安插卧底的机会？我们只能说，那颗子弹是我们自己阵营里的一个科西嘉人不小心射出来的。不过读者们，请你们不要试图从这里窥探那些隐秘的、不可告人的心思。出征埃及前，拿破仑曾经说过："你留在这里，儒贝尔。"就这样，儒贝尔这样一个淳朴、公正、果断、理智、热情的人，被那些阴谋夺去了生命，永远地离开了我们，而他的祖国，还在等着他去拯救！

在接下来的半个月里，督政府内一团糟，督政府的工作几乎难以为继。但就这样一蹶不振也不是长久之计，因此，我去拜访了巴拉斯，劝他振作起来，采取行动。当然，那个时候，西哀士也正在策划政变——他想发动一场稳赢不输的政变。让我振奋的是，在皮埃尔·罗歇·迪科那里碰面后，巴拉斯和西哀士终于下定了决心，决定开始自己的计划。

这时，我也只能孤注一掷了。首先，我要彻底解决报刊言论的问题，因此，一夜之间，我直接取缔了十一种报刊——这些报刊都是为雅各宾派和保皇派服务的。接着，因为很多作者散布谣言、激化矛盾、破坏团结、制造分裂，因此，我又下令逮捕了一批作者。

取缔报刊、查封报社、逮捕作者之后[①]，督政府才向议会发出通告，通告说准备在法庭上传讯一些记者。当我汇报完此事后，议会内立刻变得嘈杂起来，议员布瑞尔首先对我进行了人身攻击，然后，他又要求议会解除我公安部长之职。不过第二天，在《编者》和《管理者》杂志上，督政府刊发文章，对我的工作进行了表扬性报道。

为了继续推进我们的计划，我们开始拉拢莫罗。我们可以确定，莫罗是一位坚定的共和党人，并且他厌恶无政府主义。不过，他在政治上的表现过于软弱，因为，他并不能让我们完全放心。不过，只要我们持续不断地鼓励他、支持他，那么这样一个软弱胆小、毫无野心的人还是可堪一用的。况且我们也没有别的选择了，在所有的将军里，我们只能依靠他。

① 这是约瑟夫·富歇治理国家的套路—排除异己。在拿破仑·波拿巴政权下，他也采用了相同的策略。

诺维之战，在此战中儒贝尔将军牺牲

政局越来越动荡。意大利失守后，荷兰和比利时也面领着失守的危险：8 月 27 日，英俄联军在荷兰北部登陆。在这种情况下，人民党更加活跃，秘密会议召开的次数越来越多。在五百人院中，儒尔当和皮埃尔·奥热罗开始自称领袖；在参议院中，贝尔纳多特掌握着战事的发言权。

两百名议员加入了人民党。两百人，虽然算不得议会的大多数，但这已经是一股相当强大的力量了，况且督政府中的穆棱和高杰还是他们的幕后支持者。最开始的时候，为了平衡政府中的党派，巴拉斯提拔了穆棱和高杰。如果巴拉斯没有和西哀士翻脸，那么他只需要担心自己是否会被夺权。但现在巴拉斯的处境更加严峻。为了共和国，我必须保全巴拉斯。结果，到了最后，我们失去了人民党的支持。

儒尔当向激进党（人民党）发出了党内紧急通报，宣布人民党处于危险之中。对我们而言，儒尔当的这份党内紧急通报近乎于挑战书。

前一天晚上，督政府在弗雷热维尔家中召开了紧急会议。当时，我便就此事提出过预警。紧急会议结束后，参会人员大都马上回到了自己的岗位上。

人民党指出了我们当前所处的形势：“意大利被困，荷兰被入侵，英俄联军已经守在法国的北大门，瑞士的政局动荡，保皇派猖獗，共和党人却被当成恐怖分子和雅各宾派被追捕。”“在边境上，保皇派虎视眈眈，就像当年 7 月 14 日为自由而战的共和党人一样！……”

儒尔当向两院提议说督政府应该远离那些对革命不够热情的人。随后，他正式宣布人民党进入紧急状态。如果督政府接受了他的提议，那么国内的暴力活动将会愈演愈烈。但我们现在需要做的，则是努力控制暴力运动，尽量避免暴力运动的扩大化。

儒尔当的这项提议引起了激烈的讨论，同时，人民党也提出了进入紧急状态的方案。不过，或许是良心不安，又或许是软弱，儒尔当决定第二天再做决定。这给了我们缓冲的时间。

我从其他人那里得知，在一些激进党（人民党）的怂恿下，贝尔纳多特将会骑上战马，以保卫革命的名义发动叛乱。尽管公安部全力封锁消息，但新旧雅各宾派的人还是纷纷响应号召。此时，我和巴拉斯必须说服贝尔纳多特。无论是性格，还是行动，贝尔纳多特都不是一个狠厉决绝的人，因此，毫无疑问，这一次，他想为理想、为自由而奋斗。不可否认，这是一种崇高而伟大的想法。想明白了这一点之后，我们便知道如何说服他了。

首先，贝尔纳多特不敢违背儒尔当制订的方案，第二，他同样不敢忤逆莫罗，不敢反对莫罗提出的改变政府性质的方案。

于是，我们便告诉他说："儒尔当和莫罗的方案都是不可靠的，当危机来临时，根据这些挑事者提出的方案成立的政府只会不堪一击。"此外，我们还向他承诺道："只要我们的对手不推翻宪法，我们就会一直遵守宪法。"

巴拉斯还说："贝尔纳多特，与其成为反对政府党羽的牺牲品，不如保住自己的战事统帅之职。"当然，这只是巴拉斯的旁敲侧击，说完这句话后，我们便起身离开了，巴拉斯没有再做任何解释。

西哀士和皮埃尔·罗歇·迪科一直担心政变。当确认两院周围集结了大批人马，人民党宣称自己已经获得三位将军的支持，准备推翻现任政府后，西哀士和迪科更是惶惶不可终日。

西哀士以国家领导人的身份召见了贝尔纳多特，假意表扬了他作为战事统帅的功绩，并提出，为了表彰他为共和国做出的贡献，已决定提拔他为部长。有了这个铺垫后，西哀士认为我们可以立即行动了。

勒费弗尔将军接到了与我配合行动的命令，在必要的情况下，我们可以动用武力解散聚集的团伙。勒费弗尔将军有着大兵的耿直，是个值得信赖的人。

这时，在皮埃尔·罗歇·迪科家中，西哀士和巴拉斯终于做出了撤掉贝尔纳多特职务的决定，而对于此事，穆棱和高杰则完全不知情。为了平息穆棱和高杰的怒火，西哀士和巴拉斯保证，在新部长的任命上，他们二人可以获得更大的发言权。于是，在巴拉斯的支持下，高杰向督政府举荐了杜波瓦。

关于儒尔当的提议，各方都显得咄咄逼人。一部分人希望督政府能够保持原来的部长制度，另一部分人则希望政府采取公众议事制度，然而，这两种主要观点的背后藏着不同党派的各自盘算。

舍尼埃、吕西安和布雷·莫尔特先后否决了儒尔当的提议，拿破仑的弟弟吕西安认为，解决当前危机的唯一途径就是加强行政执法权威。但另一方面，吕西安本人也反对独裁，他说："难道我们之中就没有人可以像布鲁图斯那样站出来，勇敢地惩罚祖国的敌人和懦夫们吗？"雾月 18 日这天，吕西安为他们两个月后的胜利铺平了路。

人们都明白，那时的吕西安宁愿接受内部矛盾重重的督政府，也不愿意接受独裁政府，他的哥哥拿破仑不是为了独裁政府而在埃及浴血奋战。对吕西安来说，自由非常重要，在争取自由的道路上，他不会有丝毫的犹豫和退缩。仅凭这一点，吕西安就比那些畏首畏尾的将军们强了几百倍。那些懦弱的将军们既害怕承担责任，又没有勇气真正地推进改革。

贝尔纳多特被调离战事部长的消息传出后，五百人院沸腾了。从这件事中，儒尔当看到了政变的迹象，于是，他要求议会全天值班。然而在议会里，他的提议被全部否决（245:171），一百零二名最激进的议员对结果提出异议。

围在议会门前的人们越来越激动，辱骂声不绝于耳，巴黎民众也变得惊恐不安。但幸运的是，在持续抵制后，人民党有所懈怠，再加上我行之有效的军事措施，最终，所有的动乱都被平息，巴黎又恢复了宁静。

贝尔纳多特（右二）与家人

在议会中，我们也大获全胜，参议院否决了剥夺政府在宪法许可范围内调用军队的权力。

不过，这也只是权宜之计，我们的祖国确实面临着危险，各派别之间依然存在着明争暗斗。

虽然我们宣布说贝尔纳多特的离职是他本人的意愿，但贝尔纳多特离职事件依然产生了一些不利于督政府的影响。在一封面向公众的陈情书中，贝尔纳多特这样解释："与大家想的不同，我并不是被革职查办的，我希望，历史能够告诉大家真相。"同时，宣布从此退休的他也恳请督政府考虑他的改革方案："我觉得，这也算是对我二十年来不间断为政府服务的奖赏吧。"

议会和督政府再次陷入沸沸扬扬的争吵中，人们再一次迷失。正如我经常说的那样，这个时候，"只有一位强有力的领航人才能让国家这艘船靠岸[①]"。

① 这句话是富歇为了巧妙引入雾月18日政变。

第 6 章
拿破仑·波拿巴凯旋

精彩看点

转机——拿破仑回巴黎之前——约瑟夫和吕西安的真实想法——我的建议和决定——身无分文的约瑟芬——我确定拿破仑即将归来——出人意料的拿破仑——归来前夕——拿破仑归来——拿破仑的誓言——国内的政治形势——拿破仑取得所有人的支持——私人委员会——塔列朗——神秘人物——西哀士身边的人——塔列朗的保证——吕西安反对拿破仑

两件事为我们带来了转机，也拯救了我们的国家。第一，9月25日，在苏黎世战场，我方大捷，马塞纳将军[①]率部击退了俄国人，守住了我们的边境。因为此次大捷，巴黎转危为安。第二，10月9日，拿破仑凯旋，在弗雷瑞斯[②]登陆。随后，他不顾卫生隔离保护法的限制，于10月16日回到了巴黎。

在这里，我想先停顿一下，插叙一些内容。人类的所有活动大都是由各种动机下的冲动促成的。也就是说，人类很难把握事情的结果。在平常人看起来毫不起眼的线索，对于国家领导人来说，经常是致命一击。大人物们总能在有意无意间察觉到这些致命的细节。我现在要插叙的事情发生在拿破仑回巴黎之前，在拿破仑回到巴黎的五六个星期之前，曾

① 即安德烈・马塞纳（1758—1817），封里沃利公爵、埃斯林亲王，是法国大革命和拿破仑战争中重要的法军指挥官，1804年拿破仑称帝后首批获授帝国元帅的十八名法军将领之一，被昵称为“胜利的儿子”。众多军事史学者都认为，除了拿破仑外，当时没有一位指挥官比他更杰出。拿破仑的将军多数都接受过法国或欧洲军事教育，但马塞纳没有。拿破仑称赞他是帝国中最优秀的人。不少法国元帅都曾经在马塞纳指挥下作战，这在欧洲历史上非常罕见。

② 弗雷瑞斯是位于法国普罗旺斯－阿尔卑斯－蓝色海岸大区瓦尔省的一个镇。城市的东西都是山区。夏季炎热干燥，冬季温暖湿润。弗雷瑞斯的意思是恺撒的市场。弗雷瑞斯也是座海滨度假都市。

有人向我汇报说，在讨论国家事务时，在我办公室供职的两个人提到了拿破仑，说他很快就要回来了。我命人去查证这个流言起于何处，而且我隐隐约约地觉得这类预言似乎有一种神奇的力量，这个想法让我异常震惊。

不久之后，我就从约瑟夫和吕西安周围的人那里获知了他们的真实想法。他们两人深信，一旦收到他们的信件和包裹，即便是面临着英国战舰的威胁，拿破仑也会不顾一切地回到巴黎。不过，因为此事实在渺茫，所以他们不敢和任何人说起这些。事实上，拿破仑的一位密使向我坦白了更多内幕。

我立刻找到了巴拉斯，告诉了他我所知道的情况。但在这件事情上，他似乎无计可施。于是，我提议说："要么从拿破仑的两个兄弟那里下手，要么从约瑟芬[①]那里下手。"最后，我决定从更容易接近的约瑟芬那里了解情况。

真不知道她这个人是怎么挥霍自己的钱财的，当我找到约瑟芬的时候，她竟然身无分文。要知道，在出征埃及前，拿破仑曾给她提供过一笔四万法郎的巨款，而且在此后的一年之内，远在埃及的拿破仑还给她汇过两次款，每次的汇款数目都是四万法郎。

后来，我才得知，这个女人沉迷于赌博。鉴于约瑟芬一贫如洗，所以我亲手交给了她一千金路易[②]，对我后来的事业来说，这次的无心之举影响深远。

通过她，我得知了很多事情，因为她看到的是整个巴黎，而巴拉斯

① 约瑟芬·德·博阿尔内（1763—1814），原名玛丽·罗丝·约瑟芙·塔契·德·拉·帕热利，拿破仑·波拿巴的第一任妻子，法兰西第一帝国的皇后。约瑟芬生于当时的法国殖民地马提尼克，在巴黎附近的马尔梅松城堡去世。

② 波旁王朝货币单位。1640 年，法国国王路易十三以自己的名义铸造了新的货币。印有路易十三头像的该货币于 1792 年停发。

拿破仑的第一任妻子约瑟芬

只能看到巴黎的一部分。

这个女人和时任督政府领导人的高杰往来频繁，也经常在自己的家里接待高杰的夫人，她还常常向高杰的夫人抱怨拿破仑的两个兄弟——很明显，她与那两人的相处不是很愉快。通过汇总各方消息，我终于确定，拿破仑的确就要回到巴黎了。所以，当其他人还处于震惊状态的时候，我已经做好了应对此事的准备。

在夺取政权这件事上，拿破仑算不得什么伟人。能者居之，权力本就该掌握在最有胆识的人手中，因此，只需要展示出自己非凡的勇气和能力，拿破仑便可以轻而易举地摘取胜利的果实。

然而，出乎所有人预料的是，拿破仑居然真的离开了高歌猛进的军队，穿越了敌人的封锁线，并在合适的时机突然出现在公众面前，控制了所有党派，平衡了各派利益，顺利掌控全局。而且他只用了二十五天便完成了这一切，真是一个老道、坚韧、果敢的人！这段时间发生的事情完全可以写一本巨著，一本讲述他从现身巴黎开始，到最终掌控全局的巨著。

抵达巴黎前，拿破仑在阿布基尔①获胜的消息就传遍了巴黎的大街小巷。当然，我也注意到，某些党派非常卖力地宣传此事，甚至不惜神话阿布基尔大捷。

从埃及传来的密件显示，约瑟芬和拿破仑两个兄弟的活动越来越频繁，而且气氛越来越欢快。约瑟芬对我说：“他能回来该有多好！如果他知道了我们现在面临的困境，那么他一定会回来拯救我们，想办法解决眼前的问题！”

十五天后，拿破仑突然回到了法国。在艾克斯、阿维尼翁、瓦伦西亚、

① 阿布基尔是地中海沿岸埃及的一个村落，1799 年，拿破仑率领的法国东方军团在阿布基尔打败了奥斯曼土耳其，赢得了阿布基尔战役的胜利。

阿布基尔之战。拿破仑的军队与埃及人交战

阿布基尔之战，法军与敌军在沙滩上交战

维也纳，尤其是在里昂，拿破仑走到哪里，哪里就挤满了热情迎接他的人。人们渴望拥有一位强有力的领袖，而拿破仑正是这位带来希望和好运的领袖。

拿破仑凯旋的消息传到巴黎后，巴黎市民们的心中也开始升腾起一种希望和欢欣。虽然这种盛况之下肯定有人为的因素，甚至是隐秘的操作，然而不可否认，得知拿破仑即将归来后，全巴黎都沸腾了。也正是从那时起，拿破仑开始以法国的救星自居。

虽然共和党人本能地警惕拿破仑的行为，虽然督政府内部也有一些不满——毕竟拿破仑是擅自离开军队的，毕竟他违反了健康保障法，但他们又能如何呢？如果政府的威信足够高，如果政府足够强势，那么拿破仑的所作所为必将受到应有的惩罚。然而，当时的情况是，得到了全国人民拥戴的拿破仑根本不惧督政府。

然而，督政府内部——甚至可以说是法国内部——的情况异常复杂，拿破仑又该如何平衡其中的利害关系，让各派达成共识呢？

回到巴黎后的第二天，拿破仑便前往卢森堡公园，向督政府汇报自己已经离开埃及、回到巴黎的事情。在卢森堡公园，拿破仑把手按在剑柄上，发誓说自己回到巴黎是为了拯救处于危难中的祖国，他只会为共和与政府而战。督政府似乎相信了他的宣誓，而这也是他滥用这信任的开始。得到督政府领导的信任后，拿破仑坚信，只要方法得当，他必将取而代之。

首先，他分析了国内当前的政治形势：以儒尔丹为首的人民党（又被称为木马集团或激进党）正陷入一场无休止的纷争之中；以巴拉斯为首的党派中净是革命投机分子，拿破仑将之称作“坏掉的党派”；西哀士麾下的管理者们和法官们大多是一些温和派别的人，他们一心想着巩固革命的果实。

此前，拿破仑得到了雅各宾派的全力支持，可以说他就是在雅各宾派的支持下发展起来的。现在，他要和这些人结成联盟吗？然而，只有离开了雅各宾派，他才能得到其他党派的信任。

比如说，他拿什么取得巴拉斯——这个他口中坏掉的党派的头目——的谅解呢？再比如说，以西哀士为首的这一派人只想为国家真正的主人效劳。也就是说，其实没有一个党派愿意帮助拿破仑，愿意帮他达成篡位的愿望。然而，到了最后，他还是成功说服了所有人，说服了督政府中的巴拉斯，说服了西哀士，尤其是说服了具有坚定信念的穆棱和高杰，得到了他们所有人的支持。

然后，拿破仑成立了一种类似私人委员会的机构，这个机构的成员包括他的两个兄弟、贝尔西耶①、雷诺②、罗德尔③、瑞尔④、布瑞克斯⑤以及塔列朗。虽然塔列朗被木马集团排挤出局，被迫辞掉部长之职，但凭借着随机应变的本事，他很快就在拿破仑的私人委员会中崭露头角。最开始的时候，塔列朗心中还有一些担忧和疑虑，他担心拿破仑集团不欢迎他，毕竟当初是他向督政府提议远征埃及的。

加入拿破仑的私人委员会后，塔列朗凭借着敏锐的嗅觉，从人群中发现了一个神秘人物。此人对时局了如指掌，清楚地知道塔列朗可以从中获得什么样的好处。这个人向塔列朗指出了政府的伤口所在，并且为他分析了各党派的动向，此外，塔列朗还从他那里获悉了西哀士的情况。

在皮埃尔·罗歇·迪科家聚会之后，筹备发动政变就成为西哀士工作的重中之重。西哀士身边的人可以简单地分为两派：一派是激进的共

---

① 路易－亚历山大·贝尔西耶（1753—1815），法国元帅、拿破仑的参谋长。

② 雷诺（1760—1819），法国政治人物、律师、记者、三级议会议员，第一帝国时期参议员。曾获得帝国伯爵勋章，法兰西学院成员。

③ 罗德尔（1754—1835），雾月政变前，他是拿破仑和西哀士之间的联络员。

④ 瑞尔（1770—1841），法国大革命时期第一帝国将领。

⑤ 布瑞克斯（1759—1805），海军将领，政治人物，曾担任海事部长。

雷诺

布瑞克斯

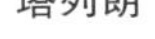

塔列朗

和党人，一派是他的拥趸。那些激进的共和党人非常后悔当初投票支持他，因此，这些人已经站在了西哀士的对立面；而他的拥趸则盘踞在参议院中。在督政府的所有领导人中，西哀士给出的承诺是最多的，在这一方面，巴拉斯也不能和他相提并论。

这个神秘的人还向塔列朗透漏道："巴拉斯摇摆不定，不知道是该选择西哀士，还是该选择穆棱和高杰；穆棱和高杰这两人则被时局牵引着，是激进党（人民党）或雅各宾派的支持者。如果不出意外的话，五百人院中的大多数人都会选择支持他们两人，参议院中的一部分人也会选择支持他们。"

从其他幕僚那里，塔列朗也证实了那个神秘人透漏的消息。然而，所有人都不知道这个神秘人的真实意图。表面上看来，此人不相信巴拉斯，与西哀士的关系也比较疏远，与穆棱和高杰的关系还算亲密。

据说，这个神秘人曾建议穆棱和高杰取代西哀士。不过一方面，对督政府的领导人都有年龄限制；另一方面，穆棱和高杰也有些怀疑这个神秘人的动机，因此，他们以年龄为借口，否决了他的建议。此后，这个神秘人开始找人接近西哀士。

在这个过程中，塔列朗找到了舍尼埃，舍尼埃又找到了达努。在塔列朗、舍尼埃、达努和西哀士的第一次秘密会议中，塔列朗向其他三人保证道："只要我能继续做第一执政官，我就不会过问政府的方向。"

这次秘密会议后，秘密议员会议就接二连三地召开。有时候，开会的地点是在勒玛①的家中，有些时候，开会地点则是在弗雷热维尔的家中。

令人难以置信的是，最开始反对拿破仑的竟然是他的弟弟吕西安。

① 路易•尼古拉•勒玛（1755—1849），法国政治人物，三级议会议员，参议院议员，在执政府期间担任参议院主席。

吕西安对那些支持拿破仑的人说："你们都不了解他，一旦成为政府的最高领导人，他绝对会把政府当作战场，那时，他会控制一切，命令一切！"

但八天之后，吕西安却积极地配合了拿破仑的行动。就像很多共和党人一样，在荣誉和财富的诱惑下，人们对拿破仑的怀疑逐渐消散。

有人说，在这次行动中，我什么也没有做，只是顺便摘取了胜利的果实。事实上，拿破仑能够成功夺权，我功不可没。但在当时的情况下，我的大功不适合公之于世。

如果没有我的支持，圣克劳德革命[①]就不会成功。那个时候，我大可以掩护西哀士，给巴拉斯通风报信，提醒穆棱和高杰。或者说，只要我稍微帮衬一下杜波瓦，那么，拿破仑的一切革命计划都将失败。然而，对我来说，这么做有什么意义呢？为什么不去支持一位强有力的领导人呢？当时，我认为拿破仑是唯一一个能够带领我们走出困境的人，因此，我已经下定了决心。

的确，精明的拿破仑不会告诉我他的全部行动方案，他绝不会只受制于一个人。但为了取得我的信任，他还是和我谈起了自己的行动方案，我也通过此次谈话确定了法国的未来已经掌握在他的手中。

在瑞尔家召开的两场会议中，我直接指出了他现在面临的困境：他的当务之急是制止共和党人过度的革命热情。

一方面，从政治上来说，拿破仑比不上克伦威尔。但从另一方面，

① 这里指雾月政变。雾月18日晨，吕西安·波拿巴用巴黎发生了雅各宾派政变的谎言欺骗了委员会，并以安全为由说服他们前往位于巴黎郊区的圣克劳德宫。而负责五百人院出行的安全并被授予当地全部兵权的正是拿破仑本人。雾月政变是西哀士连同拿破仑、富歇和塔列朗谋划的夺权计划。西哀士与拿破仑结盟，共同策划政变，并在共和八年11月18日至11月19日（1799年11月9日至11月10日）发动政变，迫使督政辞职，驱散立法议会成员，组成执政府。政变后由西哀士、拿破仑、罗歇·迪科任临时执政。西哀士起草新的宪法，但被拿破仑破坏。拿破仑此后控制了法国。

在拉斐特侯爵、迪穆里埃[①]和拿破仑这三位将军中，拿破仑的优势又是那么明显！

现在，各党派都在等着拿破仑行动。从战场凯旋而归的他有众多的追随者，非常受民众爱戴，然而，他也让督政府的领导人们隐隐不安。穆棱和高杰成为督政府的希望，但这两人却竭尽所能地向拿破仑示好、表忠心，想以此取得他的信任。他们两人提议升拿破仑为意大利军队的统帅，西哀士则明确反对此事，巴拉斯也说拿破仑在意大利的使命已经圆满完成，因此，他不需要再回战场了。然而，当督政府的最高领导人高杰表露出想擢升拿破仑的想法时，拿破仑冷冷地拒绝了他。我看得出来，当时的拿破仑还在犹豫，在这场革命中，他在西哀士和巴拉斯之间犹豫不决，不知道该选谁作为自己的盟友。

也就是在这个时候，我建议拿破仑速战速决，并建议他接近巴拉斯，远离西哀士。我多么希望这也是他的想法。我对他说："保住巴拉斯，厚待军队党派，拖住西哀士，同时削弱贝纳多特、儒尔当和奥热罗的权力。"我觉得我的话以及瑞尔的暗示似乎起到了那么一点儿作用，拿破仑向我们承诺说他会接纳巴拉斯。

接到我们的消息后，巴拉斯向拿破仑发出邀请，邀请他第二天——也就是雾月 8 日——共进晚餐。当晚，我和瑞尔来到拿破仑的家中等待消息，在那里，我们还遇到了塔列朗和罗德若。不一会儿，院子里便响起了马车声，拿破仑回来了。

见到我们后，拿破仑说道："嗯，好吧！你们知道你们的巴拉斯想要什么吗？他承认自己没有能力控制现在的局势，因此他想为共和国找一位当家人，但他想找的这个人就是他自己。嗬，这样一个人，我还有什么好说的呢！"

① 即查理－弗朗索瓦·迪穆里埃（1739—1823），法国大革命期间名将。

迪穆里埃

我同意，在这一点上，我们确实无能为力，但我心中还抱有一丝希望，想让巴拉斯认清自己的处境，想告诉他，只有和拿破仑站在一起才能挽救当前的局面。因此，我向拿破仑承诺说："我会和瑞尔一起批评这个人的，他居然这么不信任我们！我们必须向他说明（让他明白），对他而言，除了把自己的命运和一位伟人绑在一起之外，他已经没有别的出路，现在也不是靠计谋就可以取胜的时候了！现在，我们必须把这个人拉到我们的阵营之中。"

拿破仑说道："那就去做吧！"

于是我和瑞尔一路小跑，赶到巴拉斯家中。到达那里后，巴拉斯先开口了，他告诉我们说拿破仑一直不想正面回应他提出的条件。我们和他分析了他现在所处的境地，告诉他督政府的人心在拿破仑那一边。最后，巴拉斯终于同意了我们的建议，向我们承诺说他明天就去告诉拿破仑自己的想法——他愿意随时听候拿破仑的派遣。我们知道，如果没有巴拉斯，我们做的一切都是徒劳。

然而，拿破仑也已经下定了决心，他决定和西哀士站在一起，而且他们已经签订了盟约。团结了共和国上下这么多人后，拿破仑当然会选择对他最有利的政策。一方面，拿破仑误导着穆棱和高杰，让他们摸不清他的动向；另一方面，他又对巴拉斯、西哀士和罗杰·杜克玩起了"拖"字诀；甚至我也只能通过瑞尔了解他的动向。

从雾月 9 日起，局势变得越来越紧张，各方都在招兵买马。塔列朗把西蒙维尔[①]以及另外两位优秀的将领伯农维尔[②]和麦克唐纳[③]拉入了我

① 夏尔·路易·于盖（1759—1839），即西蒙维尔侯爵。

② 皮埃尔·里埃尔（1752—1821），法国大革命期间的法国将领，封伯农维尔侯爵，被授予法国元帅。

③ 麦克唐纳（1777—1837），那不勒斯王国国防大臣。

们的阵营。在银行家里面，我们拉拢到了高罗——他为我们提供了两百万的贷款。

同时，我们也开始暗中加强巴黎的警卫，起用了之前在拿破仑手下征战意大利的两个骑兵团，让•拉纳①、缪拉②和勒克莱克③则受命去拉拢主要军官。除了上面提到的三位将领以及贝尔西耶和马尔蒙④之外，索绪尔⑤和勒费弗尔将军也加入了我们，接着是莫罗和蒙塞。后来，莫罗曾后悔地坦承，拿破仑才是国家改革所需要的人。

在最具有煽情能力的吕西安、布雷和雷尼尔的运作下，拿破仑获得了西哀士拥趸们的支持，这些人分别是沙扎尔⑥、弗雷热维尔、达努、勒玛、卡巴尼斯⑦、勒布伦⑧、库尔图瓦⑨、高尔奈⑩、法尔格、巴拉庸⑪、韦乐鞑、古皮尔⑫、威玛⑬、布特维尔、尼岱⑭、爱尔威⑮、德克鲁、卢梭和雅里⑯。

---

① 让•拉纳（1769—1809），封芒泰贝洛公爵。

② 若阿尚•缪拉（1767—1815），法兰西第一帝国军事家、元帅。

③ 勒克莱克（1741—1800），法国大革命期间将领，曾参加埃及战争。

④ 奥古斯特•德•马尔蒙（1774—1852），法国将军和贵族，封拉古萨公爵。

⑤ 索绪尔（1774—1841），法国大革命期间将领。

⑥ 沙扎尔（1766—1840），法国政治家。曾担任国民公会议员。

⑦ 卡巴尼斯（1757—1808），医生、哲学家、议员、雅各宾俱乐部成员。

⑧ 查理•弗朗索瓦•勒布伦（1739—1824），雾月政变的主要参与者，曾担任执政府第三执政官。死后葬于拉雪兹公墓。

⑨ 库尔图瓦（1754—1816），议员、雾月政变的主要参与者。曾经向拿破仑揭发阿瑞纳谋反事件。

⑩ 高尔奈（1750—1832），法国政治家、雾月政变的支持者。

⑪ 巴拉庸（1743—1816），法国政治家、雾月政变的支持者。

⑫ 古皮乐（1727—1801），法国政治家、雾月政变支持者。审判路易十六时，他选择支持国王，支持天主教，但主张废除封建头衔。

⑬ 威玛（1744—1829），雾月政变的支持者、议员、贵族院成员。

⑭ 尼岱（1755—1834），法官、雾月政变支持者。

⑮ 爱尔威（1753—1824），农学家、政治家、雾月政变支持者。

⑯ 雅里（1739—1805），政治家、雾月政变支持者。

指挥骑兵作战的缪拉将军

马尔蒙将军

手握战刀的让·拉纳将军

议会上下都在暗地里盘算着最佳的时机和方案。就在此时，杜波瓦冲到了督政府，向穆棱和高杰揭发了拿破仑，并要求他们立刻逮捕此人，还主动请缨，准备亲自抓捕拿破仑。然而，穆棱和高杰拒绝了他的要求，因为他们两人非常信任拿破仑。当杜波瓦开始揭发拿破仑时，穆棱和高杰既没有立即找巴拉斯商议此事，也没有立刻采取任何措施，反而要求杜波瓦提供证据。

他们居然要证据，但密谋造反的人怎么会轻易让他人拿到证据呢？那些人，他们在西哀士家、在拿破仑家、在贝尔西耶家、在让·拉纳和缪拉家，那些人，在老人议会高级议员的沙龙里，在秘密委员会的会议室里。情急之下，杜波瓦紧急从卢森堡公园调回了一位警察，命其向穆棱和高杰说明一切。为了详细询问事情的真相，这两位领导人把这个警察单独关了起来。然而，在恐惧和迷茫之下，此人跳窗户逃走了。那个警察的逃跑，以及我的一些手段，使这两位领导人顾不上考虑杜波瓦这样做的用意。此后，我迅速将此事告知拿破仑。

拿破仑这边立刻开始行动，吕西安召来了沙扎尔、卡巴尼斯、埃米尔[①]，并给他们分配好各自的任务。一切准备妥当之后，在雷加米埃夫人[②]的家里，吕西安开始为军事暴动寻找法律依据。五百人院是吕西安的老本营，到时候，它也是拿破仑这一派有力的法律杠杆。

在吕西安的心中，爱情和事业就像两把熊熊燃烧的大火，一直以来，吕西安都为雷加米埃夫人所倾倒，醉心于她的温柔和妩媚，因此，在雷

① 埃米尔（1768—1822），卢瓦尔地区议员，督政府时期五百人院议员，雾月政变支持者。执政府时期供职于法案评议委员会。

② 雷加米埃夫人，即珍妮·弗朗索瓦丝·朱莉·阿德莱德·雷加米埃（1777—1849），是继乔芙兰夫人之后又一位法国著名沙龙主办人，托克维尔就曾是她沙龙里的座上宾。她经历了法国大革命，目睹了法兰西第一共和国、法兰西第一帝国的兴起和覆灭，又亲历了波旁王朝的复辟和七月王朝的建立，最后在法兰西第二共和国建立的第二年死去。

少女时期的雷加米埃夫人

成年后的雷加米埃夫人

加米埃夫人的陪伴下，吕西安的斗志更加昂扬。

为了掩饰即将发动的政变，督政府用为拿破仑庆功的名义举办了一次宴会，并邀请了各界精英。虽然宴会非常隆重，但宴会的气氛却分外冷清，各方都在默默地观察着其他人。因为身份尴尬，拿破仑早早离席了，此后，宴会上的众人也不知该如何自处。

和吕西安达成一致后，雾月 15 日，拿破仑和西哀士进行了会晤，商议 18 日的具体布置。政变的核心是推翻现在的督政府和立法委员会，但在这个过程中，他们不能动用武力，而要走和平的法律程序——当然，这其中免不了欺骗和胆量。

第 7 章

雾月政变

精彩看点

移交立法权——拿破仑·波拿巴夺权——巴拉斯的妥协——高杰和穆棱的抵抗——特殊监察会议——确立“三人”临时执政——拿破仑私人委员会成立——在参议院初战告捷——“五百人院”的乱局——拿破仑被推下主席台——吕西安·波拿巴的决定——拿破仑发兵解散议会——缪拉与穆棱开战——雾月政变——“雾月19日”法令——新政府迁回卢森堡公园

这时，参议院颁布了一项法令。该法令要求立法委员会把权力移交地点定在圣克劳德。选择圣克劳德是为了避免牵扯到群众运动，而且如果政变中真的涉及武力行为，那么远离巴黎的圣克劳德也可以更加方便稳定地调动军队。鉴于拿破仑和西哀士已经控制了议会的一部分人，所以政变的主要发起人在布里德耶酒店[1]举行秘密会议，会议决定于雾月16日向参议院主席勒玛发出最后的指示——这所谓的最后指示其实就是雾月18日10时杜伊勒里宫参议院中将要发表的演讲。负责参议院特殊监察会的高尔奈是负责发出信号的人。

宪法第三条规定，参议院有权把五百人院迁出巴黎。在拿破仑回到巴黎之前，时任特殊监察会主席的巴丁[2]就提醒过西哀士，这意味着参议院可以推翻政府。1795年的时候，巴丁参加了宪法的制定工作，并且负责撰写了其中很大一部分内容。得知拿破仑凯旋登陆法国后，巴丁因为兴奋过度而辞世。那时，他觉得这一切都是天意，上帝终于派人来拯救法国了——拿破仑就是他本人和他所在的党派苦苦等待的人。高尔奈接手特殊监察会后，那里成了政变的一个重要窝点。除了革命热情外，在

① 布里德耶酒店位于今巴黎十六区，靠近戴高乐广场。

② 巴丁（1748—1799），法国革命家、政治家，反对处死路易十六。

能力和影响力方面，高尔奈这位新任主席都无法与巴丁相提并论。

最重要的是架空当时督政府的最高领导人高杰。为了更好地迷惑他，拿破仑向高杰发出了邀请，邀请他于18日当天来自己的家中赴宴，与自己的妻子和两个兄弟共进晚餐。另外，在同一天早上8点，拿破仑还邀请了他们这一派所有的将军共进午餐。接着，拿破仑又宣布他开始接受巴黎卫戍士兵和国家警卫士官们的拜见。要知道，自从拿破仑回到巴黎后，这些人就一直期待着见到他。

现在唯一的困难便是高杰。如果他突然警觉，他便可以召集激进党（人民党）和所有反对政变的将军们阻止政变。我非常清楚这一切。为了确保行动万无一失，这次行动的关键就是控制住高杰。

午夜，拿破仑夫人通过自己的儿子欧仁·德·博阿尔内[①]向高杰发出邀请，邀请他们夫妇二人早上8点来家中做客。在给儿子的信中，拿破仑夫人写道："我要和他们夫妇讲一些重要的事情。"然而，早上8点这个时间点引起了高杰的怀疑，因此，他决定让他的妻子单独赴约。

早上5点的时候，参议院的主持人高尔奈突然召集参与政变的人，命他们着手准备即将发表的演讲。参议院和五百人院都彻夜未眠。参议院开会的时间是在早上10点，五百人院的召开时间则是中午。对五百人院来说，它的职责仅在于听取早上参议院关于移交权力的法令，然后闭会。这项在参议院里得到足够多选票的法令已经具有了合法性（法律效力）。

在立法委员会中，在督政府中，在拿破仑身边，我都安排了密探，命他们随时向我报告发生的一切。早上8点，密探汇报说参议院的主席

① 欧仁·德·博阿尔内（1781—1824），法国军事家。欧仁出生在巴黎，其父在雅各宾专政时期被控叛国罪，送上断头台。后来，其母约瑟芬嫁给了拿破仑·波拿巴，欧仁被拿破仑收为继子。欧仁被历史学家认为是波拿巴皇室中最有才能的人物之一。

欧仁·德·博阿尔内（左一）与家人

已经完成了自己的使命：发表完了浮夸的演讲，代表共和国把立法机关转移到了圣克劳德，并且任命拿破仑为所有军队的统帅。密探还汇报说接下来便是投票阶段了。于是，我马上上车，立刻赶往杜伊勒里宫。在杜伊勒里宫，我得知任命的法令已经被通过。将近 9 点的时候，拿破仑的住所已经出现了军队。将士们站满了大街小巷，院子里挤满了拿破仑的追随者和朋友，巴黎护卫团以及各省兵团都派来了协助的代表。

当我走进拿破仑的鹅卵形办公室时，他正和贝尔西耶、勒费弗尔将军一起焦急地等待着参议院的结果。我告诉他议会已经决定任命他为军队的统帅，任命书应该马上就传过来了。同时，我向他反复表达我对革命的热情和忠心，并且告诉他说我已经派人封锁了所有的邮政局，控制了所有的信使。就在这时，有几位将军走了进来。

拿破仑说："没用的，人们都看到了，这是人心所向，人们都知道我是为了国家才这样做的，而我也会遵守议会的法令，保证公众的安宁。"

话音刚落，约瑟芬突然冲了进来，她面色难看地告诉我们："高杰没有赴约，他只派来了他的妻子。"

拿破仑随即大喊道："派人写信叫他来，快！"

几分钟后，高尔奈来了，他带来了议会的正式任命书，拿破仑从他手里接过了共和国的未来。于是，拿破仑立刻走出房间，告诉自己的追随者们，自己已经被任命为军队的总指挥。接着，拿破仑带领着所有的将军、高级士官，以及缪拉刚刚从巴黎护卫队带过来的一千五百匹战马，浩浩荡荡地向香榭丽舍大街走去。

与此同时，拿破仑建议我去督政府那里探听一下政府对立法机关转移的看法。于是，我首先回到了我自己的办公地点，在那里签署了革命声明，并命人迅速将之传达下去。接着，我便向卢森堡公园走去。

大约 9 点的时候，我找到了巴拉斯、穆棱和高杰。那时，他们三人居然不知道巴黎发生了什么。当达连夫人强行闯入巴拉斯家中，冲到浴

身着法兰西传统服饰的达连夫人

室，把拿破仑发动政变的消息告知正在沐浴的巴拉斯时，巴拉斯大怒道："这个好吃懒做的无耻之徒竟然把我们都卖了！"

虽然如此，但巴拉斯还是怀着协商的希望，派亲信波多[①]求见拿破仑，询问拿破仑希望督政府如何配合。当波多前去询问拿破仑的态度时，拿破仑正走在香榭丽舍大街队伍的最前面，他冷冷地回答道："去告诉巴拉斯，我再也不想见到他了！"

进入卢森堡公园后，我把议会通过的决议——议会迁往圣克劳德——告诉了高杰。高杰没好气地说："真是难以置信，共和国的部长竟然成了传信员。"

我回应他说："我觉得我有义务告诉您，议会刚刚通过了这样一条重要决议。而且我觉得来督政府听命也是我的职责所在。"

高杰激动地说："当然，提醒我们注意议会通过了这样一项政变的法令是您的义务，不过，此前的那些密谋聚会、人员往来呢？身为公安部长的你难道没有义务侦查并及时通报这些吗？"

我回答道："政府难道没有收到报告吗？为了搜集情报，我把自己都搭进去了。政府什么时候相信过警报？况且政府内部的人不也参与了政变吗？在参议院那里，西哀士和罗杰·杜克早就倒戈了。"

高杰坚定地说："大部分人都是站在我们这边的。即使政府要下达命令，也会找信得过的人去传达。"

就这样，我离开了卢森堡公园，罗杰·杜克马上召集穆棱和巴拉斯前来商谈。刚刚上车，我就看到参议院的信使走了进去。高杰立刻赶到巴拉斯家中，要求他们马上加入讨论会。然而，优柔寡断的巴拉斯不能迅速采取有力的措施。

事实上，当巴拉斯看到拿破仑的两位信使塔列朗和布瑞克斯前来和

① 波多（1759—1822），法国大革命时期将军，曾供职于法国宪兵队。

19 世纪的香榭丽舍大街

他商讨他全身而退的事宜时，他便恨不得马上忘掉他之前对高杰的承诺。

一开始，塔列朗和布瑞克斯便明确表示，如果巴拉斯选择负隅顽抗的话，那么拿破仑一定会调动自己所有的力量对付他。恐吓完之后，这两位经验丰富的使者又蛊惑他说，如果巴拉斯能够主动辞职，那么拿破仑一定会保证他后半生可以无忧无虑地生活，而且他再也不用操心政府的麻烦事了。

塔列朗手中拿着一张需要巴拉斯签字的保证书，最后，在恐惧和希望中挣扎的巴拉斯签下了那份保证书，表明了自己归隐的决心。于是，在一队士兵的护送下，巴拉斯离开了卢森堡公园，前往自己的领地格罗斯布瓦[①]。

也就是说，早上 9 点的时候，督政府已经失去了“大部分”的支持。督政府的坚定支持者杜波瓦再次找到高杰和穆棱，请他们下令逮捕拿破仑、塔列朗、巴拉斯和谋反的其他主谋，并自请担任战事部长，拦截赶往圣克劳德的拿破仑和缪拉。

当时，如果高杰和穆棱同意了杜波瓦的建议，如果被控制的督政府总秘书长拉加德[②]拒绝在没有得到议会多数人支持的情况下通过法令，那么一切都有可能是另外一番景象了。

然而，对于杜波瓦的建议，高杰冷漠地回应道：“我以共和国最高领导人的身份和印玺做担保，圣克劳德通过的决议怎么可能算数？”

穆棱也附和道：“今晚拿破仑和高杰会来我家中赴宴，到时候我就知道他这个人心里想的到底是什么了。”

一直以来，我都认为这些人根本不适合治理国家，他们的盲目、自

---

① 格罗斯布瓦是法国杜省的一个市镇，属于贝桑松区博姆勒达梅县。

② 拉加德（1763—1815），法国政治家。大革命爆发时，他离开法国，效力于英国海军。督政府时期返回法国，为雾月政变提供过便利。

大已经达到了登峰造极的地步，我想说，他们其实是被自己出卖的。

事态继续发展，骑着战马的拿破仑带领着追随他的将士们到达了香榭丽舍大街。在那里，他遇到了正在交火的士兵。当他拿出议会的任命书时，交战的双方放下了武器，追随他来到了杜伊勒里宫。香榭丽舍大街、码头、卢森堡公园等地都是一片欢腾，几乎是在一瞬间，激烈的战斗便变成了热烈的欢迎，杜伊勒里宫成了拿破仑接受他的子民、士兵朝拜的乐土。路过参议院门前时，身着军装的他刻意回避，没有对宪法宣誓。接着，他走出城堡，向所有的士兵致意。这时候，他得知，政府已经解散，西哀士和罗杰·杜克已经向特殊监察会递上辞呈，巴拉斯也在审时度势之后签署了隐退的保证书。路过特殊监察会时，拿破仑发现了挤在人群中的西哀士、罗杰·杜克和他们党派的其他几位议员。

那时，只有共和国的最高领导人高杰和他的同僚穆棱拒绝臣服拿破仑。高杰需要拿破仑给出一个解释，于是，拿破仑说道："这绝对不是针对您本人，共和国正处于危机之中……需要有人来拯救它……我愿意拯救它！"

就在这时，穆棱的一个亲信前来禀报说桑德尔①在圣安东尼②发生暴动。拿破仑立刻转向信使询问情况，问清楚情况后，他下令道："如果他敢轻举妄动，派一个骑兵团绞杀他。"穆棱赶紧说："桑德尔能用的人不超过四个，不用担心。"这时候的穆棱也已经不是 1792 年人民起义③时的那个穆棱了。

---

① 桑德尔（1752—1809），法国大革命时期将军。1792 年，桑德尔自封国民自卫军总指挥，带领民众洗劫杜伊勒里宫，向路易十六施压。晚景凄惨。

② 圣安东尼位于巴黎市郊。

③ 1792 年 8 月 10 日暴动是法国大革命历史的里程碑事件之一。8 月 10 日，暴动的巴黎公社及来自马赛和布列塔尼的国民警卫联盟组成国民自卫军，攻入杜伊勒里宫，导致了法国君主制的崩溃。

我负责保卫巴黎的安全。所以我接过话头，汇报说巴黎没有任何人民暴动的影子。明白大势已去后，高杰和穆棱回到了卢森堡宫。然而，这个时候，他们两人已经被军队软禁起来。在拿破仑的授意下，莫罗率领一支特遣队控制了卢森堡公园，让·拉纳护卫着立法机构转移，缪拉火速占领了圣克劳德，而索绪尔则在布湾[①]待命。所有的一切都畅通无阻，至少巴黎没有发生任何暴动，全国也没有任何暴动的迹象。

为了厘清这一日发生的事情，也为了明确第二天将要在圣克劳德处理的事情，当天晚上，拿破仑一派的人在特殊监察会召开会议，我也列席其中。

在这里，我第一次看到，原来针锋相对的两派人也能和睦相处、共商大计，军队党派的异军突起已经让这两派的人感到惊慌。不过，讨论了半天后，我们根本没有达成任何共识。拿破仑提出的所有方案，或者说拿破仑兄弟提出的所有方案，都不过是军队专政。立法委员会的人遭到了排挤。之后，立法委员会的人找到我，询问我的意见。我说："这已经是事实，拿破仑将军手握兵权，而这兵权正是你们赋予他的。现在除了依靠他的专政，你们无路可走。"

不久之后，我发现大部分人都想反悔，然而现在已是穷途末路。最后，人们推选出了拿破仑、西哀士和罗杰·杜克三名临时执政。接着，西哀士提出逮捕四十多名反对党人或看起来支持反对党的人。我通过瑞尔向拿破仑建议道："千万不要同意西哀士的提议。在政府的工作刚刚起步时，切莫成为愤怒和仇恨的靶心。"拿破仑似乎理解了我的想法，回应西哀士时，他说道："时机还不成熟，况且全国上下没有任何抵抗，因此，国内根本不存在反对党。"

西哀士对他说："明天在圣克劳德，有您头疼的时候。"

① 布湾是巴黎的入口之一，位于今巴黎第十六区。

讽刺漫画：展现了拿破仑的强硬和政敌的软弱

我承认，我也不能确定第二天可能发生什么。我所掌握的情报显示，对于废除宪法、建立军事独裁一事，参议院和五百人院都非常震惊，甚至之前支持专政的一部分人也反水了。不过，拿破仑早已经声名远扬，对这些摇摆不定的人来说，这是一剂强心药。无论是在凡尔赛，还是在巴黎，无论是在圣克劳德，还是在圣日耳曼，拿破仑这个名字都已经成为将士们的护身符。

拿破仑的私人委员会成立了，参议院中的雷尼尔、勒玛、法尔格、尼岱担任主要负责人，五百人院中，吕西安、布雷、沙扎尔、卡巴尼斯、埃米尔担任顾问。

当然，以木马集团为核心的反对党也在通宵研究应对方案。

第二天一大早，从巴黎到圣克劳德的路上就挤满了或步行或骑着战马的士兵，好奇的民众，搭乘马车的议员、政府官员和记者。此前不久，两个议会的大厅才匆匆忙忙地布置妥当。不久之后，在参议院和五百人院中，支持军队党派的议员只剩下一小部分，最激进的那一部分人。

我和我的人马留在了巴黎，在我的办公室中，我一直留心着发生的一切，比对着各种报告消息。为了了解圣克劳德那里的情况，我派出了一小队机警的人，命他们前往圣克劳德，与我安排在那边的密探取得联系，并每隔半小时向我汇报一次那边发生的事情。这样一来，我就可以知晓任何可能影响最终结果的微小事件。当然，我坚信，最后的胜利者一定是军方。

吕西安控制的五百人院先开始了。埃米尔以一篇思虑周全的演讲开场，在演讲中，他提议成立一个委员会——这个委员会将负责报告共和国现在所处的境况。埃米尔还提议说，在听完报告前，任何人都不要做任何决定。布雷已经准备好了这篇报告。

埃米尔的话音未落，大厅里就响起了如暴风雨般的呐喊声：

“宪法万岁！”

“废除专制！”

“打倒专政！”

在戴尔布莱尔的动议下，经克莱蒙梭加以发展后，议会中传出了“共和万岁”的呐喊声，并要求所有人对宪法效忠。这个时候，那些此前想要支持专政的议员也纷纷向宪法效忠。

参议院的情况也是如此，但在西哀士和拿破仑控制下的党派正想着迅速建立临时政府，因此，这些人拿着督政府总秘书长拉加德一份没有效力的文书（因为它没有得到议会大多数人的支持），宣称督政府所有的领导人都已经辞职。这时，反对党马上要求他们提供领导人辞职的正式文书。

得知事情的进展并不顺利后，拿破仑认为该自己出面了。他穿过战神大厅①，走进参议院的大厅。做了一次冗长的、不时被打断的演讲后，他宣布督政府已经不复存在，并且宪法已经不能够挽救共和。一方面，他恳求议会迅速通过建立新秩序的法案；另一方面，他又宣称，为了支持议会的决定，他自己只想成为维持新秩序的左膀右臂。以上便是这次冗长演讲的大致内容。

拿破仑演讲的整个过程混乱不堪，我们的将军大人不得不一会儿对着议员们讲话，一会儿对着门口的将士们讲话，最后，人群中传来了“拿破仑万岁”的呐喊声。得到了参议院中大多数人的支持后，拿破仑走出参议院的大厅，怀着胜利的希望走向另一个议会的大厅。

他清楚地知道此前不久这里发生了什么，他甚至知道人们对着宪法宣誓的所有细节，所以他的内心非常忐忑。从参议院那里，五百人院得知巴拉斯已经提交了辞呈，而在此之前，没有人知道此事。愤怒的五百

① 战神大厅是凡尔赛宫内的一个大厅。它是国王寝宫的一部分，室内的装饰以罗马神话中的战神为主题。

拿破仑演讲现场混乱不堪，他被五百人院的人团团围住

人院认为这是一个可耻的阴谋，他们要求参议院交代把议会转移到圣克劳德的动机。与此同时，督政府也向参议院下达了同样的命令。

就在人们激烈地讨论巴拉斯的辞职是否合乎规范，是否具有法律效力时，在一支精卫部队的护卫下，拿破仑走了进来。四位护卫陪同他走进了大厅，其余的人则守在大厅门口。

或许是因为刚才在参议院的成功给了他激励，拿破仑觉得自己一定能够顺利平息五百人院的怒火。然而，他一走进议会大厅，那里便突然出现了前所未有的骚乱。人们认为这位将军是凭借着武力进入立法委员会的，因此，所有的人都站了起来，朝他怒吼道："你这是在侮辱神圣的立法委员会，请出去！"

毕高内[①]冲他吼道："你做了什么，鲁莽之士？"

德斯姆质问道："您是为了权力才征战的吗？"

虽然站在台前的拿破仑试图开口说几句话，然而四面八方都是"宪法万岁""共和万岁"的呼喊声，一些愤怒的议员更是高呼着"打倒专政！""打倒克伦威尔！""打倒暴君！"此外，甚至有一些人拥向前去，试图把拿破仑推下主席台。

阿瑞纳向他伸出了拳头："你这是在向国家宣战！"

看到他们的将军脸色惨白，在主席台上摇摇欲坠后，守在门口的士兵们立刻穿过大厅，前来支援——他们在拿破仑和议会成员之间筑起了一道人墙。

在士兵的护卫下，拿破仑逃出了议会大厅。之后，他低着头骑上马，飞也似的冲下了圣克劳德大桥[②]，冲着等候在那里的士兵们大喊道："他

① 毕高内（1755—1832），政治家、作家。他反对雾月政变，与第一帝国保持距离。1819年出版了《雾月政变纪实》。

② 圣克劳德大桥连接塞纳省大区布洛涅－比扬古和圣克劳德。

们想杀了我，他们想把我赶出议会！他们竟然不知道我是无坚不摧的，他们居然不知道我是闪电之王！”

在圣克劳德大桥等待的缪拉应声道：“像您这样战无不胜的人怎么会害怕那些饶舌之人呢！”

于是，拿破仑掉转马头，重新对着士兵们高呼，希望再次激发他们的斗志。然而，让·拉纳、索绪尔甚至是缪拉本人都还没准备好把刺刀对准议会。

最糟糕的事情是，议会这边已经完全乱作一团，坐在主席位置上的吕西安根本无法维持秩序，只能不停地向他的同事们确认拿破仑肯定会回来。然而回应他的只有“无法无天！”“立法处理拿破仑！”这样的嘶吼，人们甚至要求他主持立法投票驱逐拿破仑。愤怒的吕西安离开了主席位置，摘下了徽章，不再主持会议。就在他准备离开主席台时，警

忠于拿破仑的士兵

卫部队冲了进来，把他带到了会议室外面。被限制权利的吕西安得知，他的哥哥拿破仑准备武力攻下议会，因此，他的哥哥需要他的帮助。

这就是西哀士的主意，这个得到六匹马座驾的前共和国领导人，正在圣克劳德等待着事情的结果。已经不能再犹豫了。那个时候，拿破仑的拥趸面色惨白、不知该如何是好，而那些胆小的人已经完全反水了。儒尔当和奥热罗蓄势待发，正准备瞅准时机把警卫军拉到人民党这边。然而，西哀士、拿破仑、塔列朗、罗德若等人和我的观点一致，人民党既没有头脑，也没有左膀右臂。得知拿破仑的想法后，吕西安重新上马，以主席的身份要求拿破仑发兵解散议会。于是，缪拉率领一支警卫部队冲进了议会大厅，和陆军上校穆棱扭打在一起。整个大厅乱作一团，鼓声、嘶吼声交杂在一起，议员们慌忙跳窗逃离，大厅中到处都是被丢弃的长袍……

这就是雾月 19 日（11 月 10 日）圣克劳德政变的最终结果。吕西安是拿破仑能够成功的关键人物，当然，缪拉的决定也功不可没，甚至那些懦弱的不敢直面拿破仑的反对派将军们也间接地帮助了他。

然而，我们又该如何把这反人民的一天昭告天下呢？军队在没有领导人的情况下，乘乱夺权。我们该如何为这一天正名呢？在历史上，它被称作军事夺权胜利的一天。

西哀士、塔列朗、拿破仑、罗德若、吕西安和布雷这些政变的核心人物认为，当务之急是迅速召集流落各地、支持他们事业的议员们，建立新的议会。布雷和吕西安找回了二十五或三十个人，这些人组成了小众议会。之后，这个小众议会即刻出台了紧急条例，宣布拿破仑以及支持拿破仑的将士们为国家做出了贡献。然而，第二天的报纸却大幅报道了几位议员意图刺杀拿破仑、现在的议会正被一小群杀人凶手控制的事情。于是，主事人当即宣布停发所有报刊。

随后，新议会又颁布了雾月 19 日法令[①]，当然，这也是主事人为了使新革命合法化而颁发的法律条款。雾月 19 日法令宣布：废除督政府，建立一个由西哀士、罗杰·杜克和拿破仑为首的执政府[②]；推迟召开元老院和五百人院的时间，开除包括儒尔当在内的六十二位人民党（激进党）议员；集合两会的五十名议员成立新的立法委员会，着手制定国家的新宪法。

这份文书由小众议会草拟，提交到参议院后，仅仅得到一小部分人的支持，大部分人都没有表态。于是，得到六十余人支持的法令得以通过，这也意味着新政府正式合法化。随后，这六十余人宣布他们可以在新政府中胜任部长、大使或者执政府的代表等职务。

雾月 20 日（11 月 11 日）早上 5 点，拿破仑同他的两位同事一起在参议院宣誓，把圣克劳德的新政府迁回了卢森堡公园。

① 参议院通过了将五百人院休会 3 个月的法令，任命拿破仑、西哀士和杜克为临时执政，命名立法院。五百人院中一些温顺的议员准备巩固五百人院的权力，但旋即被捕。五百人院从此沦亡。

② 执政府始于 1799 年雾月政变，止于 1804 年拿破仑称帝。

第 8 章

执政府的成立

精彩看点

执政府第一次会议——确立“三人执政”——执政府第二次会议——执政府人事调整——出任公安部长——流放反对党——宽大执行流放政策——废除人质法和强行贷款法——开展警务工作——结束临时政府状态——拿破仑的“秘密议会”——第一次立法会议——西哀士的提议——抵制“大选民”提议——西哀士出任参议院主席——执政府的成立

我预感到，在这个三人共治的执政府中，最后掌权的一定是军方。在执政府召开的第一次会议中，我的预感得到了证实。当时，罗杰·杜克和西哀士几乎没有发言的机会，拿破仑毫无争议地坐上了第一把交椅。并且罗杰·杜克当即表态，拿破仑是唯一可以拯救共和的人，因此，从今以后，他将听其调遣。西哀士则咬紧嘴唇，什么也没有说。拿破仑知道这个贪婪的人在想什么，因此，他向西哀士承诺任其处理督政府的私有财产——约合八十万法郎。拿到这笔巨款后，西哀士仅给罗杰·杜克分了十万法郎。这个小甜头稍微平息了西哀士的野心，他觉得，与战争有关的事情将会由拿破仑负责，而内政将会由自己来负责。但人们都清楚地看到，自第一次会议以来，拿破仑便亲自管理起了财政、政务、法律、军队、政策、人事任命等事务。

当晚回到家中后，当着塔列朗、布雷、卡巴尼斯、罗德若和沙扎尔的面，拿破仑说道："先生们，你们有主人了！"

西哀士这个多疑、贪婪的主教已经无法与拿破仑这位年轻有为且声名显赫的实际统治者抗衡了。况且在法兰西这样一个骄傲而好战的国家面前，西哀士完全没有能力施加任何影响。他那唯一主教的名号，也只能让他远离军队，权谋再也无法撼动武力。后来，西哀士试图拉拢我，取得我的支持，但我拒绝了他。

执政府召开第二次会议时，人们开始讨论部长的安排问题。首先，我们需要选出执政府的国务秘书长，最后，马赫[①]获得了该职位；拿破仑永远都无法原谅杜波瓦对自己的所作所为，所以贝尔西耶取代杜波瓦成为新的战事部长；拿破仑最初的拥趸埃米尔获得了罗波尔[②]的财政部长之职；原海军部长布东卸任，弗尔菲[③]成为新一任海军部长；拉普拉斯[④]取代吉奈特[⑤]成为新的内务部长；外交部长一职暂时由瑞阿尔德[⑥]担任，但其实真正的外交部长是塔列朗，只不过这个任命没有公开。

讨论到公安部长的安排时，西哀士建议撤掉我的部长之职，任命阿尔杰为新一任公安部长。在推荐阿尔杰时，西哀士说："这是我的人。"不过，拿破仑认为我在雾月 18 日表现良好，所以他拒绝了西哀士的提议。事实上，我不仅为雾月 18 日的政变提供了军事上的便利，而且在危急时刻，我还阻止了几位议员和将军的危险行动。得到拿破仑认可的当天晚上，我便在整个巴黎张贴告示，表示自己服从拯救共和的行动。因此，尽管西哀士从中作梗，我还是留在了公安部长这个最重要的职位上。

拿破仑清楚地知道当前的局势。他清楚地知道自己面前还有很多困难，他清楚地知道自己不仅要会征服，还要懂得驯化。他知道，用一位能干的部长来震慑无政府主义者是最好的安排。他更知道，现在的他需

① 马赫（1763—1839），外交官、法兰西学院院士、法兰西人文学院院士。

② 罗波尔（1746—1825），法国大革命期间政治人物、律师。1799 年，罗波尔曾短暂出任财政部长，后被埃米尔取代。

③ 弗尔菲（1752—1807），水文工程师、政治家。

④ 皮埃尔 - 西蒙·拉普拉斯侯爵（1749—1827），法国著名政治家、天文学家和数学家，他的工作对天体力学和统计学的发展举足轻重。拉普拉斯用数学方法证明了行星的轨道的周期性变化，这就是著名的"拉普拉斯定理"。

⑤ 吉奈特（1762—1821），山岳党人，督政府时期曾出任内务部长。

⑥ 瑞阿尔德（1761—1837），德籍法国政治家、外交家。他和西哀士、杜克关系密切，出任督政府外交部长一职。

罗波尔

拉普拉斯

瑞阿尔德

要这么一个人，这个人能够帮他和突然成为同事的战友们保持一定距离。在拿破仑入主卢森堡公园的当晚，我便向他递交了一份秘密报告，对他来说，我这位公安部长的观点的确很中肯。

然而西哀士却一直想处罚那些他所谓的反对党和无政府主义者，他对拿破仑说："民众已经被雅各宾派的思想所毒害，因此，我们需要严肃处罚这些人。人们都认为圣克劳德政变之后的当权者不过是些巧取豪夺、谎话连篇的人，他们还认为三人执政的执政府不过是可怕的军事独裁，而且现在它正在腐化。雾月 19 日法令又是什么呢？他们认为这是一些抛开昔日同事的议会叛徒，在没有得到大多数人支持的情况下强行通过的法令！这是阴谋篡权！他们需要给您、给我有一个解释，我们不能继续陷在泥潭之中了，这样下去，我们也会遭遇失败的。在圣日耳曼镇，人们说现在的情况不过是军队从学究派手中夺取了权力，另一些人还认为拿破仑将军会成为下一个蒙克[①]。一些人认为我们是波旁王朝的人，另外一些人觉得我们是罗伯斯庇尔的拥趸。现在，我们必须整肃人心，不能被保王党和无政府主义者所利用。对政府来说，那些无政府主义者是最危险的人，我们一定要严厉打击他们。尤其是现在，新政府要借此树立权威。"

说完这番话，西哀士又居心叵测地提出，公安部长应该采取对公众安全负责的措施——他把拿破仑拉到了自己那一边。雾月 19 日的时候，我接到的是"没有任何反对党，不会拘禁任何人"的命令。但雾月 26 日，他们居然又要我拿出拘禁名单。当天，执政府出台了一项法令，在没有确切原因的情况下，五十九名主要的反对党人将被流放：三十七人将被流放至吉亚纳，二十二人将被流放至奥雷龙岛[②]。这份名单上既有可恶

① 蒙克（1608—1670），英国海军司令，被认为是奥利弗·克伦威尔麾下的强硬派，曾经镇压过苏格兰起义，帮助查理二世振兴天主教，肃清军队中的清教徒。

② 奥雷龙岛，也译作"欧雷翁岛"或"奥莱隆岛"，位于法国西南部滨海夏朗德省、比斯开湾北部，为法国第二大岛（不包括海外领地）。

之人的名字，也有可敬之人的名字。我之前预测的情况发生了：民众反对的呼声越来越高。这时候，在政治上，拘禁行为毫无用处。

最后，政府不得不向民意妥协，对一些人首先法外开恩。我恳求政府释放几位在名单上的议员。儒尔当此人廉洁奉公，在夫勒吕斯战役[①]中更是战功赫赫，如果仅仅因为政见不同，他便遭遇流放之刑，那么对于国家和军队来说，该是多么大的损失！看到拿破仑本人也犹豫不决时，西哀士便不再继续坚持流放之策，就这样，这件事暂且搁置了下来，名单上的人交由最高公安看管。

执政府的三位领导人意识到，对他们而言，公众意见非常重要，因此，他们需要颁布几项能够赢得民心的法令，所以，首先，他们废除了人质法和强行贷款法。

雾月政变已成既定事实，毫无疑问，新政府已经得到国家的认同。不过，现在的问题是，新政府将是联合共治的政府，还是一人独裁的政府。

在一片欢呼声中，只有那些坚定的共和主义者和自由的支持者们依然对拿破仑政府存有异议。他们列举了独裁之后可能出现的结果，并做出最坏的预测。他们说的非常正确，以后我们便会知道为什么会这样了。

我反对流放政策，也反对所有一概而论的政策。我与执政府的三位领导坦诚相待。在政府稳定下来之后，我决定从此以公正、尊严和温和的方式开展警务工作。在督政府统治期间，妓女被训练为国家的间谍，我反对这种可耻的行为。我认为，警务工作不在于告密，而在于引领正确的方向。

同时，我也采取了宽松的方法处理了那些在北方被俘虏的流亡贵族：除了在全国上下推行以人为本的治理方针之外，我还向执政府建议释放所有在战争中失去自由的海外流亡贵族。这些温厚的措施让我赢得了保皇派的信任，也为他们日后臣服于政府奠定了基础。

① 夫勒吕斯战役中，法国大败反法同盟。

夫勒吕斯战役，法军打败反法同盟军

当时，我关于主教等人的措施也引起了不小的反响。在我看来，本着理智和宽容的态度处理历史遗留问题正是本届政府所应持的态度。然而，在当时，这两项法令被恶意解读。有人认为这些法令是在动摇新政府的人心，也有人认为这些法令是在召回宗教对国家的统治。那些持后一种观点的人竟然不去思考我们现在究竟处于什么样的时代。虽然如此，但我依然决定推行这两项法令。法令印刷完毕之后，我命人读给我听，我知道，我还必须做一些其他努力，只有这样，我才能让民众接受其中的思想和理念。

更加开明的政策和更加明确的和平，这便是新政府向法国民众提交的第一份答卷。人们都在称赞这位突然出现的杰出领导人，谨慎而不失活力是人们对他的共同评价。加上政客们的宣传，各派人马都认为新政府于自己有利。在保皇派们的眼中，拿破仑就是他们的蒙克，对于我们年轻的将军来说，这绝对是一件大好事。长时间的战争让革命党人期望变得更加温和，他们公开表示他们愿意调整共和政体，成立新的混合管理体制。不过，现在，把民主政体变为共和帝国的时机还未到。人们希望建立一个融合各利益派别的政体，但这个愿望还没有办法实现。新的政务组织似乎在推行一种反革命的理念，他们认为革命的法律过于苛刻，保皇理念开始悄然盛行。比如说记录波旁家族悲剧命运的作品《伊尔玛》[①]成为巴黎大街小巷的热议焦点，人们都在议论着皇后的悲惨命运。

公安部也曾查获过类似的出版物，然而这种捍卫国家权益的方式必将牺牲民意，另外，对于新政府来说，稳住保皇派也是它的利益所在。不过，我依然认为我有责任让这些保皇派降低期待，同时，我也有义务

① 伊尔玛的故事发生在亚洲。以寓言的形式影射波旁王朝，读者很容易通过他们的故事来对号入座。对于这种诋毁革命的书籍，第一执政官表现得相当宽容。但当波拿巴政权稳固之后，执政官的宽容便不复存在。这些书籍包括《侯爵夫人回忆录》《贝特朗》《兰巴勒公主》《法兰西回忆录》《伊丽莎白历史》《玛德琳公墓》。

唤起共和党人的士气。我向执政府指出，革命虽然成功了，但我们依然需要处处留心、小心提防。革命的胜利是我们与真诚的共和党人、自由的斗士共同努力的结果，这个时候，如果我们脱离自己的党派和军队，政府将处于危险的境地，现在，我们的当务之急是结束临时政府状态。

当时，政府的注意力集中在即将到来的立法会议上。五百人院由吕西安、布雷、雅克米诺和达努控制着，参议院则在勒玛、什涅[①]和勒布伦的掌握之下。当然，最有权威的议员还是勒布伦，就连拿破仑也要郑重对待他的意见。立法会议的主要议题是讨论研究西哀士提出的新宪法，我们准备用它来代替第一共和国宪法。拿破仑很清楚西哀士的真实想法，他根本就是在故弄玄虚。西哀士对外宣称尚未做好准备，还需要整理草稿，像极了时尚圈矫揉造作的人们。然而实际上，他公布自己作品的心情早已迫不及待了。为了调查他的真实意图——这是我的职责所在，我请瑞尔——这个看似呆板的老实人——设了一个酒局，准备从西哀士的亲信什涅入手，通过什涅来调查西哀士的真实想法。

通过调查，拿破仑成立了一个秘密议会，我也是这个议会的成员之一。当天出席会议的有拿破仑、勒布伦、冈巴塞雷斯[②]、吕西安、约瑟夫、贝尔西耶、罗德尔、瑞尔和雷诺。我们主要讨论了在接下来的会议上，拿破仑应该如何对付西哀士。

终于，在 12 月中旬，执政府的三位领导和两会的议员齐聚拿破仑家中，共商国是。晚上 9 点，会议开始，接近午夜时，会议结束，达努负责做会议记录。在会议开始的时候，西哀士没有发表任何观点，后来，

① 什涅（1736—1814），法国政治家，雾月政变的主要支持者，封玛莎公爵。

② 即让 – 雅克 • 雷吉斯 • 德 • 冈巴塞雷斯（1753—1824），第一代帕尔马公爵，法国大革命与法兰西第一帝国时期政治家和律师，也是著名的《拿破仑法典》的编纂者，这一法典至今仍是法国和许多大陆法系国家的民法基础。

拿破仑与同僚，从左到右分别是：冈巴塞雷斯、拿破仑、勒布伦

冈巴塞雷斯

在人们的强烈要求下，他才东拼西凑地在草稿纸上写一些他的理论。他以一种权威的语气，慢慢地抛出了他关于新宪法的设想。

在他的提议中，将来，国家会成立一个由一百人组成的主席团来负责讨论、制定法律；同时，国家还会再成立规模更大的立法委员会来审议主席团的议案；最后，国家还要成立参议院，参议院的议员是终身制的，他们负责监督国家的大政方针。拿破仑基本同意了他提出的这些方案，于是，它们顺利通过了议会和政府的认可。接着，西哀士就政府的日常管理发表意见，他提议建立内阁来负责制定公共管理方面的各项法规。

西哀士政府的时代结束了，接下来的政府将是一种以共和为基础的君主政体。人们都焦急而又好奇地等待着西哀士接下来的提议。那么西哀士又提出了什么呢？一位终身制的大选民，这位由参议院推选出的大选民代表着绝大多数人的利益。平时，这位大选民住在凡尔赛宫，每年可获得六百万法郎的收入，并拥有三千名护卫。他唯一的职责就是任命两位执政官——和平执政官和战争执政官，这两个人的工作相互独立。如果这位大选民不是合适的人选，那么参议院有权在不交代原因的情况下召回大选民和他任命的两位执行官。被召回的大选民将会成为参议员，但不能再过问政府的行为。

就在这时，拿破仑听不下去了。他大笑着站了起来，从西哀士手里拿过草稿，用羽毛笔指着一行字，笑着说这纯属无稽之谈。

通常情况下，西哀士只会赌气，不发表意见，但这一次，他站了出来，开始为自己的“大选民”辩护：“说到底，国王不是别人。”拿破仑激烈地反对此事，他认为这是一种本末倒置的做法。对于别的质疑，西哀士也无法给出合理的解释。

越来越烦躁的拿破仑质问西哀士道：“您觉得一位有地位、有才能的人会像一头猪一样，待在一座几百万的城堡里安心养膘吗？”

大家都发出了会心的笑声，西哀士也不得不中止了自己的解释。

事实上，西哀士并不是无缘无故地提出这个可笑方案的，如果这个方案被接受，那么他将成为大选民——参议院将会装模作样地推选他为大选民。到时候，他可以任命拿破仑为战争执政官，当然，这是在他没有被召回的情况下。这样一来，他又可以把所有的一切都掌握在手中，到时候，他可以任命心腹为政府首脑，再通过一些手腕，把执行权变为王室继承权，那时，他就可以成为新王朝的开创者。

不过，他的提议遭到了执政府的强力抵制，一段时间后，他的提议被彻底推翻。当然，这个人也很善于保存实力，不久之后，我们就会看到，这个人如何在大笔财富中安度晚年。

抵制西哀士的法案，单靠共和的热情是远远不够的。对于执政将军和他的追随者们来说，当务之急是通过一项可以确保他们地位的法案。然而，尽管西哀士自愿隐退，但他所代表的共和党人依然希望组建纯粹的共和政府。于是，有人提议建立类似美国那样的政体①，各部长和议会以及政府各部门联合选举一位总统，总统任期十年。虽然另外一些人在表面上附和着这个提案，但实际上，他们依然坚持三人执政的体制，并提议说弱化其中两位执政官的职能。

正当人们决定通过这种三人联合执政，其中一人拥有最高执政权的决议时，反对的声音出现了。沙扎尔、达努、库尔图瓦、舍尼埃以及其他一些议员以宪法为依据提出质问：如果没有经过选举就推选拿破仑将军为第一执政，那么我们如何证明雾月 18 日的事件不是一次篡位的政变呢？接着，他们提议说我们可以任命拿破仑为战时大统帅，全权决定是否与其他国家开战。

① 这里指根据美利坚合众国宪法建立的联邦制政府。该宪法于 1787 年 9 月 17 日在费城召开的制宪会议上获得代表的批准。根据这部宪法，美国成为一个由各个拥有主权的州所组成的联邦国家，同时也有联邦政府来为联邦的运作服务。从此，联邦体制取代了基于邦联条例而存在的松散的邦联体制。

这时，拿破仑坚定地说："我希望留在巴黎，因为现在的我是执政官。"

打破了沉默的什涅继续谈论着自由、共和以及权力制衡的重要性，他非常坚定地要求国家赋予议会召回执政人的权力。

已经控制不住自己的拿破仑生气地直跺脚："不行！看来是要流血了……"

这些话让协商的气氛突变，没有人再说话，最后人们终于通过了三人联合执政的提议。在这个政体中，第一执政具有最高执政权，任期十年，可以连任，具有最高任免权、颁布法律权、宣战权。与此同时，人们也通过了选举拿破仑为第一执政的决议。事实上，拿破仑不仅绕过了参议院的立法程序，而且在第一执政的选举中，他还避开了参议院。

不知是因为蔑视，还是因为骄傲，总之，西哀士拒绝出任执政官，毕竟剩下的两个席位无非是有名无实的虚职而已。其实拿破仑心中早已有了合适的人选，这二人分别是冈巴塞雷斯和勒布伦。这两人，一个是曾经支持过死刑的冷血又自私的革命党人，一个是从不相信理论、唯权力是瞻的行动派；一个是无力维护革命理念和利益、地位、荣誉信徒的革命党人，一个则是相对廉洁奉公、恪守着信仰和公共习俗规范的人。虽然这两人比较贪婪，但他们都是正直明理之士。

西哀士被任命为参议院主席，他需要协助冈巴塞雷斯和勒布伦一同组建参议院。鉴于他自愿把权力让给了拿破仑，所以，这个人得到了克罗纳①的庄园、一百万法郎奖金的补偿，此外，作为参议院主席，他每年可得两万五千斤②地租，同时，他还得到了六十万法郎，这是他作为督政府让位的酬金。从此以后，这个人慢慢沉迷于声色犬马之中，逐渐

① 克罗纳位于今巴黎市埃夫里区。

② 斤是法国古代度量单位。在巴黎，一斤相当于现在的四百九十克。在其他各省，一斤相当于三百八十克到五百五十克。

担任第一执政的拿破仑

退出了政治舞台。

1799年11月20日，参议院出台法令，规定从前两会的权力逐步恢复，到1820年2月完全恢复。为了避免这项法令影响到三人执政体制的运行，政府需要尽快向法国人民公布新的宪法。这一次，法国人民不需要通过议会来代表自己的权益了，他们将直接前往各地立法机关，亲自投票。支持新宪法的票数多达三百万或者更多，在没有任何弄虚作假的情况下，雾月政变得到法国大多数人的支持。

七年来，政府换了九次，国家在政权的更迭中一次次触礁。这一次，她终于迎来了一位坚定而能干的领袖，而他治理下的法国也正向平静的海岸靠近。

第9章

第二次反法同盟战争

精彩看点

拿破仑取得执政府大权——拿破仑和约瑟芬告别过去的生活——商业的复苏——政治宽恕政策——立法和行政机构的重组——经济制裁政策——远征意大利的决定——伯爵夫人吉什造访——马伦哥之战——拿破仑进攻亚历山大港受挫——共和党人蠢蠢欲动——收买杜洛克——拿破仑凯旋——卡诺辞职——分散公安部职能

自命为第一执政以来，拿破仑便认为自己统治的时代到来了。在政府管理工作中，他也毫不掩饰这一点。在他的独裁管理下，共和逐渐消失，国家渐渐走向集权。第一执政向我们保证，而且我们也相信，集权不会损害共和大业。事实上，在马伦哥战役之前，共和的形式依然存在，至少在话语上，人们还是不敢违背共和精神的，作为第一执政的拿破仑也还仅仅是人民的执政官和将士们的领袖。

12 月 25 日，拿破仑取得政府管理权，从此以后，所有公共法令上都签署着他的名字——共和国成立以来就没有出现过这样的事情。之前，国家领导人还住在卢森堡宫，没有人敢闯入王宫驻地，但胆识过人的拿破仑却率领军队占领了杜伊勒里宫，从此以后，那里便成为他的寝宫。参议院被安排在卢森堡公园，众议院则被安排在王宫。

此举得到了国家的肯定，毕竟国家的门面要撑得起国家的形象。辉煌和仪式悄然苏醒，社团活动欣欣向荣，人们也开始欢庆重大节日。考虑到公共形象和习俗礼节，拿破仑与约瑟芬和以前混乱的私生活做了了断[①]，把那些曾经显耀一时，但为世俗所不齿的女人们赶出了卢森堡宫。

① 拿破仑与约瑟芬结婚不久，被派往意大利作战。约瑟芬与年轻英俊的骑兵中尉伊波利特·夏尔成为情人，拿破仑知道后对约瑟芬的感情逐渐变得冷淡。

新政府上台，商业似乎一定是最繁荣的。执政府也是如此。在通过了一系列具有人文关怀、公正且适度的法案之后，商业一片繁荣。在政治上，宽恕受雾月19日法令制裁议员的法案得到了一致好评，制宪议会中的一批杰出议员再次出现在了政府之中。那份流放名单的撤销令我非常高兴，再次看到很多人重新为政府效力后，我更是兴奋莫名。著名的恺撒勒斯[①]便是这些人中的一员，他的同事玛鲁埃[②]，一个集正直和才能于一身的人也在其中。恺撒勒斯这位前制宪议会的议员曾经在奥拉托利会布道，因为这个原因，此后我给予了他特殊的关照。在后来的岁月里，这个心怀感恩的人也回报了我。

立法和行政机构的重组是新政府愉快开端的标志，但这祥和的景象并没有持续多久。某天晚上，拿破仑对我说："现在，我还不能安心做我的第一执政，因为西部还处于动荡之中，我收到的报告显示那里的情况实在不容乐观！"可怕的觉醒。

年轻的杜桑、福若特伯爵[③]以及他在军队中的同僚被相继处决，一部分报刊被迫停刊，还有一些带有威胁性质的声明……因为这些，温和治理国家的希望再次落空。我向第一执政指出，我们必须消除这些阴霾，可他还是不紧不慢地继续施行怀柔政策，用施加恩惠、赐予职务的方式拉拢流亡贵族，以期获得他们的支持。同时，他还开始参拜天主教堂。不过幸运的是，他并没有迫害共和党人，只是选择性地忽视了他们。

共和国的财政状况不容乐观。在混乱中，金钱或被挥霍，或被消耗。为了应对战争和各部门的开销，执政府向巴黎商界贷款一千二百万法郎，

① 恺撒勒斯（1758—1805），法国政治家，三级议会中贵族等级议员代表，被认为是国民制宪议会中口才最好的议员。在恐怖时期和督政府统治时期，恺撒勒斯离开法国。之后成为活跃的秘密间谍，路易十八最得力的参谋。

② 玛鲁埃（1740—1814），制宪议会议员，立宪派代表人物之一。

③ 福若特伯爵（1766—1800），朱安党领袖。

恺撒勒斯

玛鲁埃

福若特伯爵

又通过出售土地获得了八千万法郎，最后……通过这些措施，第一执政意识到，想要恢复摇摇欲坠的共和国经济特别困难。在收到这样一封公文后，愤怒的他决定对银行家和供应商下手。随后，我也收到了这份公文的复印件：

“这里所提到的个体被认为是公共财产的实际控制者。这些人为经济复苏提供了动力，并且每个人都拥有一亿法郎的固定资产，以及八千万法郎的信用额度。这些人是阿尔芒[①]、范登堡、高罗、安格鲁、乌瓦尔[②]、米歇尔兄弟、巴斯提尔德[③]、马里昂和雷加米埃[④]。”来自瑞士的哈勒[⑤]及其追随者们取得了胜利，正如他们所预言的那样，经济开始滑坡，而这一切都是因为政府没有采用他们提出的经济法案。

拿破仑没有办法忍受这些人一夜暴富，占有巨额财富。在他看来，这些人都是掠夺公共资产之流。高罗为雾月政变提供了经济支持，因为这件事，拿破仑一直觉得很羞愧。约瑟夫也是拿着高罗借给他的两百万法郎才攻克了莫尔丰坦[⑥]。他曾对自己的弟弟拿破仑说：“您拿着别人的钱当上了官，但高利贷的压力却压在了我头上。”

在这种情况下，拿破仑决定对银行家和供应商采取严苛的政策。为了制止他这种冲动，我和勒布伦费尽全力。拿破仑对国债知之甚少，但据说他有意在法国推行埃及、土耳其等东方国家那样的财政方针。不过这也需要范登堡这样的人才能展开工作。

---

① 阿尔芒（1767—1835），化学家、医生、商人、银行家。

② 乌瓦尔（1770—1846），法国金融家、拿破仑政府财团成员之一。在督政府时期，乌瓦尔在军火买卖中大发横财。史学家认为，拿破仑远征俄国时，乌瓦尔向军队提供了假的皮质军鞋，成为拿破仑失败的原因之一。

③ 巴斯提尔德（1768—1821），银行家，拿破仑政府财团之一。曾控制法国银行，1806 年，巴斯提尔德银行宣布成为同雷加米埃银行一样重要的银行。后来，巴斯提尔德经营不善，晚景凄凉。

④ 雷加米埃（1751—1830），银行家。

⑤ 哈勒（1758—1823），瑞士伯尔尼人。

⑥ 莫尔丰坦是法国默尔特－摩泽尔省的一个市镇，属于布里埃区维勒吕普县。

别有用心的阴谋家和谋职者们的小报告像雪片似的涌向第一执政，而我则成了唯一一个能够帮助他鉴别这些言论的人——我每天都要面对成千上万的公安报告。针对那些棘手的言论，我会专门写一份报告以供执政官们商讨之用。为了能够为第一执政提供最全面的信息，这些特殊的报告非常频繁地进入他的视野。我坦诚地向第一执政汇报着所有的事实，因为我在这位将军身上看到了独一无二的执行力，只有他才能让各党派停止攻伐，只有他才能结束法国混乱的状况。但不可否认的是，这位将军身上有一股暴动的热情，他的骨子里有一种强大的控制欲。不过，我可以自豪地说，出乎我意料的是，我经常可以用理智和谨慎来说服他。

那时，虽然西部莫尔比昂省①残留的保皇派还时不时地发起暴动，但国内已经没有可以公然与拿破仑抗衡的党派。在欧洲，拿破仑还算不得非常响亮的名字。我们的第一执政清醒地意识到，只有用新的胜利，他才能奠定自己的地位，他已经想好该怎么做了。

法国才刚刚走出危机，国内一片萧条。虽然拿破仑的上台冲垮了无政府主义者，但其对保皇派的作用微乎其微，更何况，自从拿破仑上台以来，共和党也日渐衰落。在军事上，虽然法国刚刚在荷兰和瑞士取得了一些胜利，但这些胜利依然不能让我们重新恢复攻势。我们已经完全丢掉了意大利，亚平宁山脉地区②甚至已经开始释放奥地利战俘。

拿破仑并没有闲着。在外交部长的建议下，他巧妙地利用保罗一世的激情破坏了英俄联盟；接着，他又给英国国王写了一封披着和平外衣、实则十足挑衅的信。这样一来，一方面，我们的第一执政表达了他希望

① 莫尔比昂省是法国布列塔尼的一个省。这个省和阿摩尔滨海省、非尼斯泰尔省、伊勒 – 维莱纳省、大西洋卢瓦尔省四个省接壤。莫尔比昂省的布列塔尼语方言比较特殊，不能和其他地区的布列塔尼语通话。

② 亚平宁山脉，位于亚平宁半岛东侧，是亚平宁半岛的主干山脉，北起阿尔卑斯山南麓，南至亚平宁半岛南端，全长超过 1000 千米。全境属意大利管辖。

俄国沙皇保罗一世（右四）与家人

乔治三世

和平的诚意，另一方面，如果英国国王拒绝了这份诚意，那么他就有充足的理由向英国宣战，夺回和平以及法国需要的金钱、武器和军队。

某天，秘密议会会议结束后，拿破仑激动地对我说他准备在三个月后重新出征意大利。刚开始的时候，我觉得他有点夸大其词，但不久我就被说服了。和我一样，刚刚被任命为战事部长的卡诺也发现，在军事领域，拿破仑拥有最高发言权。后来，他对我说："一听到我即将出征的消息后，西部省份的保皇派立刻就偃旗息鼓了。"那时，我确定，眼前的这个人不仅是战场上的天才，更是一位老谋深算的政治家。能辅佐这样一个人，我深感荣幸。

为了征服保皇派，我们决定引蛇出洞。于是，借助贝尼埃主教①和两位子爵夫人之口，我们宣布拿破仑正在努力地复辟波旁王朝，希望帮助波旁家族重登王位。这个消息传到身在米塔②的国王③那里后，他以为恢复王位的最佳时机到了，因此，他特意命他的密使孟德斯鸠主教④给勒布伦带去了一封信，并希望勒布伦能够将其转交给拿破仑。在这封信中，他用最优雅的语言表达了如下意思：对我来说，能够重新获得祖先的王冠是巨大的荣耀。这位亲王说："缺少了您的帮助，我在法国将无能为力；而离开了我，您也无法给法国带来幸福。所以，请您做决定吧……"

同时，身在伦敦的亚多亚伯爵派吉什夫人⑤前往巴黎，希望她能联

---

① 贝尼埃主教（1762—1806），奥尔良主教，西部保王党领袖。

② 米塔又叫叶尔加瓦，今拉脱维亚的一座城市。

③ 这里指路易十六的弟弟，普罗旺斯伯爵，即后来的路易十八。1795 年，路易十七死于狱中，路易十八被奉为继承人。但 1795 年至 1824 年在位期间，他有一大段时间并未居住在法国国内，实际在位约十年，当中约三个月短暂流亡。

④ 孟德斯鸠主教（1756—1832），1792 年 10 月起义后，孟德斯鸠主教流亡至英国。热月 9 日返回巴黎后，加入保王党集团。

⑤ 吉什夫人（1768—1803），路易十六王后的好友勃利夫人的长女。

系到约瑟芬，这样一来，他便可以通过自己的夫人与拿破仑谈判了。伯爵夫人吉什是一个集优雅与智慧于一身的贵族，约瑟芬则是保皇派的救星。她们开始会面后，我和约瑟芬约定，我将以每天一千法郎的报酬换取城堡里的消息。

虽然我并不清楚拿破仑本人的想法，但此事干系重大。坐不住的我开始想尽一切方法、动用一切手段来了解事态的进展。最后，我得知孟德斯鸠主教正在通过勒布伦采取行动。在报告中，我向第一执政汇报了此事。首先，我说了伯爵夫人吉什此行的目的，接着，我又明确地表明我对此事的态度。如果政府纵容这样的协商行为，那么人们可能会觉得第一执政想从中渔利。况且拿破仑这样一位仁厚的长官又怎么会看得上这么无聊的算计呢，除非是踩过他拿破仑的尸体，否则波旁王朝根本不可能复辟成功。

我之所以用心拟定这份报告，就是想通过它告诉拿破仑，一切危害公共安全的事情尽在我的掌握之中。果然不出我所料，这份报告给拿破仑留下了深刻的印象；与此同时，伯爵夫人吉什被勒令立刻返回伦敦，勒布伦也因为参与此事而受到责罚；从此以后，我在执政府的地位变得稳固起来。

另一场战争悄然打响，这是一场铺满了鲜血的战争。4 月 25 日，莫罗率部跨过莱茵河，到 5 月 10 日前，他三战三捷，三次挫败了奥地利人。5 月 16 日到 20 日，在一次称得上汉尼拔[①] 的行动中，拿破仑率领后备军

① 汉尼拔·巴卡（前 247—前 183），北非古国迦太基著名军事家，出生在巴卡家族。其生长的时代适逢罗马共和国势力的崛起。年少时随父哈米尔卡进军西班牙，并向父亲立下要终身与罗马为敌的誓言。他自小接受严格、艰苦的军事训练，在军事及外交活动上有卓越表现，现今仍为许多军事学家研究的重要军事战略家之一。前 216 年，汉尼拔运筹帷幄，成功地以少胜多，击溃了由罗马执政官保卢斯统领的大军，此战成为军事史上最伟大的战役之一，史称“坎尼会战”。

穿过了大圣伯纳德山口[①]。当敌军得意扬扬地准备从瓦河和热那亚省攻入法国时，拿破仑率军穿过了奥斯特峡谷，攻入了米兰，占领了由梅拉斯[②]控制的奥军通信台。在大炮的掩护下，惊慌失措的奥军向塔纳罗河[③]和博尔米达[④]撤退。不过，虽然奥地利人屡战屡败，但他们依然英勇地向第一执政部所在的方向冲去，可我们的第一执政正率部从他们的后方赶来。

在决定生死的一战中，所有的人都焦躁不安。巴黎开始流言四起，保皇派和人民党更是蠢蠢欲动，就连温和的共和党人也坐不住了：在他们的眼中，冲锋陷阵的将军似乎并不适合带领国家走向自由和正义。这些心有积怨的人甚至希望这位将军就像当年的克伦威尔一样半路夭折，希望成长于战争的他也倒在战争中。

6 月 20 日晚上，两个商人透露："6 月 14 日，拿破仑部在亚历山大港受挫，不过战争仍在继续。"一瞬间，这则消息便传遍了朝野。得知这个消息后，突然之间，人们的内心似乎发生了微妙的变化，他们在什涅家、在库尔图瓦家、在斯塔尔家、在西哀士家，奔走着、聚会着、商议着。每个人都觉得，是时候另选一位开明的第一执政了，是时候挽救共和于危难之中了，所有的目光都聚集在战事部长卡诺的身上。

得知战况不妙的同时，我也得知了朝堂上的暗流涌动，于是，我马上找到了另外两位执政官。见到这两位有些颓唐的执政官时，我尽力去鼓舞他们的士气。然而，当我回到家的时候，我承认，我的大脑确实需

① 大圣伯纳德山口是迄今跨越西阿尔卑斯山最古老的山口，那里目前仍然能够看到上溯至青铜时代的人类活动遗迹、罗马时代的羊肠小道和拿破仑军队 1800 年进入意大利时使用的道路。

② 米歇尔·冯·梅拉斯（1729—1806），神圣罗马帝国将军。在马伦哥会战中，曾指挥神圣罗马帝国军队。

③ 塔纳罗河位于意大利西北部，发源于利古里亚阿尔卑斯山，最终在巴西尼亚纳注入波河，全长 276 千米。

④ 博尔米达是意大利萨沃纳省的一个市镇。

要新的能量。我家里挤满了人，但那时的我只想见最亲近的人。筋疲力尽的我对他们说："这个消息有夸大的成分，因此，它很有可能是一次投机。在战场上，拿破仑是战无不胜的，所以，请大家再耐心地等待一段时间，不要轻信谣言。"

第二天，第一执政的信使带着胜利的消息抵达了巴黎，虽然某些人大失所望，但这一小部分人的失望被掩盖在了大多数人的狂喜之下。正如亚克兴战役一样，马伦哥之战巩固了执政府的权威。但如果说此前的拿破仑还是自由民族的第一执政的话，那么凯旋的他就完全变成了另一个人。甚至有人说，与其说拿破仑征服了意大利，不如说他征服了法国。也正是从这时起，拿破仑开始了他持续十五年的辉煌独裁。在朝臣们的一片溢美之词中，我们看到，一位名叫罗德若的国务委员正在到处神话他的新主。在一张报纸上，他借用了维吉尔①的一句话："上天所赐。"

虽然我提醒人们，对我们这样一个伟大的民族来说，过度的赞美往往会带来不好的结果。但那时，全国上下一片欢腾，根本无人思考我说的话。

7 月 2 日晚上，胜利者凯旋了。

但一见到他，我就有了一种乌云密布的感觉。当晚，在他的办公室中，他冷冷地看了我一眼，然后大声说道："好！有人认为我会失败，竟然谋划着组建新政府！……我都知道了……这些人的命都是我给的，是我救了这些人！他们觉得我是下一个路易十六吗？既然他们敢这样做，那我就让他们好好看看！我不会再糊涂了。败了一场，对于我来说

① 普布利乌斯·维吉利乌斯·马罗（前 70—前 19），也就是维吉尔，是奥古斯都时代的古罗马诗人。其作品有《牧歌集》《农事诗》《埃涅阿斯纪》三部杰作。《维吉尔附录》可能也是他的作品。因在《牧歌集》中预言耶稣诞生被基督教奉为圣人。《埃涅阿斯纪》影响了包括贺拉斯、但丁和莎士比亚等许多诗人与作家。《埃涅阿斯纪》在中世纪被当作占卜的圣书，由此衍生出"维吉尔卦"。在但丁的《神曲》中，维吉尔也曾作为但丁的保护者和老师出现。

马伦哥之战，拿破仑大获全胜

马伦哥之战中的拿破仑

马伦哥之战中的随军学者

就是胜了一场……什么也不怕的我会让这些没有良心的人、这些叛徒归于尘土的……我很清楚，即使没了这些人，我也知道该怎么拯救法国……”

我对他说：“当时，一些受了蛊惑的共和党人一时冲动，制造了一些谣言，但我马上便平息了这些流言。”说话的同时，我把当时提交给两位执政的报告复印件递给了他。那个时候，我希望他能够接受如此欢腾景象中的一点小小瑕疵。但他的回应却是：“您没有向我坦白一切。不是有人想要立卡诺为王吗？呵，这个家伙呀，果月 18 日之后，他只能维持两个月不到的局势，就差把这个人发配到锡纳马里了！……”

不过，我坚持认为，在这件事中，卡诺是无辜的，他完全不知道那些别有用心的阴谋。然后，拿破仑便沉默了。但这件事并没有这么过去，拿破仑根本没有原谅卡诺，不久之后，他便迫使卡诺递交了辞呈，交出了战事部长一职。如果不是有勒布伦和冈巴塞雷斯这两位执政的证词，我恐怕也要离开公安部了。

局势越来越紧张，拿破仑的执政方式也越来越独断，同时，他也越来越怀疑那些他口中的顽固派。其实拿破仑口中的顽固派要么是坚定的人民党人，要么是为垂死的自由呼喊的共和党人。为了软化这些所谓的顽固派，我建议政府厚待这些人，给他们提供优厚的年金和重要的职务。

在金钱分配方面，我可能还能够插得上话，但在职位的分配上，我根本无能为力。我非常清楚，我们的第一执政并不想把重要的职位给共和党人，他所希望的是维持现在军方——或者是说支持绝对权力的人——在政府中的优势地位。因此，我只有任命六七个行政长官的权力。

我们都清楚，拿破仑最担心的是那些打着无政府主义旗号的激进党人。在拿破仑看来，这些愤怒的人随时都有可能发动政变。另外，围在他身边的那些人——那些支持独裁的人——还时不时地添油加醋、火上浇油。我们这位第一执政越来越多疑。

在这里，我简单提一下这些支持独裁的人。他们是波尔达耶[①]、勒布伦、冈巴塞雷斯、克拉克、帕尼[②]、菲尔、杜塞[③]、乔莉佛[④]、比内[⑤]、艾美瑞、罗德若、克戴尔[⑥]、雷尼尔、夏波多[⑦]和杜弗兰[⑧]。

同时，第一执政还派人秘密监督舆论动向，我和我领导的公安部也未能幸免。当时，同样掌管着警力的内务部长吕西安对我有些不满，因为他的某些汇报政府中密谋活动的报告都被拿破仑驳回了，而他认为这是我从中作梗。

当时，我负责监控政府的所有动向，包括贵妇沙龙中的闲言碎语。而吕西安却以权谋私，和有夫之妇乱搞，贩卖种子出口许可……作为公安部长，我怎么可能不向第一执政忠实完整地汇报关于他的流言蜚语呢？

在这样的政局前，大家可以猜想到我的艰难处境了吧。不过幸运的是，我也有一些支持者，比如说约瑟芬，比如说拿破仑的一个私人秘书——他在秘密支持我，比如说杜洛克[⑨]——他没有反对我。拿破仑的那个私人秘书机智灵活且充满才干，熟悉拿破仑的所有文件。但因为贪财的毛病，不久之后，拿破仑便冷落了他。后来，这个秘书发现，我每个月都会花费十万法郎来刺探第一执政的一举一动，于是，他也想和我做同样的交换。找到我后，他提出，我每个月给他提供两万五千法郎，而

① 波尔达耶（1778—1858），19世纪法国外交官、政治家、法官。
② 帕尼（1756—1834），军人、政治家。曾担任拿破仑帝国大臣。
③ 杜塞（1751—1844），政治家，七月王朝统治时被封为法国贵族。
④ 乔莉佛（1753—1818），政治家。
⑤ 比内（1749—1802），政治家。雾月政变后，向拿破仑集团靠拢，曾负责杜伊勒里宫的安保工作。
⑥ 克戴尔（1747—1809），曾担任拿破仑内务大臣。担任内务大臣期间，主持了巴黎的改建工作。
⑦ 夏波多（1756—1832），化学家、医生、政治家。改良了盐酸的生产流程。曾担任拿破仑内务大臣。
⑧ 杜弗兰（1736—1801），雾月政变后，担任国库总负责人。
⑨ 杜洛克（1772—1813），拿破仑贴身大元帅，在包岑会战中立下大功。他被称为“拿破仑的影子”。

波尔达耶

帕尼

他则向我提供拿破仑的所有信息。他还说，如果我能够一次性付清全年费用的话，他可以只收九万法郎。

我不想错过这个机会，对我来说，掌握拿破仑的动向至关重要，因此，我接受了他的提议，并且按月向其支付两万五千法郎。从这个人的口中，我获得了有关拿破仑的准确消息，而他也获得了我的庇护。

虽然这样一来，为了拿破仑的动向，我每个月都要花去我所有可支配收入的一半以上，但这个时候，我不仅可以从约瑟芬那里探听到拿破仑的消息，还可以通过这个人的消息来佐证我的判断。所以，虽然花费不菲，但我也因此而获得了最强大的情报支持。

当时针对我的是什么样的流言蜚语呢？有人指控我保护共和党人和政客，甚至有人说我派和我私教甚好的巴林将军去游说那些无政府主义者，并用金钱来收买这些人。但事实上，我只是在努力地打破这些阴谋，平息他们的怨恨，消除他们对第一执政的不满情绪。收到我的警告后，有些人甚至向我表达了深深的谢意。对我来说，这些都是我的分内之事，我只是在用我的方法尽自己的责任，我认为，预防要比惩罚更有效。

但三人成虎，拿破仑还是开始怀疑我。不久之后，为了稀释我手中的权力，第一执政专门任命了一个人来监视“顽固派”。此人是路易·尼古拉·杜波瓦[①]，一个既贪婪又崇拜权力的人。在革命之前，他是一名法官，革命之后，他不知用了什么手段混进了中央机关。雾月 18 日之后，路易·尼古拉·杜波瓦被任命为警察长。

为了单独成立一个部门，他盯上了我的私人资金，后来更是以公安需要钱为借口，要求我分很大一部分给他。不过不久之后，我就发现这个人以国家所不齿的方式来为自己牟利。

① 路易·尼古拉·杜波瓦（1758—1847），法官，第一任巴黎警察局长。

但不久之后，拿破仑分而治之的想法还是占了上风，所以公安部被分成了四个职责明确的事务署：宪兵监察事务署、由杜洛克控制的城堡事务署、由路易·尼古拉·杜波瓦控制的行政事务署和由我控制的警务署。此后不久，我撤掉了内务公安。这样一来，我们的第一执政每天都可以收到四份公安报告，此外，他的密使还会提交私人报告：这就是他口中所称的为共和国号脉。

虽然我为共和国所做的全部贡献都变成了别人攻击我的武器，但我们的第一执政拿破仑并没有听信这些人的言论。他说："富歇做的这些事情是我对抗反革命分子的一道屏障，此外，在对付英国和朱安党人方面，没有人能比富歇做得更好了。"

此前，我似乎仅仅是拿破仑用来制衡他人的工具，但现在，我觉得我的作用不只这些，然而，公共事件和政治事件还是会影响到拿破仑对我的态度。

第 10 章
拿破仑地位的稳固

精彩看点

军政府地位的加强——共和党人的不满——马尔梅松城堡暗杀——阿海尔的供认——吕西安提议建立君主立宪制——拿破仑和吕西安的争执——吕西安出任西班牙大使——保皇党的阴谋——设局尼凯斯街——流放“雅各宾党人”——保皇党和雅各宾派的合作——莫罗在意大利战场大获全胜——粉碎第二次反法同盟——第一执政官的地位稳固

所有这一切都预示着和平即将到来。马伦哥之战后，执政府开始真正掌握大权，在征服了皮埃蒙特、热那亚和伦巴第之后，执政府又立刻颁布了军事宪法。后来，当阿尔卑斯山南共和国的各项职能都恢复后，拿破仑便离开了米兰。攻克慕尼黑之后，莫罗率部向维也纳挺进。迫于形势，奥地利人求和了，他们希望法国不要向德意志扩军。莫罗同意了该请求，7 月 15 日，双方在巴黎签订了和约。

虽然捷报频传，但在巴黎，共和党人的不满情绪却越来越严重，拿破仑专制的作风让他到处树敌。在军队内部，共和思想也开始抬头，反对派都开始秘密互动，一些士官和上校也加入了密谋。这些人吹嘘说贝纳多特、儒尔当、奥热罗、布律纳将军等人都加入了他们，甚至莫罗也后悔他之前支持拿破仑上台的行为。实际上，虽然没有任何看得见的迹象表明有人在密谋造反，但在那些蛛丝马迹前，我们的第一执政坐不住了。

巴黎的局势变得更加紧张，反对派的行动也更加明显。最后，第一执政把那些最激进的人调离了重要岗位，并且派人暗中监视他们。其实，自从三人执政的执政府成立以来，那些秘密活动就没有停止过，而我的工作重心就在于阻止这些人的活动，当然，客观上我的行为也让执政府放慢了对他们采取激进措施的进程。后来，我们的第一执政身上也出现了一些共和思想，比如说，在 7 月 14 日的国庆招待会上，第一执政向前来赴宴的人举杯，并献上了这样一句祝酒词：“主权在民，为了伟大的法国人民干杯！”

但在另一方面，通过内线我得知，在拿破仑前往意大利之前，激进派确实计划在巴黎附近暗杀他。当他凯旋后，这些计划便落空了。在那些秘密会议中，也有人提议在法兰西喜剧院[①]暗杀拿破仑。不过幸运的是，在我和让·拉纳的努力下，这些阴谋都没有得逞。然而，即便我们挫败了一个暗杀计划，那些人也会密谋另外的暗杀计划。这些人的生活很不如意，难以驯服，想长期控制他们实在是太困难了！

不久之后，我得知，昂里奥的前助理儒尔诺与二十多个激进分子合谋，计划在马尔梅松[②]刺杀拿破仑。虽然我们认为菲雍、杜福尔和罗希诺是主谋，塔罗[③]和莱涅罗是他们幕后的指使人，而在塔罗和莱涅罗身后更是存在着一个坚定、活跃但从未现身过的笔杆子梅特格，但当时的我们找不到任何确凿的证据。

9 月中旬，我们得到内线举报，得知有人密谋在大剧院暗杀第一执政。于是，我下令逮捕了罗希诺等嫌疑人，但因为没有审讯出任何结果，所以我接到了释放他们的命令。不过，那个命令同时命我派人暗中监视他们，监督他们的一举一动。

十五天后，我们再次阻止了一起暗杀活动。阿海尔是这次暗杀行

① 法兰西喜剧院是法国的一个国立剧团，建于 1680 年。

② 马尔梅松是位于法国吕埃马尔梅松的一座城堡。曾是拿破仑妻子约瑟芬居住的地方。1800 年至 1802 年，马尔梅松城堡和杜伊勒里宫都是法国政府所在地。现在这座城堡是一座博物馆。

③ 塔罗（1755—1828），法国著名军事、政治家。因反对雾月政变、抵抗执政府而被列入追捕名单。

宏伟的法兰西喜剧院

法兰西喜剧院的内景

动[1]的同伙，此人以为举报可以得到很大的奖赏，所以他向第一执政的秘书布里安[2]告密了。受到传讯的阿海尔立刻供出了自己所有的同伙，据他的交代，参与此次暗杀活动的人有罗马难民赛哈市和笛安纳，公开反对第一执政的科西嘉议员的兄弟阿瑞纳，狂热的爱国者画家多笔诺，与巴亥关系亲密的德梅尔。

这件事给我招致了无数的指责和非难。面对这样的言论，我对第一执政说道："执政官将军，如果您不相信这个人的供认的话，您可以传讯公安部的任何人前来对质。毫无疑问，确实有人在密谋暗杀您，得知此事后，我也调查了这些人的动机。现在，我可以请您传讯向我报告消息的人，我们当堂对质。"

听完我的话后，拿破仑用友好的语气回应道："好，那就叫他来吧，你和让 • 拉纳将军一起商议此事吧。"

为了引出真正的反对分子，第一执政决定将计就计，由阿海尔设局，主动发起一个以暗杀自己为目的的行动，并且假装自己正处在敌人的包围之中。我们把该行动的时间定在 10 月 4 日晚上，那时，拿破仑会去法兰西喜剧院观看奥拉斯[3]的演出。阿海尔承诺说到时候会有四人落网。

在一次秘密议会中，拿破仑谈到了隐藏在自己周围的危险，无政府主义者和居心叵测的政客们的阴谋，还有那些宣扬共和精神的愤怒的共

---

① 这里指剧院阴谋。1800 年 10 月 10 日，一起针对拿破仑的暗杀活动。当时担任公安部长的约瑟夫 · 富歇及时阻止了这场阴谋。暗杀行动成员之一阿海尔向警方供出了自己的同谋，然后与警方一道破坏了这起暗杀行动。阿海尔向警方交代其同伙有公开反对第一执政的科西嘉议员的兄弟阿瑞纳等。

② 布里安（1769—1834），外交官、政治家。1785 年，布里安和拿破仑一起进入香槟军事学校学习，成为私交好友。1801 年，在拿破仑远征意大利之时，布里安受到重用，成为国务委员。同年，由于参与走私而被革职。

③ 蒂托 • 李维（前 64 或前 59—17），古罗马著名的历史学家，他写过多部哲学和诗歌著作，著有《罗马史》。根据他的叙述，罗马和阿尔巴朗格大战期间，三个奥拉斯人和三个古瑞阿斯人决战。后来，这个典故成为众多文学创作的来源。

和党人的密谋。接着，他又说到了卡诺，开始指责卡诺和革命党人的关系，并且说卡诺的性格太狂野。吕西安·波拿巴也持同样的观点，不过在表达同样的观点时，这个人的措辞更加狡诈。

他提到冈巴塞雷斯和勒布伦曾以当前的局势为理由，建议他撤掉卡诺的战事部长。而所谓当前的局势，是卡诺曾经为共和党人出头，指责第一执政过于宽容保皇派，指责第一执政在执政府中大讲排场，并且约瑟芬的作风也大有王后的派头。第二天，在我的建议下，卡诺递交了辞呈。

10 月 4 日，在法兰西喜剧院，提前设计好的谋杀“大戏”开始了。真正的反对分子出手时，早已埋伏在四周的警察立刻冲了出来，抓获了赛哈市、笛安纳以及他们的同伙。

这件事反响很大，而这也正是拿破仑的用意。得知此事后，所有的重要领导人立刻找到拿破仑，向他表示祝贺，祝贺他躲过这次灾难。在主席台上，拿破仑说自己并没什么事，当时正好有一组随行的贴身侍卫跟着他……

这些可怜的人，他们该怎么面对他的目光呢！

我马上提议加强防范措施，尤其要严格检查从巴黎到马尔梅松这一段路，为了排除所有隐患，我们需要彻底地搜查路上那些零星的房屋。这些指示相当于双倍加强了警力，负责城堡的警卫力量也得到了加强，靠近国家领导人不再是一件随意的事情。

一般来说，所有的新政府都会利用一些自编自导的暗杀事件来加强自己的管理，而我们的第一执政也本能地采用了这种管理方式。当然，在这一次的事件中，他的兄弟吕西安·波拿巴功不可没。虽然表现形式不同，但吕西安·波拿巴这个人有着和拿破仑一样的野心。他也知道自己的做法在有意无意地挑战拿破仑的权威，但他还是经常提及自己雾月 18 日中的功劳，后来更是想在政府中掌握更大的权力。本来，他是希望拿破仑成立一种二人专政政府的，这样一来，他便可以和拿破仑一起主

19 世纪初的马尔梅松城堡

政了，更确切地说，是他负责国内事务。然而，专断的第一执政是不会同意任何权力分享的行为的。更加微妙的是，在多次争取利益未果后，吕西安·波拿巴发现自己在执政府的地位开始慢慢下降，所以，他正在寻找一切途径来恢复自己在执政府中的影响力。于是，这次暗杀行动结束后，吕西安开始向他的兄弟拿破仑夸张地描述共和党人的威胁，所以就提议拿破仑建立君主立宪制并由他来担任首相。我明确反对这种不可行的方案，而且我也知道，即使第一执政非常迫切地想要确认自己的地位，他也不会同意这样的方案。

但吕西安·波拿巴却认为自己的兄弟拿破仑默认了自己的提议。于是，他开始推进自己的方案，并且让人秘密地撰写了一份宣扬君主制原因和原则的文件——克伦威尔、蒙克和拿破仑之路。在执政府中，这份宣传册流传广泛；吕西安·波拿巴的办公室中同样储备了大量的宣传册，其数目应该和分发给各层级政府官员的数目一样多。

通过邮政局，这些宣传册发送到了各个地区的政府工作人员手中，虽然它表面上没有任何政治指示，但派送的地址、部长的信件以及别的标志都表明了这样的宣传大有深意。

在吕西安·波拿巴不知情的情况下，当天，我也拿到了这份文件。我马上赶到马尔梅松，找到拿破仑给他看了那份宣传册。接着，我明确指出了这种行为的不妥之处和它背后的用意。我对拿破仑说："跟随您征战多年的将士们大多认为是革命造就了自己，并且他们的心中还一直怀着共和的理想，因此，他们对您的依附感可能并没有我们想象得那么强烈。如果我们就这样向这些人宣布我们即将建立君主制国家，那么他们可能会觉得这次革命不过是又一次的篡权。"最后，我再次重申了扩散这份文书的危险性，要求马上停止这种行为。

取得拿破仑的同意后，我立刻下令停止扩散该文件，并且为了更有效地消除它对政府造成的不良影响，在我的部长信件里，我把它定义为一件可耻而有罪的事情。暴怒的吕西安·波拿巴认为我没有权利在未征得他同意的情况下用这样的词语诋毁他，因此，他也来到了马尔梅松。虽然他来此是为了告状，但正是从那时起，他们两兄弟间的争斗进入了白热化阶段。终于有一天，在一次激烈的争论后，吕西安·波拿巴赌气地向他的兄弟拿破仑递交了辞呈，他说相比于和这样专制的人共事，他宁愿辞去所有公共职务。而被激怒的拿破仑也命人把“这个公民”请出了自己的办公室。

无论是从理智的角度，还是从国家团结的角度来考虑，这两兄弟都不适合继续共事了。最后，我和塔列朗总算妥当地分开了两人。不久之后，肩负着让西班牙国王对葡萄牙宣战使命的吕西安·波拿巴出任了马德里大使，而对于这个依附于英国的小国，拿破仑早就嗤之以鼻了。

吕西安·波拿巴即将离开的消息不胫而走，在各种私人场合和沙龙里，好事者嘀咕着，说此事与我有关。还有人说，这样一来，在政府中以约瑟芬为首的一派将更占上风，将压过以拿破仑兄弟为首的一派。

我当然希望国家权力能够更加集中，以结束法国长久以来的混乱局势，那么，比起专断的、想和自己兄弟分而治之的吕西安·波拿巴，我则更倾向于约瑟芬这种温和派。

在巴黎，当圣于连伯爵以奥地利国王的名义与法国签署和平条约时，这位“国王”也刚刚和英国签订了津贴条款，在和平与金钱之间，维也纳政府再次勇敢地抛掷命运的骰子——撕毁和平条约。圣于连伯爵以僭越国王权力的罪名锒铛入狱，停战协定也就此告吹，但考虑到需要一段时间来重整士气，停战协定一直延续到了 12 月。

在这种情况下，法国需要同时面对与葡萄牙以及奥地利的战争，驻奥地利大使以及奥地利政府都渴望和平，而和平只能指望莫罗在此战中的表现了。

从战略上来看，在军功方面，莫罗是唯一一个能和拿破仑相抗衡的人。因此，拿破仑早就对立下赫赫战功的莫罗心怀芥蒂，所以，对拿破仑来说，莫罗的胜利并不见得是件好事。

但目前，国内出现了令拿破仑更头疼的情况：各种政党——包括保皇派的人——都把拿破仑当作他们共同的敌人。这段时间里，拿破仑要面对来自激进分子的威胁，两股势力同时谋划着暗杀他。10 月底，这些死灰复燃的人又开始策划新的暗杀计划。我发现，这一次，他们灵活地避开了公安部门所有的监测，因此，我简短地向第一执政汇报了这场完全处于暗中筹划的危险活动。有时，他们会在信奉基督教的酒水老板家密谋活动安排，有时，他们会把密谋地点安排在凡尔赛宫，有些时候，他们甚至出没于旱金莲公园。这些人甚至还成立了临时政府！

戒备森严的警力没能遏制这些人的叛乱，反而刺激了他们狂热冲动的神经，那些想要快速了结拿破仑性命的人决定铤而走险。[①] 被称作“骑士”的人是这些人中的一员，此人是一个坚定的共和党人，在默东 [②] 的一家火药作坊里，他研究出了一种威力巨大的火药。之后，他计划把这些火药放进某个容器里，再将其埋在拿破仑的必经之路上。在他同谋的鼓励下，或者说在自己信仰的鼓舞下，这个人和一个被称作瓦尔塞的人一起研制了一种里面注有火药、外面围有铁片和钉子的秘密武器。这个秘密武器上还牢牢地绑着一块改良后的电池，这样一来，只要溅上火星，这个秘密武器就会爆炸。

行动秘密地推进着，所有密谋者都迫不及待地想用这个“地狱武器”炸死那个“小伍长”（他们给拿破仑起的外号）。这一伙以“骑士”为首的亡命之徒甚至决定，在暗杀拿破仑之前，他们进行一次排练。10 月

---

① 尼凯斯街暗杀又称“地狱武器暗杀”。1800 年 12 月 24 日，保王党人针对拿破仑发起的暗杀发动。

② 默东是法国法兰西岛大区上塞纳省的一个市镇，属于布洛涅－比扬古县。

17 日晚上，这场暗杀的主谋们躲在硝石矿后面默默观察着预演。他们认为，有硝石矿作为掩护，他们都是安全的。果然不出所料，秘密武器的威力非常惊人。不过这次预演之后，暗杀者的内部分成了两派：一派人认为这种威力无穷的秘密武器绝对能让他们的计划大获成功；但另一派人则认为，他们的目的是杀掉拿破仑，而这样杀伤力巨大的秘密武器势必会伤及无辜。经过一番思考与争论后，持后一种观点的“骑士”决定放弃把炸弹安装在第一执政观看演出的车上的想法，转而着手改良这种秘密武器。

不过，那晚的爆炸已然引起了我的注意，越来越多的秘密文件提到，有些人准备用一种威力巨大的秘密武器来暗杀“小伍长”。查阅了相关资料后，我认为“骑士”就是制造这个杀人武器的主谋。11 月 8 日，在布朗克大街，他和他的同伙瓦尔塞被抓获，同时，政府也逮捕了与此事相关的所有嫌疑人。警察查获了他们使用的火药、子弹、第一台秘密武器的残骸和改进版本的草图。总而言之，我们查获了他们所有的作案工具。然而，直到最后，也没有一个人供认他们的犯罪意图。

抓获这些人后，威胁拿破仑生命安全的危险终于去除了，然而，另一派的反对党却希望从这些人手里拿到这种致命的秘密武器，继续他们的行动。虽然这种想法听起来不可思议，但其实再正常不过了。

刚开始的时候，乔治[①]这个布列塔尼地区最顽固的反对派领袖之一，这个握有布列塔尼地区所有军备力量的人从伦敦出发，登陆莫尔比昂，准备在那里发动一场新的军事行动。他把这次行动的权力暂时下放

① 乔治·卡杜达尔（1771—1804），法国政治家。法国大革命期间，他是朱安党人的重要领袖。拿破仑·波拿巴钦佩他的才能与充沛的精力，希望以丰厚的待遇拉拢他，但被他拒绝了。1800 年以后，拿破仑的政权已经稳固，卡杜达尔认为已不再适合发动战争，于是将主要精力转到策划阴谋之上。他间接参与了暗杀拿破仑的尼凯斯街爆炸案，失败后逃往英国避难。

给了几个主要的中尉，即麦卡锡·旺代[①]、巴赫、格瑞索和吉约姆[②]。因为这次行动还牵扯到其他各省，所以他们需要依靠信件和内线来协调活动。因为这个原因，我掌握了整个计划的行动方案，而不仅仅是一些蛛丝马迹。于是，我采取了紧急措施，立刻派人去西部，同时还派人监视并逮捕了像危险的郊区队长这种具有重大嫌疑的头目。不过，公安部的行动或多或少会都受到外交部的制约。在给身在米兰的第一执政写信时，我并没有提及这次危机的具体细节，但我告诉他，一旦取得胜利，我希望他能立刻返回巴黎，处理现在政府中的危机。

正如我们所见，马伦哥之战不仅没有给拿破仑带来任何伤害，反而给他带来了无上荣耀。这突如其来的胜利打乱了英国的所有计划，也扑灭了乔治的所有幻想，但“不屈不挠”的乔治并没有因此而罢休。凭借着莫尔比昂还未被摧毁的王室势力，他继续待在“自己的”地盘里，并通过内线得知了巴黎人民党正在不停地谋划着新的暗杀行动。于是，10 月底的时候，他派自己的亲信里姆罗、圣瑞昂、华西和希拉里前往巴黎，这个人似乎准备不惜一切代价地从雅各宾派的人手里拿到这种秘密武器，以推行新的暗杀计划。即使这个暗杀计划失败了，包括政府在内的所有人也会认为这场保皇派策划的暗杀行动是雅各宾派的行为；如果这个暗杀计划成功了，那么保皇派的人便会上前摘取胜利果实。这个看起来万无一失的计划就是雪月 4 日（12 月 24 日）暗杀案的起源！最开始的时候，人们根本没有怀疑保皇派，所有的人都在怀疑无政府主义者。

12 月 24 日终于来临了，巴黎上下都知道第一执政和政府高官一定会列席喜剧院，观看剧目《创世纪》。乔治的代理人决定在拿破仑前往

① 麦卡锡·旺代（1774—1801），法国大革命期间朱安党人的领袖。

② 吉约姆（1759—1805），法国大革命期间朱安党人的领袖。

乔治

吉约姆

剧院的路上安放“地狱武器”，送他和他的精英们上天。我们得到消息称，圣瑞让会把这个秘密武器安放在拿破仑必经的尼凯斯大街上，并且在预计的时间点火。在这里引发如此恐怖的事件，这真是难以置信！他们还按照第一执政的日常速度，精确地计算好了爆炸的波及范围、火芯的燃烧速度、火药的威力。

在案发的前一天晚上，我和各警察局都收到了第二天将会有暗杀行动的消息，但这些消息非常空洞，况且我们每天都能收到各种各样的警报。不过，在每日公安报告中，敏锐的第一执政同样看到了这一条消息。刚开始的时候，他很犹豫，但在收到城堡护卫队的安全确认后，他决定第二天带着自己的贴身护卫前往喜剧院，这基本可以认为是带着盔甲出行的恺撒。我们知道，只要雅各宾派的暗杀有一丝差池，行动就将落空。而这一天，在前往剧院的路上，微醺的车夫比平常的速度快了两秒，而正是这两秒救了拿破仑的命，且再次巩固了他的地位。在恐怖的爆炸声中，对这次暗杀行动早有准备的拿破仑大喊：“这就是那个地狱武器！”

虽然遭到埋伏的拿破仑安然无恙地出现在了剧院，不过可想而知，他的脸色有多难看，那多疑的脑袋里不知道又在琢磨些什么！拿破仑遇刺的消息迅速传开了：所有与他有紧密利益相关的人——部长们、拍马屁的人们、执政官的亲信们——立刻来到了他的身边，蜂拥而上地声讨肇事者。在演出结束，回杜伊勒里宫的路上，这些人浩浩荡荡地紧紧跟随着拿破仑的马车。当我满头大汗地赶到那里时，我只感到空气中弥漫着浓浓的敌意，对此已有心理准备的我不能被这群人吓倒。

拿破仑怒气冲冲地走向我：“好！这一次，您还是要说这是保皇派所为吗？”

我冷静地回应道：“很有可能，他们的嫌疑最大，稍后我会提供证据的。”

我的回答让人们震惊，但第一执政官用更加尖锐的语气质疑我，在他看来，这次行动绝对是公安部门没有及时镇压雅各宾派导致的。

我大声回应道："不，这绝对是保皇派和朱安党人所为，给我一周的时间，我会拿出证据的！"

在得到一些肯定后，为了澄清我的立场，我继续向拿破仑汇报公安部门近期的工作和各个分局的职责。我提到，政府把所有事情都归咎于雅各宾派的这种趋势应该得到遏制了，把主要注意力放在那些已经散掉的雅各宾派人身上是多么错误的行为，而那些蠢蠢欲动的英国代理人、海外流亡贵族和朱安党人正在巴黎伺机而动。我坚信，不出一个星期，事情一定会水落石出。

幸运的是，我用两千金路易便换来了乔治代理人的所有秘密！沿着他们提供的线索，我发现，在爆炸发生的前一天和第二天，有八十多位身负任务的朱安党人领袖从各地偷偷赶来巴黎，但不是所有人都知晓将有爆炸事件。几天之内，越来越多的线索让我迅速查清了事情的主谋，那些恶意的揣测不得不闭上了嘴。

我很快就发现，这次刺杀激化了拿破仑独裁的想法，而他的亲信们也在为此积极地活动着。他做的第一件事是流放首都最激进的政客和无政府人士，确定名单的事情又一次落在了我的肩上。在民意的压力下，参议会尽全力为这些人提供庇护，在这种情况下，我也使出了浑身解数，划掉了在名单上的四十个名字——不然的话，这些人将被流放到非洲。接着，我又控制了这次流放的范围，将其改为在巴黎外的监视流放。

最开始的时候，这次残忍的流放行动是针对查理①、菲利斯②、舒得勒③、塔罗、德斯这些让拿破仑深感头疼的人的，后来，它扩大到

① 查理（1752—1821），来自亨斯家族的将领。

② 菲利斯（1767—1837），革命者、雅各宾派有影响力的成员。

③ 舒得勒（1761—1838），政治家、制宪议会成员。尼凯斯街暗杀行动之后，被执政府列入流放名单。

了所有雅各宾派中的激进党人。

在批准流放法令的过程中，第一执政认为宪法委员会的程序复杂、效率低下，因此，他要求组建更高效的立法机关。于是，在内阁中，有人建议成立一种类似特别法的法律保障组织——它是不需要传讯，不需要陪审团，也不需要斟酌修订的特殊机构。但我认为，我们至少需要明确这次流放的范围，并且确保被流放者在流放途中的人身安全。

很快，在1月7日，第一执政下令，停止当天所有的邮递服务。当天晚上，拿破仑派一支仅有六人的押送队押送这批人前往非洲，然而，在途中，押送队遭到了朱安党人游击队的袭击。

在同一时期，恶名远扬的“老司机”团伙也在各地肆虐。因此，政府认为自己处在危机重重的环境下，他们有必要采取更严厉的措施惩罚谋反者。

“骑士”和瓦尔塞因发明了“地狱武器”而被判处死刑，梅特格、航博和希贝尔也被判处死刑，他们的罪名是试图以阴谋颠覆国家政权。在刑事法庭，阿瑞纳、赛哈市、多笔诺和德梅尔接受法律的审问，虽然那里的陪审团机制为他们赢得了一些时间，然而，因为当时极端的政治环境，他们最终还是被判处死刑。然而，在这次爆炸事件之前，任何一个法庭都不能够仅仅依靠阿海尔德的口供就判处他们死刑。

之后，法庭开始处理与雪月3日爆炸事件相关的诉讼。卡邦和圣瑞昂也被判处死刑：卡邦负责购买放置“地狱武器”的车马，并同圣瑞昂一起把车马交给了护卫队，他们还一起准备了弹药；圣瑞昂负责点火，在点火的时候，他还被炸伤。

这些暗杀事件都有一个共同点，那就是不同派别的作案者之间有着密切的联系。共同的仇恨让这几派人联合起来去攻克同一个难题，而雅各宾派想要杀掉拿破仑的动机恰巧成为保皇派可以利用的地方。

毫无疑问，在很大程度上，鲜血浇灭了敌人谋逆的激情，拿破仑的权威也渐渐得到了巩固，他得到了自己想要的一切。

战场上，莫罗率军攻向德意志，在霍亨灵顿[①]大获全胜。当时，他对着将士们喊道："朋友们，我们赢得了和平！"

不到二十天的时间，莫罗就攻克了八十里[②]具有争议的土地，闯过了因河[③]防线、萨拉防线、特劳恩[④]防线、昂镇防线，他的先头部队已经到达距维也纳二十里的地方，并且击溃了唯一一支有能力抵抗的奥地利军队。在施泰尔，我方和奥地利重新签订了休战协定。迫于这种情况，

莫罗将军大获全胜

① 1800 年 12 月 3 日，由莫罗率领的法国军队在霍亨灵顿大败奥地利和巴伐利亚联军。奥地利被迫向法国求和，这标志着第二次反法同盟的崩溃。

② 这里是法国里。一法国里约等于四千米

③ 因河是多瑙河的支流，流经瑞士、奥地利和德国。

④ 特劳恩是位于今奥地利北部上奥地利州的一个城市。

英国政府同意奥地利退出联盟条约，与法国签订了和平条约。这意味着，英国人认为拿破仑是为了个人荣誉而战，而莫罗则是为了和平而战。从此，竞争像一颗定时炸弹深埋在了两位大将的心中，事实上，两人迥异的性格，以及他们对共和精神的不同理解，迟早都会让他们分道扬镳。

在巴黎，关于修订法律，即建立一个半司法半军方的机构以适应局势的趋势越来越明显。五百人院沸腾了，对那些热爱自由的人来说，这项法案是对自由的极大侵犯。伊斯纳尔①、本杰明②、达努、舍尼埃、吉克内③和巴约勒被认为是共和国最后的斗士，他们与政府的这项提案做着最后的抗争。

政府发言人回应称，当前的社会秩序已遭到严重的破坏，一些越过法律控制范围的犯罪组织正在侵蚀我们国家的根基，因此，现行法律已经不能够适应严峻的现实形势。围绕这个法案，政府上下一共展开了七场激烈的讨论。在政府的威权下，议会通过了仅以微弱优势领先的法案，它使政府能够调离所有疑似威胁到政府存在的人，这也意味着警察专政的开始。有人猜测我将成为尼禄手下的塞昂努斯④，承担第一执政的所有任务。

现在，第一执政拥有了合法的独裁权，可以任意流放或者处死政敌，这样的执政方式无疑是宣告，执政府将依靠纯粹的武力来治理国家，但它可以给人民带来和平和安宁。这么多年的征战之后，法国总算暂时迎来了和平！

---

① 伊斯纳尔（1758—1825），吉伦特派政治家。

② 本杰明·康斯坦（1767—1830），出生于瑞士洛桑的法国小说家、思想家、政治家。以心理主义小说（Adolphe）闻名。发表政治评论、宗教评论等，从事政治活动，为拿破仑一世起草了帝国宪法附加法。

③ 吉内克（1748—1816），作家、诗人、政治家。曾是立法评议委员会成员。

④ 塞昂努斯（前 20—31），尼禄统治时期的罗马帝国官员之一。曾先后担任近卫军司令及执政官等职位。后因为被人告发夺权篡位，被尼禄处死。

第 11 章

法俄秘密联手

精彩看点

签订《吕内维尔条约》——G 夫人与拿破仑——G 夫人出逃俄国——保罗一世遇刺——召回贝纳多特——拿破仑与贝纳多特和解——英国与法国为敌的立场动摇——西班牙军队攻克阿连特茹——法军进入葡萄牙——吕西安在葡萄牙受贿——《亚眠和约》——英法和解——埃及战场败退——法俄秘密联手——秘密联手事件暴露

意大利还有一些遗留事务，马塞纳以共和党嫌疑人的罪名被召回，8 月份，布律纳接替了他的职务。然而，在第戎时，布律纳也同样被怀疑了。为了能够让布律纳官复原职，我尽力减轻了一些对他的控告。无论如何，布律纳都攻克了托斯卡纳，并且收缴了里窝那[①]和所有英国人的财产。

在保罗一世的恳求下，拿破仑考虑让缪拉停止向那不勒斯进军，集中精力征服两西西里王国。根据我方和那不勒斯签订的条约，在大布列塔尼和奥斯曼帝国签订正式的和平条约前，法国可派四千驻军驻扎在阿布鲁佐[②]的北部，奥特朗托[③]半岛方圆十二里之内。在秘密议会中，我是第一个就此秘密条约发表看法的人：在阿布鲁佐驻军意味着，只要时机合适，法国便可以出兵埃及、达尔马提亚和希腊。

1801 年，经过四天的谈判，在吕内维尔[④]，法国和奥地利正式签署

① 里窝那是第勒尼安海的一个港口城市，位于今意大利托斯卡纳西部，是里窝那省的首府。

② 阿布鲁佐位于意大利中部，北靠马尔凯，西南接拉齐，东临亚得里亚海。

③ 奥特朗托是今意大利东南部普利亚大区莱切省的一个城市。奥特朗托海峡以该市命名。隔海与阿尔巴尼亚相望。

④ 吕内维尔是法国东部默尔特－摩泽尔省的一个镇。

了和平协议。条约规定：奥地利需要履行早前《坎波福尔米奥条约》之决定；奥地利须放弃德意志的一些占领地，放弃从赫尔维蒂到巴达维亚所有土地的主权；法国的势力范围延伸至莱茵河左岸，以阿迪杰河为界；奥地利和意大利共享威尼斯大区。这样一来，赫尔维蒂共和国、巴达维亚共和国以及阿尔卑斯山南共和国的地位都得到了保证。但《吕内维尔和约》① 大获全胜之际，第一执政没有发来任何回应。

欧洲终于迎来了和平！《吕内维尔条约》规定了奥地利和日耳曼帝国② 的领土界限，经过双方议会的讨论后，该条约正式施行。整个事件中，外交部长灵活的外交手段确实为第一执政增色不少，但平心而论，拿破仑也有些不悦，因为英国某些报纸宣扬他是在塔列朗的主张下行事的。

我不断地提醒他，如果政府的工作有失公允，那么这样的政府是没法长久的。对于拿破仑来说，他需要消解长期征战带给他的多疑和坚硬的性格，只有用宽容的、受人欢迎的策略去治理国家，国家才能长治久安。但想要让一位历经革命洗礼、身居高位的独裁者变成一位强大又宽容的领袖又谈何容易呢？

拿破仑的内心充满了警觉、仇恨和报复，他越来越倾向于在国内建立残酷专政，而这正是我竭力抵制的事情。从私人感情上讲，我无比敬重这个人，只有他具有如此坚定和不屈不饶的性格，只有他能够排除不

① 《吕内维尔和约》是第二次反法同盟战争后，法国与神圣罗马帝国之间签订的停战条约。条约于1801年2月9日签订，法国由约瑟夫·波拿巴为代表，神圣罗马帝国由奥地利外相路德维希·冯·科本茨尔为代表。奥军于1800年6月14日的马伦哥之役、12月3日的霍亨灵顿战役战败给拿破仑一世及莫罗后，奥地利被迫对法国求和，奥法之间遂签订一系列和约。《吕内维尔和约》标志着第二次反法同盟的崩溃。继此条约后，英国亦单独与法国签订了《亚眠和约》。

② 神圣罗马帝国亦被称为德意志第一帝国，1512年以后的全称为“德意志民族神圣罗马帝国或日耳曼民族神圣罗马帝国”，是962年至1806年在西欧和中欧的一个封建君主制帝国。帝国的版图以德意志地区为核心，包括一些周边地区，在巅峰时期包括了意大利王国和勃艮第王国。

为纪念《吕内维尔条约》而铸造的带有拿破仑头像的纪念币

同党派间的异见，在军队和国内事务中带领法国走出泥潭。我甚至可以自信地说，在一些过分暴力的事件上，我都尽力劝他采用了更温和的处理方式。

还有一些人想通过女人来俘获这颗坚硬的心，因为拿破仑根本无法抵挡充满魅力的女性。当然这些人绝对不能做出有损法国利益的事。但此事的发展出乎意料。

在最后一次经过米兰时，拿破仑曾被女歌手G夫人的美貌，或者说她动人的声音所打动，因此，他便派贝尔西耶前往劝说G夫人，希望她能前往巴黎。为了打动她的心，拿破仑为她准备了丰厚的礼物。最后，G夫人坐着贝尔西耶的专车来到了巴黎。在每月一万五千法郎的丰厚酬金下，这位夫人美妙的歌声回荡在杜伊勒里宫的各场演出上。

作为国家领导人的拿破仑不想让醋意大发的约瑟芬起疑心。因此，他只能偶尔拜访G夫人。但这种没有关爱和激情的爱根本满足不了这位充满青春活力、渴望疯狂爱情的G夫人。于是，她转而投向了当时有名的小提琴家皮尔·罗德①的怀抱。沉浸在爱情里的罗德也失去了分寸，开始挑战贝尔西耶的监控。有一天，拿破仑对我说，机警的我竟然还忽视了一些事情。

我回答道："对，我是忽视了一些事情，但现在我知道了。比如，一个身材矮小的男人，经常在晚上，带着一个贴身侍卫，从杜伊勒里宫的偏门出去，坐上一辆密闭的马车前往G夫人家……而这个人就是您。不过这位G夫人现在和小提琴手罗德有染。"

听到这些话，第一执政转过身去，沉默了一会儿，我则静静退了出去。

一位副官被派去给这位不贞的G夫人当监护人，感觉受到侮辱的G夫人坚决不服从这种后宫制度。那些人原本以为，失去了所有宠爱的

① 皮尔·罗德（1774—1830），与贝多芬等著名音乐家有密切的合作。

皮尔·罗德

G 夫人会屈从，但同样沉溺于爱情的她不为所动，根本不理会贝尔西耶提出的优越条件，最后，她被赶出了巴黎。一开始，她和自己的爱人躲在周围的村子里，后来，两人一起逃到了俄国。

有人说，对第一执政来讲，战争就是全部。但我把这个人推向了世界，让他懂得需要用冷静、和平与艺术来治理整个帝国，但他不仅想给欧洲大陆带来和平，还想让英国俯首称臣。自从法国大革命爆发以来，英国这个一直以来的对手便倾尽全力围剿法国。综观欧洲全局，这两个财富和实力相当的大国的确水火不容。

第一执政和他的私人内阁首先要考虑这样一个问题：是先在国内建立起和平，再向英国发起挑战；还是先让英国俯首称臣，再在国内建立和平？他们讨论的结果是：如果没有一个安定的外部环境，国内的安宁最多算是一种暂时的休战。

《坎波福尔米奥条约》签订之后，英国基本处于防守劣势。我们的精锐部队就驻守在英国的对岸，法国和西班牙的军舰聚集在布雷斯特港口①，正在紧锣密鼓筹备的海军跃跃欲试，准备以布伦港口为主要进攻口。与此同时，英国也在全力备战，他们封锁了所有的港口，密切注意着我们的任何风吹草动。

保罗一世率领的北方舰队也对英国形成了一种无形的威胁。他曾经旗帜鲜明地说过，他的目标就是要解除英国这个海上霸主的各种条款。我们可以想象，在这次对英国的战争中，第一执政多么想和保罗一世保持一致的步调，加入到他率领的海上舰队中。所以，那时，政府的所有举动都是为了赢得保罗一世的关注，以动员俄国人加入战争，同时也尽力拉拢丹麦和瑞典出兵。

① 布雷斯特位于法国布列塔尼半岛西端，是布列塔尼大区菲尼斯泰尔省的城市，也是重要的港口和海军基地。

普鲁士关闭了易北河[①]、威悉河[②]和埃姆斯河[③]的口岸，占领了汉诺威，英国人知道除了开战之外，他们已别无他计。海军上将海德帕克[④]和尼尔森[⑤]率领一支精锐部队奇袭了波罗的海，因防守不力，丹麦和瑞典失去了桑德海湾[⑥]，转而防守哥本哈根。4 月 2 日，英国海军更是在哥本哈根战役中大获全胜。

而十一天前，就在 3 月 22 日，在圣彼斯堡的皇宫里，骄纵的保罗一世被刺身亡。这件事情改变了整个局势！我从一位外国银行家那里得知了这个噩耗，当我来到杜伊勒里宫时，刚刚接到消息的第一执政手里紧紧捏着急件："什么？这么多护卫都保证不了一个皇帝的安全！"

为了让他平静下来，我、冈巴塞雷斯以及其他几位要员赶紧劝说他，这种事情也只可能发生在俄国，欧洲中部地区从来不会发生这种背信弃义的事情。但我们的劝说根本无法让他信服，尤其是经历过 12 月份的事件后，对于自己的处境，他更是感到不安。他大叫着，甚至捶胸顿足，我从来没有见过如此失态的第一执政！如果说哥本哈根的战事不利让他觉得心烦意乱的话，那么这位盟友、这位朋友的离世则让他有种物伤其类的悲愤。而从战略上来看，法国也因此失去了有力的支持。

保罗一世的死让拿破仑变得更加敏感多疑，他觉得军队中有人在密谋反叛，于是，他下令撤职查办了几位将军，其中便包括我尽力保全的

① 易北河发源于捷克和波兰交接的苏台德山脉，向南进入捷克，再流成一个弧形转向西北流入德国，经汉堡流入北海，是中欧地区的主要航运河道。

② 威悉河是德国境内的一条较大的河流，由威拉河与富尔达河在汉恩明登附近汇流而成，自南向北流经北威、下萨克森和不来梅，在不来梅注入北海的黑尔戈兰湾。

③ 埃姆斯河发源于德国北部，流经北莱茵－威斯特伐利亚与下萨克森。

④ 海德帕克（1739—1807），英国著名的海军将领。在美国独立战争中，他曾效力于英国皇家海军。

⑤ 海军上将第一代纳尔逊子爵霍雷肖・尼尔森（1758—1805），英国 18 世纪末及 19 世纪初的著名海军将领及军事家，在 1798 年尼罗河战役及 1801 年哥本哈根战役等重大战役中率领皇家海军取得大捷，他在 1805 年的特拉法加战役中击溃法国及西班牙组成的联合舰队，后中弹阵亡。

⑥ 桑德海湾是波罗的海的交通要道。

被英军炮火轰炸的哥本哈根和惊慌失措的市民

哥本哈根战役中，英国军舰炮轰哥本哈根

被炮火毁坏的哥本哈根

亨伯特。接着，有告密者说，贝纳多特将军心存不轨，贝纳多特周围的人在宣扬共和言论。去年一年里，这位驻守西部的大将军一直恪守本分，在马伦哥之战中，他更是击退了妄图从基贝龙[①]登陆的保皇派，使西部很多省份臣服于他。

接到告密的第一执政立刻召回了贝纳多特。关于此次事件，人们只能从拿破仑的办公室里打探情况，因为举报人是直接到办公室举报贝纳多特将军的。据说，有人不小心泄漏了一份军事叛变计划，根据这份计划，军队将直接冲向巴黎，推翻第一执政。但有人认为这个可笑的计划未必是空穴来风，他推测这是共和党人的叛变，而在军队中，有深厚根基的贝纳多特将军首当其冲地成为这次叛变的主谋。

拿破仑命我秘密拘禁了贝纳多特将军身边的高级将领，解散了他们的活动，他还特意嘱咐我不要声张："不要让欧洲人觉得有人在法国密谋造反。"

我尽量低调地处理了此事，但这次反叛的性质不同于以往的民事反叛，而是一次带有军事政变色彩的叛乱。我告诉贝纳多特将军，我必须服从命令。不久之后，贝纳多特的连襟约瑟夫亲自向第一执政寻求和解（这是雾月 18 日以来的第二次），在我的建议之下，拿破仑同意以更加优厚的待遇与这位杰出的将军达成和解。

突变的欧洲局势推动了此次战争的和平解决，新的俄国沙皇亚历山大一世采用了新的执政方式，他决定先释放英国海军俘虏。在圣彼得堡，俄国部长们和凯伦斯签署了新的协定，此事对局势产生了新的影响。同时，这位新沙皇派马可夫公爵[②]全权代表俄国，与第一执政以及盟国协

① 基贝龙是法国莫尔比昂省的一个市镇，位于该省大陆最南端，属于洛里昂区。

② 马可夫公爵（1747—1827），俄国外交家。

亚历山大一世

商和平事宜。据此看来，俄国新政府很希望达成和平的局势。而在1800年末和1801年初的时候，除了要独自对抗法国外，英国还要处理与其他国家在领海问题上的新纠纷。在这种情况下，英国似乎是要放弃法国大革命以来一直围剿法国的主张。在彼得退位和他的内阁下台之后，这种政治倾向更明显。于是，杜伊勒里宫和詹姆斯内阁似乎有很大的和解可能。当人们看到西班牙和葡萄牙竞争的后果后，这种和平的愿望就更加强烈了。

西班牙军队攻克阿连特茹[①]的同时，拿破仑的妹夫勒克莱克[②]立刻命令一支法国军队从萨拉曼卡[③]进入了葡萄牙。腹背受敌的葡萄牙希望用重金安抚侵略者。6月6日，在巴达霍斯[④]，吕西安·波拿巴收受了葡萄牙政府提供的三千万法郎酬金，之后他和葡萄牙政府签署了和平条款。

见钱眼开的吕西安·波拿巴并不明白他出任西班牙大使的政治使命。果然，得知此事后，拿破仑勃然大怒。第一执政要的是通过西班牙对葡萄牙的宣战大大削弱英国的力量——英国把葡萄牙看作自己的殖民地。从3月20日开始，在亚历山大保卫战中，莫奴将军[⑤]一直处于劣势，开罗和埃及其他主要城市相继落入了英国人和土耳其人手中。

就在这节骨眼上，吕西安·波拿巴辜负了法国的使命。本来决议要占领里斯本的拿破仑咬牙切齿地扬言要召回吕西安·波拿巴，并拒绝承

① 阿连特茹位于葡萄牙中南部，是葡萄牙七个大区之一。

② 查理·维克多·伊曼纽·勒克莱克（1772—1802），法国将领，拿破仑·波拿巴之妹保罗琳·波拿巴的丈夫。1791年开始军事生涯，在土伦之战表现出色，得到肯定。1797年与保罗琳·波拿巴结婚。

③ 萨拉曼卡地处西班牙的卡斯蒂利亚－莱昂自治区的最西南端。

④ 巴达霍斯是西班牙的城市，巴达霍斯省的省会，属埃斯特雷马杜拉自治区。摩尔人曾在此建立过要塞。

⑤ 莫奴将军（1750—1810），法国大革命时期将领。

拿破仑的妹夫勒克莱克

认这项协议。但我和塔列朗则认为，这样的处理办法有很多不妥之处。因为，在法英两国疯狂无休止的埃及争夺中，我们的处境变得越来越棘手。塔列朗提出，我们不妨在保护法西盟国的基础上修订条约，作为和英国争取和平的第一步。毕竟，被迫撤离的英国人迫不及待地重新回到了葡萄牙的港口。最后，巴西公主献出了自己的钻石珠宝，外加给拿破仑私人一千万法郎的酬金作为和解条件。最终，双方在马德里签署了和平条约。

不幸的是，我们的预感是对的。8 月 7 日，莫奴被迫放弃亚历山大，这意味着执政府在埃及建立法国殖民地的计划落空了，或者说拿破仑希望以埃及为中心建立东方帝国的计划破灭了。最终，在埃及势力相当的法英决定和解。10 月 1 日，在伦敦，奥托和霍克斯[①]签订了和平条约。两国上下甚是欣喜，他们共同享受着这条约释放的和平气息。

接着，这和平气息更浓了。英法和解条约签订后，俄国的全权代表马可夫公爵立刻以沙皇的名义和执政府签订了最终的和平条约，而且承诺还会签订新的商贸条约。从保罗一世遇刺以来，法国和俄国就出现了诸多不睦。但第一执政还是一直把保罗一世的儿子和他的继承者放在心上，现在一切都变好了。

对于第一执政来说，这些和平条约的签订是新的台阶，他的权力进一步加强了。拿破仑自以为他可以肆意地对内对外利用自己的威望。在和俄国签订和平条约时，这种忘乎所以的行为已经引起了国内的一些不满情绪。该条约中的“庶民”一词与法国的国民精神不符。在收到这份条约后，共和党人密集的众议院把它转移给了专门负责审查条约的委员会；委员会决定在专门会议上继续讨论“庶民”这个词。需要注意的是，专门议会只是觉得这个词用词不当，并没有觉得和平条约本身有什么问题。

① 霍克斯是加拿大安大略省的一个市镇，著名的法语区。

拿破仑加入了当晚的专门议会，他对议会这种咬文嚼字的做法非常气愤。在他看来，这迂腐的做法是在拖延条约的签订，这有损他的权威。于是，我郑重地向他汇报了巴黎的民意动向，我认为我们需要尊重当前仅存的共和精神。最后，我说服了他。

在拿破仑私人议会的授意下，内阁委员菲尔向众议院提交了一份关于条约的说明。这份说明指出法国早已摒弃向他国强加任何条款的行为。俄国也解释了这份条约里使用"庶民"这个词的原因：俄国希望两国政府能够共同面对国内外问题，它承诺俄国绝对不会为对方的敌国提供任何帮助。由此，议会的风波得以解决。

然而，在这份和平条约中，还有一条秘密协定：条约双方应在意大利和德意志的问题上保持一致态度。

我们应该可以想象，对英国来说，这个秘密条款是多么危险的事情。这意味着，在英国不知情的情况下，欧洲两大帝国强强联手了。英国政府决定以六万英镑的重金酬谢提供秘密协定的人。很快，此事便传到了第一执政的耳中，他迅速传召我来到杜伊勒里宫，强烈指责了警务和外交工作的不周：公安没能及时发现和阻止出卖国家情报的事情，而塔列朗则被认为是出卖国家情报的人。

我这样为自己辩解道："层出不穷的阴谋根本防不胜防，任何公安力量都无法保证万无一失。"当我发觉第一执政把矛头指向塔列朗时，我立刻直言道："我可以确定，这次国家机密的泄漏和塔列朗的亲信 R 先生有关。得知秘密条约之后，这个人可能直接向英国人出卖了情报，也可能是通过路易十八的代理人奥托戈公爵[①]转达给了《讨论日报》[②]合伙人之一的 B 先生。"我向拿破仑报告："我有确切的情报表明这个人

① 奥托戈（1753—1812），外交官，私人代理人。

② 《讨论日报》最开始记录国民公会的日常讨论情况，后来成为法国重要日报。

是外国人的间谍，但一直以来，仅凭公安部的力量，我很难拿到确切的证据，而公安部能做的只是提出案件侦查的方向。”

第一执政立刻命令军事法庭传唤了这两个人。塔列朗无力地反驳：“马可夫公爵的秘书也有同样的嫌疑，或者也有可能是俄国大使团的人走漏了风声。”不过，考虑到条约签署到走漏风声的间隔过于短暂，情报从圣彼得堡流向英国的可能性真的很小。不管事情的真相如何，R 先生都被军事法庭流放到了汉堡，而 M 先生则被流放到了易北河。虽然被层层押送至易北河的 M 先生看起来遭受了更残酷的刑罚，但事实上，他过得更加安宁。

在整个事件中，我不断地向第一执政提及，在欧洲，最高机密的保密期不会超过四十天。正是因为这件事情的教训，拿破仑才决定组建自己的外交团队。

在此期间，按照之前的约定，康沃利斯侯爵[①]来到了法国的亚眠，参与了和约会议。协商的过程之长超过了所有人的想象，但这并没有影响第一执政对这两个重要事件的同等关注：一个关于意大利，另一个关于圣多明戈[②]。我认为意大利的问题更紧迫，但拿破仑一心想重新征服被黑人军队控制的圣多明戈，所以他认为圣多明戈的议案更紧迫。

在这一点上，我既不同意私人议会的决断，也不同意内阁的意见，

① 第一代康沃利斯侯爵查理·康沃利斯（1738—1805），英国军人、殖民地官员及政治家，美国独立战争期间于 1778 年至 1781 年出任北美英军副总司令，任内于 1781 年 10 月约克镇围城战役大败后率军投降。战后他于 1786 年至 1793 年出任印度总督，1798 年至 1801 年任爱尔兰总督，1805 年再任印度总督，但同年因病客死当地。卸任爱尔兰总督后，康沃利斯在 1802 年代表英国与法国的拿破仑签订《亚眠和约》。

② 法属圣多明戈是法国在加勒比海地区的殖民地，即现在的海地。该地原属西班牙，是西属西印度群岛的一部分，1697 年根据《里斯维克条约》该地被割让给法国，之后便称为法属圣多明戈。1790 年，法属圣多明戈爆发反对法国殖民统治的黑奴起义，并坚持斗争直到 1803 年 11 月驱逐全部的法军。1804 年 1 月，法属圣多明戈宣布独立建国。

我同意的是我之前的同事玛鲁埃的观点。在他看来，进军圣多明戈是对黑人自由的破坏。在这一点上，从在圣多明戈颇有影响力的桑德若的回忆录中，我找到了支持这个观点的有力证据。可惜的是，拿破仑不喜欢这位曾供职于内阁并受人尊敬的年轻人，甚至还曾下令将其逐出巴黎——因此，他的意见根本没有办法传达给第一执政。

最后，菲尔等殖民派占了上风。这些人决定，在占领圣多明戈后，继续在圣多明戈执行1789年之前的奴隶制度，并且按照之前的法律恢复黑人贸易。

出兵圣多明戈的结果是显而易见的：法军的实力和声誉受到了双重损耗。那么第一执政坚持这样做的原因何在呢？在这一点上，贝尔西耶和杜洛克要比我这个公安部长清楚得多：第一执政不会放过这个疏远莫罗党羽的机会。当然，那些心底里支持共和、不满拿破仑的人也都清楚这一点。这一次，那些本来就对拿破仑颇有微词的人更是肆无忌惮地通过各种刊物批评圣多明戈行动。于是，公安报告中出现了各种不好的舆论。

有一天，拿破仑盯着我说："好吧，你们雅各宾派说我是故意派莫罗的人去圣多明戈前线的。这些人真是丧心病狂，让他们嚼断舌根吧。但新政府要维持社会秩序，绝不能因为这些闲碎的诋毁就停止正常工作。不过，您最好能让民众更好地了解这件事情。"

我保证道："您根本不用担心这些，您会看到民意的改变的。"

终于，万事俱备。两万两千名出征殖民地的士兵搭乘着二十三艘军舰浩浩荡荡地驶向布雷斯特。鉴于出征圣多明戈时，我们还没有和英国签订正式的和平协议，于是，这次出征前，我们还特意去争取了英国的支持。

在正式的和平协议签署前，拿破仑也打听到了自己关心的第二个重要事件——阿尔卑斯山南共和国。1802年1月，阿尔卑斯山南共和国驻里昂的一名议员被召回国内，并且被选为意大利总统，而不是阿尔卑斯

法军在圣多明戈与黑人奴隶交战

法军在圣多明戈与黑人奴隶短兵相接

山南共和国总统，这是值得注意的——阿尔卑斯山南共和国希望寻求独立。事实上，自从阿尔卑斯山南共和国成立以来，法国军队就一直驻守在那里，与其说阿尔卑斯山南共和国是一个独立的国家，不如说它是法国的分支，或者说是处于拿破仑的势力范围。

拿破仑自然不把意大利的选举放在眼里，他马上命令我们停止和意大利的所有谈判。在这件事情上，拿破仑信心十足：依仗着同俄国签订的秘密协定，英国断然不会干涉他的任何举动。所有人都坚信英国渴望和平。毕竟，3 月 25 日在亚眠签订的英法停战协定[①]是最让人欢欣鼓舞的事情了。

当时所有的领导人都明白，和平协议中有一个雷区——马耳他。在内阁会议中，我直言不讳地指出了这个问题，但沉浸在和平协议喜悦中的人们根本不想理会这个问题，他们甚至觉得我在危言耸听。但在英国议会中，我发现一位当时实力派议员提出了和我一样的观点。平心而论，前届部长和他们的朋友所形成的新的反对派会把这次的和平看作一次短暂的休战。毕竟，经过这么多年的战争，法国维持了自己所有的领土，而英国却只守住了特里尼达和锡兰。

那么，对法国来说，这和平真的是一件幸事吗？我看得很清楚，在

① 这里指《亚眠和约》，于拿破仑战争发生期间的 1802 年 3 月，由当时法兰西第一共和国第一执政拿破仑 • 波拿巴的兄长约瑟夫 • 波拿巴及英国的康沃利斯侯爵代表法英双方所缔结的休战条约。1801 年，支持对法国强硬的英国首相小威廉 • 皮特由于国内的宗教问题而退政，并由支持对法融和的亨利 • 阿丁顿组成新内阁。当时，在法国具有最大影响力的拿破仑不断透过对外战争来维持国内安定。由于双方都希望暂时休战，以应付国内的种种问题，双方决定于 1802 年 3 月 25 日在法国北部的亚眠缔结休战条约。条约规定，英国会从马耳他、直布罗陀、埃及等占领地撤军，把管治权交回马耳他的圣约翰骑士团、直布罗陀殖民地的荷兰（当时是巴达维亚共和国）。与此同时，法国会从拿波里王国、罗马教宗领地等地撤军。然而，《亚眠和约》在订立以后，并未得到双方全面的遵守。1803 年 5 月，英国与荷兰捕获法国船舶的事件，成为条约双方关系恶化的导火线。1804 年拿破仑称帝，翌年英国等国再次组成反法联盟，是为第三次反法同盟，把新成立的法兰西帝国推入战火内。

战争中，拿破仑扩大自己的权力，同样地，他也会利用这和平巩固自己的权力。对于英国的开明阶级、法国的自由斗士以及我来说，我们都能明白，这意味着法国军方势力得到了永久的保证。

第 12 章

军政府的建立

精彩看点

和平时期国家建设的报告——重构宗教蓝图——红衣主教贡萨尔维斯造访巴黎——宽大处理流亡贵族——法国大赦——天主教回归——再次赋予拿破仑十年的执政权力——军政府建立——共和党人不满——福尔涅上校酒后失言——拿破仑获得终身执政权——共和国第五宪法——拿破仑出任参议院主席——拿破仑获得赦免权

无论如何，和平协议的签订是拿破仑的胜利，更是法国大革命理念的胜利，新的纪元开始了。由此，拿破仑要求我筹划一份关于和平时期国家建设的翔实报告。我分析了各个派别间观点的异同，以及近期叛乱党派的反动纲领。在这篇报告中，我指出，在第一执政的领导下，法国人民必将成为遵纪守法、有理有节的好公民。在未来几年之内，在军事上，法国将成为欧洲的霸主，不仅如此，在国家治理的各个方面，法国都将成为欧洲国家的楷模。宗教、艺术、科学和习俗礼仪都将以法国为中心，在欧洲全面复苏。而我们的第一执政，将不只是三千万法国人民的领袖，他将成为恩泽整个欧洲的慈父。在对外关系上，法国将成为继查理曼大帝以来最强大的法国；将在德意志和意大利建立起持久的秩序；到时候，法国将占有西班牙；而土耳其人，也会发现自己有着法国人的特质，倾向于成为法国的一部分；至于那些在莱茵河和阿尔卑斯山以外的小国家，他们将会迫不及待地请求第一执政协助推行国内改革。总而言之，整个世界都将臣服于法国。

我知道这份报告触动了他心底隐秘的地方。一年多以来，在勒布伦、冈巴塞雷斯以及国务委员波尔达耶[①]的建议下，第一执政正兴致勃勃地

① 波尔达耶（1746—1807），法学家、哲学家，《民法典》的起草者之一。

重构宗教的蓝图，并且希望那些流亡海外的贵族回到法国的怀抱。内阁也出台了一些相关的计划书。在这两项重要的决定中，我赞成借助宗教推进国家管理，并且由第一执政推进的宗教改革，必然会更好地为第一执政的管理服务。但对于和罗马教廷签订臣服条约，我觉得非常不妥。在一个确立了大革命法则的国家，强行引入影响国家安定的外国势力是非常不合理的。即使罗马教皇对国家事务的影响微乎其微，但一些偶尔的争论也无法避免。况且把这样一种天意宿命、不为人控制的东西引入国家的治理，本身就是很荒唐的想法。国家需要的是实行宗教信仰自由，并且对各种宗教从业人员发放固定工资。

之后我才知道，这个计划仅仅是另一项更重要计划的铺垫。通过自己的情人——第一执政的妹妹爱丽莎①，翁达斯②向第一执政提交了一份周密的报告。在这份报告中，他建议拿破仑仿效查理曼大帝，借助罗马教皇的力量，完成帝国大业。

我也有考虑过恢复查理曼帝国的想法，不过和翁达斯不同的是，我希望这宏伟大业可以融合革命的原则，希望革命党人能够在这份大业里面占有绝大部分的席位。不，我不是想要在政治环境中排斥保皇派，我只是希望，在政府中，这些人是政府的少数派。况且在我看来，这份甚合第一执政心意的计划书，其他方面还非常不成熟。于是，尽管第一执政一再催促我加紧筹备，我还是尽我所能地拖延。

然而，急躁的第一执政根本无法容忍我这种谨慎的工作方式。从去年 6 月开始，在拿破仑的邀请下，罗马教廷庇护七世秘书——红衣主教

① 玛丽亚·安娜·爱丽莎·波拿巴·巴西奥克希（1777—1820），法国皇帝拿破仑一世的大妹，封托斯卡尼女大公。1797 年 5 月与科西嘉贵族巴西奥克希结婚。1805 年 3 月 19 日，拿破仑授予她卢卡和皮翁比诺公主称号。

② 翁达斯（1757—1821），法国政治作家。他继承了拉辛与芬乃伦的文学创作手法。在政治上，他推崇亨利四世以及华盛顿的治国理念。

爱丽莎与女儿

贡萨尔维斯[①]——前来巴黎与拿破仑进行了会谈，并提出了相应的合作基础。随后，10 月 10 日，拿破仑向内阁告知了这些合作基础。

红衣主教的来访引起了明理派的不满。他们觉得我应该代表他们向政府建言，尽管第一执政的地位已经基本确立，但在对天主教的崇拜上，他还是应当保持谨慎的态度。在国内，除了要考虑注重哲学思辨的大臣的反对外，拿破仑还需要顾及军队内部对宗教方案某些敏感部分的感受。为了保住民意，和内阁商量之后，第一执政决定借宣传英法和约之机，慢慢推进宗教改革。

而对英法和约的宣传，也意味着我们可以宽恕海外流亡贵族。在这件事情上，作为公安部长的我有着重要的作用。九大簿名单记录了大概十五万海外流亡贵族：名单中的一部分人已经陆续回国，或者已经离世，但名单中的有效人数依然有八万左右。十年来，这八万人一直处于最高公安的监控之下，根本没有办法靠近自己的领地。

如果法国大赦，除了效忠法国王子的那一千人，其他人都可以得到赦免。然而，我们应该如何处理那些没能得到赦免的贵族的财产呢？那四百阿庞[②]森林更是成为所有人关注的焦点。第一执政的意见是，这部分土地可以作为吸引流亡贵族的礼物。

大家决定：在正式签订和平协议前，我们应该避免过度宣传法国大赦。这样一来，大赦法案正式颁布时就会更显庄重。另外，从 1802 年 4 月 6 日起，拿破仑和红衣主教于 1801 年 7 月 15 日商议出的那些协定陆续通过了大众议会的审批程序。从马德里归来的吕西安·波拿巴重新进入了五百人院，他发表了一篇由诗人翁达斯润色的文章——这篇文章产生了极大的影响，这也意味着新的权力即将上台。

① 贡萨尔维斯（1757—1824），罗马教廷庇护七世秘书。

② 阿庞是旧时土地面积计量单位，1 阿庞约等于 20 亩到 50 亩。

颁布《政教协定》[①]的日子定在了复活节，第一执政在杜伊勒里宫宣布该消息后，十二位巴黎市长纷纷向巴黎市民传达了这个决定。为了庆祝亚眠和平协议和政教协定的签订，在巴黎圣母院，政府安排了隆重的祭天仪式。我提醒执政官们，追随他们前往祭天的可能只有个别将军

19 世纪的巴黎圣母院

① 《政教协定》的签订者是法兰西第一共和国执政拿破仑与教皇庇护七世，此协定恢复了法国大革命之前的教廷地位。

和公务人员，因为很多高级将领决定不参加这种盛大的仪式。为了避免冷场，政府马上想出了对应之策。于是，战事部长贝尔西耶安排了一场盛大的军事午宴，邀请了所有的高级将领参加。午宴过后，他提议他们去杜伊勒里宫向第一执政致谢。等他们到达杜伊勒里宫时，身着华服的拿破仑郑重地邀请他们随他前去巴黎圣母院。没有人敢当场拒绝这个邀请，最后，在一片喝彩和欢呼声中，浩浩荡荡的队伍向巴黎圣母院走去。

在关注着天主教回归的同时，参议院也一直关注着大赦条款的制定。后者势必会牵扯出财产的分配纠纷，而我负责的公安部则必须全面警惕，极力应付各种不测。幸运的是，我的工作得到了内务部、财政部和内阁同事的大力帮助。而在处理纠纷的时候，内阁也偏袒了偏向革命者的惯例。

事已至此，大家都知道，自己依靠的是一个不能给革命党人保障的共和国。第一执政所有的计划都是在把这个国家推向君主制国家。昔日表彰革命象征自由的荣誉勋章却成了损害平等的废铜烂铁，大家变得既敏感又矛盾。我们不敢怠慢的民意，第一执政和他的兄弟吕西安·波拿巴却能视之如刍狗，罗德若甚至把这样的准则添附到共和国法律当中。在众议院中，这项立法遭到了强烈的反对，人们认为它损害了人民自由的根基。但对于权势熏天的政府而言，任何的反对派都是无效的少数派。

反对派的意见越是微不足道，他们的愤恨也就越深。城堡护卫队觉醒了：那些被称作“坏头脑”的人不是被流放，就是被监禁。在将士们中间，不满快速地演变成怒气，这些被共同感受浸染过的人们都知道：拿破仑对共和制度的践踏无非是想为自己铺平专制的道路！

拿破仑和自己的亲信正在研究如何以合法的形式获得终身的权力。这是他们心照不宣的事情。现在不是沉默的时候，我常常在议会上奔走呼喊：现在还不是恢复帝制的时候，人民还不能理智地认识帝制所带来的稳定；恢复帝制会激起军队精英和人民的反抗，会让我们失去人民的支持。然而这一切都是徒劳，后来，我更是发现，他人对我的态度越来越有所保留。除了私人议会外，人们还会在冈巴塞雷斯家里举行秘密会议。

为了第一执政和国家的利益，在了解到他们的秘密之后，我决定采取行动。我联系了五百人院中的几位好友，希望能够把这些计划——这些我觉得会给国家带来危险的计划——扼杀于萌芽之中。

当天，我的朋友们就去游说众议院中最有影响力的议员们。他们大力赞扬了拿破仑为顺利结束国内党派纷争和争取国家和平所做出的卓越贡献，特意提到了第一执政正牢固掌握着国家政府权力，并且在他领导下的，政府没有任何污点。最后，他们说他们希望参议员能够满足人民的愿望，在原定十年的执政基础上，再赋予拿破仑十年的执政权力。他们还提到，这样做不仅可以保证政府的稳定，也可以加强五百人院的权威。我的朋友们假装表现出这也是第一执政的意思，因此，这次游说取得了巨大的成功。

5 月 8 日，参议院以法国人民的名义向第一执政表达了诚挚的谢意，并且在 1799 年 12 月 13 日宪法 34 条[①]的基础上，再次赋予了拿破仑十年的执政权力。不久之后，这个决议便传到了第一执政、五百人院和立法机构那里。

对此，第一执政和他的亲信们并不买账。对于这个决议，他们的回应相当模糊：他们说参议院的手伸得过长了，参议院怎么能够代表法国人民呢？他们又说，这个决议有些不符合实情，比如说："虽然幸运垂怜共和国，但这幸运却不是稳定的幸运；受到命运垂怜的人有多少能久存于世呢！……"

① 这里指共和八年宪法，法国共和历八年颁布的一部宪法。依据宪法，法国政府为执政府。此前的雾月政变已经有效地将权力移交给拿破仑·波拿巴，并且在一些人的眼里，政变已经结束法国大革命。

奥古斯都对此的回应也是一样的……参议院多赋予的十年权力期并不能满足第一执政，他从这十年中看到的是迫切想要到达权力巅峰的自己。拿破仑决定把确立君主制当作唯一的战役。两天以后，5 月 10 日，他迫使另外两位执政同意：宪法没有规定不能向法国人民提出“拿破仑可以终生执政吗？”这样一个令人啼笑皆非的问题。

当我赶到私人议会的时候，有人正在宣读第一执政写给参议院的信。我承认，在聆听的过程中，我的内心五味杂陈。我知道，这件事情已经无可挽回，但我还是希望，在可能的范围内，这件事能够缓一缓、缓一缓、再缓一缓……

这不是推卸责任，我们的确要铭记，在这件事情上，参议院的坚守还是很多的，最开始的时候，这条法令并没有得到强烈的支持。然而很快，参议院、立法集团和众议院纷纷被收买了。所谓的征求法国人民的意见，不过是第一执政在众议院向法国人民的主权和革命的原则表达了口头的敬意而已。而所谓的全民公决则只向各新政府机构的秘书们、各个法院的记录员们和各位公职人员开放。拿破仑的亲信们提出的终身执政官制已经被大部分人所接受。遇到还在执拗的人，那些人就敷衍地说：“等着吧，这件事得由国家来决定。”

尽管政府已经尽其所能地防范各种意外，但一件严重的事情还是发生了。在一次聚餐中——参与者为二十多位心怀怨气的将军，有人当场把第一执政的执政书扔在地上。喝醉之后，他们群情激愤，以精准射击而著称的第十二轻骑兵上校福尔涅[①]甚至扬言，五十步之内，他定能攻克拿破仑……不料，某个在场的人立刻向莫奴将军告发了此人，这个告密者希望现在恩宠正盛的莫奴将军能够把这件事告知拿破仑，而莫奴则直接带着这位告密者赶往杜伊勒里宫。当时，拿破仑正准备前往喜剧院，

① 福尔涅（1773—1827），法兰西第一帝国将领。

福尔涅上校

接到消息后，他立刻命令自己的护卫队赶往喜剧院自己的包厢。到达喜剧院之后，福尔涅也在该处，于是，助理警长朱诺[①]以阴谋破坏国家安全罪将其当场逮捕。

我讯问了这位上校。随后，我更是得知了他们在聚餐活动中的那些醉酒狂言。指责他的同时，我又告诉他，这件事最终的处理还要看他们有没有切实的行刺计划。这位上校很后悔自己的酒后之言，他说自己绝对没有做过任何实际的准备。当时，我想尽办法劝说拿破仑低调处理此事。然而，之后发生的事情让这件事变得更棘手。在公安局待了一晚上之后，第二天，警察便随着这位上校去他的住所取证。虽然他们没有在那里搜查到任何实质性的刺杀计划，但他们却找到了很多反对拿破仑的打油诗。接着，福尔涅上校做了一件令人咂舌的蠢事——他把护卫关在了自己的房间，然后逃跑了。听闻此事后，第一执政相当震怒，不过他的愤怒首先指向的是公安部。在他看来，比起这位上校、比起这次共和党人的聚餐，更让他愤怒的是公安部的迟钝——公安部居然对此一无所知。我告诉拿破仑说："那天晚上，公安部接到了关于这次聚餐的消息，但经过严密的调查后，我可以确定这只是一起聚餐失言事故。"接着，我又向他说明道："在这个全民公决的时刻，如果我们按阴谋颠覆国家政权的罪名来处理这件事的话，那么您的声誉将会受到影响。"思索了一阵之后，拿破仑终于点头同意了我的建议。当时名气很盛的中队长多纳德也因为此事受到牵连，和福尔涅一起被判处监禁。在我的斡旋之下，这件事最后的结局也算过得去，无非是降职、流放和失宠。

此事让第一执政更加迫切地追求自己地位的终身制。整整六周，政

① 即让·安多许·朱诺（1771—1813），第一代阿布兰特什公爵。他是活跃于法国大革命和法兰西第一帝国时期的法国将领。1800 年，他与拿破仑的多年好友劳拉·马丁·德·皮尔蒙德结婚。在意大利战争和伊比利亚半岛战争中，朱诺战功卓著。

府上下都在为全民公决的事情忙到难以喘息。大选结果出来了：3568185 票赞同，9074 票反对。8 月 2 日，参议院宣布拿破仑获得终身执政权。总体来说，绝大多数外围的人都认为，授予拿破仑终身执政权可以给法国带来稳定和安宁。参议院也认为，或者说假装认为，拿破仑会以人民的利益为重。况且拿破仑本人也信誓旦旦地说："法国的自由、平等和繁荣即将实现。"得其所需后，他还慷慨激昂地补充道："我的内心涌动着使命，我要给这片土地带来秩序和正义。"

这些话值得我们用心体会——越是说向着人民，他就越会向着自己。这个人定会爬向权力的巅峰。只要时机成熟，他就会摘取那至高神圣的权力之果，他要比恺撒、亚历山大更幸福。

越是这样渴望得到的，就越会害怕失去。拿破仑深信，只要他还没有掌握全部的权力，他的权威就还没有确立。他害怕法国人民是一时脑热才选择他为终身执政官，因此，他现在要做的就是不能让他们有时间冷静下来。紧接着，8 月 6 日，一份以政府名义发出的共和国新宪法进入了公众的视野。新宪法也叫作第五宪法[①]，该宪法规定拿破仑为参议院主席。参议院的决策权转移到了拿破仑的手中，这意味着他有了可以决定国家体制政策的权力！

另外，宪法还承认了内阁相应的权威地位，并赋予了拿破仑最大的特权——赦免权。第五宪法还大量减少了众议院的议员名额，使其形同虚设，同时，它还剥夺了立法集团的条约审批权。这完全补足了终身执政事件的纰漏，政府的所有权力都集中在了拿破仑手中。而为了奖励另

① 这里指共和十二年宪法。共和十二年宪法是法国在共和历十二年（1804 年）颁布的一部宪法。该宪法修正了先前的共和八年宪法和共和十年宪法，建立了法兰西第一帝国，并由此前的终身第一执政拿破仑·波拿巴担任皇帝，史称"拿破仑一世"。宪法规定波拿巴家族为法国皇室，皇位须由波拿巴家族成员继承。共和十二年宪法最后经过了帝国宪法附加法的全面修改，并在 1815 年波旁王室复辟后被废除。

外两位执政官——他的同伙的合作和配合，拿破仑宣布这两人在各自负责的事务上也享有终身权力。

这就是新宪法的全部要义：轻率、背离自由、毫无社会公平公正。毫无疑问，距离帝制只有一步之遥了。对，还剩最后一步，但还有什么能够阻止他吗？

第 13 章
离任公安部与出使瑞士

精彩看点

拿破仑的生日——人民的沉默——与拿破仑的争执——第一次离职——离职听证会——恬淡的离职生活——出任瑞士问题协商委员会成员——瑞士团结党和联邦党的纷争——瑞士将采用一种全新的联邦制度——圆满完成瑞士使命——《吕内维尔条约》后的德意志——雷根斯堡特约委员会的成立——对德意志的掠夺——小团体破坏特约委员会的工作

我认为这部宪法非常危险，因此，我毫不隐讳地向第一执政指出，支撑他这个终身执政权的只有他手中的长剑和战功。

8 月 15 日是拿破仑的生日，在这一天，法国举行了盛大的仪式，感谢上帝赐予法国一位愿意终身执政的伟人。

在 8 月 6 日的参议院决议中，拿破仑还获得了主持参议院工作的权力。为了尽快行使这项权力并且增加民意支持率，8 月 21 日，在两位同事以及部长、国务委员的陪同下，拿破仑一行人浩浩荡荡地进驻卢森堡宫。身着华服的军队从杜伊勒里宫一直排到卢森堡宫，拿破仑入住并接受众参议员的朝拜效忠。接着，塔列朗宣读了参议院对德意志各王公贵族的处理方案，其中就包括流放厄尔巴岛①的惩罚。此后，厄尔巴岛成了著名的流放之地，但多年之后，它竟然迎来了这位天命之子，多么大的讽刺！

一路上，呼应第一执政频频点头致意的只有他的两位兄弟——他们站在人群的最前面。这种沉默，这种来自人民的沉默深深伤害了第一执

① 厄尔巴岛位于意大利托斯卡纳地区海岸线外，第勒尼安海和利古里亚海之间，是托斯卡纳群岛的主岛，也是仅次于撒丁岛和西西里岛的意大利第三大岛。根据 1814 年的《枫丹白露条约》，法国皇帝拿破仑一世被流放至此，当时此岛为法国领地。

政。那时，他或许想起了这句名言：“人民的沉默是给国王的一课！”当晚，这句谚语就被张贴在杜伊勒里宫，第二天，它又出现在一些十字路口。

拿破仑把这次冷场归咎于公安部的失职。我提醒他，这一切不过都是在遵循他的意思，因为他命我们不得提前安排任何欢迎仪式。我还说：“即使我们这个民族是法兰克人和高卢人的融合体，但我们的身体里依然流淌着那股既不接受放任自由、也不忍受强权压迫的血液！……”

他激烈地反驳道：“您想说什么？”

“我想说的是，巴黎人民认为新宪法意味着对自由的剥夺和明显的集权趋势。”

“如果只有虚名，而不能成为他们真正的主人，在没有民意的支持下，我最多只能坚持六个月。”

“只要您能够一如既往地宽厚、公正、强大，那么您很快就会重新获得人民的支持。”

“民意真是个奇怪的东西，我能扭转它！”说完，拿破仑便转过身去。

一直以来，我都有一种预感，我觉得我会被疏远。这次谈话之后，我更加确信，这种疏远已经离我不远。我的对手们已经开始行动，除了吕西安·波拿巴和约瑟夫·波拿巴之外，他们的妹妹爱丽莎也反对我，这是个孤傲、神经质、充满激情、深陷爱情和欲望中的女人。之前我们便看到，她为自己的情人翁达斯大开便利恩宠之门。翁达斯是一个在政治上胆怯却又贪婪的人，他只敢在一些带有宗教或帝王色彩的传媒界活跃，这些人把基督教当作诗作，把我们的话语说成是黑话。这个人倚仗着恩宠和成功，带领一众文坛新手向拿破仑献上谄媚的诗歌。和翁达斯一样，这些诗人觉得自己将是重建帝制的栋梁。

这种“优雅”文学还不敢直接针对我，但在交给第一执政的秘密记录中，他们注明了各种党派、各种自由派组织，并且罗列了威胁集权的

一次会议上的拿破仑

自由派革命人士。他们这样做的目的是想把拿破仑推向查理曼大帝，而在这样一个庞大的帝国里，革命只会平息、迷失。然而这正是第一执政，或者是他的亲信们的愿望。于是那些觊觎着权位、财富、恩宠的人争相提交着自己的方案，各种文章相继出现……

在我收到的几封匿名信中，有人告知我说吕西安·波拿巴在伦敦的代理人正借助拉维特的权势直接和第一执政通信。在洞悉了当时的政治生态后，他大谈特谈查理曼大帝、路易十四、社会秩序、重建集权、帝制等和共和国完全不搭边的事情。这个人还到处捕风捉影，伪造了针对我和公安部的千百种故事。

终于，在巧妙地试探过杜洛克和萨瓦里之后，这些人认为时机成熟了。某次，在约瑟夫·波拿巴家里召集聚会时，有人宣布冈巴塞雷斯和勒布伦将会参加下一次的会议，并且到时候要求大家一起阅读一篇报告。虽然这篇报告没有直接攻击我，但它还是表达了对我领导下的公安部的不满。他们说，自从拿破仑获得终身执政权之后，公安部就成了一个无用且危险的机构。

无用指的是它对保皇派的无用，这些人早已缴械投降，如今，他们一心想和政府和解；危险指的是公安部已经成为无政府主义者的避风港，这些危险的革命者甚至可以从公安部领到工资。最后，他们得出了如下结论：把如此之大的权力交给一个人，意味着把整个政府都交给了他，在政治上，这是不正确的。接着，他们便公布了由约瑟夫·波拿巴的亲信罗德若拟写的方案，即把公安部的权力转移到雷尼尔大法官控制下的司法部下。

在各位执政签署法令前，我已经得知了这个消息。几乎无法自制的我对朋友们说道：“什么，一个大傻瓜替代了我！”从此，人们只称呼臃肿的雷尼尔为“大法官”。

因为已经有了心理准备，所以我没有做任何抵抗。我的镇静甚至震惊了第一执政，在最后一次工作交接的时候，他对我说："富歇先生，您为政府做出了巨大的贡献，因此，政府要报答您，从今以后，您就正式成为国家最高行政体系中的一员了。说实话，和您这样一位功勋卓著的人分离，我内心很不好受，但我不得不这样做。我要向欧洲人民证明，我正在努力推进和平进程，并且我深受法国人民爱戴。在我刚刚下达的命令里，公安部不再是一个单独的机构，因此，您可能不能再像以前一样来向我汇报工作了，但请您相信，我绝不会不理会您的建议或者服务的。这绝不是排挤您，也请您不要听信圣日尔曼镇上那些沙龙里的闲言碎语……"

我向他表达了感谢，感谢他认可我的工作，同时，我也很坦诚地告诉他，其实，对此，我早有心理准备。

他大声说道："什么？您一直对此都有所怀疑？"

我回应道："我只是根据一些传到我耳边的流言做出了初步判断而已。"

我恳求他相信我丝毫不怨他，我只是担心政府以及他本人的安危，尤其是我离开后。怀着这样的情感，我希望他能收下我对当前局势的一份分析。

他对我说："把您想和我说的话都告诉我吧，我会用心地去处理来自于您的全部消息。"

我要求并执意坚持第二天举行一个听证会，到时候我会向他报告公安部秘密资金的使用情况。

我开始拟定我的离职报告，短短的一篇报告却挑动着所有人的神经。首先，我向第一执政指出，我最重要的任务就是保障国内外的和平，因此，我必须先指出法国可能需要面临的战争隐患。如果国家陷入战争之中，那么民意是不会支持集权的。所以，在这种情况下，对于新生的政权，撤掉一个警觉的部门是很不利的。政府突然决定设立一名终身执政官，那么，我们一定要用心安抚民意，切不可大意。我还希望表明的是，尽管我对于参议院最近做出的决定有很多保留意见，但这全都是以第一执政的切身利益为出发点的，在这一点上，我和他所有最亲密的人都是一样的。可以这么说，虽然我们的观点和方式不同，但所有人的出发点都是一样的。我指出，政府需要警惕，千万不能因为不谨慎而把国家交给保皇派或者国外敌对势力。在国内事务方面，政府需要寻求新的支撑来统一协调各种利益；在国外事务方面，我们要清楚地意识到，要想统领欧洲，我们不能仅仅依靠军事力量。需要注意的是，有一天，如果法国重回欧洲战场，那么我们一定要先安抚好国内各党派间的纷争，我指的不是那些无政府主义者或是那些反革命者，我指的是那些正直的、有能力的人。在1789年的革命中，这些人做出过很大的贡献，这些明智的朋友反对过度革命，希望建立一个强大而温和的政府。如果政府能够妥善安抚他们，那么有朝一日，当法国和欧洲需要他们的时候，他们一定会竭尽全力，政府也将受益无穷。最后，我陈述了我对于协调各种利益关系的见解。虽然现在各党派之间的界限已经越来越模糊，但只要稍微有点风吹草动，这些人都可能再次浮出水面。

第二天，我把这份报告——我的政治遗言——呈递给了第一执政。他从我手中接过这份报告时，我能感受到他的不舍。

在我交出秘密资金的财务报告时，他惊讶地发现我竟然有二百四十万法郎的结余，他对我说："元老先生，我愿意给您比西哀士和罗杰更多的酬金。请您拿走这其中的一半，要知道，这都不足以表达我个人对您工作的满意程度。至于另一半，我将交给我的私人公安管理。对于您提出的加强警务工作的建议，我也会命他们加紧筹备，在这方面，我希望能及时得到您的建议。"

说实话，拿破仑的这番话让我很感动。他以国家最高标准来答谢了我的工作（除了酬金外，我想还有参议院的年俸），而我也向他表达了我将永远忠于他的决心。

直至今日，我依然深信，对拿破仑而言，撤掉公安部意味着可以摆脱一种制度。在他获得终身执政权后，这种制度不仅没有什么用处，反而会威胁他的统治。让他害怕的，并不是某一个掌握公安力量的个体，而是整个公安制度。而这种恐惧，让他陷入了我的对手们的圈套。一言以蔽之，当时的拿破仑深信，国内已经没有作乱的保皇派，只有居心叵测的革命党。在这种情况下，有人在他耳边不停地说，有一个部长，一个从革命中成长起来的部长，是这些人的靠山。

离职后，我回归到了一种幸福的私人生活中。在这种恬淡的生活中，我可以惬意地看待那些重大的事件。从另一个角度来说，我觉得我非但没有被打压，反而意外获得了更好的待遇和生活。这让我的对手分外为难。据说，在议会中，有一些共和的趋势，但我告诉自己，我决不插手任何事件，因为我知道我的背后不知道有多少双恶意的眼睛。在我自己的四方之地上，我快乐度日。1802 年秋，我接到了拿破仑的一封公开任命书，他任命我为协商委员会成员，与瑞士各州代表磋商防御事宜。我们必须保证这个紧挨着法国的国家不会介入任何危害法国利益的活动。瑞士似乎是一条通往法国的坦途，在这里，除了峡谷外没有任何屏障，除了牧羊人外没有任何哨兵。因此，对第一执政来说，瑞士的战略地位相当重要。这也是《坎波福尔米奥条约》之后，他建议执政府迅速采取军事行动攻克瑞士的原因。但这一次，他意识到，除了武力，我们还可以采取更灵活的策略。

刚刚签订的《吕内维尔条约》承认瑞士具有独立主权，可以自主选择适合瑞士国情的政治体制。这个国家把自己的独立归功于第一执政，但第一执政已经料到有人会利用这次独立。事实上，这个国家内部分为矛盾尖锐的两派：一派是主张团结和共和的团结党，另一派是主张用旧的贵族体系建制的联邦党。如果说团结党是法国大革命的产物，那么很明显，另一派则是旧体制下负隅顽抗的贵族，一些和奥地利藕断丝连的贵族。

在这两派之间，还有一派中立党。1802 年一整年中，在团结党和联邦党的纷争中，瑞士不得安宁，内战频发。事实上，这种纷争背后有法国的支持。在杜伊勒里宫的授意下，我们的部长维尔尼轮流支持这两派人，以图渔翁得利。最后的结果是联邦党占据了上风，挫败的团结党投入了法国的怀抱。而这正中了第一执政的下怀，他马上命令战务助理哈勃带着国书出使瑞士。这份国书与其说是一份调停书，不如说是一份命令书。在这份国书中，拿破仑命令各党派放下武器，同时命纳伊[①]大将军率领一众人军事占领瑞士。如果说瑞士在军事进攻下做了让步的话，那么他们丝毫不愿意在权力上有任何妥协。

最后，为了得到法国协调者的庇护，这两派人派代表在巴黎会面。团结党的三十六位代表迅速到位，而联邦党的议员则吞吞吐吐的。在这些人看来，这将是一次带有羞辱性质的谈判，最终，联邦党共列席十五位代表。12 月，这两派人齐聚巴黎。于是，第一执政任命使节团全权负责起草调停书，终结这两派之间的纷争。委员会主席是参议院议员巴泰勒米，我和另外两位国务委员罗德若和德穆尼尔[②]是委员会成员。然而，这些淳朴的瑞士人认为协调委员会是现代版的亚略巴古[③]，于是，他们开始积极地游说团长和所有团员们。虽然我一再强调我们仅仅是工作人员，所有的决定都只是第一执政的意思，然而这些人依然固执地相信我能在其中起到重要作用，因此，我的办公室和沙龙里总是挤满了人。

① 米歇尔·纳伊（1769—1815），法国大革命和第一帝国时期的军事指挥官，拿破仑一世的十八位元帅之一。1802 年 9 月，他任驻瑞士军队总司令兼大使，1804 年 5 月 19 日获法国元帅权杖。

② 德穆尼尔（1751—1814），散文家，法案评议委员会成员。

③ 亚略巴古是“阿瑞斯的岩石”，又称“战神山议事会”。位于雅典卫城的西北，在古典时期作为雅典刑事和民事案件的高等上诉法院。“亚略巴古”一词也可以指现代希腊的最高上诉法院。

纳伊将军

12 月 10 日，协调委员会召开第一次会议。委员会主席向各位代表传达了第一执政的意思，并把经过第一执政授意的信件发给每个人。他说：“瑞士天然便是一个联邦制国家，想要和自然对抗的人是不明智的。”

对于团结党来说，这句话不啻于晴天霹雳，而联邦党则已经开始幻想所有旧制度的复辟。然而，第一执政又在信件里补充道：“但所有贵族放弃其特权是联邦制的首要前提。”也就是说，旧的贵族制度将不复存在。

信件的最后，第一执政明确表示，法国和意大利决不允许在瑞士建立任何侵犯法国和意大利权利的政府。

我马上建议协调委员会成立五人共治委员会，以配合第一执政和协调委员会接下来的工作。会议结束的第三天，也就是 12 月 12 日，拿破仑组织召开了协调委员会的第二次会议，进一步明确了他在瑞士事件上的立场——在团结党和联邦党之外，他将支持成立第三方政党。

不同利益的派别展开了激烈的争论，讨论会一直延续到 1803 年 1 月 24 日。在这一天，在瑞士议会中，第一执政任命了几位调解员，并把协调草案交给了这些人，希望这些人能够在协商的基础上把最终的方案交给他。于是，经过八个小时的协调会议后，瑞士方面终于拿出了一个他们相对满意的方案。2 月 19 日，第一执政正式公布最终协调方案。根据该方案，瑞士将采用一种全新的联邦制度，并且每一个州都将有自己独立的宪法。第二天，完成了使命的协调委员会便退出了历史舞台。

法国对瑞士内政的干涉也到此结束。在瑞士，我认为设想这样一个更符合其人民需要的过渡政府是困难的。另外，在对瑞士的内政上，拿破仑并没有滥用自己的权威。可以说，在第一执政十五年的执政生涯中，在所有法国的邻国中，瑞士是拿破仑最关照的一个国家。

当然，我必须说明的一点是，在这份富有协商和调解精神的方案中，我的同事巴泰勒米起了很关键的作用。对我来说，我也竭尽所能，最大限度地支持了巴泰勒米的工作。在这一点上，我曾多次和第一执政单独汇报过我的想法。

然而在对待其他邻国时，第一执政的政策一点都不像对待邻国瑞士那样宽容！

拆散德意志联盟的行动已经在暗中进行，经过多次妥协，尤其是《吕内维尔条约》之后，德意志已经四分五裂。法国曾派特约大使团出使德意志，向其成员国发放补偿金。在俄法两国的斡旋之下，1801 年夏天，特约委员会在雷根斯堡[①]成立，这也意味着我们对德意志联盟隐秘

19 世纪的雷根斯堡

① 雷根斯堡是今德国巴伐利亚州的直辖市，上普法尔茨行政区和雷根斯堡县的首府，天主教雷根斯堡教区主教的驻地。

掠夺的合法化。因为有众多政府高官的参与，所以舆论显得比较宽容。况且人们似乎更容易容忍对外国人的掠夺。在这件事情上，我们的影响力大大超过了俄国。然而，在瑞士风波结束的1803年2月23日，经过四十六次会议之后，特约委员会依然没有达成任何协议。大家不免猜测，这其中必有蹊跷。于是，一封封举报信纷至沓来，内幕慢慢揭开：某些小团体正在以补偿金作为交易条件，扰乱甚至破坏特约委员会的工作。虽然我已经不再是公安部长，但人们还是愿意向我告知情况，大家似乎依然执拗地相信，我的话依然能够在很大程度上影响到第一执政。

第 14 章

拿破仑·波拿巴称帝

精彩看点

《亚眠和约》后的英法关系——英国报纸的挑衅——对英国的不满——与英国媒体直接对抗——逮捕所有在法经商和旅游的英国人——与普罗旺斯公爵谈判——乔治利用莫罗将军对抗拿破仑——英法两军对峙——昂吉安王子被捕——昂吉安王子之死——重返公安部——拿破仑称帝——拿破仑的家庭情况——奥坦丝与路易·波拿巴的婚事

然而，第一执政不仅需要面对纷乱的德意志，还要面对加莱海峡[①]对面蠢蠢欲动的英国。不出所料，《亚眠和约》带来的和平是短暂的，因为怀疑第一执政的诚意，所以英国内阁以各种借口迟迟不愿交出好望角、马耳他和亚历山大城。然而，拿破仑根本不想理智地处理英国报纸的恶意言词，因为他认为那些措辞是在挑衅自己的权威。而法国的公安竟然毫无尊严地与英国媒体直接对抗，这真是十分荒唐的做法。英国政府总是以舆论自由为借口来直接搪塞法国公安的每一条控诉，并表示自己对此也无能为力，他们只能依靠法律办事。因为此事，第一执政大怒，又因为听信了一些不恰当的建议，所以拿破仑惩罚了贝尔蒂埃[②]。在英国，拿破仑的行为掀起了签名热潮，众多英国精英联名向他发起论战。

拿破仑对英国的不满越来越明显，他说："那边吹来的每一阵风都带着英国人对我的敌意。"

也就是从那时起，他决定撕毁和约。对他而言，和平是他进行对外扩张的绊脚石，而且它也间接地损害了他在国内的威望。另外，和英国

① 加莱海峡，也就是多佛尔海峡，是英吉利海峡最狭窄的地方。晴朗的天气下可以用肉眼观望到对岸海岸线及沿岸建筑物。

② 著有《朦胧》以及一系列批评波拿巴和波拿巴家族的书籍。

记者的论战也唤醒了国内人民对自由的渴望。于是，第一执政决定封锁法国同这个自由民族的所有联系。同时，法国媒体开始猛烈地抨击英国政府及其制度。而失去公安支撑的第一执政，只能依靠外交部来误导法国民众的想法。和平的天空乌云密布，但内心惶恐的拿破仑似乎已经停不下来。

然而，指责拿破仑的声音不仅仅来自于充满敌意的英吉利海峡。人们指责他吞并了皮埃蒙特大区和厄尔巴岛，控制了托斯卡纳和帕尔马①，在利古里亚共和国②和赫尔维蒂共和国③强行制定并推行法律，把荷兰当作法国的行省，以进攻圣多明戈为由在布列塔尼布置大军，大规模派兵进驻河口，吞并路易安那④……最致命的是，还有人披露了法国炮兵伪装成商人以贸易的名义侦察英国港口的行为，他们说法国人正秘密谋划偷袭英国。

指责英国拒绝归还马耳他成了第一执政的唯一武器，但英国方面说《亚眠和约》签订以后政治局势突变，所以他们认为协议需要经过微调之后才能生效。

很明显，在面对英国的政治行动时，我们缺乏谨慎的筹划。如果拿破仑想要跟英国保持和平的话，他就应该更加宽容地对待印度问题，对塞巴斯提亚尼⑤出使叙利亚和土耳其的成果保持低调，从而避免让英国

---

① 帕尔马是今意大利帕尔马省首府。中世纪时，帕尔马成为贯通罗马与欧洲北部的要塞。文艺复兴后，该地成立了帕尔马公国。

② 利古里亚现为意大利西北部的一个邻海大区。

③ 赫尔维蒂共和国是通过法国大革命在瑞士邦联的领土上建立的一个自治共和国。1798 年 4 月 12 日，赫尔维蒂共和国成立，1803 年 3 月 10 日解散。在瑞士历史上，这段时间的瑞士被称为赫尔维蒂。这个名称来源于欧洲古代的赫尔维蒂人。

④ 路易安那州是美国的一个州，位于墨西哥湾沿岸。1682 年，法国人热内 – 罗贝 • 卡瓦利尔宣布“路易安那”是法国属地。1762 年，西班牙从法国手中得到“路易安那”殖民地。该地已有大量的法国移民居住，因此该州至今都是美国主要的法语地区之一。

⑤ 即巴斯蒂安 • 塞巴斯蒂亚尼 • 德 • 拉波塔（1771—1851），法国军人、外交官和政治家。年轻时加入法国革命军队，成为拿破仑 • 波拿巴的支持者。

《亚眠和约》的签订现场

讽刺《亚眠和约》的漫画：军官代表法国，贵妇代表英国，他们身边都放着武器，看起来友好，实际上各怀鬼胎。军官亲吻贵妇，对她说：“夫人，我非常尊敬您，被您的美貌深深吸引。”贵妇说：“您真是一位有修养的绅士，您的吻让我脸红，但我不能拒绝您，虽然我知道您在欺骗我。”

讽刺漫画：展现了拿破仑对法国和英国关系的愤怒

这个强国心生疑虑。拿破仑同惠特维尔公爵的会面加剧了英法两国关系的恶化，而这次会面也成为拿破仑政治生涯的转折点。在我看来，正是从那时起，拿破仑的执政方式开始变得异常乖张和激进。

1803 年 5 月 22 日，法国出台法令，逮捕了所有在法经商和旅游的英国人。在此之前，还从来没有任何一项法律敢如此公然地侵犯普通公民的权利。不幸的是，外交部长塔列朗则成为这项法令的最大牺牲者。他曾经向生活在法国的英国人承诺，英国大使馆的撤离绝不会影响他们在法国居留期间的任何权益。试想一下，倘若当时的塔列朗勇敢地辞掉了外交部长一职，那么拿破仑该如何应对风云变幻的欧洲政局呢？而面对随之而来的疯狂的反法行动，法国又该如何自处呢？虽然我的确很庆幸我可以置身事外，但有时候，我也会问自己，在强权面前，我会不会像其他人那样苟且偷生呢？我想我还是会表明我的不满吧。

没过多久，拿破仑便控制了布伦瑞克 - 吕纳堡选侯国，封锁了易北河和威悉河，那时的他一心想向对岸发起进攻。法国军队驻扎在奥斯坦德[①]、敦刻尔克[②]以及布洛涅[③]的绝壁上，土伦、罗什福尔[④]和布雷斯特军营的将士们则整装待发，船坞上的各类战舰森罗密布。英国方面也采取了严密的防御措施，全民皆兵，不仅出动了四百六十九艘军舰和八百艘巨轮来守卫海岸线，还在多佛尔、塞萨克斯郡、肯特郡布置重兵，严防死守。就这样，英法两军隔着英吉利海峡对峙着，敌方战舰时不时地向我军发起挑衅。

① 奥斯坦德是位于今比利时佛兰德省的一座城市。

② 敦刻尔克是法国北部诺尔省的临海市镇，不远处便是法国与比利时边境。

③ 布洛涅是法国北部英吉利海峡沿岸的一座港口城市。

④ 罗什福尔是法国的一座城市，始建于 17 世纪。这里曾是法国和英国的天然界线，被法王腓力四世购入。后又转让给英王爱德华三世。法王查理五世后来又夺回。法国海军创建后，罗什福尔被选为海军的基地。

两军对峙拉开了新一轮海战的帷幕，也意味着一场更大的战争即将爆发，而英国的另一个政治目的则加速了战争的到来。

很久之前，伦敦政府就已经得知，拿破仑在默默地筹备称帝，准备继续查理曼大帝[①]未竟的事业。自从我离开政府后，他们便更加确信，共和已经形同虚设，没有人能阻挡拿破仑称帝的雄心。所有来自巴黎的消息都证实了这一点——不久之后，拿破仑将会加冕称帝。然而，不敢贸然称帝的他，希望普鲁士内阁，这个完全听任他指挥的政府能与保王党斡旋。当时，担任部长的霍格沃茨[②]派华沙政府的摄政王梅耶与普罗旺斯公爵进行谈判，向其承诺了丰厚的补偿金以及优渥的社会地位。

于是便有了下面这段著名的回应：

> 我不知道上帝为我和我的家族安排了什么样的未来，但我知道，他带我来到的这个世界是怎样的。作为基督徒，我会用尽所有的力气来履行我对上帝应尽的义务；作为路易九世[③]的后裔，我会以他为榜样，即使身处牢笼也决不投降；作为弗朗索瓦一世[④]的后人，我希望我至少可以像他一样说：虽然我失败了，但我们仍觉光荣。

① 查理曼大帝（742—814），欧洲中世纪早期法兰克王国的国王。自罗马帝国分裂以来，查理曼首度统一了西欧大部分地区，为后世的法国、德国以及低地诸国成为民族国家打下了基石。

② 霍格沃茨（1752—1832），普鲁士政治家、外交家。自 1792 年起，霍格沃茨担任普鲁士外交大臣。

③ 路易九世（1214—1270），绰号“贤人”，在位超过四十三年。1297 年，罗马教廷封他为“圣人”。路易九世是一名大刀阔斧的改革者，试图在法兰西王国内实现公平。当今人们认为他促进了法国经济、知识和艺术复苏。

④ 弗朗索瓦一世（1494—1547），即位前通常称“昂古莱姆的弗朗索瓦”。他被视为开明的君主、多情的男子和文艺的庇护者，是法国历史上最著名也最受爱戴的国王之一。在他统治时期，法国繁荣的文化达到了一个高潮。

此后，法国所有的王公贵族都进行了宣誓。

我之所以能够了解此事，是因为这与乔治和莫罗的谋逆以及昂吉安公爵之死[①]息息相关。因为策反王室的计划失败了，所以拿破仑不得不暂时搁置了自己的计划——在 1803 年的下半年里，他的计划基本上毫无任何新的进展。

政府似乎在全力迎战。然而在伦敦，另一场危机正在悄然酝酿。乔治准备利用莫罗对拿破仑的不满情绪来联合保皇派和独立爱国者共同反抗拿破仑，然而，很明显他们没有能力秘密行事，当一个分支暴露之后，这些人的谋反活动就迅速失败了。接到戈海勒的告密之后，瑞尔立刻向第一执政禀报了此事。

因为此事太过骇人听闻，所以，难以置信的拿破仑便来询问我的看法。虽然我认为此事大有蹊跷，但在没有任何明确线索的情况下，即使我马上官复原职彻查此事，我也很难取得明显成果。至于那位大法官，我认为他根本没有能力处理这样的事件。于是，我向第一执政推荐了第一秘密分队的领袖德马雷和国务委员瑞尔，并且建议以瑞尔为两人小分队的负责人。毕竟瑞尔是第一个接到告密的人，因此，他应该更加乐意完成此事。况且在缪拉被任命为巴黎市长后，作为其亲信的瑞尔也可以更方便地获得军方的支持。

经过层层追查之后，让－夏尔·皮什格鲁、莫罗和乔治浮出了水面。如此一来，这次针对拿破仑的谋反活动便成了他铲除莫罗的好机会。在拿破仑看来，他们足以以颠覆国家政权的罪名来除掉莫罗。然而，暗杀昂吉安王子的行动险些让这个想法成为泡沫。

---

① 昂吉安公爵（1772—1804），法国孔代家族的第十位继承人。其教父为路易十六，教母为玛丽·安托瓦内特王后。1804 年，昂吉安公爵被怀疑参与了保王党人的阴谋，伙同查理－弗朗索瓦·杜·佩里埃·吕穆策划阴谋叛变，被拿破仑处死。

少年时期的昂吉安公爵

我早就听说了科兰古[①]和澳德内尔[②]在莱茵河边的行动，然而，当我得知昂吉安王子被捕，并且将由斯特拉斯堡转押到巴黎时，我才知道这个贵族马上就要大难临头了。于是，风月 19 日（1804 年 3 月 20 日）早上九点，我立即赶到马尔梅松，找到了第一执政——那个时候，第一执政正一个人在公园里走来走去。发现他后，我立刻走了过去，向他请示我是否可以和他谈一谈这件刚刚发生的大事。

他说："我知道您来这里的目的，虽然我今天的动作很大，但这是必须的。"

我告诉拿破仑，我们不能贸然处决昂吉安公爵，尤其是在没有确凿的证据证明他在埃滕海姆有反叛行为的情况下。如果我们真的贸然处决了他，那么此举必然会搅动法国甚至整个欧洲。

他大喊道："需要什么证据？不就是一个最危险的波旁家族的人吗？"

我据理力争，希望能用国家关系等理由来平息他的冲动，但这一切都无济于事。不仅如此，我的行为还招来了他的怨气："你们不是一直在说我会成为法国的蒙克，最后会复辟波旁王朝吗？这次，你们就好好看看吧，绝对不会有任何倒退。拿一个国王的鲜血祭奠革命不是最让你们放心的事情吗？而且是时候结束这一切了，我的周围充满了阴谋诡计，这一次，不是鱼死就是网破。"

说完这些话后，他便进了城堡。随后，我看见塔列朗赶了过来，接着，冈巴塞雷斯和勒布伦也跟了过来。最后，我怀着沉重的心情坐上了车，回到了家。

---

① 科兰古（1773—1827），军事家、外交家。1804 年，科兰古奉命前往斯特拉斯堡，铲除昂吉安公爵。

② 澳德内尔（1755—1811），法国大革命时期将领。

科兰古

第二天我才得知，在我走后，拿破仑便召开了内部会议，并且当晚便命萨瓦里[①]处决了那位不幸的王子。据说，如果不是因为昂吉安王子一事，那天里，萨瓦里就可以顺藤摸瓜地解决乔治谋反一事，逮捕贝里公爵和阿图瓦伯爵。

瑞尔告诉我说："第二天早上，我去文森堡[②]找王子，那时候我才知道他已经被处决了。这真是出乎我的意料，拿破仑居然会这么快便处决他，我原本以为他会用一种温和的方式来处理这件事呢。"

但正如拿破仑所说的那样，他要用一种强硬的方式让欧洲知道，所有对他心怀不轨的人都不会有好下场。

虽然这件事的后果比我预料的还要严重，但我并不敢妄加评论这种侵害国家甚至人类权益的行为。那时，我只是说出了我想说的话："这不是罪过，这是个错误。"后来，这句话被人们不断地引用和传颂。

虽然莫罗事件暂时转移了人们的注意力，但它也带来了真正的危险。所有人都看在眼里，莫罗只不过是拿破仑忌妒心的牺牲品，因此，处决莫罗不可避免地引起了军队的动乱。大部分将军都表示他们不满此决断，勒古波[③]、迪索尔、麦克唐纳以及马塞纳等人更是宣布自己要效忠莫罗，而蒙西则直接表明宪兵队不会配合拿破仑的行动。

在这危急关头，拿破仑却躲在圣克劳德的城堡里闭门不出。我向拿破仑写信陈述了情况，两天后，依然没有收到任何回应的我决定前往拿破仑的住所，告诉他再往前一步便是深渊。但他的回应中有着一种不安的坚定。

① 萨瓦里（1774—1833），拿破仑的亲信，曾担任第一帝国公安部长。

② 文森堡曾是法国非常重要的皇家军事要塞，建于1337年至1373年。它是法国现存的占地面积最大的皇家要塞。

③ 勒古波（1759—1815），法国大革命时期将领。因为支持乔治·卡杜达尔而遭到贬黜，路易十八时期恢复名声。

萨瓦里

处决昂吉安公爵的地点——文森堡

我对他说："我不同意牺牲掉莫罗，并且我也反对一切极端的措施。现在，您需要做的是缓和矛盾，因为暴力代表着软弱；现在，您的慈悲将远胜断头台的力量。"

认真听完我的陈述，尤其是听完我对他的处境分析后，拿破仑决定宽大为怀，免除莫罗的死刑，改判为流放。他这样做是发自内心的吗？

我听说有人夸大了责罚，怂恿莫罗逃避法律的责罚，让他铤而走险，召集士兵造反。然而在更真诚的建议之下，莫罗还是选择了服从法律的判决，因此，到最后，所有想要致莫罗于死地的尝试都失败了。之后，拿破仑召我前去圣克劳德，派我去了解这件微妙的事情。接到命令后，我先去拜访了莫罗的妻子，并尽力安抚了她内心的不平。然后，我见到了莫罗本人，向他指出，如果他继续留在巴黎的话，他便不得不接受两年的监禁——这等于把自己置于敌人之手，因此，他最好接受流放。事实上，对于莫罗来说，这两条路同样凶险，因为在流放途中，他也可能遭到暗杀。最后，他听从了我的建议，从加德斯①逃往了美国。

第二天，我在圣克劳德受到了热烈的欢迎，从人们的溢美之词中，我知道，隆恩又一次降临了。

我建议拿破仑称帝，建立自己的王朝，以此来打消人们的疑虑。可是，革命党人，如果我们能做的只是面对现实，何苦还要拼命保卫共和原则呢？况且所有人都清楚，只有拿破仑才能保全我们的财富和尊严。在莫罗事件结束前，拿破仑动用所有的资源，促使法案评议委员会出台了法案，指定自己为国王，并且使自己获得了王位世袭的权利。同时，为了适应君主制政体，拿破仑还在尊重人民权利、遵守自由平等原则的基础上，对政府进行了相应整改。

① 加德斯是西班牙西南部的一座滨海城市，加德斯省的省会。

在塔列朗的带领下，立法集团的所有成员都参加了五百人院的宣誓。5 月 16 日，三位国务委员向参议院提交了计划书——当天，这个计划书便通过了特殊委员会的审核。按照计划书，首先，拿破仑将向参议院申请获得国王的头衔；紧接着，包括我在内的参议院全体成员一到达圣克劳德，拿破仑就立刻宣布他将接管参议院；然后，拿破仑将在帝国的各位部长和其他重要人士面前宣誓。

拿破仑的誓言包括：在即将到来的两年任期内，我将会恪守平等自由的原则，保证国有资产不受损失，并且依据法律的规定，不增收任何税费。

从一开始，拿破仑帝国就不是真正的君主立宪制国家，可这又是谁的责任？现在，我不是在反对当时的参议院，而是当时，我确实没有发现参议院出台任何预防性条款。参议院只是列了下面这一项条款：

“拿破仑家族享有王位代际传承的权利，代际传承遵循长子继承制。不过，在没有直系男性继承人的情况下，拿破仑可以选择其兄弟的子嗣为王位继承人，而被选中之人则成为拿破仑的直系亲属。”

所有了解拿破仑家庭情况的人都知道该条款的用意所在。也许只有罗马帝国时期的史学家苏埃托尼乌斯[①]才能写清楚拿破仑特殊的家庭环境。在这里，我只能试着指出一些关乎历史真相的要点。

拿破仑心里很清楚，第一，约瑟芬不能生育，第二，自己迟早会步入暮年。约瑟芬也不得不面对两个棘手的问题——失贞和离婚。可以说，自从拿破仑当选为第一执政以来，约瑟芬就知道，总有一天，这个人会登上王位。而正因如此，她的忧虑才与日俱增。约瑟芬这个失去生育能

① 苏埃托尼乌斯是罗马帝国时期的历史学家，属于骑士阶层。他最重要的现存作品是从恺撒到图密善的十二位皇帝的传记，即《罗马十二帝王传》。

力的女子希望通过自己的女儿奥坦丝[①]来巩固自己的地位，然而这并不是一件容易的事情。从很小的时候开始，奥坦丝就不喜欢母亲的丈夫拿破仑，虽然她厌恶这个人，但随着时间的推移和年岁的增长，拿破仑身上的光环效应让这个女孩对他的感情慢慢发生了变化。奥坦丝也没有辜负母亲的栽培，虽然她算不得国色天香，但也是一个聪慧、优雅、德才

奥坦丝

① 奥坦丝·德·博阿尔内（1783—1837），荷兰王后，约瑟芬·德·博阿尔内和博阿尔内子爵的女儿，拿破仑一世的继女，拿破仑一世的弟弟荷兰国王路易·波拿巴之妻，拿破仑三世之母。

兼备的人，再加上母亲约瑟芬的关系，她在宫廷的生活更是如鱼得水。就这样，母女两人征服了拿破仑那颗高傲的心。

当她的母亲约瑟芬提议把她许给路易·波拿巴时，所有人都知道此举的用意所在。殊不知，当时的拿破仑早就想到了这一点，因为想要确保王室的正统血脉，所以他也肯定了这桩婚姻。此后，奥坦丝和拿破仑的兄弟路易结成联盟。

在这桩婚姻中，除了这位新驸马外，所有人的心愿都得到了满足。奥坦丝给自己的一个儿子起名为拿破仑，而拿破仑也特别喜欢这个孩子。在拿破仑登上帝位之时，这个孩子已经成长为一个让他另眼相看的翩翩少年，当时所有人都相信，拿破仑希望过继这个孩子的心愿非常强烈。

第 15 章

第一帝国向英国宣战

精彩看点

分封帝国元帅——重组朝堂——出任公安部长——全力指导最高警局的工作——构建警务网络——在亚琛接见各国使节——逮捕英国大臣安伯特——邀请教皇为拿破仑加冕——破坏英俄联盟——修复法俄关系——巴黎加冕仪式——拿破仑在米兰加冕——拿破仑向英国宣战——法国海军出师不利

然而，人们却不怎么关心拿破仑准备加冕这件事，各地的欢庆活动都十分冷清——这件事遭到了冷遇。

拿破仑没有料到法国人民的反应居然如此冷淡。不过，这也难怪，毕竟他似乎只想着在军队中培植自己的势力：他经常封赏自己的大将，授予他们元帅军衔，当然，这些人大多是他最忠心的手下，以及他无法排挤的对手。

这些人包括贝尔西耶、让·拉纳、缪拉、勒费弗尔、贝希埃尔[①]、达沃斯特[②]、苏尔特[③]以及具有一定共和精神的马塞纳、儒尔当、贝纳

---

① 即让－巴普蒂斯·贝西埃尔（1768—1813），法国军人、拿破仑麾下的元帅、帝国近卫军司令，获封伊斯特利亚公爵。1798年4月升任上校，参加拿破仑的埃及远征军，在阿克雷包围战和阿布基尔战役作战十分英勇，赢得荣誉。和拿破仑回到欧洲，作为近卫团骑兵第二指挥官参加了马伦哥之战。1802年9月升少将。1804年受封法国元帅，担任最有名的帝国骑兵卫队上将。1805年，他率卫队九千骑兵在奥斯特利茨与俄国近卫骑兵展开白刃战，获大鹰荣誉勋位。

② 即路易·尼古拉·达沃斯特（1770—1823），法国军人和政治人物，第一帝国元帅。先后受封奥尔施泰特公爵及埃克米尔亲王。他富有韬略，对军纪素来严苛。他对拿破仑一世忠心耿耿。波旁王朝复辟后，他要求联军不追究皇帝以及追随他的将领们，但路易十八并未遵守诺言，达沃斯特被剥夺贵族称号，流放至卢维耶。1819年3月，由于乌迪诺元帅求情，他被恢复贵族称号。

③ 即尼古拉·让·德迪乌·苏尔特（1769—1851），法军将领和政治人物，绰号“铁手”，以作战英勇和政治投机而闻名，受封达尔马提亚公爵。

多特、纳伊、布律纳和奥热罗等元帅，佩里尼翁[①]、索绪尔、凯勒曼[②]和莫何耶[③]也是元帅军衔，当然，他们几人基本可以认为是用来凑数的。就这样，帝国的十八位元帅[④]诞生了。

众所周知，重建朝堂并不是一件容易的事情。于是，那些被革命摧毁了的皇家仪式——如早朝、晚朝、觐见等——又悄悄地走进了革命党人的生活之中，虽然人们唾弃它们，但他们却又快速地适应了这些滑稽的模仿。不过，这并没有什么值得指责的地方，说到底，这本就是改朝换代的必然结果。

虽然拿破仑很擅长管理军队，但他似乎并不擅长治理国家。首先，虽然他擢升冈巴塞雷斯和勒布伦为法务大臣和财务大臣，但此举并没有使内阁的构成更加平衡。同时，作为国家最高领导机关的内阁根本不像一个议事机构，反倒更像是一个集权机构。所有的新任大臣中，只有塔列朗具有一定的个人影响力，但可惜的是，这种影响力也仅仅局限在国外。在国内，负责保卫帝国安全的公安部长之职空缺，很明显，拿破仑也没发现合适人选，因此，在 7 月 10 日颁发的皇帝诏令中，我被任命为公安部长，与此同时，我也获得了比之前更大的权力。

写到这里，我觉得我有必要加快我的叙述速度了，毕竟，我还要讲述接下来六年的故事。不过请大家放心，我一定不会遗漏任何重要的历史细节。

---

① 即凯瑟林 – 多米尼克・德・佩里尼翁，（1754—1818），第一代格勒纳德侯爵，荣誉法国元帅。波旁王朝路易十八复辟时，他宣布效忠路易十八。拿破仑百日王朝期间，他被剔除出元帅名单。

② 即弗朗索瓦・克里斯托夫・凯勒曼（1735—1820），第一代瓦勒米公爵，法国军事指挥官，陆军上将，拿破仑时期的法国元帅。在法国大革命和第一帝国时期担任不同角色，经历了两个划时代的所有冲突。

③ 即爱德华・阿道夫・卡西米尔・约瑟夫・莫何耶（1768—1835），封特雷维索公爵，拿破仑的元帅之一。1803 年，英国对法宣战，他领兵占领汉诺威。1804 年晋升为中将，5 月被授予元帅称号。

④ 包括拿破仑。

佩里尼翁

凯勒曼

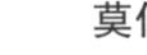
莫何耶

接到皇帝诏令的两天前，我曾奉拿破仑的旨意来到圣克劳德，参加了一次特殊会议。在那里，我向拿破仑汇报了我关于组建新公安部的意见和建议。

瑞尔其实也很想担任公安部长一职，这个在乔治谋反案上兢兢业业的人可以算得上是一位优秀的侦探和分局领导，但很明显，他没有能力来控制公安部如此庞大的机器。不过，如果他放弃公安部长之职的话，他就可以很轻松地获得一笔丰厚的酬金，并且出任国务委员，成为四名公安政务委员之一来协助我的工作。另外三名公安政务委员分别是冈巴塞雷斯的心腹佩雷[①]、约瑟夫·波拿巴的心腹弥永[②]和巴黎公安局局长杜波瓦。

四位公安政务委员每周都要来我办公室一次，向我汇报各自分管范围内的情况。针对他们的汇报，我会做出相应的决断。这样一来，我就可以从繁杂的具体事务中脱身，集中精力去处理最高警局的工作，尤其是监视德马雷负责的秘密警署[③]的活动。虽然德马雷头脑灵活，但他目光短浅。

毫无疑问，在不同层级的各个部门间，我都安排了眼线，雇用男女特务深入了解情况。依照工作任务的性质和重要性，这些人每月都可以领到一千到两千法郎的报酬。和这些人签订合同之后，我可以直接收到他们的书面报告。为了确保这些人各司其职，并且获得相应的经济或地位补偿，每过三个月，我都会向拿破仑做一次汇报。

警惕友国的动向，瓦解敌国的阴谋，是公安部在国外的主要工作。

① 佩雷（1759—1842），吉伦特派著名政治家。法兰西第一帝国时期曾在公安部工作，但并不喜欢约瑟夫·富歇。

② 弥永曾担任那不勒斯王国大臣。

③ 秘密警署存在于1810年至1885年，用来监视危害公共安全的犯罪行为。

为此，警署在各层级各重大城市都安排了特务人员。这些肩负特殊任务的人，或是通过外交部被派往国外，或是接到拿破仑的直接指令，被安插在这些人中间。为了掌握国外的重要情报线索，和政府领导人一起管理或者平衡外交部的相关工作，我也会在国外安排自己的眼线。同时，我还会派人搜集一些小道消息，并命专人分析整理这些消息。

但我的工作却不仅仅局限于间谍工作，比如说，我还掌管着包括宪兵营房在内的所有国家监狱，此外，我还负责签发一切护照和签证，监管所有的外国人、大赦后的人和海外流亡贵族的活动。为了更好地完成我的工作，在全国主要城市和边疆地带，我都设立了相应的警务工作部门。我甚至可以这样说，波旁王朝的三位王子①都已经为我所用——他们每天都要向我汇报他们的观察结果。

当然，我也承认，这样的警务网络需要耗费巨额资金，为了解决这几百万的财政压力，政府会对赌博、卖淫和护照进行征税。虽然所有人都应该反对赌博，但从另一方面来看，在政府财政如此拮据的形势面前，利用丑恶也纯属无奈之举。我们不能把所有的脏水都泼给国民政府。一个很好的证据就是，在现在的复辟政府中，博彩业依然是一项重要的经济来源。赌博属于无可避免的罪恶，我们能做的是去规范它，让它能够有序地进行下去。

不过，需要花钱的地方很多，可不只有警务网络，比如说，为了装点门面，新帝国需要修整三十多处宫殿，这项工作需要花费将近四亿法郎。在这种情况下，政府只能更大范围地支持博彩业。于是，为了管理博彩业，保证其有序进行，我任命沛函为博彩业的总负责人。在拿破仑加冕之前，沛函就已经拥有自己的赌场，并且积累了丰富的管理经验。得到任命后，他开始大力推广博彩业，将其推向了全国各大主要城市。

① L 王子，C 王子，M 王子。——原注

于是，每天政府都可以入账一千四百万法郎。作为公安部长，我每天可以拿到三千法郎，但剩下的钱并不完全掌握在我手上，当然，这些钱也不会凭空从我的办公室消失。

精心布置的、周密的警署情报网络使我能够在第一时间掌握所有的重要信息，可以向拿破仑及时指出民意的走向。我并不想隐瞒那些不断针对拿破仑集权的疑虑甚至恐怖行动，当然，我也可以直接采取行动。作为公共安全的保卫者，为了法国的利益，我可以抗议和监管所有的事情。

从这个角度来看，我为国家做了什么呢？如果我没有办法如自己所愿，把警署的工作限定在日常的行政管理上，那么至少我可以自豪地说，我做的好事是多于坏事的。具体来说就是，在我自己的能力范围内，我避免了很多因为拿破仑的冲动决断而造成的恶性事件。

这是我第二次出任公安部长之职，与自上而下的命令式管理相比，其实我更希望民众能够心怀敬畏、主动接受管理。于是，我便重新采用了之前的工作方式：只要有三人在一起私下讨论公共事件，那么第二天，他们的谈话就一定会传到公安部长那里。当然，我也会有足够的能力让人们相信，在任意地点的四个人当中必定会有我的眼线。毫无疑问，这种管理方式会造成普遍的腐败，然而从另一方面来看，这也减少了许多不必要的眼泪和悔恨！

这就是法兰西第一帝国庞大而恐怖的国家公安机器，大家可以自行想象一下，我需要负责的事务有多么的繁杂和庞大。

第一帝国是在一片不祥之光中匆忙诞生的。对于这样的帝国，民众充满了敌意。针对拿破仑本人、拿破仑的家庭以及朝堂的嘲笑甚至攻击更是层出不穷。为了分散巴黎人民的注意力，我建议拿破仑暂时离开巴黎，做一次短途巡游。他接受了我的建议，并且选定了布伦作为这次巡游的第一站。在布伦，拿破仑受到了当地驻军的热烈欢迎。离开布伦后，拿破仑又前往亚琛[①]，在那里接见了各个重要国家的使节，并获得了除英国、俄国、瑞典以外其他所有国家的认可，可谓是收获颇丰。接着，他又去了附近的几个省份，在美因茨[②]，他接待了诸多德意志的王公贵族。当年秋末，拿破仑重新回到了圣克劳德。

在处理欧洲的政治问题时，直来直往的方式往往行不通，对于领导人而言，不断地周旋或许可以达到更好的平衡。但某一次，拿破仑的冲动行为险些让法国付出惨重代价。在汉堡，他命一小队士兵带走了英国大臣安伯特，同时，他还拿走了部长的文件，并把它带回了巴黎。这种侵犯人权的行为震惊了整个欧洲，塔列朗和我都担心昂吉安王子的悲剧再次重演，于是，我们尽自己所能减轻安伯特的罪行，使其免受重罪法庭的责罚。拿到这位部长的文件之后，我小心翼翼地掩饰了一些非常严重的指控。所以，当普鲁士介入的时候，我和塔列朗暗中庆幸，于是，我们顺水推舟地释放了安伯特。不过，作为附属条件，安伯特将永远不能再出现在汉堡以及法国边境方圆五十里内的地方。

对于拿破仑这突如其来的命令，我无力反抗，也无处躲避。皇帝可以无视任何法律形式，甚至直接命巴黎公安局执行命令，对此，我又能如何呢？更不用说，我还需要应对巴黎公安局局长杜波瓦或多或少的敌意。在马莱特将军[③]事发时，杜波瓦就直接向拿破仑告发，说我暗中保护了马莱特将军，并且提前把政府准备调查他的事情通知了马塞纳，此举使马塞纳成功地隐藏了重要文件。但事实上，这起事件是军队以及秘密警署内部的阴谋，我向拿破仑说明道："我所做的一切都只是为了保

① 亚琛靠近比利时与荷兰边境，是今德国最西部的城市。

② 美茵茨是今德国莱茵兰－普法尔茨州的首府，位于莱茵河左岸，正对美茵河注入莱茵河的入口处。美茵茨是政教古都。在神圣罗马帝国时代，美茵茨大主教身兼帝国七大选帝侯之一，驻跸于此，政治与宗教势力权倾一时。

③ 马莱特（1754—1812），1812 年政变的策划者之一。

雕版画：亚琛城全貌

左图为 19 世纪的美因茨
右图为马莱特将军

护马塞纳免受某些人别有用心的攻击。”

那时，英俄两国已经有了合作的苗头，如果任其发展下去的话，第三次反法同盟将会出现。于是，我们在圣克劳德召开了几次重要的秘密会议。会议的核心内容是邀请教皇来为拿破仑加冕，破坏俄国和英国的联盟。然而，这都没有我们想象中的那般顺利。一开始，教皇的态度便让我们碰了钉子。教皇宣称除非出于宗教的需要或是查理曼大帝时代真的已经来临，否则不会为拿破仑加冕。

与此同时，破坏英俄联盟的事情并非一帆风顺。昂吉安王子被处决后，瑞典国王便亲自前往德意志，准备挑拨法德关系。为了阻止他的行动，我们在路上设下了重重阻碍，甚至在慕尼黑，我们差一点就除掉这个人了。

对我来说，修复法俄关系更是一个不小的挑战。俄国曾试图调停法英矛盾，在维持两国和平未果后，英法两国仍处于僵持阶段。在僵持期间，昂吉安王子事件又激怒了欧洲政坛。5 月 7 日，在雷根斯堡的议会上，俄国部长请第一帝国就侵犯俄国领土一事做出相应补偿。此前不久，圣彼得堡的内阁曾表示，德意志皇帝和普鲁士国王的言辞——同意法国在德意志逮捕暴动人士，存在着很大虚伪的成分。

对于这一说法，沙皇心里并不是很痛快，在很大程度上倾向于战争，而这很有可能会推翻拿破仑经营的反英阵营。于是，有人建议我们用美人计来拉拢俄国。我认为这样的解决方案荒谬至极，在内阁中我说道：“这种方式是不可能成功的。”

拿破仑对我说：“什么？先生！您这样一位身经百战的老兵竟然也会如此的畏首畏尾！这十五年来，您见过多少看起来不可能发生的事情最终发生了呢！这世上还有什么是不可能的呢？路易十六在断头台前低下了头，奥地利公主、法国王后在断头台前脱下了裤袜和鞋子。而您，作为帝国的部长，您的字典里怎么能有‘不可能’这几个字呢？”

我当然知道，拿破仑这番言论是故意针对我的，因为总有一些别有用心的人在他耳边吹风，说我在插手昂吉安王子事件。面对这样的言辞，我很镇静地回应道："没错，我应该记住陛下您曾教导我们的话，法国的字典里不存在'不可能'这三个字。"

是的，在法国字典里，"不可能"这三个字是不存在的，因为拿破仑曾以让人瞠目结舌的方式证明了此事。就在 11 月 25 日，教皇庇护七世被迫离开了罗马，抵达枫丹白露。八天之后，也就是加冕的前一天，参议院向拿破仑提交了民意调查结果，结果显示，三百五十万法国人支持帝国。而在参议院当天召开的会议上，参议院副主席弗朗索瓦还在讲着共和精神。现在想来，这真是滑稽。

大臣们以及政府官员们都被要求参加加冕仪式，在仪式上，拿破仑夺过了王冠，为自己加冕。最开始的时候，下面只有零星的欢呼，接着，一阵又一阵机械的掌声出现了。然而，回到宫殿后，拿破仑却又不得不

枫丹白露宫

面对那种似曾相识的冷清。从我所掌握的情报看来，他还需要更多的支持才能渡过难关。

不久之后，我们便察觉到，拿破仑正在酝酿着另一件大事。在内阁，他向人们宣布他将要成为意大利国王，我们劝阻他说他这样做是在挑起战争。

他反驳道："现在，我需要战争带给我胜利。"

然而与此同时，帝国对英国的战事准备也没有受到影响。有一天，我明确表示我反对他两线作战。

他回应道："我的理想是征服海洋，而不仅仅是这几寸土地。在反法同盟出现之前，我必须攻下英国。我根本就不害怕那些老欧洲。面对我的攻击，英国人一定会措手不及。而意大利的王公贵族们不过是些没什么性格的无能之辈罢了。"

在米兰的加冕和在法国的加冕如出一辙。加冕结束后，拿破仑在意大利进行了巡游。看到风光旖旎的热那亚时，拿破仑大声呼喊道："这场战争，值了！"紧接着，他又四处巡游了一段时间，壮美的皮埃蒙特大区更是令他流连忘返。

回到布伦后，他便加紧军队建设，准备跨越英吉利海峡。然而，如此庞大的计划真的能够成功吗？大家心里都七上八下的。因为任何一点意外都有可能改变整场战争的结局。毕竟，法国的海军非常弱小，根本不能和法国的陆军相提并论。

征服开始了，来自布雷斯特、罗什福尔、洛里昂①、土伦②和加德斯的五十艘战舰齐聚马提尼克③海域，然后驶向布伦，它们将掩护十四万将士和十万匹马登陆英国。

---

① 洛里昂是今法国布列塔尼地区莫尔比昂省的一个市镇，下辖洛里昂区。

② 土伦是法国南部的一个重要港口，是一个良好的海军基地。

③ 马提尼克是今法国的一个海外大区。

拿破仑的加冕礼

教皇庇护七世（坐者）

加冕后的拿破仑

在拿破仑看来，只要部队能够成功登陆英国，那么攻克伦敦便指日可待。拿破仑坚信，在他的大军面前，英军将溃不成军、落荒而逃，到时候，他会在英国建立新的人民党重组政府。我们拿到的所有情报都证明了这种可能性。

但不幸的是，法国海军出师不利，登陆英国的行动并没有如拿破仑所设想的那般顺利。一方面，拿破仑不能像调动陆军那样精准地调动海军，另一方面，拿破仑深知他信任的海军部长德凯斯[①]无法应对变幻莫测的海上作战环境。德凯斯深信他的朋友海军司令维尔纳夫[②]一定能妥善应对接下来的一切，但他的盲目信任使法国海军遭到重创。

① 德凯斯（1761—1820），法国海军将领，执政府及第一帝国的政治人物 。

② 即皮埃尔 - 夏尔 - 让 - 巴普蒂斯 - 西尔维斯特 • 德 • 维尔纳夫（1763—1806），法兰西第一帝国海军将领。

第 16 章
第三次反法同盟战争

精彩看点

乌尔姆战役——特拉法尔加战役——奥斯特利茨战役——《普雷斯堡和约》——神圣罗马帝国的瓦解——建立文字监管制度——平定西部各省——转变公安职能——翁达斯的得宠——确立当代文学基调——约瑟夫·波拿巴出任两西西里王国的国王——拿破仑家族受封——建立新的贵族体系

维尔纳夫计划汇合费罗尔[①]和维戈[②]的战舰，以及自己麾下的二十艘战舰去增援甘斯特[③]的二十一艘战舰。这样一来，在布伦，共计六十三艘的法国战舰和西班牙战舰就会形成一个掩护陆军登陆的人为屏障。

然而，当得知这位总司令没有坐镇前线、指挥作战，而是返回加德斯时，拿破仑勃然大怒，一气之下的他命令海军部长对维尔纳夫展开调查，并任命罗西[④]为新的总司令。接着，他又希望到时陆军也能登上海军战舰。布鲁斯将军[⑤]强烈反对此事，拿破仑却步步紧逼，两人险些拔刀相向。这件事不仅让布鲁斯失宠，也使一切再无任何转机。

但我们不得不承认，虽然拿破仑未能在英国的事情上如愿以偿，但他却打开了欧洲大陆的荣耀之门——欧洲的战乱岁月因此拉开帷幕。

任何人（包括外交部和我在海外的情报）都不能改变拿破仑对英国

---

① 费罗尔是西班牙加利西亚自治区拉科鲁尼亚省的一座城市，位于大西洋畔。费罗尔自波旁王朝以来一直是西班牙海军北方分部的总部，也是重要的造船中心。

② 维戈是西班牙西北部的一座港口城市，加利西亚自治区第一大城。

③ 甘斯特（1755—1818），法国海军将领。曾参加美国独立战争、法国大革命时期战争、第一帝国时期战争。

④ 罗西（1748—1832），法国著名海军将领。曾参加美国独立战争、法国大革命时期战争、第一帝国时期战争。

⑤ 布鲁斯（1759—1805），曾担任法国海事大臣一职。

的敌对立场，但他也清楚，1804 年 1 月的时候，奥地利部长斯达雄伯爵曾向英国内阁递交了一份希望能够联合英国组建反法同盟的陈情书，他更知道，皮特[①]即刻命在俄国的英国使节试探圣彼得堡的意向。毕竟德意志世俗化[②]之后，法俄两国一直处于僵持状态，昂吉安王子事件又让两国关系进一步恶化。因为收留了悲痛的昂吉安的父亲，俄国驻法大使吴布瑞尔受到了拿破仑的责难。因为此事，俄国提出了让法国撤出那不勒斯王国和德意志北部，并给予撒丁王国[③]一定补偿的要求。当时，刚接任公安部长（大臣）的我对拿破仑如是说："这种要求无异于挑起战争。"

他回答道："不至于！他们还没有这个打算。现在，只有瑞典的那位疯国王在和英国合计着算计我。不过，没有奥地利，他们什么也做不成。您也知道，我在维也纳的根基要比英国人强得多。"

我对他说："您就不担心那些人离您而去吗？"

---

① 小威廉·皮特（1759—1806），活跃在 18 世纪晚期、19 世纪早期的英国政治家。因领导英国对抗法国而声名大噪。他是一位出色的政治家，效率极高，推行改革，培养出一代优秀的政治家。

② 19 世纪的神圣罗马帝国教会世俗化运动是将教会的财产转移给君主的过程，改变了教会一直以来在经济上富裕的状态，带来各种正面及负面的影响。1792 年到 1797 年，奥地利和普鲁士第一次结盟，共同抵抗法国，但很不幸无法战胜拿破仑。这次战争的经费主要由神圣罗马帝国教会承担，而这种赔偿方式是规定于 1795 年法国和普鲁士在巴塞尔签订的灾难性和约，规定要用教产来赔偿。在 1799—1802 年的第二次反法同盟战争中，奥地利的皇帝又被打败，所以被迫在 1801 年的《吕内维尔和约》中以神圣罗马帝国的名义将莱茵河以西的全部地区都让给法国。《吕内维尔和约》第七条规定，那些在莱茵河以西地区有财产的德意志世袭君主们必须在莱茵河以东地区获得赔偿。于是，一个由八位德意志君主组成的委员会——"帝国委员会"去落实这个规定。德意志的君主们在巴黎与第一执政拿破仑和他的首相塔列朗进行过很多特殊的谈判，通过贿赂和乞求确保自己尽量获得最多教产。最后，1803 年 2 月 25 日，在雷根斯堡签订的"帝国委员会规章"结束了这些问题，但这些"规章"远远超过《吕内维尔和约》的范围，导致神圣罗马帝国教会的财产几乎被全部剥夺，也就是一个普遍的"世俗化"，即教会的财产被没收。

③ 撒丁王国是意大利过去的一个王国。后来，意大利在撒丁王国的基础上统一。

皮特

讽刺皮特和拿破仑的漫画：皮特和拿破仑分享食物，而这食物正是世界，可见皮特和拿破仑对世界都有强烈的野心

他接着说："上帝的庇佑和我的军队给了我勇气，让我无惧任何人！"后来，拿破仑的这句话也出现在了《箴言报》[①]上面。

或许是政府内部暗箱操作，又或许是拿破仑对自己的部长们有意隐瞒，直到7月份，我们才得知，早在4月11日，在圣彼得堡，法国便同俄国签订了协同作战协定。当时，奥地利也开始有所行动，查理大公[②]也离开了维也纳政府。虽然我们看到了这一切，但这并没有影响到法国和奥地利的友好关系。

值得一提的是，发生了拿破仑在意大利加冕的事情后，奥地利的科本茨尔伯爵[③]开始担心起来，他担心拿破仑下一步的目标就是奥地利。虽然塔列朗尽力打消着科本茨尔伯爵在这方面的顾虑，然而奥地利依然主动提出了调节法俄关系的请求，不过，他们却遭到了拿破仑的拒绝。

不管怎么说，我们都知道了奥地利正在积极备战的事情。8月15日那天，拿破仑公开宣布，因为奥地利内部出现了一支拥护英国的党派，所以他对英国的作战计划暂时推后。接着，拿破仑傲慢地命令奥地利撤回军队，维持和平状态。纸是包不住火的，8月18日，奥地利发布了让其军队积极迎战的命令，9月13日，奥地利发布了一系列谴责，谴责法国破坏协定条款，谴责意大利、瑞士和巴达维亚的独立，反对以拿破仑为首的法意联盟。不过，所有的这一切都还只是停留在外交层面，民众还在一心一意地准备着对英国的海战。然而，9月21日，奥地利却毫无征兆地入侵了巴伐利亚[④]。

① 《箴言报》是法国官方日报，创立于1789年。

② 查理大公（1771—1847），奥地利元帅，奥地利军队的改革者。他是利奥波德二世和皇后玛丽亚·卢多维卡公主之子，弗朗茨二世之弟。

③ 即约翰·路德维希·约瑟夫·格拉夫·冯·科本茨尔（1753—1809），奥地利外交家、政治家。

④ 巴伐利亚是今德国东南部的一个州。

对于第一帝国的皇帝来说，这简直是千载难逢的好机会！这样一来，拿破仑就能够以正当理由撤出布伦，集中兵力对付奥地利。于是，大军迅速撤离布伦港，昂首挺胸地向莱茵河挺进。这次撤兵不仅保全了法国海军的尊严，也让新生的帝国免于灭顶之灾。

反法同盟计划集结至少四十万大军，其中，奥地利出兵二十五万，俄国出兵十五万，英国出兵三万五千。依靠着这些集结起来的兵力，反法同盟扬言要让法国撤出汉诺威、德意志北部和意大利，要帮助荷兰和瑞士赢得独立，要帮助撒丁王朝复辟。说到底，反法同盟就是希望摧毁第一帝国，把还未强大起来的第一帝国扼杀在摇篮中。

我们必须承认，拿破仑并不认为仅凭军队便能获得胜利，他常常想起马基雅维利[①]的话：一个老道的国王必须既是狮子又是狐狸。

首次在德意志战场作战的时候，拿破仑便深入研究了作战场地，之后，他对我们说："你们会看到，莫罗的作战策略根本无法和我的作战策略相媲美。"事实上，他非常巧妙地收买了马克[②]，使我军顺利进入乌尔姆[③]。收买盟军的间谍比我们想象得要轻松很多，在这些人的助攻下，我军顺利取得了阿尔维战役和乌木兹战役的胜利。接着，我们便瞄准了意大利的高级将领，在正式开战前，这些人基本已全部倒戈。之后，我把自己手上所有的秘密情报都交给了情报总指挥萨瓦里。拿到这些情报后，在舒尔迈斯特[④]的强大助攻下，萨瓦里对盟军进行了更加猛烈的

① 即尼科洛·迪贝尔纳多·代·马基雅维利（1469—1527），意大利哲学家、历史学家、政治家、外交官。他是意大利文艺复兴时期的重要人物，被称为"近代政治学之父"，是政治哲学大师。他所著的《君主论》一书提出了现实主义的政治理论，其中"政治无道德"的权术思想，被人称为"马基雅维利主义"。

② 即卡尔·马克·冯·莱贝里希男爵（1752—1828），奥地利军人，巴伐利亚军队的实际司令官。

③ 乌尔姆是今德国巴登－符腾堡州的一座城市，位于多瑙河畔。

④ 舒尔迈斯特（1770—1853），历史上因为曾被拿破仑重金收买而闻名。

腐蚀。就这样，盟军被我们撕开了一个口子。普鲁士大帝亚历山大拒绝了盟军邀请出兵的请求：如果是十五天之前，普鲁士士兵一定义不容辞。就这样，拿破仑破坏了这次反法同盟，但这种战术也有其两面性。

接着，我想说的是特拉法尔加战役[①]中的惨败。这场战争的失败直接摧毁了法国海军，确保了英国的海上安全。攻克乌尔姆之后不久，在去往维也纳的途中，拿破仑得知了特拉法尔加传来的消息。贝尔西耶对我说："当我看到这封急报时，我根本不敢报告给就坐在我旁边的拿破仑。当时我双肘压着急件，不知如何是好。"

果不其然，得知此事的拿破仑勃然大怒："我又没有分身术！……"贝尔西耶根本无法让震怒的拿破仑平静下来，于是，在奥斯特里茨的战场上，拿破仑避开了俄国和普鲁士，对英国进行了疯狂的报复。

拿破仑整日整夜地待在军队里，为攻破反法同盟而殚精竭虑，因此，他根本无暇顾及第一帝国日常的行政事务。他不在的这段时间里，内阁全权负责国内事务。由于特殊的职位要求，我基本在监管所有事务，所以我尽量让拿破仑相信，即使他身在战场，所有的事情也都在他的掌握之中。巴黎的邮政人员兢兢业业地为他汇报着警署报告中的所有信息。对于拿破仑而言，他希望大家可以相信现在的政府是温和的，并且它会尽可能地赋予大家自由。基于这个目的，当我拒绝批准出版剧作家科林[②]的一部作品时，他假装不满意。在《箴言报》中，他这样说："如

① 1803 年，拿破仑统治的法国与以英国为首的第三次反法同盟再次爆发战争。拿破仑计划进军英国本土。为牵制住强大的英国海军，拿破仑派海军中将维尔纳夫率法国和西班牙联合舰队与英国海军周旋。1805 年 10 月 21 日，双方舰队在西班牙特拉法尔加角外海面相遇，决战不可避免，战斗持续五小时，由于英军指挥、战术及训练皆胜一筹，法西联合舰队遭受毁灭性打击，主帅维尔纳夫以及二十一艘战舰被俘。英军主帅霍雷肖・纳尔逊海军中将也在战斗中阵亡。在随后到来的风暴中，许多被拖回的被俘法西军舰相继沉没，而英国军舰却无一损失。此役之后，法国海军精锐尽丧，从此一蹶不振。拿破仑被迫放弃进攻英国本土的计划，而英国海上霸主的地位得到巩固。

② 科林（1755—1806），法国戏剧家。

拿破仑率军向乌尔姆挺进

拿破仑向受伤的奥地利士兵致敬

马克将军带领奥地利士兵在乌尔姆向拿破仑投降

偷袭特拉法尔加的英国舰队

特拉法尔加海战，英国军舰与法国军舰交战

特拉法尔加海战中英国海军将领纳尔逊被击中身亡

果法国人没有出版自由，那么法国算什么法国！”我心里清楚，拿破仑其实是在督促我尽快建立文字监管制度。

《普雷斯堡和约》[①] 确立了拿破仑在德意志、意大利和那不勒斯王国的领主地位。和约签订之后，1 月 26 日，拿破仑返回了巴黎。一回到杜伊勒里宫，拿破仑便因为银行催款的事情向几位政府官员发了脾气，德高望重的老臣巴比 [②] 更是首当其冲。银行催款的事情源于拿破仑，为了收买反法同盟，他曾向银行预支了五千万法郎。在当时那种情况下，这些钱根本少不了。

和罗马教廷产生分歧之后，拿破仑开始折磨不久前为他加冕的罗马教皇。这次巨大的胜利还带来了其他重要的改变：巴伐利亚和符腾堡 [③] 建立了选举制度，巴伐利亚公主和拿破仑的养子欧仁联姻——这也意味着拿破仑开始用联姻的方式扩大自己在“老欧洲”的势力范围。

在国内，奥斯特里茨 [④] 的胜利以及和约的签署使拿破仑的人气大涨：胜利的光环使人们眩晕了。向他汇报民意可喜的变化时，我说道：

---

① 《普雷斯堡和约》是弗朗茨一世的奥地利帝国与拿破仑・波拿巴的法兰西帝国在奥斯特里茨战役后达成的和议。它结束了第三次反法同盟战争。拿破仑称帝一年后于 1805 年 12 月 2 日在奥斯特里茨战役中击败了俄国、英国和奥地利的联军。俄国无法从它的内地及时调遣增援军，因此退出战场，但没有和法国签署和约。彻底战垮的奥地利同年 12 月 26 日在普雷斯堡，今天的布拉迪斯拉发与法国签署和约。奥地利方面签署和约的是列支敦士登大公约翰・约瑟夫一世和伊格纳兹・吉尤莱伯爵，法国方面签署和约的是外长夏尔・莫里斯・德塔列朗 – 佩里戈尔。次日拿破仑在美泉宫批准了该和约。

② 巴比（1745—1837），法国外交家、政治家，曾任法兰西第一帝国大臣以及第一任审计法院主席。

③ 符腾堡是一个历史地名，位于今德国西南部的施瓦本。

④ 奥斯特里茨战役是拿破仑军旅生涯中的一场著名战役。七万五千法军在拿破仑的指挥下，在波西米亚的奥斯特里茨取得了对八万七千俄国 – 奥地利联军的决定性胜利。第三次反法同盟随之瓦解，并直接导致奥皇弗朗茨二世于次年取消神圣罗马帝国皇帝的尊号。这场战役因欧洲三个大国的皇帝奥皇弗朗茨二世、沙皇亚历山大一世、法兰西第一帝国皇帝拿破仑全部亲临战场，又称“三皇会战”。

奥斯特里茨战役中的法国胸甲骑兵

奥斯特里茨战役中法军骑兵与俄军骑兵交战

奥斯特里茨战役，俄国骑兵夺下法军的鹰团旗

“陛下，奥斯特里茨的胜利动摇了腐朽的贵族制度，圣日尔曼镇再也无法和您抗衡了。”

这番话让他很受用，他向我坦白道：“在战场上，即使是在战事最吃紧的时候，甚至是在沙漠中行军的时候，我都一直关注着巴黎的民意，尤其是圣日尔曼镇那边的消息——就像当年的亚历山大大帝心系雅典一般。”

于是，为了在政府中谋得一官半职，很多贵族纷纷涌向杜伊勒里宫和我负责的沙龙。虽然老共和党人因此责备我偏袒贵族，但我并没有改变自己的初衷，毕竟我的目标是融合各党派，让他们各司其职地为政府效力。

软硬兼施之下，拿破仑终于平定了长期被内战撕裂的西部各省份，自此，法国再也没有朱安党、旺代地区、可怕的阴谋以及危险的组织了。虽说还有一小部分贵族在英国负隅顽抗，但他们中的大部分人却已经真心臣服于第一帝国。聚集在波尔多的、最顽固的保皇派社团已经解体，在国内，波旁王朝的眼线纷纷暴露：海德·德·诺维尔[①]到切尔瓦里·德·科尼尼，再到塔隆[②]和罗耶·科拉尔[③]。一些被认为从事危害帝国安全活动的叛徒也受到了严惩，拉洛施男爵被判处终身监禁。

有人举报了塔隆，因此，萨瓦里便派人逮捕了这位年老的贵族，并动用了酷刑。我如实地向拿破仑禀报了此事，之后，萨瓦里受到了拿破仑的批评。与此同时，塔隆的女儿四处为父亲说情，她的行为打动了所有人，所以，她的父亲受到轻判。

我密切关注着政府对这些贵族的量刑，也时刻留心着共和党人的看

① 海德·德·诺维尔（1776—1857），保王党人，法国政治家。

② 塔隆（1760—1811），保王党人，路易十六的支持者。

③ 罗耶·科拉尔（1763—1865），哲学教授。曾参与普罗旺斯公爵（后来的路易十八）的秘密议会。

法，毕竟那时的我也需要获得一定的支持率。也就是从那时开始，我开始考虑转型公安职能，从之前的严厉调查转向更宽容的工作方式。但新的问题出现了，除了要面对由于忌妒、艳羡而对我不怀好意的同僚外，我更需要应付疑心很重的拿破仑。

这一次，披着宗教外衣的反革命党人一方面利用宗教排挤革命党人，一方面又用花言巧语哄骗拿破仑。为此，这些人买通了一些报刊来控制民意。表面上，这些人似乎是想保卫经典文学，维护文学品位，但实际上，他们是在故意丑化革命。在报纸杂志上，这些人鼓吹辉煌的君主制时代，大肆宣扬至高无上的权力。拿破仑则认为《箴言报》已经有足够的影响力震慑国内外。同时，在看到很多地方都在模仿他的治国方式后，他更是充满了信心。

我被认为是民意和报刊的管控者，有人甚至认为我设置了专门负责监管报刊民意的机构。于是，有些人开始嚼舌根，认为我的权力过大，之后，《论战日报》[①] 诞生了。这本杂志在我的监管范围之外，其负责人是我的一个私敌。作为对我的补偿，这些人让我负责《文雅信使》[②]，这是为反革命呐喊的杂志。然而，拿破仑还是回应了那些针对我的声音，很快，我所监管的杂志就只剩下《宣传员》和《哲学十年》了。

自从进入立法集团后，翁达斯便广交好友、左右逢源、声名鹊起。莫雷这个正好和议会同姓[③] 的人是翁达斯的忠实信徒，他发表了为摩洛哥专制辩护的文章《论道德与政治》。在《论战》上，翁达斯大力赞美

① 《论战日报》是法国官方报纸，成立于 1789 年，1944 年停刊。

② 《文雅信使》创刊于里昂。创刊之初，它是具有乡土气息、风格多样、内容较杂的报纸，刊载新闻、文学记事、演剧附刊、诗歌、大学招待会、高级官吏的任免、婚丧事、趣闻、猜谜等内容，后来很快变成以刊载文艺作品为主的报纸，实际上成为给社交场合交谈提供材料的杂志。它的内容丰富多彩，风格独特，在欧洲也不乏模仿者。1724 年更名为《法兰西信使》，由外交部赞助，成为巴黎最权威的文学刊物。

③ 莫雷的全名是莫雷・帕尔曼（Parlement），而帕尔曼（Parlement）在法语中是“议会”之意。

了这篇文章。我向拿破仑表达了我的不满，之后，拿破仑公开批评了翁达斯，但他用了这样一句托词：为了鼓励一个有这样的姓名的天才。在这一点上，拿破仑对他说："我的上帝！翁达斯先生，请至少把文字的共和国留给我们。"但这不过是做样子而已，不久之后，这位御用的年轻散文家便被任命为内阁助理办案员，接着又被擢升为秘密部长。不得不承认，相比于直来直去的阿谀奉承，拿破仑更喜欢翁达斯这种优雅贵族式的恭维。

于是，当保皇派的故事出现在公众视野中时，人们认为是确立当代文学基调的时候了。在这个故事里，保皇派的人被描述成伟大的英雄，而革命党人则是一些土匪。这还没完，经过再三修改之后，这个故事引起了所有人——尤其是那些受到侮辱的革命党人的不满。他们居然以侮辱竞争对手的方式来烘托自身的伟大，我觉得我必须纠正这股不正之风。

事实上，《普雷斯堡和约》为法国带来的政治好处远不止这些，继《箴言报》宣布解散两西西里王国朝廷后，拿破仑又下了一道谕旨，他的兄弟约瑟夫·波拿巴成了两西西里王国的国王。差不多同时，拿破仑的另一个兄弟路易也成为万众瞩目的荷兰国王。缪拉成为大公国伯爵，卢卡①和瓜斯塔拉②的领地被作为礼物分给爱丽莎和宝莉娜③，勒布伦受封为普莱斯公爵，冈巴塞雷斯受封为帕尔马公爵，贝尔西耶则获得了纳沙泰尔公国的全部领地。

在一次私人会议上，拿破仑宣布，他将把战利品分封给各位功臣，他将在欧洲建立新的贵族体系。在后来一场较大规模的内阁会议上，他询问建立贵族体系是否和大家推崇的平等原则相冲突，我们的回答是不

① 卢卡位于今意大利中北部利古里亚海附近，是卢卡省的首府。

② 瓜斯塔拉是意大利雷焦艾米利亚省的一个市镇。

③ 宝莉娜（1780—1825），拿破仑最喜爱的妹妹。

拿破仑的弟弟路易·波拿巴

拿破仑最喜爱的妹妹宝莉娜

会。事实上，所谓第一帝国的君主制是一种新型的君主制，对我们来说，确立新的军官、政要，建立新的贵族体系是必要的。况且这也意味着消除旧法国的封建残余，达成新旧法国间的和解。

第 17 章

神圣罗马帝国的解体与大陆封锁政策

精彩看点

分封公爵——神圣罗马帝国解体——普鲁士战争——大陆封锁政策——柏林法令——埃劳战役——达凯伯爵的来信——《提尔西特条约》——第一帝国人事调整——塔列朗从外交部离任——帕尼公爵出任外交大臣——英军袭击哥本哈根——枫丹白露秘密条约——远征西班牙——拿破仑与教皇的冲突

3 月 30 日，拿破仑诏谕参议院分封公爵领地，达尔马提亚[①]、伊斯特尔[②]、弗留利[③]、卡多雷[④]、贝鲁诺[⑤]、科尼利亚诺[⑥]、特雷维索[⑦]、费尔特雷[⑧]、巴萨诺[⑨]、维琴察[⑩]、帕多瓦[⑪]和罗维戈[⑫]等地获此殊荣，但他并没有表态这些新的爵位能否世袭。与此同时，塔列朗获得了封地贝内文托[⑬]，而我则受封成为奥特朗特公爵。人民支持为革命党人加官晋爵的决定，新的爵位以及国民贵族的出现也使上层社会移风易俗。

---

① 达尔马提亚位于今克罗地亚南部、亚得里亚海东岸的地区。

② 伊斯特尔位于法国南部，距马赛六十千米。

③ 弗留利是意大利东北部的一个历史地区。

④ 卡多雷是意大利贝卢诺省下的一个市镇。

⑤ 贝鲁诺是今意大利威尼托大区的一个省。

⑥ 科尼利亚诺是今意大利威尼托大区特雷维索省的一个市镇。

⑦ 特雷维索位于意大利北部，今特雷维索省的首府。

⑧ 费尔特雷是今意大利威尼托大区贝卢诺省的一个市镇。

⑨ 巴萨诺是今意大利布雷西亚省的一个市镇。

⑩ 维琴察是意大利维琴察省的一座城市，也是维琴察省的首府。

⑪ 帕多瓦位于意大利北部，是今帕多瓦省的首府。

⑫ 罗维戈是意大利威尼托大区罗维戈省首府。

⑬ 贝内文托位于意大利南部，今贝内文托省的省府所在地。贝内文托市内有图拉真拱门、雷托里城堡、古罗马剧场等众多名胜古迹。

7月，德意志各联邦国通过了《莱茵联邦条约》[①]，十四个德意志联邦的省份宣布退出神圣罗马帝国，请求拿破仑的第一帝国庇护。这条精心设计的新法令直接导致了神圣罗马帝国的解体，其目的在于孤立普鲁士，给德意志各联邦国施加压力。而法国和普鲁士之间的小摩擦也使俄国的外交立场开始变得模棱两可。俄国以其使者被隔离调查为由，拒绝批准新签订的协定，而这只是俄国的缓兵之计。自威廉姆斯·皮特逝世以来，英国的事务便由查理·福克斯[②]来主持，人们希望这位新上任的英国大臣不会继续支持反法联盟的行动。

在此期间，长达三个月的普鲁士战争爆发了。从奥斯特里茨战役以来，一些普鲁士人便开始秘密策划内战。我读过几篇反政府者写的文章，其中一篇的主笔是蒙加亚尔。最开始的时候，他们宣称政府不过是纸老虎。而我可以负责任地说，这起内战就像一场精心设计的闹剧，所有的细节都是苦心经营好的。依我所见，普鲁士国王真是悲哀，因为他居然拥有这样一个混乱的内阁。历史终会告诉人们这场战争真正的起因。本该是普鲁士人民救世主的君主制普鲁士政府，却成为阴谋家手中的玩偶！普鲁士内战所取得的胜利让法国对这个地方刮目相看。

拿破仑自诩为上帝之子，以摧毁欧洲旧的统治秩序为己任。查理·

① 1806年7月12日，通过签署《莱茵邦联条约》，在法国保护下，包括列支敦士登、巴伐利亚、符腾堡和巴登在内的莱茵河两岸的德意志南部、中西部十六个邦国，脱离了神圣罗马帝国，建立了一个新的政治联合体莱茵邦联。邦联在法兰克福设两院制议会，推选拿破仑为保护人，并由拿破仑支配邦联的外交和军事；协议同时规定，在发生战争时，邦联有义务向其保护人拿破仑提供一定数量的军队。8月6日，已自称奥地利皇帝的弗朗茨一世（神圣罗马帝国的弗朗茨二世）被迫宣布放弃神圣罗马帝国皇帝的称号，神圣罗马帝国灭亡。在接下来数年，有二十三个邦国加入；弗朗茨一世的哈布斯堡王朝只能够统治帝国剩下的领土奥地利。德意志地区内只有奥地利、普鲁士、丹麦控制的荷尔斯泰因和瑞典的波美拉尼亚地区未加入邦联，而且不计算并入法国的莱茵河西岸和艾尔福特。

② 查理·詹姆斯·福克斯（1749—1806），英国辉格党资深政治家，18世纪后期至19世纪初任下议院议员长达三十八年，是小威廉·皮特担任首相期间的主要对手。

查理·福克斯

福克斯的去世，劳德代尔堡伯爵[①]的离去，意味着法国和英国的和平谈判再次失败，换言之，英法两国之间将再也没有和平与休战。为了摧毁英国这个唯一阻碍他称霸欧洲的国家，拿破仑建立了大陆封锁体系，对英国进行封锁，并在德意志颁布了该体系的第一条法令。

我预感到，大陆封锁政策[②]将会使英国大受打击，因此，英国人会马上出台应对政策，而法俄两国也到了一决雌雄的时候。当我获悉埃劳战役[③]的那些细节时，我整个人都胆颤心惊！这次战争不异于一场重新洗牌，而且战事的惨烈程度远远超过了乌尔姆战役、奥斯特里茨战役以及耶拿战役[④]：在距莱茵河两百里的地方，法俄两军进行了肉搏战。在

---

① 劳德代尔堡伯爵（1759—1839），英国议员、掌玺大臣。1806 年，英国政府派劳德代尔堡伯爵前往巴黎商谈和平事宜。

② 大陆封锁政策是拿破仑 1806 年 11 月 21 日在柏林启动的对英国的经济封锁政策。该政策于 1814 年结束。一方面，拿破仑意图使用经济战的手段使英国屈服；另一方面，该政策也可以起到保护法国经济的作用。在特拉法尔加海战后，法国无力再发动海战，拿破仑只能将争霸重心放回欧洲大陆。因此，他不得不利用经济手段。为了彻底切断英国在欧洲的贸易，他下令禁止交战国商船驶往英伦三岛。在法国统治的地区，英国的货物被没收，英国商人受到追查。到了 1807 年年底，政策的对象扩展至中立国的船运。1810 年 8 月 5 日的法令要求所有进口货物关税提高 50%。

③ 1806 年 10 月，拿破仑率法军在耶拿战役中击溃普鲁士王国军队主力，在占领柏林后继续向东推进，与援助普鲁士的俄国军队相遇。1807 年 1 月，贝尼格森率领的约七万俄军和八千普鲁士军队从东普鲁士首府哥尼斯堡出发，进攻米歇尔·纳伊和贝纳多特率领的法军，而拿破仑也调集约七万军队希望抄袭俄军后路。贝尼格森得知法军动向后决定在普鲁士 - 埃劳迎战法军。2 月 7 日，彼得·伊万诺维奇·巴格拉季昂率领的俄军后卫部队同法军相遇，成功阻击了法军的进攻，使俄军主力得以占领普鲁士 - 埃劳北高地，从容设立坚固阵地。次日，两军决战。战斗打响后，奥热罗部受到俄军密集炮火攻击，损失惨重。拿破仑投入缪拉骑兵部队加以支援，这才使奥热罗挽回败局。达沃斯特在战斗初期取得一定进展，但俄军右翼及时支援了左翼，击退了法军进攻。当晚战斗结束，双方伤亡惨重，但均没有取得决定性战果。

④ 耶拿战役是指发生于 1806 年 10 月 14 日，在今德国萨勒河以西的高原，拿破仑一世率领的法军和腓特烈·威廉三世率领的普军之间的战斗。法军六天之内便击垮普鲁士主要作战力量，而普军的惨败令普鲁士不久就被迫退出第四次反法同盟，直至 1813 年才重新参加第六次反法同盟。法军彻底改变了当时非常流行的线式作战，改写了欧洲陆战的战术原则。

埃劳战役，俄国骑兵团发起冲锋

埃劳战役前线的拿破仑

埃劳战场上气势恢宏的骑兵部队

写给拿破仑的信中，我用了类似马伦哥战役之前的笔调，考虑到这次的情况更复杂，我的言辞也更加激烈。我告诉他：我们有十足的把握保证巴黎和法国不会生出事端，再加上奥地利也不敢轻举妄动，英国刚刚换了内阁，还在犹豫是否和俄国结盟，对法国来说，这一切都是有益的。然而，维斯瓦河①和尼曼河②一旦爆发战争，一切就有可能被摧毁！《柏林法令》③让太多人的利益受损，如果我们想再发动针对国王的战争，我们应该尽量避免过度波及平民，否则一旦激怒他们，后果将不堪设想。在信的末尾，我用最急切的语气恳请他动用自己所有的力量，迅速在欧洲建立和平。他知道我想要表达什么，但他还是想再赢最后一场。

埃劳战役之后，我们需要慎之又慎地对待所有的战事，一切重要的事情都逃不过拿破仑锐利的眼睛——他注视着一切。从伦敦来的间谍尝试刺探巴黎的情况，刺探我的行踪，欧洲大陆上演了一出又一出针对拿破仑的阴谋诡计，但它们都没有得逞。

在德雷克和斯宾塞·史密斯事件之后，英国内阁还在不断地刺探着公安部的工作；英国大臣霍威克子爵④派密使携信件来与我商谈，这份信件是用一根芦苇封存的。应这位部长的要求，我为两位肩负洽谈任务的密使准备了两本通行证。然而，首先，部长的秘使很不慎重地同警署的佩莱⑤取得了联系！接着，此行的秘密被揭发，这个可怜的年轻人已是在劫难逃。

① 维斯瓦河发源于今波兰南部的喀尔巴阡山脉，注入波罗的海格但斯克湾。

② 尼曼河发源于白俄罗斯的山区（在明斯克的西南部），流经白俄罗斯、立陶宛和俄罗斯，最后于克莱佩达注入波罗的海。

③ 《柏林法令》是指 1806 年在柏林启动的针对英国的经济封锁政策。以下是《柏林法令》的具体条款：①禁止所有同英国的贸易；②没收所有欧洲大陆上存在的英国商品；③禁止所有同英国的信件往来，以及所有为了英国利益而产生的信件往来；④所有在法国或者第一帝国的英国人都将以战争犯人的名义被逮捕；⑤禁止在英国海域停靠任何船只。

④ 即查理·格雷（1764—1845），英国辉格党政治家，曾任英国首相。他于 1806 年至 1807 年称“霍威克子爵”。

⑤ 佩莱（1759—1828），著名记者。

这件事不可能不在拿破仑的心中留下阴影，他猜测我是知道这件事情的。国外的阴谋家们正在从我这里下手策划新的诡计，而懂得审时度势的我是一个来者不拒的人。然而，这并不是英国内阁对我的最后一次试探，意图破坏法国大革命成果的詹姆斯内阁认为我很有可能会背叛拿破仑，为波旁家族服务。英国内阁的这种判断仅仅是基于我的态度——我对保皇派所持的并不是赶尽杀绝的态度，因为我从不拒绝向我告发检举的人。

维特尔死后不久，我在我的办公桌上发现了一封带有印章的信件，这封信上写着“富歇亲启”。打开之后，我发现里面的语气非常急迫，于是我马上召开原定于明天举行的听证会。这封信的主人用了一个假名，但这却是一个非常有名的海外贵族的名字，而且我也确信这封信的作者就是那个想要联系我的人。然而，当这样一个措辞锋利、条理清晰、有理有节的人，当着我的面承认了自己是波旁家族和英国内阁的代理间谍时，我依然非常惊讶！见到我之后，他迅速向我列举了拿破仑帝国的脆弱之处，还预言了拿破仑将兵败如山倒。最后，他劝我以法国利益和世界和平为重，和他们一起推翻这个已经病入膏肓的政权……他列出了所有我能想象到的优厚待遇。那么这个人是谁？我想应该是波旁王朝的海军总指挥达凯伯爵。

我对他说：“很不幸！您是带着阴谋来找我的。”

他大声说：“是，我的性命在您手上。如果需要的话，我愿意为过往做出牺牲！”

我说：“不，您错了。您现在在我家中，我是不会在家里对不幸的客人动手的。因为作为个人而不是公安部长的我，可以原谅您这种不理智的行为。我将给您二十四小时的时间离开巴黎。但我要告诉您的是，二十四小时后，我就会下令，命巴黎戒严，全城搜捕您。我知道您从哪里来，也知道您的通信渠道。所以请您记住，您只有二十四小时。并且在这段时间内，如果您被别人发现的话，我也救不了您。”

他向我说，这世界上没有一个人知晓这件事情，不管是在法国还是在国外任何地方，那些在海岸关口接待他的人都以为他只是碰巧去巴黎。

如果我不向拿破仑汇报刚刚发生的事情，那就是我工作的失职。在向拿破仑汇报这件事的时候，我只隐瞒了一件事，那就是达凯伯爵是从我这里拿到入境通行证的。这个隐瞒是必须的，因为我知道拿破仑一定会责备我在此事上的大度，并且怀疑我在其中扮演的角色。得知此事后，除了公安部的通辑令之外，拿破仑又直接下令展开搜查。于是，为了通缉达凯伯爵，我们几乎出动了所有的警力。最后，在即将登船的时候，达凯伯爵被一个女人出卖，惨烈地死去了。

这个时期发生的所有事情都是人们所津津乐道的话题，我也需要评价一下拿破仑在这段时期的政治生活。圣日尔曼镇上的人们问道，推翻古老的贵族制度有什么不妥吗？

“亚历山大[①]会向拿破仑靠近，从此没有战争，千千万万的人民将得到安宁。”

人们这样希望着，然而他们却看到，《提尔西特条约》[②]不过是两大帝国的君主在确认欧洲的领地，一旦双方相互靠近，新的事端必然会出现。

---

① 亚历山大一世（1777—1825），罗曼诺夫王朝第十四任沙皇，保罗一世之子。由于亚历山大一世击败拿破仑一世，复兴欧洲各国王室，因此被欧洲各国和俄国人民尊为“欧洲的救世主”。

② 《提尔西特条约》是拿破仑在弗里德兰击败俄普联军后于提尔西特签署的两个条约。7 月 7 日，亚历山大一世与拿破仑在尼门河中央的竹筏会面后，签订了第一个条约。7 月 9 日，拿破仑与腓特烈三世签订第二个条约。该条约结束了法国和俄国之间的战争。两国结成同盟，同时开始执行几乎无效的大陆封锁。法国承诺帮助俄国对抗奥斯曼土耳其帝国，而俄国则同意加入大陆封锁以对抗英国。更具体地讲，亚历山大一世同意从俄土战争期间占领的瓦拉几亚和摩达维亚撤军。原先被俄军将领乌沙科夫及森亚文占领的爱奥尼亚群岛和卡塔罗也将移交法国。

拿破仑与沙皇亚历山大一世在尼门河中央的竹筏会面

《提尔西特条约》签订后拿破仑送亚历山大一世离开

在《提尔西特条约》之外还有一个秘密条约，它规定，亚历山大一世和拿破仑平分欧洲大陆，欧洲南部归拿破仑。此时的拿破仑已经是意大利的主人，德意志的法官，北部的势力范围也已经达到维斯瓦河。

7 月 27 日，拿破仑从圣克劳德返回巴黎。这一次，所有重要的官员都迫不及待地为他献上最令人心醉的赞美词，而这个革命者也慢慢地被腐蚀了，越来越疏远他手下的大臣们。八天后，他对各部进行了重要的调整：升任克拉克为战事大将军；任命贝尔西耶为副陆军统帅；但最让人震惊的是，拿破仑把之前由塔列朗负责的对外关系部门移交给了帕尼公爵。很明显，从塔列朗手中拿掉这个部门意味着拿破仑在疏远他，而为了掩饰这种疏远，随后，拿破仑赐予了塔列朗很多名义上的奖励，升任他为副大选举官——但这也只是名义上的。塔列朗之所以受冷遇，很大程度上是因为他和拿破仑的分歧——他们两人在对西班牙的事情上意见不一致，但这件事情只有拿破仑和塔列朗本人知情。当时，内阁内部还没有什么分歧，至少我在场的情况下是这样，但我还是提前知道了将在 10 月底签署的《枫丹白露密约》①。和《普雷斯堡和约》一样，《提尔西特条约》之后，热罗姆②成为德意志内部一个小国的国王，而这个新国王不过是他在巴黎的兄弟的傀儡。

在这段时间里，我们得知，英国成功袭击了哥本哈根，最让人震惊的是，英国政府的行动居然如此准确。根据《提尔西特条约》，丹麦的海军已经归法国管理，因此，英国的这种举动就是在破坏条约。从保罗

① 1806 年，放弃远征英国的拿破仑启动了针对英国的大陆封锁政策。英国的友邦葡萄牙拒绝加入大陆体系。因此，拿破仑决定进攻葡萄牙。1807 年 10 月，西班牙国王查理四世的内政大臣同拿破仑签订了《枫丹白露密约》，允许法国军队通过西班牙领海，攻打葡萄牙。

② 热罗姆 • 波拿巴（1784—1860），法兰西第一帝国皇帝拿破仑一世的幼弟，法国元帅，威斯特伐利亚王国国王。

一世遇难以来，我还没有见拿破仑如此生气过，他怀疑政府内出现了新的叛徒。他命令我彻查此事，调查是否和最近的人事调动有关系。我再次向他表明，在这样一个错综复杂的国际形势下，只凭直觉来行事是不可能有任何进展的。我对他说：“除非叛徒自己露出马脚，否则仅凭凑巧，公安部门很难从他们嘴里得到有效的信息。”关于这个问题，我和一位身经百战的重要人士有过会谈，鉴于我现在所处的位置，我还不方便向大家透露这个具有重要历史意义的会谈以及这位重要人士。

1808 年是难忘的一年，在这一年中，拿破仑的神话黯淡下来。有一天，他推心置腹地向我坦白了签订枫丹白露秘密条约以及远征葡萄牙的动机，他告诉我说西班牙的波旁家族以及布拉甘萨政权[①]即将倒塌。

我对他说：“放弃葡萄牙吧，您知道，实际上，葡萄牙是英国的殖民地。至于西班牙，您更没必要去担心了，那里的波旁家族随时都愿意为您效力，只要您愿意，他们随时都会向您俯首称臣。您是不是误解了半岛的情况？没错，您在那里有很多的支持者，但那是因为半岛的人把您当成了一个强大的庇护者，把您看作一个盟友、一个朋友。如果您这样毫无根据地向现行政府发动战争，的确，您可能会从西班牙政府内部的争斗中坐收渔翁之利，但这样一来，您所面对的敌人就是全部西班牙人民。而且您不能忽视这么一点，西班牙不像德意志，那里的人民有自己的风俗习惯，有自己的管理方式，所以西班牙人和别的国家那些毫无爱国气节的人不同。我还得再申明一次我的话，您要小心，千万不要把一个稳定的君主制国家变成另一个旺代地区！”

拿破仑说：“您想说什么？西班牙所有头脑清楚的人都已经不再信

① 布拉甘萨王朝是 1640 年葡萄牙脱离西班牙获得独立后，第八代布拉甘萨公爵约翰四世即葡萄牙王位而建立的王朝，该王朝一直统治葡萄牙至 1910 年，是统治葡萄牙王国的最后的王朝。

任王室，现在王室的实际掌权人——所谓的和平王子，对西班牙来说无异于一场灾难，到时候，这个无赖会打开西班牙的大门，欢迎我的到来。至于您刚刚说的那些小民，目前他们还生活在教皇主宰的中世纪，我一棍子就能把这些人全部打散。而且您也看到了，在我的军队面前，所谓的普鲁士大军——这些弗雷德里克[①]的后人就像鸟兽一样一哄而散。现在，您不用怀疑，到时候，您也不用喝彩，您会看到我是如何一举攻克西班牙的。在那里，我有无数的支持者，就像当年的路易十四[②]一样，我会把西班牙纳入法国的版图，让西班牙摆脱英国的控制。这个机会千载难逢，我一定不会放过。查理五世[③]的太阳永远不会落下，我将成为两个世界的主宰！”

出兵西班牙的事情已成定局，内阁中的人都没有站出来反对此事，我也只有顺其自然了。然而，我觉得我依然有必要提醒一下我们尊敬的陛下，他将要做的这件事情绝非儿戏，如果俄国人在他身后出兵，大举进攻南部，或在这个时候和英国联合，到时候，恐怕第一帝国就要腹背受敌。

拿破仑冲我大喊道：“您果然是一位公安部长！您不相信任何人，不相信任何真善美！我敢肯定，亚历山大是靠得住的人，我对这个人很有好感。当然，我也确定，这种好感不是来自他身边的人对我的赞扬！”

---

① 这里指腓特烈二世（1712—1786），史称“腓特烈大帝”。普鲁士国王、军事家、政治家、作家及作曲家。在他统治普鲁士时期，普鲁士军力大规模发展，领土大举扩张，文化艺术获得赞助和支持，“德意志启蒙运动”得以开展。他使普鲁士在欧洲大陆取得大国地位，并在德意志内部取得霸权，向以普鲁士为中心武力统一德意志的道路迈出第一步。腓特烈二世是欧洲历史上最伟大的名将之一，也是欧洲“开明专制”君主的代表人物，是启蒙运动时期的文化名人。他在政治、经济、哲学、法律、音乐等诸多方面都颇有建树。

② 路易十四（1638—1715），自号“太阳王”，1680 年接受巴黎市政会献上的“大帝”尊号。他是波旁王朝的法国国王和纳瓦拉国王，在位长达 72 年，是在位时间最长的君主之一，也是有确切记录的在世界历史中在位最久的君主。

③ 查理五世即位前通称“奥地利的查理”（1500—1558），在欧洲人心目中，他是“哈布斯堡王朝争霸时代”的主角，开启了西班牙日不落帝国的时代。

在我看来，拿破仑对我说的这些都是无稽之谈。对沙皇和他的朝廷突然心生爱慕？这实在匪夷所思。想必拿破仑觉得自己当年对沙皇的二子君士坦丁大公的一番赞美已经俘获了这个人的心：“您是欧洲最具有风度的王子，您有着世界上最健美的大腿。”

不过，对我来说，他的这番坦白并非毫无用处，看到拿破仑正在兴头上，我就又和他聊了聊几位我很感兴趣并且处于重要位置的人。听完我对圣日尔曼工作的计划之后，他更加满意，并且应允了我对旧贵族的宽大处理。在我看来，波尔多的两大家族非常顽固、非常危险，可拿破仑却特意交代，让我不用太过操心他们，只需默默监视他们的动向即可。他接着说：“您和我说过，您希望像我一样，成为新旧秩序的调停者。对，这是您的任务，因为事实上，这同样是我的内政政策。但对于外交事务，您不需要费心，把它交给我来做吧，尤其是别想着为教皇辩护。不过对您来说，这实在太荒谬了，让塔列朗给他找个漂亮的女人，强制他还俗吧。”

我为之大笑，当我拿起文件出门时，海军部长迎面而来。

拿破仑刚刚那番关于教皇的言论意指他和罗马教廷的分歧，这种与日俱增的分歧产生于1805年。那时，拿破仑一面向半岛进军，一面又命令部队进驻罗马。庇护七世[①]紧张地扬言要动用精神力量和拿破仑对抗。毫无疑问，精神对抗不过是一击即破的泡沫。但庇护七世的话的的确确影响了很多人的心绪，它不仅改变了一些意大利人的想法，还使那

① 发生在庇护七世（1742—1823）身上最著名的事件是被迫为法兰西第一帝国皇帝拿破仑一世加冕，但登基大典时皇冠被拿破仑夺走，拿破仑自行为自己及皇后加冕，庇护七世视之为奇耻大辱。1809年拿破仑进攻维也纳，吞并教皇国属下各邦。庇护七世大发雷霆，宣布将拿破仑逐出教门。1809年7月6日，拿破仑逮捕了梵蒂冈中的庇护七世并将其押解回萨沃纳囚禁。庇护七世在拿破仑1814年退位后才被释放。当时的法国宗教已经乱成一片，长期处于无秩序状态。1814年，庇护七世恢复了1773年被教宗克雷芒十四世解散的耶稣会。

些一直困扰我们的小教堂势力得到了壮大。在政治上，拿破仑驻军罗马的做法毫无益处，不仅如此，那些小教堂势力还和教皇站在了一起，并肩对抗政府。

重建欧洲是一项伟大的事业，我责无旁贷。但拿破仑却心急火燎地想征服罗马，重建欧洲秩序，在这种情况下，他和教皇的冲突不可避免，对于他这种舍本求末的帝国计划，我深感遗憾。他不懂得如何离间教皇和民众的关系，他似乎忘记了当初人民因何为他而战，动员民众参加一场对自己毫无益处的战争是荒谬的！如果他想让自己的帝国成为欧洲最长久、最伟大的帝国，那么他就应该遵循政治家赖以生存的原则：团结自己的人民，离间他人的人民。

可惜的是，因为当时的马德里和巴诺娜事件，拿破仑几乎完全忽视了罗马事件。西班牙已经失守，法国军队以友谊的名义占领了西班牙北部所有重要关卡。4 月 15 日，拿破仑率领朝堂来到马德里，这个智囊团包括了罗维戈公爵萨瓦里公爵、马林大主教阿布·德普拉特[①]、皮内特里大公以及一些或多或少精于外交欺诈的人。当然，前外交部长这条智囊病虫也在其中。五六个野心家拜见了拿破仑，之后，他们便迫不及待地向他提出了占领新世界的神奇方案。从马拉克堡[②]到马德里、里斯本，加德斯、布宜诺斯艾利斯和墨西哥，所有的发条都已经拧紧。对于西班牙，拿破仑志在必得。

但随着战事的扩大，情况变得越来越糟糕，拿破仑再一次背离了罗

① 阿布·德普拉特（1759—1837），外交官、历史学家。1805 年任普瓦捷主教，1809 年任马林大主教，是拿破仑的亲信。

② 马拉克堡位于今法国新阿基坦大区大西洋岸比利牛斯省阿杜尔河与尼夫河交汇处的巴约纳。18 世纪初，西班牙王后在此修建了马拉克堡。1808 年，拿破仑从马拉克堡的继承人手中购得。后来，西班牙的波旁王室在这里签署了退位宣言，支持拿破仑的长兄约瑟夫·拿破仑成为西班牙国王。

马事件时的原则。5 月 2 日，马德里发生了大屠杀，整个西班牙王室都落在了巴约纳分队手里。西班牙群情激怒，势比燎原。这个堪称噩耗的消息也传到了巴黎。两度担任部长以来，我还从来没有见过民众如此激烈地反对拿破仑野性地扩张。现在，所有的警务人员和政府人员还在极力地封锁消息，这只会产生更大的危机——该事件将会被夸大。在危机面前，最重要的就是还原事情的真相。

拿破仑给我从巴约纳寄来两封信。除了告知巴约纳人民的愤怒情绪外，这两封信似乎都在指责我，认为我对此事负有责任。我回信说，自从他离开巴黎后，民意已经一落千丈。巴黎公安局已经出动了所有警力，但我们仍然无法控制那些沙龙里的闲言碎语。

《拜伦和约》① 签订后的 7 月底，在绍塞－昂坦② 的沙龙中，拿破仑大发雷霆，他决定立刻撤离巴约纳。因为一个子虚乌有的情报刺激了他，他的私人信使竟然说有人在巴黎策划造反。不不不，我承认，公安部已经无法完全控制事态的恶化，但绝对没有人造反。拿破仑紧张地穿过旺代地区，不安地经由卢瓦尔河③，直直地回到了圣克劳德。我知道，迎接我的一定是粗鲁的责骂，我已经做好了准备。

一见到我，他就说："您怎么能允许巴黎城内出现如此多妄自议政的沙龙派对呢？奥特朗特公爵，您真是太宽容了！"

我说："陛下，法不责众，如果所有人都这样讲，公安部将无法制止这种行为。况且警察是没有权力私闯民宅的，我们捉不到他们。"

① 拜伦战役代表了安德鲁西亚人民起义的高峰。拿破仑的对外扩张在这里遭到了安德鲁西亚人民的强烈抵制。战败的拿破仑军队签订了《拜伦和约》。

② 19 世纪以来，绍塞－昂坦街成为贵族、教士以及大资本家的聚集地，同时也是他们评论时政的地方。

③ 卢瓦尔河是法国最长的河流，发源于塞文山脉，注入比斯开湾，两岸有闻名世界的卢瓦尔河谷城堡群。

西班牙战争中的法国士兵和西班牙加泰罗尼亚士兵

马德里大屠杀

法军屠杀反抗的马德里市民

法军屠杀手无寸铁的马德里市民

他接着说："那么，有国外势力混在其中吗？"

我回答道："没有，陛下，都是巴黎人民。人或多或少都有点怀旧，尤其是现在不如从前，旧的感情苏醒了，自然会排斥新的感情。只要这种旧情一直存在，我们就无法动摇他们的传统信仰。压制旧的感情只能适得其反，我们根本无法从中获益。它会和别的事件一样慢慢平息的，这一切都取决于我们如何了结这件事情，以及欧洲大陆之后所采取的态度。"

拿破仑陷入了思考，我补充道："陛下，现在有些人向您夸大了巴黎的情况，而您曾经击败过比这困难千百倍的危机。"

听到这些话，拿破仑终于放下心来，之后，他开始和我讲述西班牙发生的事情，我也为自己的精心准备舒了一口气。他在办公室大步流星地走来走去，告诉我他如何说服缪拉、莫西及杜邦——尤其是杜邦——坚持作战。

接着，他又说道："和这些乡下人、僧人打仗，我自己一个人就够了。我希望这次能震慑住英国人，确保之前的条约生效，当然，也是为了避免欧洲再生动荡。接下来我还需要去和亚历山大会谈，如果英国人胆敢干涉此事的话，那么三个月之后，我就会让约瑟夫·波拿巴重回马德里，四个月之后，我便会亲自率兵进入里斯本。到时候，我一定要严惩这帮人，并且把英国人赶出葡萄牙。"

此后，所有人都在为促成拿破仑和亚历山大的会面努力着，密使和信使已经出发前往圣彼得堡。不久之后，我们就收到了同意的回复。当年 9 月，在埃尔福特[①]，前来会晤的沙皇亚历山大一世和拿破仑建立了深厚的兄弟情谊，这两个欧洲大陆的霸主在一起共度了十八天的欢乐时光，这次会面带来了前所未有的欢欣局面。10 月 26 日，从埃尔福特归

① 埃尔福特是德国中部的一个城市。

19 世纪的埃尔福特

拿破仑在埃尔福特

来的拿破仑召开立法集团会议，通过了和沙皇共进退的条约。之后，他欢快地说道："不久之后，里斯本上空就可以看到我的雄鹰们了。"

从一方面讲，这种欢乐祥和的景象是我们有意做出来的，为的是向英国施加压力，让英国也加入这次和平联盟，但另一方面，它也让聪明的人发现了拿破仑在国民战争中的力量已经大不如前。如果没有获得欧洲另一大强国的支持，他将没有能力继续征战，以前一马当先、力压群雄的拿破仑已经不复存在。

不仅如此，我还有另一个担忧。拿破仑出征西班牙之时，我就有很多不祥的感觉。在枪林弹雨的战争中，稍不留意，我们的君主拿破仑就会离我们而去。这个第一帝国的创始人，这个宣称向上帝借二十年完成大业的人无嗣。如果上帝没有答应他的请求，提前从我们身边带走了他，那么就像亚历山大大帝的马其顿帝国一样，我们的帝国也没有确定的未来。拿破仑身后没有一个可以继承自己权力和荣誉的人，我们也无法保证我们的地位。我曾看到过一家西班人愿意向英国提供土地，给敌人创造有利条件来侵害我们的利益。为了这样一次冒失的出征，我们失去了太多的支持，甚至人们已经开始怀疑我们之前征战四方的动机。一旦没有了拿破仑，帝国就会瞬间崩塌。而失去了他的支持，我们这些曾经扶他上马的人又该何去何从呢？

奥坦丝的儿子是拿破仑寄予厚望的养子，但这个他精心呵护的孩子，这个维系他和约瑟芬与奥坦丝三人关系的孩子又令他痛心入骨，因为这个孩子夭折了。他曾经说过："这个孩子真像我！"我知道，他是真的想把这个孩子立为自己的继承人。在圣克劳德的阳台上，他曾多次意味深长地看着这个太阳下的孩子；他曾经多次推开政务，只是为了陪这个孩子玩耍！只要这个孩子对鼓声或兵器、或排兵布阵感兴趣，只要这个孩子表现出一星半点的坚韧品质，他就会激动地朝四方大喊："这个孩子绝对是个合格的继承人，而且他一定会超越我！"

就在他为这个孩子谋划着未来的时候，白喉带走了这个孩子，这个硬朗的男人想要依靠的唯一一根芦苇就这样折断了。

我从来没有见过如此悲痛欲绝的拿破仑，我也从来没有见过如此撕心裂肺的约瑟芬和奥坦丝。对于这两个女人而言，似乎所有的幸福之门就这样悄然关闭了。所有人都沉浸在巨大的悲痛之中，而我也看到，这延续帝国希望、连接帝国未来的链条断了。

我知道我不能向拿破仑隐瞒我的想法，但我需要等他的伤口愈合之后再和他提这件事。对他来说，个人的伤痛总是要让位于帝国利益，让位于政治和战争。他的悲痛需要得到排遣，却是另一种意义上的排遣。于是，在他的心腹杜洛克的策划下，拿破仑迅速投入到了女人的怀抱。这不是为了爱情，只是为了占有这些美丽的身体。宫廷里的人们经常会说起他的两个宠妃，但不久之后，人们口中就变成另一个妩媚多姿的意大利女人，一个生于布兰德的夏洛特。

拿破仑和约瑟芬分居已经是众所周知的事情。当年，因为妒忌，约瑟芬对拿破仑大发脾气。盛怒的拿破仑决定分居。对约瑟芬来说，情感上的折磨还远比不上对现实处境的担忧，自从奥坦丝痛失爱子一蹶不振后，她就更加担心自己的地位。虽然她已经预感到不祥将至，她却只能因自己无法生育而黯然神伤。

为了这个伟大的帝国，为了我们所守护的新未来，出于这样的政治管理和对拿破仑家庭伦理的双重考量，我觉得我很有必要在递交给拿破仑的私人报告中写上我的建议。我提到了解除其婚姻的必要性，并且我建议他马上和更合适的女人组建新的家庭，给帝国的未来留下一个继承人，这是我综合考虑了现实政治和国家利益后得出的结论。

对于我这样的重要提议，拿破仑没有任何表态，但我也猜测到，为了顾全政治大局，拿破仑心中已经有了定论，我从他那晦涩的三言两语中猜出了他的意思。但一方面，他还没有遇到想要迎娶的人，另一方面，他还是习惯了约瑟芬在他身边的日子。而且对他来说，最难的事情就是签下离婚协议。于是，为了帝国的稳固和拿破仑的幸福，我决定从约瑟芬这里寻找突破口。

打开这样一个口子需要一些准备，我等待着行动的时机。终于，在枫丹白露的一个周日，我遇到了刚做完礼拜的约瑟芬。我上前扶着她来到一扇窗户前，然后，我开始用最小心翼翼的话语试探她是否愿意接受离婚这件事。她的脸色突然变得惨白，嘴唇也开始颤抖，似乎整个人都要倒向我，但她什么也没做，只是细声惶恐地问我是不是奉命这么问的。我对她说我没有接到任何命令，我这么做只是因为我担忧帝国的未来。为了尽快结束这样一场痛苦的对话，我对她说我同事还在等我开会。第二天，我得知宫廷内部发生了痛苦的撕裂。拿破仑激动地向约瑟芬解释了事情的原委，对我进行了指责。只因为我站在法国利益的一边，约瑟芬这个惯常做作的女人就坚决地恳求拿破仑免除我的职务。拿破仑一面指责我，批评我没有得到他的指示就乱说话，一面安慰着约瑟芬，向她表明其中的政治原因，解释说他只能拒绝免除我职务的请求。

但于我而言，拿破仑的立场是很明确的，如果他真的没有想过离婚的话，他完全可以牺牲我，而不是简单地指责我几句。但约瑟芬却似乎依然被蒙在鼓里，她完全活在自己的幻想里，根本没有办法看清事情的严重性。难以置信的是她居然向拿破仑谎称自己怀孕了，这让我们这位第一帝国的君主成为整个欧洲的笑柄。

另一件重要的事情转移了人们的注意力，11 月 4 日，从德意志招募了八万老兵之后，拿破仑亲自发动了第二次半岛战争。这是一场针对起义的普通民众的战争，他能从中得到什么好处呢？这场战争只会给他带来无穷无尽的猜疑和担忧，以至于后来，他竟觉得我和塔列朗支持了巴黎的谋反运动。

得知西班牙立法集团有一百二十五人，也就是将近三分之一的反对党人时，12 月 4 日，拿破仑决定在巴利亚多利德[①]向他们强调君主制国家的意志。他拍板怒喝道："今天开会的目的是让你们这些不幸的人弄清楚一件事情，你们的想法是有罪的！立法集团想代替君主来代表国家，这是完全不可能的！立法集团应该被叫做立法建议委员会。立法？它毫无权力，也毫无依据。宪法已有规定：法律产生于君主及其部长所在机构，他们做出的决定才能代表国家。"

这些极权言论自然激起了西班牙立法成员的不满，但他们敢怒不敢言。因为拿破仑长剑在手，践踏生命是他的胜利之路。只要动用战争，历史将再次重演，到那时，所有的反对派都会自行消失。

得知拿破仑以胜利者的姿态趾高气扬地驻进了马德里，并且决定突

拿破仑接受马德里投降

① 巴利亚多利德位于西班牙中部，从 11 世纪开始逐渐成为西班牙的重要城市。1469 年，阿拉贡的费迪南和卡斯蒂利亚的伊莎贝拉在这里举行婚礼，他们是日后统一西班牙并开创帝国数百年辉煌大业的奠基者。1527 年，腓力二世在巴利亚多利德出生，二十九年后又在这里加冕登基，当时西班牙正处在鼎盛时期，而巴利亚多利德正是这个世界大帝国的都邑。

袭英国军队后，我们理所当然地认为他一定会御驾亲征。但突然之间，他却丢下英国人，把这场战事交给了他的部下，然后悄悄地回到了我们中间。这也许就像是他周围的人向我解释的那样吧，他提前得知一伙西班牙人正在策划暗杀他（我相信这个说法，而且我本人也觉得确有此事），也或许是他觉得巴黎正有人策划挑战他的权威。我猜这两个原因都有，但在后来的公开通报中，他却是这样解释这件事情的：奥地利还需要三四个月才能做好战争准备。拿破仑和我心里都清楚，奥地利的推托表明他们还在犹豫。

回到巴黎后，拿破仑召见了我，他想知道我对西班牙立法集团的看法，要我评价一下这件事。我肯定了他的做法，我说道："君主就应该这样管理国家。如果一个集团随随便便地自称代表国家，那么君主就应该解散它。如果当初的路易十六也这样做的话，那么现在的他依然会是戴着王冠的国王。"

拿破仑直直地看着我，嘴巴微张，似乎在回忆什么。一阵短暂的沉默后，他开口说："什么！奥特朗特公爵，如果我没记错的话，你也是把路易十六送上断头台的其中一个吧？"

我自豪地回答道："是的，那是我为陛下做的第一件事。"

第 18 章
拿破仑·波拿巴迎娶奥地利公主

精彩看点

普鲁士起义——艾斯林战役——瓦格拉姆战役——罗马教皇事件——掌控所有内政事务——贝纳多特失势——拿破仑与约瑟芬离婚——向俄国女大公提亲——纳博出使奥地利——迎娶奥地利公主——舞会失火——拿破仑的怀疑——卸任公安部长

为了应对奥地利的进犯，拿破仑使出了浑身解数，几乎把自己的军事才能发挥到了极致。因为我们的力量已大不如前，所以他决定速战速决。如果奥地利的军队大规模集结，那么我们很可能就会被逼至黑山[①]，进而转入防御状态。幸运的是，泰恩、阿本贝格、埃克米勒和拉蒂斯邦率领我们的军队迅速取胜，为这场战争开了个好头。但我们犯了兵家大忌，同时卷入了两场战争。

在席尔将军[②]的率领下，普鲁士人开始反抗拿破仑。这次的普鲁士起义是由具有启蒙思想的几位将军——如施耐德、斯坦因——发起的，它是普鲁士民族觉醒的一次小小尝试——当时，北德意志人民并不像半岛人民那样拥有强烈的民族意识。在这场战争中，拿破仑腹背受敌，艰难维持了四个年头。这引发了我的思考，除了穷兵黩武，我们的帝国还剩下什么。

最后，虽然我们占领了维也纳，但席尔依然控制着奥地利的萨克森[③]。维也纳的人民非常敌视拿破仑，维也纳更是发生了多场暴动。

---

① 这里指位于法国布列塔尼的一系列山脉。

② 席尔（1776—1809），1809 年曾经率领普鲁士人抵抗拿破仑入侵。

③ 萨克森位于今德国东部。

艾斯林战场[①]传来的消息更加深了我们的担忧，在那里，我军阵亡八千人，有一万八千人受伤，这其中包括三位将军和五百名军官，让•拉纳——这个唯一敢对拿破仑说真话的人——也光荣牺牲了。

对于这样的惨胜，战场总指挥马塞纳应负主要责任。巴黎城内闲言四起，人们议论纷纷，而我们需要付出多少努力才能掩饰这样的失败和随之而来的灾难呢！

一方面，拿破仑对外宣称说我们已经取得胜利，一方面，他又把出现问题的责任推到了奥地利最优秀的军官多瑙河大将军身上。

然而，令人费解的是，在我军遭受如此重创，只能退居罗博岛[②]的情况下，这位将军为何依然按兵不动？所以，尽管我们不断地宣传我们已经获胜，但议论依然不绝于耳，甚至愈演愈烈。

在法国，共和党和保皇派内反对拿破仑的人纷纷觉醒，圣日尔曼镇的态度又变得强硬起来，旺代地区甚至还发生了几起暴动。有人已经在高调宣称，艾斯林之战是对拿破仑的致命一击。

当我们注意到罗马事件的时候，人们还在想方设法地应付多瑙河事件。这么说吧，虽然我们生于启蒙时代，即使我们可以算作排斥宗教的哲学家，然而，看到圣皮埃尔的遗产被僭越，看到宗教领袖被迫害后，我们的内心依然会感到悲痛。5月底，拿破仑颁布政令，吞并了教皇的所有属国。已经被剥夺至手无寸铁的大祭司，这位平日里受人尊敬的大祭司依然坚守在自己的位置上。他口中念叨着旁人听不懂的圣言，用精

---

① 阿斯佩恩－艾斯林战役中，拿破仑一世试图凭借武力在维也纳附近横渡多瑙河。但查理大公率领的奥地利军队在前者渡河时，发动进攻，接着爆发了激战，拿破仑被迫撤退。在拿破仑数十年军旅生涯中，这是他亲自率领的军队第一次遭到失败。战役的结果是，法军损失大约两万四千名士兵，包括八千名战死，一万八千名重伤，其中就有法兰西第一帝国第一位阵亡的元帅让•拉纳。

② 多瑙河上的一个小岛，这里是阿斯佩恩－艾斯林战役及华格姆战役的主战场。

拿破仑看望在艾斯林战场上受伤的将士

艾斯林战场上的奥地利军队

拿破仑看望弥留之际的让·拉纳将军

神力量对抗着拿破仑和他的党羽。

如果人民已经无动于衷，如果大众的不满没有唤醒他们心中那几近熄灭的信仰，那么庇护七世所做的一切就只能用“可笑”两个字来形容了。也就是在那时，庇护七世被强制带走，押解至萨沃纳①囚禁。拿破仑知道我非常反感这样的暴力，因此，他避开了我，直接命那不勒斯警方负责此事，执行此事的主要负责人有缪拉、萨利斯提②、米奥利斯③和夏代④。

尽管政府在监禁教皇一事上沉默不语，但几乎所有的人都很同情教皇的遭遇。对于欧洲来说，教皇不过是拿破仑扩张野心的牺牲品。拿破仑剥夺了庇护七世的所有荣誉，并禁止他与其他主教通信，也不允许他以任何方式发布教皇谕旨、召开主教会议。

拿破仑的政策为当时的教会和个别祭祀提供了一个多么好的暴动借口。我预感到，虽然我们费了九牛二虎之力才拆散了秘密集会，但现在，那些人又要开始蠢蠢欲动了。事实上，曾经的拿破仑非常希望获得人民的支持，为此，他甚至可以不惜一切代价。但现在，他却亲手推开了人民，并且只要形势紧迫，他甚至还会和自己的敌人联手。但这位伟人依旧勇武，超强的军事才能又一次掩盖了他的错误。

每天，我的信使都会向身在维也纳的拿破仑禀报国内的情况以及每况愈下的民意。他写信告诉我：“放心吧，一个月之后大家就不会这么想了。”说到国内事务时，他又一次说道：“我这里很好，您那里也是。”

我肩上担负着从未有过的压力和责任，我手里同时掌握着帝国的公安工作和几乎所有的内政事务。但我的内心依然坚定，因为拿破仑从未

---

① 萨沃纳位于今意大利利古里亚大区热那亚湾畔，是萨沃纳省的首府。

② 萨利斯提（1757—1809），法国政治家。

③ 米奥利斯（1759—1828），法国大革命以及第一帝国时期将领。

④ 夏代（1762—1825），法国大革命以及第一帝国时期将领。

给予过我如此大的信任和鼓励。已经达到职业生涯巅峰的我深知，登高必跌重。

突然之间，形势急转，艾斯林之战后的第四十五天，瓦格拉姆战场[①]传来了好消息，我军大获全胜。六天后，《日纳姆停战协定》[②]的签订以及席尔大将军的去世使一切又恢复了平静。

然而，在这期间，一支装备精良的英国舰队出现在了艾斯考河[③]，他们很有可能和奥地利联合起来，为我们的敌人提供助攻。

我认为此事非常危险，因此，在其他两位部长的协助下，我向议会发出通告：如果情况紧急，我将会采取强硬措施。

增援比利时刻不容缓，我们现有的军事力量根本不足以保护帝国这一块重要的土地。因此，在没有请示拿破仑的情况下，我命令巴黎以及北部各省立即开始征兵。在征兵的同时，我给巴黎各区区长写了动员信，在信中，我曾说了这么一句话："我们要向欧洲证明，即使没有拿破仑，我们也一样能击退敌人！"但谁能想到，这句话令拿破仑十分不悦。在给冈巴塞雷斯的信中，他命令我们立刻停止在巴黎的征兵活动。然而此时，巴黎的征兵活动已经进入到点将的阶段。

一开始，我并不清楚我们为何要停止巴黎的征兵活动，因为此时其他省份的征兵工作十分顺利，并且已经招募到了四万将士，所有这些措施都没有遇到任何抵制。而且在执行的过程中，我也一直小心谨慎。在法国，这样的爱国热情已经很久都没有出现过了。在去水疗的旅程中，

① 瓦格拉姆战役发生于 1809 年 7 月 5 日到 7 月 6 日。拿破仑在这场战役中展现过人的毅力和临危不乱的指挥能力，突破敌军包围，用密集炮火击败奥地利军队，再次迫使弗朗茨二世求和。

② 《日纳姆停战协定》标志着 1809 年战争结束，但第五次反法联盟没有因此而破裂。1809 年 10 月 14 日，《维也纳条约》签订，这意味着第五次反法联盟的彻底破裂。

③ 艾斯考河发源于法国埃纳省，流经比利时，最终在荷兰注入北海。

拿破仑由罗博岛登桥过河，奔赴瓦格拉姆战场

瓦格拉姆战场的奥地利士兵

拿破仑观察瓦格拉姆战场上的形势

瓦格拉姆战场，法军骑兵与奥地利骑兵交战

拿破仑的母亲也看到了这样的景象，对此，她赞不绝口，还特地表扬了我。

当时，我们还需要为这支聚集在安特卫普[①]城墙下的军队选一位统帅。在我犹豫不决的时候，贝纳多特刚好从瓦格拉姆战场回到了巴黎。得知他回来后，当天，我就找到了他，向其表达了我想请他出任战事部长的想法。

然而，到了第二天，贝纳多特私下对我说："在瓦格拉姆战场上，我指挥的左翼部队中有一支萨克森人，但这支队伍却吃了败仗。之后，拿破仑便以此为借口撤了我总指挥的职务，令我返回巴黎。"虽然他指挥的部队表现良好，但还是有人向地区总指挥打了小报告，说当天的他在向士兵训话时沾沾自喜。他对我说道："一定有不怀好意的人在拿破仑面前说了我的坏话，我认为，这个人很有可能就是萨瓦里。"此前，让•拉纳还在的时候，萨瓦里就曾和这个最勇敢的人发生过非常严重的冲突，现在，因为让•拉纳的牺牲，在军队里萨瓦里简直可以为所欲为了。为了排除异己，这个人竟然给一些将军安上了莫须有的罪名，诬陷他们和兄弟帮[②]有联系，并意图谋反。

基于以上情况，贝纳多特并不愿意前往安特卫普担任帝国征兵的总指挥。但我对他说："现在正是您重新向拿破仑证明自己的好机会，为了消解你们两人的误会，我已多次向拿破仑说起过您。况且以您现在的地位，如果您拒绝担任作战部长，别人可能会嘲笑您，说您在赌气，不愿意为祖国做事。再者说，即便是不情愿，我们也需要为拿破仑尽忠，为国家尽责。"他表示理解，然后，经过一番长谈，他终于同意走马上任。

贝纳多特果然不辱使命。见到北部省份蓄势待发后，英国人对大陆望而却步了。这样一个可喜的结果，以及贝纳多特明智的指挥，使拿破

① 安特卫普是比利时最重要的商业中心、港口城市和法兰德斯的首府。

② 兄弟帮是拿破仑时代一个秘密的民主社团，在瑞士和意大利有广泛的影响。

仑不得不把他对贝纳多特的怀疑和不满藏在心里。但在他的内心深处，他根本没有原谅我和贝纳多特。面对如此的战功，以及我和贝纳多特的关系，他反而更加怀疑我们。

从军队中，我得知了一些关于兄弟帮的事情，这些消息和贝纳多特所说的完全吻合。兄弟帮并不掩饰自己的存在，他们的目的就是还法国人民以自由——被拿破仑恢复的贵族制度和政教协定所破坏的自由。虽然他们怀念当初那个作为第一执政的拿破仑，但他们已经无法忍受现在这个独裁专制的皇帝拿破仑。兄弟帮的存在已使马莱特、吉达尔①、冉德、哥海尔以及拉欧瑞②遭到拘禁。

最近发生的另一件事更是引起了军队内部的恐慌，有人揭发说第九军陆军军团上校伍德③是兄弟帮主席团的成员。这个罪名是如此之大，大家可以想象到这位可怜军官的命运了吧。就在瓦格拉姆战役的前一天晚上，在距离瓦格拉姆几千米的地方，刚被任命为大队长的伍德落入了一伙人的陷阱之中。后来，有人怀疑这伙人是宪兵。第二天，人们发现伍德和他身边的二十二名军官已死。这件事情在美泉宫④以及整个维也纳和军队的高层将领中激起了巨大的波澜，没有人知道当晚到底发生了何等恐怖的事情。两军休战之后，这件事才逐渐平息。

虽然我们与奥地利的和约迟迟没有消息，但所有的信件都宣称和平

---

① 吉达尔（1764—1812），法国将领，曾参与 1812 年马莱特政变，被枪击。

② 拉欧瑞（1766—1812），法国将领，曾被牵扯进马莱特政变中。

③ 伍德（1773—1809），法国将领，在瓦格拉姆战役中身亡。

④ 美泉宫是坐落在奥地利首都维也纳的巴洛克艺术建筑，曾是神圣罗马帝国、奥地利帝国、奥匈帝国和哈布斯堡家族的皇宫，如今是维也纳最负盛名的旅游景点。美泉宫的名字来源于神圣罗马帝国皇帝马蒂亚斯，传说1612年他狩猎至凯特堡，饮用此处泉水，清爽甘洌，遂命名此泉为“美泉”。此后“美泉”成为这一地区的名称。1743 年，奥地利女皇玛利亚·特蕾莎下令在此营建气势磅礴的美泉宫和巴洛克式花园，总面积 2.6 万平方米，仅次于法国的凡尔赛宫。

已经是板上钉钉的事情。当我们还在焦急地等待和约的签订时，我得知，在申布伦，拿破仑险些被人暗杀。在杀手就要得手的那一刻，贝尔西耶挡在了拿破仑前面。杀手是一个十七岁的埃尔福特年轻人，他这样做完全是出于满腔的爱国热情。卫兵从他身上搜到了一把锋利的长刀。认罪后，他被军法处决。

此后不久，法国和奥地利签署了《维也纳条约》[①]（10 月 14 日）。条约刚刚签署，这位征服者以及和平的缔造者便马上回到了巴黎。也正是从他的口中，我们才得知这次战役打得如何艰辛，奥地利人是如何的顽强。

在拿破仑回到巴黎之前，我们曾在枫丹白露见过几次。我发现，他对圣日尔曼镇近来咄咄逼人的气势非常敏感。我不得不告诉拿破仑："艾斯林之战和巴约纳战役之后，这些人丧心病狂地编造谣言。"

受到冲撞的拿破仑命令我严惩这些阳奉阴违的家伙，但我劝阻了他。我对他说道："这是一个传统，只要塞纳河依然流淌，这个镇上的人就会不断地造谣生事。任何事情都有它的作用，恺撒大帝受到的污蔑不比任何人少。陛下，这群人中既没有盖乌斯[②]，也没有布鲁图斯。至于那些最可怕的中伤，难道不是从您的内阁中传出来的吗？那些传播谣言的人不正是为您效力的政府工作人员吗？在惩罚这些人之前，您需要先成

① 《维也纳条约》是法国与奥地利签订的停战条约。条约在 1809 年 10 月 14 日于维也纳的申布伦宫签订。条约终结了第五次反法同盟战争。奥地利为战败一方，不得不接受法国苛刻的和平条款。虽然奥地利退出战争，但英国仍然继续与法国维持战争状态。条约规定，奥地利将蒂罗尔和萨尔茨堡割让给巴伐利亚王国，将西加里西亚割让给华沙大公国，将捷尔诺波尔地区割让给俄国，将第里雅斯特与萨瓦河以南的克罗地亚（此地后来成为伊利里亚大区）割让给法国。奥地利亦承认拿破仑一世对以往征服地区的拥有权，同时承认拿破仑的兄长—约瑟夫・波拿巴为西班牙国王。奥地利需向法国支付巨额战争赔款。奥地利军队需缩减至十五万人，但此条款并未履行。

② 盖乌斯・卡西乌斯・朗基努斯（前 85—前 42），罗马元老院议员，谋杀恺撒的主谋，也是马尔库斯・尤尼乌斯・布鲁图斯的妻舅。

位于维也纳郊外的申布伦宫，《维也纳条约》在此签署

立一个十人委员会，派这些人去挨家挨户地询问情况。伟人不会理会这些闲言碎语，因为伟人的光辉会让这些流言蜚语无地自容。”最终，他采纳了我的建议。

我知道，瓦格拉姆战役之后，在是否解散奥地利君主制的问题上，拿破仑有些犹豫。虽然他预备了数个方案以应对这个问题，甚至他曾考虑过封几个他认为抑郁不得志的大公为王，然而，此举会引起俄国的怀疑，也会激怒奥地利人民，毕竟弗朗茨二世①深得民心。在权衡各种可能的方案时，拿破仑还在考虑另一个问题：占领整个德意志并不意味着半岛战争的结束。

我觉得是时候告诉拿破仑事实的真相了，在一封私密的报告里，我向拿破仑阐述了我们的处境，并告诉他现在必须马上停止对外扩张的政策。首先，我建议他表露和平的诚意，或者直接询问英国的意见，或者向英国提出我们的想法，并且告诉英国，我们诚心诚意地聆听他们的意见，支持欧洲三足鼎立之势。其次，我们需要以更宽容的心态面对葡萄牙，并且愿意撤出普鲁士，但我们必须守住意大利、马德里、威斯特伐利亚②和荷兰。也就是说，为了帝国持久的荣耀，我们需要给自己的野心设限——况且复兴查理曼大帝的事业已然是不朽的杰作。正因为如此，和平迫在眉睫。

一方面，缔结新的婚约可以为帝国延续血脉，另一方面，如果我们和欧洲北部的大国——比如俄国、奥地利——联姻，那么法国现在的处

---

① 弗朗茨二世（1768—1835），神圣罗马帝国末代皇帝，奥地利帝国第一位皇帝。神圣罗马帝国皇帝利奥波德二世与皇后西班牙的玛利亚·路易之子。法国大革命中被送上断头台的玛丽·安托瓦内特王后是弗郎茨二世的姑姑。

② 威斯特伐利亚是以今德国多特蒙德、明斯特、奥斯纳布鲁克等都市为中心的地域。跨北莱茵－威斯特伐利亚和下萨克森，地处莱茵河和威悉河之间。原本是萨克森公国的一部分。1807年到1813年，成为从属于拿破仑的威斯特伐利亚王国；1815年，成为普鲁士王国的威斯特伐利亚省，

神圣罗马帝国末代皇帝弗朗茨二世

境必将改善。退一步来说，即使在法国国内另寻一位可以为帝国延续子嗣的女子也未尝不可。但如果没有真正的和平，这份为了维护社会稳定、保证帝国长治久安的计划根本无法实行。所以，我请求他告诉我他在此事上的真实想法，并且慎重考虑我提出的两个方案。

我的请求得到了默许，冈巴塞雷斯奉命告诉我说："拿破仑马上便会和约瑟芬解除婚姻关系。"之后不久，各种闲言碎语开始出现了，在巴黎的沙龙里，人们悄悄地议论着约瑟芬，但约瑟芬却被蒙在鼓里，根本不知道此事。

与此同时，或许是出于面子的考虑，或许是出于政治的考量，拿破仑决定和欧洲最古老的王朝联姻。当然，拿破仑想和约瑟芬解除婚约、向这些大国抛出橄榄枝，也是为了借此试探这些大国的心思。

帝国的日常也还需要精心的维护，12 月 3 日，拿破仑请他任命的所有国王齐聚巴黎，为他的胜利和加冕纪念日唱赞歌。从巴黎圣母院出来之后，他马上召集立法集团开会。在那里，他发表了一番隆重的讲话。他说："当我重新出现在比利牛斯山外时，猎豹也自惭形秽，落荒而逃。"他想通过这样宏大的叙述来掩饰自己在西班牙战争中遇到的困难，或者说，他这么说也是为了麻醉自己。事实上，他自己也说不清这场战争的目的。

第三天，他和约瑟芬面对面地共进早餐，那时，他把自己的决定和盘托出。之后，约瑟芬昏厥了过去。最后，在冈巴塞雷斯和约瑟芬的儿子欧仁的不断劝说下，她终于妥协了。12 月 15 日，两人举行了盛大的离婚仪式。一切都按规定行事，约瑟芬被一位宪兵护送着前往马尔梅松，而拿破仑则前往大特里亚农宫[①]休养。

① 大特里亚农宫位于凡尔赛宫的西北部，是路易十四和他的情妇蒙特斯庞侯爵夫人的住所，以及国王邀请宾客进便餐的地点。

位于凡尔赛宫西北部的大特里亚农宫

因为我们最先考虑的是俄国女大公[①]，沙皇的妹妹，所以我们首先试探的是俄国的意向。虽然沙皇亚历山大一世支持此事，但据说，俄国皇室内部依然存在争议。不过，外交部是派人同时前往圣彼得堡和维也纳的，向维也纳的提亲基本上也是在同时进行的。在奥地利，我们希望迎娶的是弗朗索瓦的大公主玛丽•路易[②]。在这里，我想说几点我知道的事情。

纳博应该算是路易十六朝堂上最风流的男子了，此人酷似路易十五，而且从出生起，他便带着一种神秘的特质。在后天的成长中，他平易近人的性格也使他深受大家的喜爱。他与本世纪最杰出的女性——斯塔尔夫人的私交也是人们津津乐道的话题。而最受人关注的一点是，作为路易十六的战事部长，他却主张君主立宪，进而促成（导致）了君主专制的没落。之后，在极端保皇派和共和党的双重排挤下，他被迫流亡海外。

因为怜悯这个想要调和皇室和民权的爱国者，所以，在他回到法国后，我接见了他。这个人的非凡气度、睿智谈吐给我留下了深刻的印象。此后，每天工作之余，我都会抽出时间与他聊一会儿天。同时，我也应允了他向我提出的关照他朋友的请求。

我也向拿破仑提起过他，最开始的时候，考虑到纳博和斯塔尔夫人（拿破仑的死敌）的关系，拿破仑非常排斥他。但在我的坚持之下，拿破仑还是同意接见了他。后来，拿破仑也对他青睐有加，甚至任命他为

① 安娜•帕夫洛芙娜女大公（1795—1865），沙皇帕维尔•彼得洛维奇与妻子玛丽亚•费奥多罗芙娜皇后所生的女儿。1810年，拿破仑本来打算与安娜•帕芙洛娜公主结婚，不过被她的长兄亚历山大一世拒绝。1816年，安娜嫁给了荷兰国王威廉二世，两人育有四个儿子和一个女儿。

② 奥地利的玛丽•路易（1791—1847），原为奥地利女大公玛丽•路易，婚后成为法国皇后玛丽•路易。1817年，受封为帕尔马、皮亚琴察和瓜斯塔拉女公爵。她是法兰西第一帝国皇帝拿破仑一世的第二位妻子，是玛丽•安托瓦内特之侄的孙女、拿破仑二世之母。

军队长官。在对奥地利的一系列战役中，纳博将军一直追随着拿破仑。此后，肩负特殊政治使命（我也知道此事）的他又被任命为特里雅斯特首长。

当纳博从奥地利归来时，拿破仑正在筹划新婚，因此，我便请他前往奥地利，征求奥地利的意见。然而，在没有得到沙皇亚历山大一世的回复之前，派人贸然前往奥地利是不符合国际惯例的，因此，纳博伯爵只能以私人名义出访奥地利。1810 年 1 月，纳博抵达维也纳，不过表面上看来，他只是计划经过德意志返回法国，正好途经奥地利。然后，一到维也纳，他便首先拜访了梅特涅①，之后，他又获得了奥皇弗朗索瓦二世的接见。

在当时，拿破仑再婚的事情是整个欧洲热议的话题，所以，这自然也是他们绕不开的话题。纳博告诉奥皇弗朗索瓦二世，欧洲很多大国都向法国抛出了橄榄枝，希望和法国联姻。奥皇弗朗索瓦二世则非常惊讶地说："法国竟然没有考虑奥地利皇室！"随后，他又表达了奥地利皇室的诚意，并希望纳博代为转达。

当天，纳博便给我写信，告诉我说奥地利有联姻的意向，并且皇室正在考虑把大公主许给拿破仑。接到纳博的信后，我立刻把这个消息告诉了拿破仑。我从来没有见过拿破仑如此高兴。得知此事后，拿破仑命

① 即克莱门斯·文策尔·冯·梅特涅（1773—1859），出生于德意志的奥地利政治家。他是那个时代最重要的外交家之一。他从 1809 年开始任奥地利外交大臣，直至 1848 年革命爆发，被迫下野为止。他任内首要工作之一是缓和奥地利与法国的关系。他也促成了奥地利公主—女大公玛丽·路易与拿破仑的婚姻。而在这不久之后，他作为外交大臣又推动了奥地利加入第六次反法同盟，代表奥地利签署了《枫丹白露条约》，流放了拿破仑。他是后拿破仑时代由欧洲列强召开的维也纳会议的主席。为表彰他为奥地利做出的贡献，奥地利在 1813 年 10 月授予他公爵的头衔。在他的影响之下，"梅特涅体系"维续着奥地利与俄国、普鲁士的联盟十多年。这是梅特涅在奥地利外交上的最高峰，此后他逐渐被国际外交边缘化。

人去咨询奥地利驻法国大使施瓦岑贝格大公[①]的意见。虽然施瓦岑贝格大公并未直接参与此事，但获知这个消息后，他认为此事干系重大，必须谨慎处理：首先，我们不能让沙皇亚历山大一世觉得我们是在同时谈判；第二，我们也不能让欧洲其他国家觉得拿破仑是在奥地利大公主和沙皇亚历山大一世的妹妹之间做选择。

2 月 1 日，在杜伊勒里宫，拿破仑召开了一场盛大的私人会议，政府的主要工作人员、军队的主要负责人、各位大臣、参议院主席、立法集团主席、内阁主席等二十五人列席。首先，帕尼公爵宣读了驻俄国大使科兰古的急件，在这份急件中，沙皇亚历山大一世同意把妹妹嫁给拿破仑，但他的条件是拿破仑必须以东正教[②]的传统迎娶公主，并且为公主修建希腊式的礼拜堂。接着，帕尼又传达了维也纳方面的意思。

这样一来，摆在我们面前的便是两难的选择，朝堂上出现了激烈的讨论。因为已经了解了整件事情的来龙去脉，所以，直到讨论结束，我都没有表态。这次私人会议结束后，拿破仑派欧仁王子前去同施瓦岑贝格大公协商。接到拿破仑的指示后，施瓦岑贝格大公立刻表示同意。就这样，一日之间，拿破仑同玛丽·路易的婚事便定了下来。

第二天，参议院一位消息灵通的朋友[③]告诉我说拿破仑已经决定迎娶奥地利大公主。听到这句话后，我故作惊讶，同时对没有和俄国联姻

① 即卡尔·菲利普（1771—1820），奥地利陆军元帅和外交家。卡尔·菲利普生于维也纳哈布斯堡帝国的贵族世家，父亲是约翰·内波穆克·安东·施瓦岑贝格，母亲是厄廷根 – 瓦勒施泰因的玛丽·埃莱奥诺蕾女伯爵。1810 年出任驻法大使。1812 年拿破仑一世入侵俄国，奥地利加入侵俄战争，施瓦岑贝格被任命为奥地利后援军团司令，他观望避战，保存实力。1813 年晋升为陆军元帅，同年奥地利倒向英、俄，他被推举为反法联军总司令，组织了莱比锡会战，次年率联军攻入巴黎。

② 东正教与天主教及新教并列为基督教三大教派，信徒总人数少于天主教，但比新教最大的普世圣公宗要多出两倍，主要分布在巴尔干半岛、东欧和西亚。

③ 富歇没有指出这个人的名字，根据情况推断，此人可能是塞门维尔先生。

亚历山大一世的妹妹安娜·帕夫洛芙娜公主

玛丽·路易

表示遗憾。我说："这样的话，以后应该就没我什么事情了吧。"我说这些话其实是想告诉我的朋友，我离失宠不远了。

我似乎天生具备一种叫作第六感的东西，不知为何，我预感到我将无法应对拿破仑迎娶奥地利大公主之后的局面。和洛林世家结盟后，拿破仑便消除了奥地利的隐患，这也意味着整个欧洲已经臣服于他。也就是说，拿破仑将不再需要一个辅佐他的公安部长，其实，在《亚眠和约》签订之后，拿破仑就已经开始琢磨这件事了。更何况，我确定，拿破仑依然记着我私自募兵的事情。我也清楚，从那时起，我和贝纳多特的关系也遭到了怀疑。更严重的是，他颁布的政策对我越来越不利。

当我向他建议说在他和奥地利大公主大婚之际大赦天下时，一切都清楚了。拿破仑并没有直接首肯我的提议，而是假惺惺地对这些人表达了同情，说自己早就考虑过要结束这种严酷的警察制度。两天之后，他给我寄了一份计划书。这份以我的名义起草的皇家御令计划书撤销了对六人的国刑①，并规定，如没有私人议会的首肯，任何人不得随意拘禁他人。

这其实是一种策略，因为私人议会不过是拿破仑的一言堂。一切已成定局，然而，我还需要向内阁提交这份计划书，人家还需要装模作样地讨论一番，以便该文件能于 3 月 3 号正式生效。这就是拿破仑洗白自己、给公安部泼脏水的计划。随后，他要求我向他提交一份被监视人员的名单。

在我看来，监视是一种最容易让人接受的刑罚。于是，为了逃避牢狱之灾，很多政治犯都希望能够用被监视代替监禁，而这也为我的工作带来了困难。但监视这种古老神秘的刑罚和我们这位世界上疑心最重的人建立的体系是不相容的，这也是国家之殇。

① 文森特、萨缪尔、翰姆、兰克、皮埃尔和菲内斯。

曾经有那么一刻，我幻想着拿破仑总有一天会平静下来，那时候，他将会采用一种更权威、更符合我们国情的制度。正因为如此，对即将到来的婚礼，我依然心存幻想。因为我觉得，对拿破仑来说，他需要的是彻底的和平，而我，难道不能一如既往地为这份和平继续贡献我的力量吗？和约瑟芬解除婚姻，并和奥地利联姻不正是出于这样的考虑吗？如果我可以做到的话，那么，看在我做出过如此巨大贡献的分上，拿破仑一定会重新信任我的。

对我来说，现在要做的第一件事就是试探英国的立场。随着英国内阁的突变，我觉得时机越来越成熟了。最近，英国政府的糟糕表现引起了英国上下的不满，几位部长也起了争端。其中两位部长卡苏里子爵和坎宁先生竟然动了手（公开扭打在一起）。内阁匆匆忙忙地召回了驻西班牙大使威尔斯利侯爵，命其代替坎宁担任外交部长，利物浦伯爵则代替霍克斯出任战争事务部秘书。我知道，威尔斯利侯爵和利物浦伯爵都是目光远大且随和的人。

法国已经取得了奥卡尼亚的胜利，占领了安达鲁西亚，因此，西班牙民族独立的可能性已经微乎其微，我想，我可以借此和威尔斯利侯爵进行谈判，看我们有没有合作的可能。但在此之前，我还需要先了解清楚英国的情况，而向国外派遣代理人员正是我最熟悉的工作。

出于两方面的考虑，我选定的人是乌瓦尔先生：首先，因为我的目的是政治和谈，所以，我根本无法用贸易行为来做掩护；其次，这项任务比较敏感，一个浸染商场的人恐怕会弄巧成拙。

鉴于奥维尔先生可以直接和威尔斯利侯爵取得联系，所以，我只需要找人把他引荐给英国内阁即可，而爱尔兰军官法根先生正是合适的人选。我计划在拿破仑大婚之后便请奥维尔先生出发。

4 月 1 日，年轻的奥地利大公主抵达巴黎。这是多么欢庆的一天！为了见证这一对佳人的结合，宫廷里的所有人都去了圣克劳德。这一天，两人在世俗意义上结为夫妻。第二天，在卢浮宫的一个大厅里，在珠光宝气的贵族妇女的祝福下，拿破仑和玛丽·路易接受了红衣主教费持的洗礼。

这真是让人眩晕的盛大婚礼，然而，施瓦岑贝格大公以奥地利名义献上的礼物却寓意不祥。为了庆祝妹妹大婚，施瓦岑贝格大公举办了盛大的舞会，然而，舞会不幸失火，很多人都葬身大火，施瓦岑贝格的弟媳，施瓦岑贝格伯爵夫人便是其中之一。

于是，造谣者马上把这次庆祝两国联姻的失火和路易十六大婚时的另一场惨剧联系起来，他们预言说帝国将命不久矣。听到这样的谣言后，拿破仑非常震惊。鉴于我已经向公安部做过指示，并且管控社会舆论也是公安部的职责所在，所以怒不可遏的拿破仑认为失职之人是杜波瓦，因此，他撤掉了杜波瓦的职务。然而，要想肃清公安部内部的不正风气，我们还需要经历一场更大的舆论灾难。

对于俘获了拿破仑的玛丽皇后，宫廷以及巴黎上下都唯命是从。社会上流传着一些革命时期的作品，而这些作品很有可能会让玛丽皇后受惊，于是有人找准时机，诬陷公安部在这方面有所失职。虽然我命公安部查封了这些书籍，但巴黎公安局内部已经严重腐化，那些受命查封的人竟然开始私下贩卖起这些读物。

4 月底，拿破仑携新皇后前去参观米德尔堡和弗利幸恩，途中经过了布雷达。这次旅行给我带来了致命的打击。因为震惊于我之前关于和平的论述，所以，在我不知情的情况下，拿破仑在阿姆斯特丹设立一家贸易机构，然后派人同英国大臣展开了秘密谈判。也就是说，我们有两拨人同时在和英国进行谈判，这引起了威尔斯利侯爵的怀疑。最后，我们两拨人都被回绝了。

面对这样的结果，拿破仑非常惊讶，因此，他便命其私人警署和国际密探调查此事。刚开始的时候，他只得到了一些模糊的消息，慢慢地，

玛丽·路易来到卢浮宫

拿破仑与玛丽・路易的婚礼

他发觉可能有人在幕后干预谈判。最开始的时候，他怀疑的是塔列朗，后来，因为我和奥维尔先生的关系，所以他又把怀疑的矛头指向了我。6 月 2 日，在圣克劳德例会上，拿破仑公开向我问责，要我解释奥维尔在英国做了什么。

我对他说："据我所知，他做的事情与陛下大婚前我向您禀报的和平事宜有关。"

拿破仑说："也就是说，在没有我参与的情况下，您准备私自决定是战是和吗？"

说完这话，他就走了出去，并且命令萨瓦里拘捕奥维尔。同时，我也收到了禁止同犯人做任何沟通的禁令。第二天，萨瓦里出任公安部长。这次，我真正的失势了。

我想到了一位先哲的话："四十天后，尼尼微将被毁灭。"而我想说的是，用不了四年，拿破仑帝国必将烟消云散。

全景插图版

拿破仑与法兰西第一帝国

约瑟夫·富歇回忆录 

[法] 约瑟夫·富歇 著 任茹茹 译

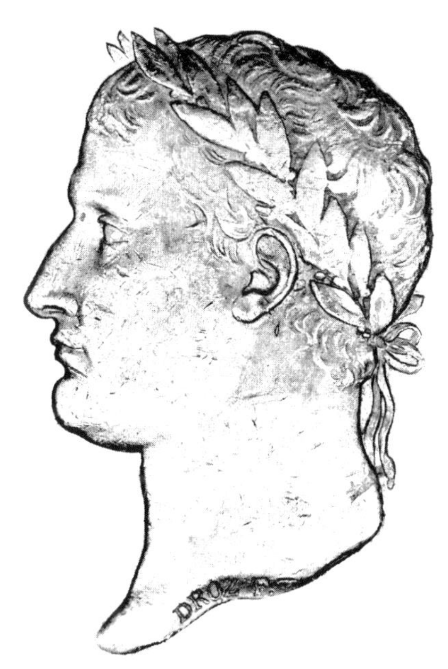

中国画报出版社·北京

目 录

第 19 章
卸任公安部长

精彩看点

被任命为罗马总督——萨瓦里接任公安部长——与萨瓦里的磨合——费里耶尔城堡的搜查——又见拿破仑·波拿巴——旧部相助——抵达托斯卡纳——长公主爱丽莎的庇护——出逃北美——海上逃生——折返托斯卡纳——长公主爱丽莎的斡旋——和拿破仑和解——和家人在艾克斯团聚

我自愿接受公开调查。对我来说这不仅是一项艰巨的任务，更是一种责任。我希望借此打消人们的偏见和仇恨，但我并不奢望我能够因此而在两国争霸的政治喧闹中听到理性的声音。当然，我所说的是当时那个比较平静的年代，而不是当今社会。

然而这就是我的命运啊！上帝啊，这是什么命运呢？我手握重权，但我仅有的一次僭越权力，也是为了避免给人们带来更大的灾难。我所拥有的，都是我所不屑的，是我为他人所积累的。

我是一个简单的人，对财富无欲无求，期望自己能在盛世中过着隐士般的生活。但现在我却不得不在宦海沉浮中谋求权力。我憎恨迫害，什么样的差事没做过，什么样的苦水没有咽下过？我曾经不计前嫌地接纳你们，而如今，你们却矢口否认我的功绩。一直以来庇护你们、让你们免受拿破仑暴躁之苦的人不正是我吗？我承认自己掌管下的公安部警戒森严。可你们也不能否认，那时的你们受到了最多的保护，受到了最少的暴力攻击，不是吗？

当时的你们难道没有说奥特朗特公爵是拿破仑时代最机警、最能让人接受的部长吗？可是如今你们却完全换了一幅面孔。我知道你们这样做的唯一原因是时代变了。你们用现在来度量过去，但我却不会这样做。我承认我犯过错误，但我同样坚定地认为：我所做出的成绩，完全可以将功抵过。

在混乱的局势中，我揭穿了各种阴谋，平息了各方怒火，避免了很多不必要的麻烦，拉近了人和人之间的关系。退居二线后，我有时甚至会感到轻松愉悦。在最近的这次失势、大滑坡期间，我时常想到我守护着的这个帝国：没有了我的支持，它会不会轰然崩塌呢？我甚至会想：是不是我搞错了，我会不会重新得到权势，眼前的这一切只不过是一场梦？现在，在人们的眼中，我还是那个高高在上的人，一个“身经百战”，善于把握时机成功上位的人。

现在我已经看开了。经历了种种苦难后，我看透了那虚幻的荣光。现在我再也不会试图为我自己的政治观点正名了。我觉得为世俗之事而争吵不休是如此地空洞，我看到了一种无形的力量，一种无形中支配着这一切的力量。

卸任公安部长的富歇

我坚信一个永恒的真理：野心的伤口是永远无法愈合的。尽管我尽力压制自己的欲望，但我的心还是会不受控制地追逐权力和虚荣，就像在车轮上的伊克西翁[①]一样停不下来。我的内心无时无刻不在忍受着这种痛苦的折磨。

有人说，我不会完全坦承地向公众剖析我自己，更不会暴露我所有的软弱、错误和悔恨！好吧，我想说的是，我以一颗赤诚之心写下了这些文字。于我的政治生涯来说，回忆录的第二部分非常重要，而这也将促使我严格还原当时的情况，揭开所有的谜团，为此我将尽我最大也是最后的努力。我在讲述时使用了第一人称，这样便可以在回忆的朦胧美中汲取一些温和的力量。

在准备回忆录的过程中，我一直有这样一个想法。我对自己说：或许我不会完全跌入谷底。然而事实上，流放之门已然为我打开。如果在精神上我还可以故作坚强的话，我的健康状况却每况愈下。命运不允许我有任何拖延。在命运女神的催促下，我夜以继日地工作，努力把 1810 年到 1815 年这段历史交代清楚：卸任公安部长到跌落谷底。这段时期是我的政治忏悔中最棘手的一段时期。你们无法想象一个即将覆灭的政权中存在着多少巧合、欺诈，涉及了多少利益团体——世间百态！不过，无论是我的朋友们还是敌人们，请你们放心：揭开真相的不是警署，而是历史。

我可以忽视那些浅薄的计谋，但这并不意味着我可以宽容那些挖苦、诽谤、隐瞒和谎言。对于值得尊敬的人和事，我定会报以尊敬，但对于那些应被痛斥的人和事，我也绝不会笔下留情。

写在回忆录之前的这些话是为了唤醒我自己的回忆，同时也是为了

① 伊克西翁是古希腊神话人物，特萨利君主。曾求聘于君主狄奥尼斯，却未支付彩礼并将之杀死。一度为宙斯所宽恕，后又由于追求朱诺而被逐并施以火轮之刑。

引起大家的注意。现在我将开始讲述那段时间发生的事情。我希望我讲述的东西能成为大家口中历史的画卷，或者是用来再创作的材料。

在回忆录上卷结束的时候，我讲到了我的失势，之后萨瓦里接任了公安部长一职。大家一定不会忘记，当时的第一帝国正处于鼎盛时期，正在肆无忌惮地扩张。当时的拿破仑是德意志联邦的占有者、意大利的主人、法国的绝对统治者，而法国也还是俄国和奥地利的盟友。所有人都眩晕在拿破仑的光环下，根本没人理会不远处的西班牙硝烟弥漫，战争正在啃噬着第一帝国的根基。

拿破仑想做的只有占有。当时政府中已经没有可以和他相抗衡的政治力量，围在他身边的所有人都对他低眉顺目，雇员、政府人员、大臣无一不极尽阿谀谄媚之力。而在那不久前，他已经把唯一一个敢于劝他节制扩张的人、唯一一个不遗余力向他积极劝谏的人——我，赶出了朝堂。

不久之后我接到了被任命为罗马总督的诏谕。但我内心绝不相信拿破仑会把如此重任交给我。果不其然，所谓的罗马总督无非是拿破仑的障眼法，他准备以此来向公众掩饰我的失势。只有他身边的人才知道事情的真相。

我绝对不会弄错这件事，接替我的人选已然说明了一切。从此，巴黎的千家万户只能在惊恐中接受公安部已经成为拿破仑的警务军部这个事实，而新上任的公安部长则是一位积极执行其主人拿破仑一切命令的傀儡。也许我的措辞有点夸张，但单单是这个人的名字就足以引起人们的惊愕和猜疑了。

那之后，我只能小心谨慎地从我的密友以及特派员那里打听政府的动向。我的预感很快就得到了证实。我夫人沙龙里的访客们向来络绎不绝，但事发几天后，门庭便开始稀稀落落冷清起来。我也听到了来自一大批政府高层遗憾的声音。他们向我坦言，我的离职对社会各个阶层的

接任公安部长的萨瓦里

身着军装的拿破仑，绘于 19 世纪初

人来说都是一种损失："我们觉得您离开后，圣日尔曼镇上的那些人和我们这些革命者一样感到遗憾。"对于一个落魄的部长来说，这样的评价难能可贵。

无论是出于立场还是迫于惯例，我都不得不为刚刚接任公安部长之职的萨瓦里充任导师。正如大家所猜测的那样，我只负责把这个人领进高级公安工作的大门，而为了我们的共同利益，我一直避谈高级公安工作的精髓。此外我也没有过多向他谈及如何协调公安部密保和公报的艺术。我知道萨瓦里那点少得可怜的能耐。我可以在他毫不知情的情况下取得秘密公安部的所有资料。虽然这听起来很让人不齿，不过说实话，我很不耐烦他这种自大和无知，很多时候我只是在跟他讲一些无聊的话题。

同时我会煞有其事地告诉他公安部的规矩和惯例，还向他重点推荐了公安部的三位国务委员，并告诉他说这三人将协助他一起管理公安部的具体事务。所有的这一切都让他头昏目眩。我真心诚意地把之前在我手下工作的人介绍给了萨瓦里，但他只留下了一个胖出纳和一个矮小的审问官德马雷。德马雷此人是个天生的向日葵，哪里有太阳，他的腰就会弯向哪里，因此他自然成了萨瓦里的得力干将。我觉得这个大兵部长召开会议是最可笑的事情：他眼睛瞟着德马雷准备好的稿子，嘴里拼着上访者的名字，并且时不时地责骂这些人。当然我没有忘记告诉他，我是因为工作做得太好才惹怒了拿破仑，所以我劝他提防着时日不多但性格执拗的拿破仑。

从一开始这个极端自大的人就在刻意模仿自己的主人，故意使用一些不连贯的句子，以至于自己的话频频出错。在整个公安部的工作中，他只对秘报、间谍活动和钱感兴趣。当我向他指出秘密金库中最近流失的钱款时，这个人似乎看到了一丝新的希望。

我迫切希望能够早日摆脱这份差事。但另一方面，我也在努力寻找着能让我在巴黎多留几日的理由。在别人看来我正在积极准备前往罗马赴职，好像已经决定要在罗马安家落户似的。因为我家里的所有人都在筹备这次远行，甚至随行的车马上面都有“罗马总督”这几个大字。我知道自己的一举一动都在别人的监视之下，因此我格外留心所有微小的细节。

万事俱备。但我却还没有得到任何正式通知。于是我让贝尔西耶代我向拿破仑询问具体的告别事宜。可是，我得到的回复却是，考虑到社会上的一些流言蜚语，拿破仑尚未确定我前往履职的具体日期，因此他让我先去自己的领地等候通知。于是我回到了自己的领地费里耶尔城堡①，当然这期间我也用了一些手段：在当天巴黎的报纸上，我让人报道了我前往罗马履职的事情。

见过贝尔西耶后，我基本猜到了拿破仑对于这件事情的想法。我能想象到当拿破仑看到民意向我一边倒时，他会有多么地沮丧。对于人们来说，新的公安部似乎只有警察和司法官了。所有这一切都让我相信，我会艰难地渡过这次难关的。

在我回到费里耶尔城堡午夜时分，我夫人那边的一个亲戚急匆匆地赶来我家，告诉我说第二天会有人来我家搜查，并计划当场拘捕我。尽管这条消息有些夸张，夸大事态的严重性，但从本质上来说它对我还是有好处的。首先我得知了负责搜捕工作的人隶属拿破仑。很早以前这个人就已经引起了我的注意。第二，得到消息后我可以马上开始行动，把重要的文件全都藏起来。一切安排妥当之后，我静静地等待着第二天的到来。

① 1855年至1859年，由詹姆斯·罗斯柴尔德男爵重建费里耶尔城堡，属于罗斯柴尔德家族，根据长子继承制规则通过父系继承。它被认为是法国最大、最豪华的19世纪城堡，位于法国塞纳－马恩省的费里耶尔布里，在巴黎以东26千米处。

19 世纪的费里耶尔城堡

第二天早上八点的时候，我的信使J快马加鞭地带来了一张V太太的便条。在这张换了笔迹的便条上，V太太告诉我：萨瓦里上报拿破仑，说我把公安部重要的信件和密令带到了费里耶尔城堡。我知道自己马上安全不保。就在这时，我的人前来发出警报：一众人等骑着马匹冲进了我的城堡。为了保持最后的风度，拿破仑没有让我和他的整个警署有过多接触，因此，我只看到了贝尔西耶带着另外两个公安部的国务委员瑞尔和杜波瓦走了进来。

看到他们的窘态后，我意识到在他们面前，我威信犹存，他们这样做只是迫于形势。事实果然如我所料，贝尔西耶尴尬地开了口，说他们

杜波瓦

是受拿破仑之命前来向我索回公安部的文件。他接着说他们必须拿回这份文件，否则作为巴黎公安局局长的杜波瓦只能当场拘捕我，并查封我所有的文件。瑞尔则像老朋友那般，用更为热情的语气眼泪汪汪地对我说，他们也只是奉旨行事。我毫无畏惧地说道："你们都在想些什么？一直以来，我都在兢兢业业地为陛下尽职，我怎么可能会违背他的旨意呢？我没想到我会被他的猜忌所伤，但没关系，来吧，进来吧，先生们，你们随意检查，我这就把我家所有的钥匙都交给你们，我也会把我所有的文件都拿给你们看。对我来说有幸受到陛下的突然关照真是一份荣耀，而我也相信我可以安全通过考验。我想这次严格检查之后，陛下应该会明白他对我的猜忌是多么的不公，同时他也会看到我的敌人们的用心是多么险恶。"

镇静地说完这段简短的话之后，我接着说道："因为我当值期间我和陛下之间往来的秘密文件太过重要，同时也为了避免招致不必要的调查，所以在我离职时，我已经把它们全部销毁了。先生们，这里可能还剩下一些陛下想要的文件，我觉得它们应该就在这两个贴了标签的盒子里。你们应该很好分辨哪些是你们想要的文件吧。这里还有一些我私人的文件，我也一并奉上接受检查。我再说一次，我什么都不怕，更不会害怕这种检查。"

听完这些，这几个人忙不迭地向我道歉。接着，他们开始检查文件，更确切地说是我把文件拿到了肩负着搜查使命的杜波瓦面前。虽说杜波瓦和我有过节，素来不和，但这一次，他却表现得毕恭毕敬。也许他已经预感到自己失势在即[①]，又或许他觉得应该谨慎对待我这样一个人，一个曾经两次跌倒，却又重新站起来的部长。

① 1810 年 10 月 14 日，帕斯基耶尔接替杜波瓦伯爵出任巴黎公安局局长一职。富歇在回忆录上卷中有过交代 。——原注

可能是被我的真诚和坦率[①]所打动，拿破仑的检查团一行仅仅对我提供的文件进行了例行公事的检查。一番寒暄后，贝尔西耶、瑞尔和杜波瓦三人乘车返回了巴黎。

当晚夜深人静的时候，我从家里花园的小门出来，在一个朋友的陪同下，坐着我的双人马车偷偷往首都方向赶去，并匿名住在了巴克街[②]上的一家旅店里。我所有的内线都处于紧张状态。两个小时之后，我就得知了这件事：拿破仑听说了费里耶尔城堡所发生的事情后，大怒不已，说了一些威胁我的话，并大喊我愚弄了他的特派员。之后他又责骂这些人全部是傻子，贝尔西耶更是首当其冲，拿破仑骂他是政务上的娘们儿，被帝国最狡猾的人欺骗了。

经过再三考虑，第二天上午九点我去了圣克劳德。在那里，我对驻殿大元帅杜洛克[③]说："我来这里有要事，希望能马上见到陛下。我要向他证明他根本不需要这般质疑我。请您告诉他，我会一直在您的办公室里等他，哪怕他只给我几分钟的时间。"

杜洛克对我说："我现在就去，如果您能降低要求的话，我就更好办了。"

这是他的原话，而这句话也意味着他理解了我的行动。回来后杜洛克拉着我的手，把我带到了拿破仑的办公室。办公室里只有我和拿破仑两个人。看到他的第一眼，我便开始猜测他的想法。然而他并没有给我说话的时间，一见面，他便开始安慰我、恭维我，甚至对自己的某些做法表现出了悔意。紧接着他又加重了语气表示希望与我和解，并且为了

① 富歇的原稿中，"坦率"这个词被用作斜体。——原注

② 巴克街得名于1550年设立的一个摆渡，位置在今伏尔泰滨河路，用来运输兴建杜伊勒里宫的石块。它跨越塞纳河的地点，在1632年由金融家巴比埃兴建红桥，在路易十四统治时期改建成今天的皇家桥。

③ 杜洛克，拿破仑贴身大元帅，被誉为拿破仑的影子。包岑会战中立有大功。

驻殿大元帅杜洛克

补偿我的损失，他会给我一个保证。最后他向我提出索要秘密文件。

我坚定地告诉他："陛下，我已经把它销毁了。"

拿破仑的回应里夹杂着沮丧和愤怒："我不相信这是真的。我需要它。"

"可是它已经变成灰了。"

他把头一扭，恶狠狠地看着我，嘴里吐出了一句话："出去！"

"可是，陛下……"

拿破仑大声对我吼起来："我说过了！出去！"

此时我手里还拿着一篇简短但内容丰富的汇报。出门的时候，我毕恭毕敬地把汇报留在了桌子上，可拿破仑却怒不可遏地拿起来撕碎了它。

再次见到杜洛克时，他并没有察觉到我有任何情绪的波动。他因此以为我获得了特赦。他对我说："您又躲过了一劫。前天我就劝过陛下，劝他不要拘捕您。您这是帮他躲过一次疯狂的灾难，他这种行为没有任何意义，反而会让那些为帝国鞠躬尽瘁的人心寒。"

从杜洛克的神情中，我可以看出，这确实是他内心的想法。于是我握起他的手，对他说："请不要灰心，陛下需要您这样贤明的人为他提出建议。"

从圣克劳德出来之后，我开始对这位我之前一点都瞧不上的大元帅另眼相看。虽然我认为我可能赢得了杜洛克的一丝信任，但我依然心事重重。回到旅店后，我赶紧处理完几件紧急的事情，准备重回菲利埃，纳夏泰尔亲王贝尔西耶[①]来了。他对我说："陛下非常生气，我从来没有见他这么生气过，他给我们复述了一遍您对他说的话。没想到您为了

① 路易－亚历山大·贝尔西耶，纳夏泰尔亲王（1753—1815），出生在凡尔赛，法国元帅，1808年任法兰西陆军副统帅，拿破仑手下的参谋长。

纳夏泰尔亲王贝尔西耶

青年时期的纳夏泰尔亲王贝尔西耶

不用交还秘密文件，竟敢当着他的面说把它销毁了。他说如果您拒不交还文件的话，那么您就是在触犯刑法。”

我对贝尔西耶说：“这种质疑是对我最大的侮辱。就算这份文件真在我手上，我也决不会把它交出来的，因为这份文件是我唯一的依靠。”

贝尔西耶还想劝我妥协，但我拒不回应。于是他用拿破仑来威胁我。我对他说：“去吧！去向他禀报，这二十五年来，我随时都在准备着上断头台。我知道他的厉害，但我一点都不害怕。请告诉他，如果他想让我成为第二个斯特拉福德[①]的话，那么就请他动手吧。”

离开巴黎后，我更坚定了自己的决心——我必须好好保管这些证据。在我担任公安部长期间，在处理一些事件时，我所采取的所有暴力和极端不公的方式都是出自拿破仑的授意，这些文件上都有拿破仑的签名。

我所担心的并不是再一次跌倒，而是黑暗中伸向我的荆棘。在朋友的敦促下，我决定带着我的长子[②]和他的监护人立刻出发前往里昂[③]。我的前任秘书马洛是里昂公安局局长。为了报答我的知遇之恩，马洛向我提供了所有需要的文件，让我能够快速通过法国的大部分地区。离开法国后，我迅速转移到意大利的佛罗伦萨[④]。经过这样一场仓促的长途颠

---

① 这里指托马斯·温特沃斯（1593—1641），封斯特拉福德伯爵，英格兰政治家，英格兰内战前的一个主要政治人物。他曾在议会任职，并且是国王查理一世的支持者。从 1632 年至 1640 年，他担任爱尔兰总督。在那里他建立了强大的专制统治。回到英格兰后，他成为国王的首席顾问，试图加强对议会的控制。当议会判处温特沃斯死刑时，查理一世不情愿地签署了死刑令。

② 约瑟夫 – 莱伯特·富歇（1796—1862），第二代奥特朗特公爵，妻子为第一帝国财政大臣苏西伯爵的女儿伊丽莎白。

③ 里昂，法国第三大城市，法国东南部罗讷 – 阿尔卑斯大区和罗讷省的首府，位于罗讷河和索恩河交汇处。里昂是著名的国际都市，历史悠久，部分历史和建筑地标被联合国教科文组织列为世界遗产。

④ 佛罗伦萨是意大利中部托斯卡纳大区和佛罗伦萨省的首府。佛罗伦萨曾经长期处于美第奇家族控制之下，是欧洲中世纪重要的文化、商业和金融中心，并曾一度是意大利统一后的首都。

簸后，我觉得我必须稍加休整才能继续我的计划。

我选择来到佛罗伦萨避难并非随意之举。现在我告诉你们这样做的原因。

托斯卡纳[①]这片古老而又美丽的土地自古以来就受到上天的垂怜。它就像是一个天真烂漫的孩子。从美第奇家族[②]到奥地利家族，他们更像父亲守卫着儿子那样保护着托斯卡纳。后来托斯卡纳卷入了法兰西帝国的旋涡：拿破仑任命帕尔马大公[③]为伊特鲁里亚[④]国王，命其接管这片土地，此后托斯卡纳又经历了多次动荡。

自 1807 年以来，拿破仑的大妹爱丽莎便以长公主的身份监领着这片土地。虽然我并不喜欢这个女人，但当时是在我的争取下，她才获得了这片土地。爱丽莎是翁达斯和莫莱伯爵[⑤]的靠山，也是造成了我第一次失势的罪魁祸首，不过现在我要说的是这个女人的优点。

写作的时候，我总是习惯于回忆一些往事，不过现在我要说的是，我的这些回忆并不带任何感情色彩。这是一个国家领导人应有的素质，

① 托斯卡纳，意大利一个大区，拉齐奥位于其南，翁布里亚位于其东，艾米利亚－罗马涅和利古里亚在其北，西濒第勒尼安海。它经常被评价为意大利最美丽的地方。其首府为佛罗伦萨。

② 美第奇家族是佛罗伦萨 15 世纪至 18 世纪中期在欧洲拥有强大势力的名门望族。美第奇家族的财富、势力和影响源于经商、从事羊毛加工和在毛纺同业公会中的活动。然而真正使美第奇发达起来的是金融业务。美第奇银行是欧洲最兴旺和最受尊敬的银行之一。美第奇家族以此为基础，开始是银行家，进而跻身于政治家、教士、贵族，逐步走上了佛罗伦萨、意大利乃至欧洲上流社会的巅峰。在这名门中曾产生了四位教宗（其中庇护四世来自米兰的美第奇家族，与佛罗伦萨的美第奇家族是远亲）、多名佛罗伦萨统治者及托斯卡纳大公，两位法兰西王后，和其他一些欧洲王室成员。

③ 即让－雅克·雷吉斯·德·冈巴塞雷斯（1753—1824）。

④ 伊特鲁里亚，处于现代意大利中部的古代城邦国家。伊特鲁里亚的位置包括了现今托斯卡纳、拉齐奥、翁布里亚的区域。伊特鲁里亚被认为是伊特拉斯坎人的国家，后来被罗马人吞并了。古罗马的伊特鲁里亚时期是其鼎盛时期。

⑤ 莫莱伯爵，路易·马修（1781—1855），法国保皇党政治家，曾在拿破仑一世、路易十八和路易－腓力治下任职。

帕尔马大公冈巴塞雷斯

拿破仑的大妹爱丽莎

莫莱伯爵

因为在他的眼中，过去的就只能成为历史，活在当下才是最重要的。

如果把爱丽莎放在帝国大业的背景下，那么她的所作所为便可以解释得通了。当年回到公安部后，我得到了这么一个机会——它可以使我与爱丽莎和解：两个对她非常重要的人先后闯了祸。他们一个惹怒了拿破仑，成了拿破仑缉拿的对象；另一个则深陷一场棘手的案件。我平息了这两件事，暗中保护了他们，为此也费了不少力气。

除此之外，在 1805 年，我还向拿破仑建议说把卢卡[①]和皮翁比诺[②]交给爱丽莎管理。我基本可以确定，此事之后，我基本得到了长公主的认可。

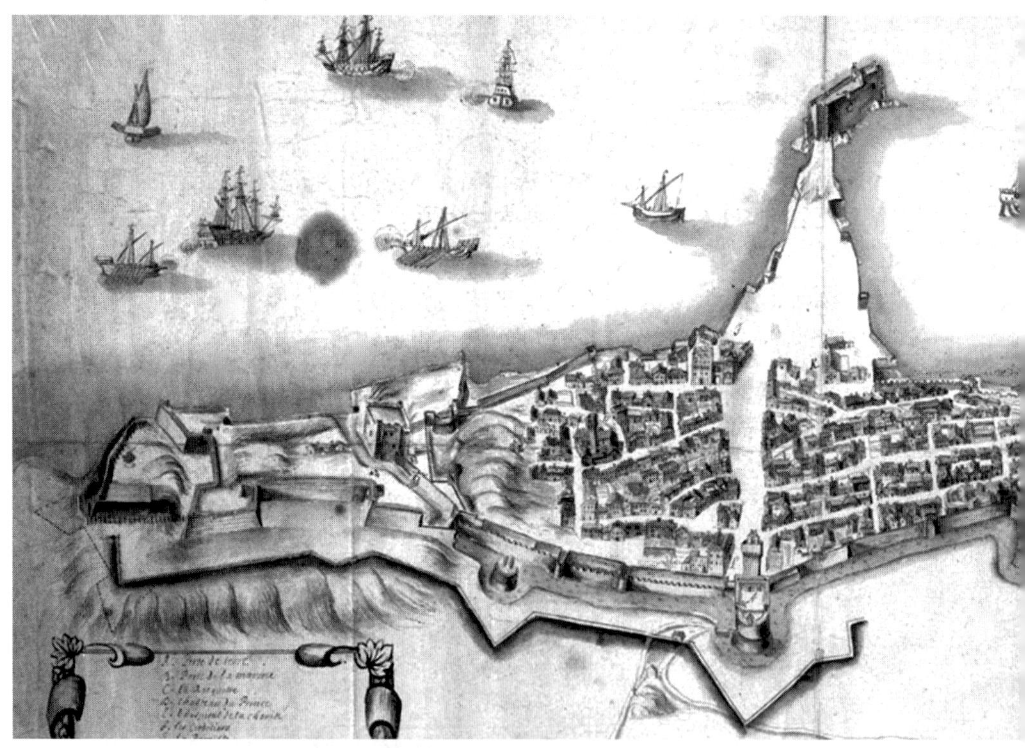

① 卢卡位于意大利中北部利古里亚海附近，卢卡省的首府。

② 皮翁比诺，是意大利利佛诺省的一个市镇。从古代起就是重要的贸易中心，附近有艾特鲁利亚人的港口波普洛尼亚。中世纪为比萨共和国的重要港口。

和拿破仑的最后一次会面后，我确信这一次失势已经无可挽回，因此我去拜访了正在为筹备婚礼而忙碌的长公主爱丽莎。我并没有告诉她我的困境，只是说我将要去罗马履职，恳请她能写一封推荐信给我。写信的时候，她还特地在信的开头，称我为“朋友”。而这也是我为什么选择了托斯卡纳的原因：我不仅有可以依赖的朋友，还可以得到长公主的庇护。我相信这些人的人品，我觉得我可以向他们托付实情。

几乎在同一时间，我收到巴黎和家里的消息：我在艾克斯的家人已被政府拘捕；同时我也得知在萨瓦里的怂恿下，拿破仑觉得我的抗旨是一种不谨慎且疯狂的行为。当时没有人敢想象会有人敢于违抗这样一位霸主，甚至于都有人在信中问我：“您是想要比陛下还强大吗？”这一次，我开始感到害怕了。失眠和梦魇折磨着我，恍惚间我好像被警察包围了，又好像但丁的地狱之门已经在我的面前打开。

19 世纪的皮翁比诺

混乱中，我感觉帝国的恐怖专制已经超越了罗伯斯庇尔　　那个曾经想要把我推上断头台的人。唉，虽然我心里非常清楚我面对的是什么样的人，但我的头脑越来越不清楚了，最终我决定用最绝望的方式面对这一切：逃亡美国。为了报答我的知遇之恩，托斯卡纳大区公安局局长杜波瓦[1]给我提供了畅通护照，我迅速赶到里窝那。抵达里窝那之后，我和那里的人说我想坐船去看看那不勒斯，再从那里转道罗马。事实上我是想穿过英吉利海峡远走大西洋。

但我万万没想到，我的身体竟然无力抵抗大海带来的眩晕！在海上漂泊的我胸闷气短，感觉自己的五脏六腑都在旋转。身体的折磨使我意识到我这样不辞而别会给我的家人和朋友带来什么样的恶果，不过即便如此，我依然不愿意妥协，每次想到要向拿破仑低头，我都会浑身颤抖。

正当我在海上痛不欲生的时候，一位英国舰队的船长提出带我上岸休息数日，并答应照顾我，给我拿晕船药。我拒绝了他的好意。当时的我不能接受他这份好意，因为以我当时的身份和处境，我不想让自己卷入更复杂的事件中。

不过也正是这件事改变了我的想法，我看待事物有了新角度。慢慢地我觉得我仍然可以和拿破仑这个暴怒的皇帝做个交易。我又犹豫了一段时间。在那段时间里，我仔细考虑了一下我的方案。当一切都处理妥当后，我又回到了佛罗伦萨。在这里，我给爱丽莎——这个仍乐意为我效劳的人写了一封信，我希望她可以帮我带一封信给拿破仑。这封信里没有奉承，没有卑微，我向拿破仑表示，我很后悔惹怒他，但考虑到如果不这样做，我就会在没有防备的情况下落入政敌之手任人宰割，因此我觉得我有理由拒绝交出这唯一能保护我的东西，即使这种理由可能是错的。同时我请求道：我可以在大公主的庇护下交出他想要的文件，但作为交换条件，他需要赦免在我两届任职期间被他授意所采取的所有行动牵连到的人员。除此之外，我希望陛下能够念在我多年为政府效劳的分上，允许我归隐艾克斯和我的家人团聚。递出这封信后，我想即便这

① 这个杜波瓦并不是巴黎警察局长杜波瓦。事实上，托斯卡纳公安局局长和里昂公安局局长因为为富歇提供便利而受到罗维戈的严厉批评，里昂公安局局长甚至被免职。——原注

封信再一次惹怒拿破仑，他也会顾及他和大公主的血缘亲情，给大公主一个面子。

我让信使把这封信带给了大公主，果真如我所料，在爱丽莎公主的鼎力相助下，我收到拿破仑的答复，讷沙泰勒公爵奉陛下旨意，同意了我的请求，并愿意以此作为交换秘密文件的条件。

在大公主的斡旋之下，我和拿破仑之间达成了这场三周前我认为绝不可能的交易。但这场交易并不出于我心悦臣服的顺从，而是因为我的身体实在承受不了来自大海的折磨。

大公主爱丽莎

和家人在艾克斯团聚之后，筋疲力尽的我终于得到了片刻的安宁。而我感觉到我的内心不但没有被打倒，反而愈挫愈勇。向这样一位暴君低头时，我的内心不是没有挣扎过。对于任何一个有尊严的人、一个希望生活在理性政府下的人来说，做出这样的决定都是付出了很大牺牲的。而对于我来说，这样的决定背后还有更苦涩的想法：第一帝国命数将尽。

第 20 章

我失势的内幕

精彩看点

秘密搜集情报——宝莉娜·波拿巴的失势——宝莉娜与皇后争宠——荷兰国王路易·波拿巴退位——荷兰国王路易·波拿巴退位的真相——威尔斯利侯爵与拿破仑的谈判——谈判失败——贬黜的真相——焚毁政策——大陆封锁政策受到阻碍——拿破仑敛财

在这样一场看似温柔却遥遥无期的流放中，我本应看开一切，变得与世无争；可是我却做不到这样，因为关注国际风云、审时度势已经成为我生活的一部分。我能觉察到一些别人看不到的东西，比如那些散布在《箴言报》中的谎言——它们根本逃不过我的眼睛：我一眼便能看穿新闻中所提及之事的原委，而新闻中避而不谈的才是事情的真相。在我眼里，报纸上那一套一套的理论不过是一个被野心的快乐折磨着的拿破仑。我甚至能透过报纸看到那些鲜为人知的秘密动向和那些近臣密使们的言谈举止。

然而还有一些东西是我看不到的。我离事件的发生地太远了：远在艾克斯的我怎么能猜得到巴黎平淡日子里的突发状况呢？巴黎的宫廷随时都可能上演各种震荡和风暴，而很多情况下，吹到外省时，这些风雨已经变成另一番模样。

可是我已经习惯把控全局。这样温柔的流放让我的生活变得空虚而无聊。在几个靠得住的朋友和三位信使的帮助下，我开始亲自拟写秘密报告。密报的消息来自四面八方，内容相互佐证又相互牵制。这算是我自娱自乐的解闷法，但也可以说我在艾克斯成立了自己的秘密警署。最开始的时候，我每个月只写一份秘密报告，到后来甚至变成了一周写好几份。

我不在巴黎，所以获得消息的方式越来越复杂。但是来自巴黎的信息却更容易激发出我的政治灵感，这也正是退居二线的迷人之处。啊，勇敢、智慧且坚韧不拔的 V 夫人！您掌握着所有事件的线索和真相，您这样一个充满智慧的人，却能够在危机面前对我不离不弃。在这里我向您表达我最崇高的敬意。同时我还要说的是，在这场我们精心准备的爱国行动里，其他人也做出了杰出的贡献[①]。我们亲爱的 D 夫人和优雅动人的 R 夫人也一直在支持您的工作；在您美德的感召下，一支不为人知的骑兵队也投靠在您的麾下，任您指挥。在这里，我必须告诉大家这么一件事，在一个动荡的社会里，不论是在恐怖时期，还是在专制的政府和帝国时期，有谁能像您这样一直对国家心怀赤忱呢？我被你们这群安静而又谦卑的女人所感动，你们的勇敢让很多男人都自惭形秽。

好吧！经过如此多的曲折和磨难之后，那可怕的一天终于要来了：在这一天里，一切——包括我们的财富、幸福和安宁——都将会被重新洗牌。是的，我们因为那个伟大的人才拥有了这一切，但这个伟大的人不顾历史血的教训，一意孤行，妄图建立一个没有反对党的朝堂。这个被控制欲和征服欲吞噬的人啊，他曾经一路走到了人类权力的巅峰，但现在他必须要停下自己的脚步。

我通过密报和其他各种信息密切关注着这个人的所有动向。我知道对于法国来说，他就是帝国。这也就是说，我们的成败和所有人的福祉全系在他一个人身上。这是个可怕的联系。他的身上承载着的不只是一个国家，而是成百上千个不同的国家。

然而，达到权力顶峰的拿破仑并没有停下自己的脚步。在我离开巴黎两年之后，他的衰落开始慢慢显露出来。抱着对历史负责的态度，我

① 富歇在接下来的回忆中，会向读者揭开这层神秘的面纱。

要在这里举几个例子。也正因为这些事件，我才得以重出江湖[①]。

1810 年发生了数件大事：首先是拿破仑和玛丽·路易的大婚，紧接着是我的失势，随后是拿破仑的妹妹——宝莉娜·波拿巴的失势，接下来是拿破仑的兄弟荷兰国王路易·波拿巴[②]退位。大家可以和我一起从这其中的两件事里一窥未来。

拿破仑有三个姐妹，她们分别是爱丽莎、卡罗琳娜·波拿巴[③]和宝莉娜·波拿巴，其中宝莉娜·波拿巴以她独特的魅力深得拿破仑的宠爱。虽然她娇弱、古怪、放荡、空洞，但却不失几分风趣。她喜欢奢华、挥霍和各种赞美，而在这个世界上，她最憎恨的男人是她的第二任丈夫卡米耶公爵[④]，其次是她的第一任丈夫勒克莱克。她的第一次婚姻就是所谓的驻军婚礼，当时，因为身体欠佳，所以她拒绝随军前往圣多明戈。但最后，在拿破仑的命令下，她不得不登上军舰。

由于远征遭到挫折，她被迫来到龟岛[⑤]。在热带燥热的气候和狂热民风中，宝莉娜·波拿巴深陷欲望的深渊不能自拔。与阿尔特米希亚[⑥]

① 重出江湖这个词并不是法语单词，而是一个英语借用词。——原注

② 路易·波拿巴（1778—1846），荷兰国王称路德维克一世，法国皇帝拿破仑一世的弟弟。妻子是拿破仑的继女，约瑟芬和前夫博阿尔内所生的女儿奥坦丝。两人共有三个儿子，其中幼子就是后来的拿破仑三世。路易早年参军，并随拿破仑远征埃及，年仅 25 岁就担任将军。拿破仑征服荷兰后，于 1806 年封路易为荷兰国王。不过路易反对拿破仑的大陆封锁政策，并拒绝派兵支援拿破仑入侵俄国。1810 年，拿破仑逼迫路易退位，荷兰并入法国。路易退位后仍留在荷兰三年。

③ 卡罗琳娜·波拿巴（1782—1839），拿破仑最小的妹妹，那不勒斯国王若阿尚·缪拉的妻子。

④ 卡米耶公爵（1775—1832），法兰西第一帝国将军，宝莉娜·波拿巴的丈夫，拿破仑一世的妹夫。

⑤ 托尔蒂岛，龟岛，是加勒比海中的一座岛屿，位于海地北部海岸，面积 180 平方千米，1493 年由克里斯托弗·哥伦布发现。

⑥ 阿尔特米希亚为古希腊时期安那托利亚地区卡里亚王国的女王，在她丈夫死后她继承王位成为女王。丈夫死后，阿尔特米希亚抱着丈夫的骨灰盒痛不欲生。

拿破仑的大妹爱丽莎

拿破仑的二妹卡罗琳娜·波拿巴

拿破仑的三妹宝莉娜·波拿巴

宝莉娜·波拿巴的第二任丈夫卡米耶公爵

和塔尼库斯的未婚妻[①]截然相反，勒克莱克死后，宝莉娜迫不及待地登上回巴黎的船，自由而又骄傲地扎进了纸醉金迷的新生活。回到巴黎后，因为纵欲过度，宝莉娜·波拿巴不得不开始长时间的休养，在试过阿斯克勒庇俄斯[②]所有的灵丹妙药后，宝莉娜·波拿巴终于康复了。大病初愈的她就像是喷过神奇药水的花朵一般，变得愈加美丽动人、娇艳欲滴。

恢复健康的宝莉娜·波拿巴

① 塔尼库斯是罗马帝国第四任皇帝克劳狄一世的儿子。克劳狄一世再婚后，收养了皇后阿格里皮娜的儿子尼禄。克劳狄一世去世后，尼禄成为罗马帝国的第五任皇帝。尼禄因为喜欢塔尼库斯的未婚妻朱尼而谋杀了塔尼库斯。丈夫死后，朱尼悲痛欲绝。

② 阿斯克勒庇俄斯是古希腊神话中的医神，在古罗马神话中被称为埃斯库拉庇乌斯，他是太阳神阿波罗之子，形象为手持蛇杖。他的女儿许癸厄亚、伊阿索、阿刻索、阿格莱亚、帕那刻亚则是主管清洁、医疗和医药的女神。相传古希腊医师、被誉为"医学之父"的希波克拉底为阿斯克勒庇俄斯之后裔。据说冥王黑帝斯以天雷杀死阿斯克勒庇俄斯后，宙斯将其灵魂升上天空，化身成蛇夫座。

然而这个放荡的女人并不想就此收敛自己的行为，却又惧怕拿破仑的暴怒。于是她联合另一个女人，试图以美色来征服自己的兄弟。拿破仑根本无法抵挡这样的娇柔和妩媚，他不止一次地对人们宣称自己的妹妹是最漂亮的女人，是当代维纳斯①。然而遗憾的是，这种漂亮不过是一种放肆。

拿破仑对妹妹的喜爱持续了一年多。然而这种喜爱却没达到迷恋的程度。这个高傲而好战的灵魂迷恋的只有控制和征战。赢得瓦格拉姆战役、签订维也纳和约后，有关拿破仑将和约瑟芬离婚的流言在宫廷中传得沸沸扬扬。回到巴黎的当日，拿破仑就去找了自己的妹妹宝莉娜·波拿巴。而这个一直期盼哥哥凯旋的妹妹，也向她的哥哥表达了从未有过的爱恋之情。我甚至听说，当天她对拿破仑说了这样的话："为什么你不能像埃及的托勒密二世②迎娶自己的姐姐？我可以离婚然后嫁给你呀。"

我想她可能不知道，太阳底下没有什么事情能瞒得过我。我认为她的这些话简直愚蠢至极。要知道当初把她许配给卡米耶公爵的正是拿破仑。我不知道听到这番话的拿破仑心里又该作何感想。

因此当玛丽·路易坐上皇后的宝座时，我们可以想象宝莉娜·波拿巴的内心是多么的苦涩和煎熬！玛丽·路易皇后严格地调整了宫廷上下的礼仪习俗。对于宫廷而言，这可以说是一次大换血。而作为丈夫的拿破仑则全力支持皇后的改革，并身体力行。此后宝莉娜·波拿巴的宫里日渐冷清。于是这个善妒的女人便把玛丽·路易皇后当作自己的假想敌，

---

① 维纳斯是罗马神话里的爱神、美神，同时又是执掌生育与航海的女神，相对应于希腊神话的阿芙萝黛蒂。

② 托勒密二世（前 308—前 246）原来的妻子是色雷斯公主阿西诺亚一世。但是，在阿西诺亚二世（她是阿西诺亚一世的后母）从色雷斯返回之后，也许是为了迎合埃及人的想法，托勒密二世抛弃了原配的王后并以企图谋杀丈夫的罪名将其流放。随后他与姐姐结婚并使她成为自己的共治者。

身体也因此而日渐消瘦。在医生的建议下，百无聊赖的她前往亚琛[①]接受温泉治疗。途中，宝莉娜在布鲁塞尔恰好遇到了正准备前往荷兰的拿破仑夫妇。不得不在玛丽·路易皇后前露脸的她决定抓住这个机会，好好嘲弄皇后一番。于是在参加皇后宫殿举办的沙龙时，她冷笑着把两个指头交叉着向皇后示威。这种手势在民间代表着夫妇一方的背叛。拿破仑亲眼目睹了这一切，而玛丽·路易皇后也从镜子里觉察到了这一切。拿破仑十分生气，他命令宝莉娜当天就离开皇后的宫殿。宝莉娜拒绝服从哥哥的命令，并就此离开巴黎。直到 1814 年拿破仑被迫退位[②]后，她才重新回到拿破仑的身边。

与宝莉娜·波拿巴的失势相比，荷兰国王路易·波拿巴的退位则显得崇高一些。

之前拿破仑的所有军事行动都只针对民族国家。他曾经轻描淡写地说过希望自己建立的帝国能成为欧洲最长久的帝国。他的行为也因此而越来越失控，以至于到后来居然想要废掉自己亲人的王位。人们不禁猜测当年册封路易·波拿巴为荷兰国王之时，他或许已经考虑到有一天要将路易·波拿巴降为省长。随着大陆封锁政策的推行，整个荷兰的工业和国际商贸都遭到了重创。荷兰经济每况愈下，性情温和、为人耿直的荷兰国王路易·波拿巴不得不无视拿破仑的威胁，默默支持海外贸易。而在大怒之中，意图出兵荷兰的拿破仑显然已经忘记当年逼迫弟弟离开巴黎时的那一番话：

---

① 亚琛是位于德国北莱茵－威斯特伐利亚州的一个城市，靠近比利时与荷兰边境，是德国最西部的城市。

② 1813 年英国、俄国、普鲁士和奥地利组成第六次反法同盟，双方在现今德国境内多次激战。虽然法军取得多次胜利，但是针对拿破仑的压力却是越来越大，直到 10 月的莱比锡战役法军被击溃，各附庸国也纷纷脱离法国独立，同盟军开始向巴黎挺进。1814 年 4 月 13 日，拿破仑在巴黎枫丹白露宫签署退位诏书。

宁可做死去的国王，也不要当苟活的王子。

因为无力阻挡拿破仑的入侵，所以路易·波拿巴只能自动退位，并把王位传给了自己的儿子。在退位的当天，他向荷兰立法集团说了这样一番话：

> 尽管我的哥哥对我非常残酷，但我相信，他不会这样对待我的孩子的，他一定不会剥夺这个孩子的继承权，因为他找不到任何理由抱怨、不满这样一个没有行为自主能力的孩子。而之后摄政的皇后也会尽力讨好当今圣上，也就是我的哥哥。或许此事发生后，她应该感到开心吧，谁又知道呢……也许只有我才是横亘在法国和荷兰之间的唯一障碍。如果真是这样的话，那我宁愿远离这些我深爱的人，用余生去远方受难、流浪。

这样的退位并不是毫无尊严。说完这些话后，路易·波拿巴立刻离开了荷兰。从此他拿着一笔微薄的抚恤金，归隐在奥地利联邦格拉茨，他的妻子奥坦丝，这个贪婪的女人则独吞了拿破仑为自己弟弟预留的两百万法郎。

这件事使我震惊。震惊之余，它也引发了我长久的思考。我想到了什么呢？我想到的是也许有一天，我们的国家会因此而重获新生，因为总有一天，这个把所有人带向火坑的人也会被逼退位。不久之后大家就会看到，这个想法是如何在别人那里开花结果、成为事实的。

我们相信在路易·波拿巴退位这件事情上，拿破仑也会感到难过。但同时他身边并不缺少溜须拍马、粉饰太平的人。大家想听听当时的外交大臣帕尼公爵对此事的态度吗？当年塔列朗就说过这个人可以胜任任何职位。在报告里这个节节高升的帕尼公爵写道：在没有拿破仑许可的

荷兰国王路易·波拿巴

玛丽·路易皇后

路易·波拿巴的妻子奥坦丝

路易·波拿巴的儿子

情况下，荷兰国王擅自让位的行动没有任何法律效力。这份报告恰恰也从侧面说明，他们认为荷兰理所应当地是法兰西帝国的一部分。

拿破仑则把路易・波拿巴尚且年幼的孩子叫到身边，册封他为贝尔格大公爵①。之后拿破仑对他说了这样一段话：

> 过来吧，我的孩子。你父亲的行为让我伤心，但那也都是因为他的病情所致。② 以后我就是你的父亲了，你什么也不会少，但有一点你要记住，不管我的政策将你置于什么样的情况，你都要首先向我汇报，只有得到我的允许之后，你才能再进行下一步……

拿破仑的野心昭然若揭，他的地位高于所有国王，高于所有的民族主权。

现在，我们再回过头来看一看路易・波拿巴退位的真正原因吧。不得不说的是，这件事和我的失势有着直接的联系。在和奥地利公主完婚之后，拿破仑对我之前提出的全面和平建议做过指示。我从自己在英国那里的密使得知，有两件事是英国内阁的底线：荷兰和半岛的独立。荷兰有路易・波拿巴在，我们自然可以放心；但对于半岛的独立，拿破仑能做出的最大让步就是让出葡萄牙。在他眼中，只有在攻占葡萄牙时他才受到了挫折。虽然法国军队在西班牙战场付出了惨痛的代价，但我基本不相信拿破仑会放弃西班牙。于是在拿破仑的授意下，我和当时（1810年）尚在巴黎的路易・波拿巴一起，与英国签下了一个秘密协定。

① 根据1805年《普雷斯堡和约》，神圣罗马帝国重组，若阿尚・缪拉成为贝尔格大公爵。1809年，缪拉的儿子拿破仑・路易・波拿巴成为贝尔格大公爵。

② 拿破仑的这种影射非常无理。路易体弱，但是他的精神和判断力是没有任何问题的。——原注

路易·波拿巴之后写信给荷兰外交部长，告诉他说："荷兰和英国的私下贸易令拿破仑非常愤怒。在大陆封锁政策上面，如果英国国会不做出调整，或者海上和平协议没有达成的话，那么荷兰和法国的联合便不可避免。"当时远在巴黎的荷兰国王路易·波拿巴授意他的外交大臣和其他同事就此事达成一个共识，并且派出一位密使出使英国，以他个人的名义和英国进行协商。这位特派员只需要告诉詹姆斯内阁，一旦荷兰和法国联手，那么英国和荷兰之间将不再存在任何贸易的可能，这对于英国的商业和未来的安全都是非常大的威胁。经过协商，诸部长决定派遣阿姆斯特丹银行家拉布歇尔前往英国，请他和威尔斯利侯爵展开秘密协商。这也就意味着，当时最重要的事情便是修改 1807 年 11 月英国国会通过的议案。然而威尔斯利侯爵拒绝了这次谈判。在他看来，荷兰只是想要取悦拿破仑，所以根本就不具备独立谈判的能力。

为了了解拿破仑的真实想法，威尔斯利侯爵在同一时间①派出了英国特使麦肯锡前往莫尔莱②，命其同法国特使③协商关于交换俘虏的事宜，意图打开海上和平的谈判。在谈判中，英国特使麦肯锡提出了三种解决方案：第一，以敌对的态度维持各自领地；第二，维持现状；第三，互相妥协并补偿。但拿破仑并不愿意放弃自己的领地，因此，他否决了这三种方案，但也没有提出自己认可的解决方案。

此后威尔斯利侯爵不再愿意同拉布歇尔先生和法根先生进行任何谈判。同时英国政府也认为 1807 年 11 月国会通过的议案运行良好，无须做任何调整。至此所有的谈判都戛然而止。拿破仑认为英国忤逆了自己的意愿，在报复心的驱使下他出兵荷兰。他以为如此就可以永远切断荷

① 1810 年 4 月。——原注

② 莫尔莱是法国菲尼斯泰尔省的一个市镇和副省会，位于该省东北部。

③ 穆歇侯爵，曾任查理十世驻瑞士大使。

威尔斯利侯爵

19 世纪的莫尔莱

英两国之间的贸易了。

拿破仑的另外一个心病是：一直以来，公安部长都在力图规正他的管理方式，试图把他的管理纳入理性的轨道。所以在他看来，排挤公安部长一事也已经刻不容缓。他的密使向他提到我的时候，不停地在他耳边进谗言：

> 您在公安部长的作品前颤抖，却因此而更没有勇气推翻他。

几个月以来，拿破仑一直在寻找合适的时机。大家都已经看到了[①]，他特别担心我和贝纳多特的联合。而此时正是贬谪我的大好时机。于是他对外宣称，在荷兰的问题上，我假借协商之名设计了阴谋并进行了投机之事——他希望能够借此把谈判失败的事情嫁祸于我。事实上，他的强势和缺乏诚意才是导致谈判失败的根本原因。这就是他入侵荷兰以及我遭到贬谪的真相。

之后，拿破仑下令[②]在帝国控制以及被帝国征服的地区内，所有的英国货物都必须当众销毁。这条法令是对柏林条令和米兰条令[③]的补充，也就是说，接下来，拿破仑将在阿姆斯特丹[④]和里窝那[⑤]推行曾在柏林、

① 《回忆录上》交代过原因。——原注

② 1810年10月19日。——原注

③ 1807年12月17日米兰条令规定，查封所有在英国着陆的船只并充公。

④ 阿姆斯特丹是荷兰首都及最大城市，位于该国西部省份北荷兰省。12世纪晚期一个小渔村建于此，而后由于贸易的迅猛发展，阿姆斯特丹在荷兰黄金时代一跃而成为世界上最重要的港口。在那个时代，该城是金融和钻石的中心。19世纪和20世纪，该城扩展，许多新的街坊与近郊住宅区形成。

⑤ 里窝那是第勒尼安海的一个港口城市，位于意大利托斯卡纳西部，是里窝那省的首府。里窝那在1577年由建筑师贝尔纳多·布翁塔伦蒂建立，18世纪末由利奥波德二世扩建。在文艺复兴时期被认为是“理想的城镇”，当时的建筑至今仍存在于社区之中。

19 世纪的阿姆斯特丹

法兰克福[①]、美因茨以及巴黎实施过的焚毁政策。既然我们可以说“焚烧不是回应”，那么我们是不是也可以说“焚烧不是管治”？

这就是大陆封锁政策所带来的后果：拿破仑听信了谗言，让英国置身事外，使帝国与全世界为敌。从督政府时期开始，法国的一些社团活动家就鼓吹摧毁英国的唯一方式就是封锁全部的通商口岸。令人没想到的是，这种引火烧身的愚蠢想法竟然一直延续至今。

对于拿破仑而言，他要征服欧洲大陆：法兰西帝国的控制范围不过是整个大陆的三分之一，剩下的三分之二仍在黑暗中苟延残喘，那里的人民还活在王室以及王室同盟的统治下。外交大臣帕尼接二连三地要求这些国家关闭对英贸易。他的出发点又是什么呢？

“欧洲不能再有中立国存在，所有的国家都必须根据法国和英国之间的协商进行相关的贸易。”

这就是著名的大陆封锁政策，其目的是消除一切对外贸易。正因为如此它无以为继。摆在人们面前的只有两条路：要么修改大陆封锁政策，要么采用英国的许可证制度。所以我们看到从1810年末开始，拿破仑主动放松了大陆封锁政策，允许以再生产为目的向法国引入一定数目的殖民地产品。

那么谁是这前所未有的垄断措施的受益者呢？很明显不会是那些投机者，更不会是那些征税官。我们看到的是拿破仑在马尔桑[②]的仓库一天天充实起来。看着从四面八方涌来的财富，拿破仑的兴奋之情溢于言

① 法兰克福，正式全名为美茵河畔法兰克福，是德国中西部黑森州的第一大城市，也是德国第五大城。自中世纪起，法兰克福即为德国的中心城市。公元794年时，法兰克福被授予帝国自由城市的地位。1815年，法兰克福自由市成为德意志州联的政治中心。在1848年革命时期，法兰克福国民议会在圣保罗教堂召开。在普奥战争中，与奥地利结盟的法兰克福被普鲁士王国所吞并后，在1866年正式失去城邦的主权。

② 马尔桑是瑞士的城镇，位于该国西部，由弗里堡州负责管辖。

表。在大陆封锁政策的影响下，法国的收入达到了二十亿铸币，而拿破仑分得了五亿现金[①]。如果复仇女神涅墨西斯[②]能够就此放过这位伟人的话，也许有一天，他心中对财富的渴望会打败他征战四方的野心。

如果大家想知道这些年来这个人积攒的财富总量的话，那么我们就需要再加上存放在杜伊勒里宫地窖里的、价值四百万法郎的动产，供皇室使用的、价值四五百万法郎的金质餐具，五百五十万法郎军队年俸（鉴于拿破仑拥有宣战和停战权、签订和平协定权，有时候这笔年俸会高达七百万法郎）。除此之外，所有收缴自归属不明确领地的财物也全部归入了拿破仑名下。把整个法国归入自己的纳税范围是最得拿破仑欢心的政策之一。

这样一个靠武力肆意掠夺财富、无休止肆意挥霍的政权会把我们带往何处呢？我们付出的鲜血就是为了向他奉上全世界。但是，要填饱这样一个征服者的胃口似乎遥遥无期、毫无希望。

我这样的计算也许会让一些读者发笑。他们会说："什么？这个部长之所以如此伤感，是因为他遭到了贬黜，他现在叫嚷着别人横征暴敛，难道他自己就可以完全置身事外吗？他自己不也曾富可敌国、权倾一时吗？"

而我现在要告诉你们的是，事实恰恰相反。虽然我曾经在这样一个

① 圣海伦的战俘确认了这条指控。但据他们的供词，当时只有 4 亿现金。——原注

② 涅墨西斯是希腊神话中被人格化的冷酷无情的复仇女神，亦称为拉姆诺斯的女神，其神殿位于马拉松以北的拉姆诺斯。神话中的涅墨西斯会对在神祇座前妄自尊大的人施以天谴。她又名阿德剌斯忒亚，意为"无法逃避的人"。涅墨西斯虽然是一位受人尊敬的女神，但她也曾给诸如厄科和那耳喀索斯这样的凡人带去很多伤痛。那耳喀索斯生于希腊的 Thespiae 城与维奥蒂亚州，是一位自恋的美少年，对所有前来求爱的女人都无动于衷。一次那耳喀索斯打猎归来，被涅墨西斯引至一处水池。在池水中他看见了自己俊美的脸，于是爱上了自己的倒影，无法从池塘边离开，终于憔悴而死。涅墨西斯认为不应有人占有过多的好运而高傲自大，因此她常去诅咒那些有福的人。

危险、没有节制、让人难以忍受的政权下获得过一些好处，但我会因此而隐藏事情的真相吗？答案是否定的，沉默的时代已经过去，现在是时候揭开帝国轰塌的真相了！

接下来大家将会看到，拿破仑帝国何以在非常短的时间内失控并走向败亡。

第 21 章

法英关系紧张

精彩看点

法俄同盟动摇——罗马王降生——法国爆发饥荒——萨瓦里主政下的公安部——诗人艾斯门纳德——科里男爵事件——玛丽亚王后事件——关于西班牙战争的分歧——塔列朗失势——挑唆英国工人运动——交换俘虏——责令瑞典切断同英国的贸易

荷兰国王退位后，拿破仑致信参议院[①]，宣布当前最迫切的事情便是控制埃斯科河、默兹河、埃姆斯河、威悉河以及易北河的河口，并沿波罗的海[②]建成内部海上航道。一位参议院议员[③]提出，荷兰、德意志北部的大部、汉堡、不来梅[④]和吕贝克[⑤]等自由城市都应当是法兰西帝国的一部分。接着他还建议法国增设十个行省。也就是说，拿破仑在还没有巩固已有的战利品时，就已经在谋划着继续征战远方。

---

① 1810年12月10日。——原注

② 波罗的海是中欧和北欧之间的陆间海，海域横贯北纬53度至北纬66度，东经10度至东经30度，介于斯堪的纳维亚半岛的瑞典部分、欧洲大陆和芬兰诸岛之间。波罗的海由厄勒海峡、大贝尔特海峡和小贝尔特海峡注入卡特加特海峡，而后者则通过斯卡格拉克海峡注入北海，最后进入大西洋；此外它还通过白海运河同白海相连，通过基尔运河同北海相连。波罗的海在北端与波的尼亚湾相邻，在东北端与芬兰湾相邻，在东端与里加湾相邻。这些海湾同样可以被看作波罗的海的一部分。

③ 1810年12月13日。——原注

④ 不来梅是德国不来梅州的州府、德国第二大港口城市和第五大工业城市。

⑤ 吕贝克位于德国北部波罗的海沿岸，是石勒苏益格－荷尔施泰因州第二大城市。历史上曾是汉萨同盟城市之一，也是同盟的“首都”。1987年，“汉萨同盟城市吕贝克”经联合国教科文组织列为世界文化遗产，是欧洲北部第一个列入世界文化遗产的城市。吕贝克坐落于特拉维河沿岸，是德国在波罗的海最大的港口。旧城部分是被特拉维河和易北河－吕贝克运河围绕起来的一个岛屿。

19 世纪的吕贝克

在没有同任何机构协商的情况下，这条提议便假借同英国作战之名得到了落实。从此拿破仑取消了自己曾经建立的王国，莱茵联邦和威斯特伐利亚王国都不复存在。这也就意味着所有的土地都成为拿破仑帝国的一部分。接着拿破仑又划定了一条新的疆界，切断了德意志中部和南部省份同北海的联系。此举大有联合帝国和普鲁士疆界的趋势，但在之前的协定中，这一点是不被允许的。

我们能够很容易地看出，拿破仑此举对邻国来说是一种令人不安的行为。仅仅因为一个参议院议员的提议，仅仅通过了一个简单的法令，他就试图在莱茵河建立一个新的法国统治区。我察觉到划分欧洲两大帝国势力范围的《提尔西特条约》正在遭到破坏，法国和俄国的破裂在所难免。

与此同时，我从在巴黎的信使那里获悉汉萨同盟[①]下自由城市的联合给俄国、普鲁士甚至奥地利都造成了一定程度的困扰。这更坚定了我之前的想法：法俄大战不可避免，法国内部也会因为拿破仑的独裁而引发新的动乱，那些被革命摧毁的势力又将卷土重来。

啊！一个危机里裹挟着另一个危机：如何保障革命以及革命者的利益？在这样一个令人不安的未来面前，我还能继续置身事外、熟视无睹吗？

---

① 汉萨同盟是 12—13 世纪中欧的神圣罗马帝国与条顿骑士团诸城市之间形成的商业、政治联盟，以德意志北部城市为主。“汉萨”一词，德文意为“公所”或者“会馆”，最早是指从须德海到芬兰、瑞典到挪威的一群商人与一群贸易船只。汉萨同盟 12 世纪中期逐渐形成，14 世纪晚期至 15 世纪早期达到鼎盛，加盟城市最多达到 160 个。1367 年成立以吕贝克城为首的领导机构，有汉堡、科隆、不来梅等大城市的富商、贵族参加。拥有武装和金库。1370 年战胜丹麦，订立《施特拉尔松德条约》。同盟垄断波罗的海地区贸易，并在西起伦敦，东至诺夫哥罗德的沿海地区建立商站，实力雄厚。

奥尔登堡王朝[①]的奥尔登堡公爵[②]是最近被废黜的王公贵族之一。这位公爵和俄国沙皇有血缘关系，他被废黜意味着拿破仑侵犯了一位所有人都希望他能手下留情的公爵的利益。针对这件事，圣彼得堡和杜伊勒里宫之间开展了一次协商。作为补偿，拿破仑把埃尔福特市及其附属地交由奥尔登堡公爵管理。但沙皇亚历山大一世已经高调拒绝了这份好意，并提出了一份正式的抗议书。同时他还命令自己的部长走访欧洲各宫廷，递上抗议书。我知道做事一向沉稳的沙皇亚历山大一世绝不会贸然行动，法俄大战一触即发。

1811 年，我们看到的是一片虚假的太平盛世。从巴黎传来的一封封密电无时无刻不在提醒着我，暴风雨即将来临。现在我需要重新梳理一些最重要的事情。

第一件事是拿破仑的儿子——罗马王[③]的降生。拿破仑的儿子一出世就只能是国王。可是在一些人眼中，帝国的这个新变化却是不祥之兆：罗马王这个名字太容易让人联想到饱受折磨的罗马教皇了，巴黎上下都

① 奥尔登堡是德国北部的一个贵族家族，它起源于奥斯纳布吕克北部的地区，1100 年在文献上首次提到埃基尔玛一世，他是第一名已知的该家族的人物，一般被看作该家族的创始人。

② 彼得・弗里德里希・格奥尔格（1784—1812），出生于奥尔登堡。奥尔登堡公爵是奥尔登堡公爵彼得一世与妻子符腾堡公爵弗里德里希・欧根的次女弗里德里克・伊丽莎白・阿玛丽埃的次子。

③ 拿破仑二世（1811—1832），即弗朗索瓦・约瑟夫・夏尔・波拿巴，拿破仑与皇后玛丽・路易之子，生于杜伊勒里宫。他出世后即被封作“罗马王”，为拿破仑一世法兰西第一帝国皇位的继承人。1813 年拿破仑一世在莱比锡战役中战败，次年反法联军进入巴黎，法国参议院随即废除了拿破仑一世的帝位。拿破仑一世在枫丹白露宫宣布退位，在退位诏书中他希望由“罗马王”即位、路易皇后摄政。但是在保王的塔列朗游说下，反法同盟最终使波旁王朝复辟。拿破仑一世失败后，弗朗索瓦被母亲带到她位于帕尔马的领地，后来又被送到维也纳他的外祖父神圣罗马帝国皇帝弗朗茨二世（奥地利皇帝弗朗茨一世）那里，他的封号也先后被改为帕尔马亲王和莱希斯塔德公爵。尽管他实际上并没有真正继位，“波拿巴党”——拿破仑的支持者依然称弗朗索瓦为“拿破仑二世”或是“罗马王”。由于身患肺结核，弗朗索瓦身体状况一直很差，最终在 1832 年于维也纳去世。

奥尔登堡公爵

亚历山大一世

拿破仑的儿子“罗马王”

流传着关于这个新生儿的可笑言论。各个阶层都这样肆无忌惮地谈论着罗马王，恐怕不只是敌对势力操作。刚开始的时候，有人说有一位不能怀孕的公主假装有了身孕；接着，就有人传出了另一个故事，这其中人们很容易便认出了罗马王的影子，这个拿破仑和玛丽·路易皇后的新生儿……

有一些小报记者说罗马王是被偷换的孩子，拿破仑真正的孩子已经死去；还有一些小报记者说，玛丽·路易皇后生下的其实是一个女婴。国务大臣冈巴塞雷斯根本不愿理睬这些传闻，但造谣者却越来越疯狂。当然玛丽·路易皇后的生产过程确实非常艰难，所以有的人认为孩子已经死了，接生的人也因此丢了性命。最后当孩子在一百零一声的礼炮声中降落人间时，拿破仑的狂喜也是人之常情。于是一些人马上开始奉承比恺撒还高兴的拿破仑，说他以后再也不用当心坏日子了（古罗马历中3、5、7、10月的第15日，其他月份的第13日被认为是不吉利的），3月20日是拿破仑以及帝国的吉日。拿破仑相信了这些占卜和预兆。然而他并没有预料到的是1814年和1815年的3月，对他来说，将是多么可怕的日子。

拿破仑与玛丽·路易皇后从兰布莱[①]出发，五月底到达了瑟堡。再次回到圣克劳德[②]时，他们为小罗马王举行了天主教洗礼仪式。在所有人面前，拿破仑亲手举着这个新生儿接受洗礼。摆在这个孩子面前的似乎是一片灿烂的前程，然而三年后他父亲的伟业便被推翻了。当时列席的人，各位大臣、部长甚至帝国的所有人都感受到了一种前所未有的宁静。同时在一些人的心里，一些莫名的担忧却在沉默中暗暗滋长。

① 兰布莱，又译“朗布叶”，位于法国中北部。兰布莱地处巴黎西南郊，距巴黎市中心有44.3千米。城市附近是森林。兰布莱的城堡也是法国总统的别邸。

② 1811年6月4日。

19 世纪的瑟堡

拿破仑和玛丽·路易皇后抵达瑟堡

很快[①]拿破仑就召开立法集团会议，告知人们罗马王的诞生满足了他的心愿和法国人民的期待。此外他还谈到要控制斯海尔德河、默兹河、莱茵河、埃姆斯河、维斯河和易北河的河口，并沿波罗的海建成内部海上航道。最后他说，“希望大陆从此安宁”。法国人听懂了他的最后一句话，开始备战。

这时有人告诉我说，沙皇亚历山大一世已经下了赦令，要把俄国从尴尬的大陆封锁体系中解脱出来。海上贸易方面，俄国已经无法继续坚持对英国的经济封锁。另外我还听说，在沙皇亚历山大一世的朝堂上，一批老俄国人开始占上风。沙皇敕令减少了几个通商口岸，仅有的几个开放口岸中也已经完全看不到法国产品的踪迹。俄国在反击。

可以说我们的商业越来越局限在法国内部，海外贸易已经基本消失。我们的支柱产业是蔗糖制造业，但一些大胆的冒险家，却利用政府的奖金、土地政策大发横财。据我在巴黎的密探汇报，拿破仑在圣克劳德拥有一块自留蔗糖地，那里生产出的蔗糖可以媲美美洲殖民地奥尔良加工厂生产出的最精美的蔗糖。他的内务部长更是直接建议把这种蔗糖放进博物馆以供参观。于是拿破仑把这些蔗糖送给了莱茵河联邦的各位大公以及各邦的小首领，请他们品尝。普通民众根本无力承担这种蔗糖的价格，所以葡萄汁和本土的菊苣咖啡[②]成为了人们的宠儿。可以说蔗糖工业从侧面拉动了国内新的消费需求，但其他工业可谓是一片萧条。

由于年成不好，农作物的收成大幅下降。更糟糕的是，为了更多的利益，政府曾两次大规模地出口粮食，加重了国内的饥荒。事实上为了安抚民心，各地都开始建立赈灾仓库，为灾民提供最基本的食物和清粥。我们的人民执拗地向拿破仑发出控诉，指责拿破仑出口粮食。不得不承

① 1811年6月16日。

② 菊苣的根部或其谷物经烘焙及磨碎后也可以作咖啡代用品。

大陆封锁体系下的走私活动

法国士兵在街头查验违禁品

认的是，拿破仑推行的粮食垄断方针的确在一定程度上导致了灾荒。人们也开始在国内的沙龙里窃窃私语。民意状况越来越不容乐观。

这也是萨瓦里就任公安部长以来的民意走向。这个被荣耀和特权眩晕了头脑的人觉得，只要朝堂上有寄生虫、有唯命是从的文人，那么他就成功了；他幻想着只要讨好了圣日尔曼镇上的那些人，他便可以高枕无忧。简而言之，他认为管理民意大概和德莱斯女士①重塑朝堂礼仪相差不远。于是公安部每周都会在餐厅举办盛大的午宴，在萨瓦里的主持下，御用的文人骚客们齐聚一堂，按照指示发表对帝国一周新闻的看法。

诗人艾斯门纳德②负责的是公安部的道德教化工作。作为诗人的艾斯门纳德可谓是颇有才华，但重用这样一个人的前提是一定要能驾驭他。不久之后新部长便被艾斯门纳德的赞美俘获了“芳心”。在我担任公安部长期间，知识分子和文人都得到了应有的尊重。我的继任者，一个自诩文艺保护者的人，却行轻视文人之事：在法兰西学术院③人员的任免问题上，他粗暴地安插自己的候选人。在我担任部长期间，报社的财产受到保护。我的继任者萨瓦里却肆无忌惮地侵吞报社财产，并将其分给自己的亲信和走狗。报社的衰败意味着萨瓦里失去了一个主导民意的重要杠杆。和拿破仑一样，萨瓦里将斯塔尔夫人视为死敌，他伙同艾斯门

① 德莱斯夫人（1746—1830），法国女作家、沙龙主人。拿破仑时期著名的三位女沙龙主人之一，另外两位分别是斯塔尔夫人、安托奈特夫人。

② 艾斯门纳德（1769—1811），法国诗人、戏剧家。代表作《图拉真的胜利》充满了对拿破仑一世的追捧。

③ 法兰西学术院是法国的一所学术机构，是法兰西学会下属的五个学术院之一，是五个学术院中历史最悠久、名气最大的学术权威机构，当选法兰西学术院院士是极高的荣誉。法兰西学术院由宰相、枢机主教黎塞留成立，最初成立的目的为规范法语。学术院的条例法规由他签署，于 1635 年 1 月 29 日由法国国王路易十三签署君主制诰予以批准，并于 1637 年 7 月在巴黎议会注册备案。

纳德，对斯塔尔夫人进行政治迫害，指控斯塔尔夫人进行反王权的秘密集会。

公安部的上层也在用同样暴力的方式推进工作。在这里我们看看主政的“小部长”德马雷那些拙劣管理的方法、那些让人指指点点的行为和混乱不堪的治理模式。请大家听一听这两个故事。

科里男爵受英国政府的委托，前往巴黎援助费尔南多七世[①]。1810年费尔南多七世从基贝龙湾登陆巴黎。我在巴黎抓捕了他，之后把他发送到了文森堡[②]。我的继任者又做了什么呢？他凭空想象这位拿着文件的人是一个假的科里男爵，真正的费尔南多七世其实已经谨慎地选择了回避。

伊特鲁里亚解体后，玛丽亚王后[③]被迫流亡至尼斯。然而在一些人

① 费尔南多七世（1784—1833），西班牙国王，曾两次在位，分别是1808年3月至1808年5月、1813年至1833年。1808年，西班牙发生起义，卡洛斯四世被迫于当年3月19日宣布让位于其子费尔南多七世。不久，拿破仑另立约瑟夫·波拿巴为西班牙国王。1813年，拿破仑同意费尔南多七世担任西班牙国王，再次即位。不久，拿破仑帝国垮台，费尔南多七世恢复权力。从1823年到1833年，国王费尔南多七世对革命者进行了严厉镇压，成为西班牙历史上“黑暗的十年”。

② 文森堡曾是法国非常重要的皇家军事堡垒，后被用作监狱。

③ 伊特鲁里亚王国是1807年在现意大利共和国托斯卡纳大区大部分地区建立的一个王国。法国大革命爆发后，法军于1796年攻入帕尔马公国。1799年，拿破仑以归还被法军攻占的北部土地为条件，要求西班牙废除由哈布斯堡王室统治的托斯卡纳大公国，让帕尔马公国并入法国，并且要求西班牙波旁王朝的君主保证在将来对欧洲的战争中作为他的同盟。根据《阿兰胡埃斯条约》，费尔南多三世放弃了统治托斯卡纳大公国而转任萨尔茨堡选帝侯。而在其原有的土地上，建立伊特鲁里亚王国，同时为了补偿帕尔马公爵费迪南多一世让出帕尔马公国，指定由费迪南多一世之子，即来自波旁家族分支的路德维科一世出任新立的伊特鲁里亚王国的统治者。伊特鲁里亚王国的第一任国王路德维科一世于1803年英年早逝，其未成年的儿子继承王位，称卡洛二世，卡洛二世的母亲玛丽亚·路易同时为摄政女王，即伊特鲁里亚王后。至1807年末，西班牙爆发内部动乱，拿破仑乘机入侵西班牙。翌年（1808年）拿破仑攻占西班牙之后，宣布将伊特鲁里亚王国拆分，并入法国，成为其三个省：阿诺省、地中海省、翁布罗内省。而原国王及其母亲被许诺可以继承位处今葡萄牙北部大区的北卢西塔尼亚王国之王位，但该许诺却因1808年拿破仑与西班牙波旁王朝的决裂而未曾兑现，最终不了了之。

斯塔尔夫人

费尔南多七世

的穷追不舍、步步紧逼下，绝望的王后不得已投向英国人的怀抱。不幸的是，在去往英国的途中她被中途拦下，随身的两个护卫被当场击毙，她自己也将面临军事法庭的制裁。

在没有阴谋的地方，这些人想象着阴谋、激化制造着阴谋。那些住在土伦的阴谋家们不得不迁往更晦暗的城市，继续密谋着反抗帝国的暴力统治。

没有人为此而站出来讲话，没有任何沟通，也没有任何信任。只有在家人和亲密的朋友间，人们才敢捂着嘴倾吐心中的伤痛。在“民意”一片太平的情况下，拿破仑思谋着沙龙里的声音。于是公安部重金部署了探寻者三百名，令这些人走访巴黎的各个沙龙。可笑的是，五六位警官在出访前还进行了所谓的“数据指导”，其中最没有意义的指导就来自于他们的首领拉瓦莱特①。

拿破仑还是将军的时候，他就深知拉瓦莱特最擅长的是什么。因此很快我们的陛下就厌烦了这些空洞的信息，也渐渐意识到在我之后，再也没有人能够如实汇报民意的真实走向了。他责令公安部向他禀报实情，然而即使公安部按要求行事，这些所谓的实情却也都自相矛盾、异常枯燥，令人不忍卒读。此事也就这样不了了之了。

我离开公安部后，有人曾经给我看过那些初学者的警务报告。出乎我意料的是，萨瓦里竟然直接誊写了一份之前的侦查报告，似乎这样做可以找到一些重要的线索。

自我离开公安部后，公安部的核心职能日渐衰落，与此同时，帝国另一秘密部门的情况也不容乐观。塔列朗下台后，外交部上下都充斥着征战的野心、没有限制的暴力和压迫。毋庸置疑，前外交大臣塔列朗是

① 拉瓦莱特（1769—1830），军官、高级公务员。通过其妻子的关系，拉瓦莱特获得了很多秘密信息。

一个敏锐、杰出、老道的外交家，同时也是拿破仑的谋士，为保证拿破仑的个人安危而出谋划策。但拿破仑的做法却让人非常心寒（稍后，我会讲到具体情况）。拿破仑没有办法原谅塔列朗，只因为这个人坚定地反对西班牙战争。

很快巴黎的沙龙里便上演了一场无声的战争：以拿破仑为首的主战派和围绕在塔列朗身边的主和派用诗词做武器，明争暗斗着。随着与西班牙战争的激化，巴黎这场无声的战争也愈演愈烈。出于报复，拿破仑把西班牙王室的几位大公囚禁在了瓦朗塞城堡[①]，塔列朗夫妇对此事非

塔列朗

① 瓦朗塞城堡位于法国卢瓦尔河流域。法国小说家乔治·桑称瓦朗塞城堡为世界上最美丽的建筑之一。

常关注。有一天，拿破仑看见周围全是自己心腹，觉得自己在气场上压过了塔列朗，因此便想当众羞辱塔列朗。当时曾有传闻说瓦朗塞城堡里发生过一些风流韵事，于是拿破仑故意向塔列朗提及此事。这对于一个男人来说，是一种莫大的侮辱。塔列朗却有理有节地答复道：

为了陛下的荣誉，同时也是为了我的荣誉，瓦朗塞城堡里的大公们最好什么事情都没有做。

对于这样一种得体的回复，拿破仑感到前所未有的困惑。而这一切也都预示着塔列朗的失势：他的住所、朋友、心腹都在萨瓦里明目张胆的紧密监视之下。萨瓦里甚至还向自己周围的人吹嘘：塔列朗和富歇都在我的控制之下。

在民众的眼里，内心晦暗的拿破仑失去了自己内政外交上的左膀右臂，从此在国内外事务上，他都失去了回旋的余地。所谓公安部已经变成了一个令人气愤却没有任何实际意义的审问机构；所有与国外签订的条款都不过是为了准备新的战争；政府越来越不忌惮自己的言行，作为塔列朗的继任者，主持过流放教皇和入侵西班牙王室的帕尼公爵甚至说过这样的话：“我们不需要任何原则。”

这位远离外交圈，或者说是远离拿破仑淫威的前大臣，却成为了法国人心目中最温和、最稳妥的一个人。似乎除了逢迎这位权倾一世的征战者外，政府已经别无他法。政客们开始献言进策，筹备着攻占英国和报复俄国的计划。事实上，在德马雷和萨瓦里的管理下，公安部的职能已经被篡改和消解，所以那时拿破仑听到的全是激化矛盾的报告和各式各样的阴谋诡计。

这也就意味着，帝国将同时对英国和俄国两大强国宣战。在我担任公安部长期间，我曾努力尝试让拿破仑和英国达成和解，然而收效甚微。

讽刺塔列朗对英政策的漫画：拿破仑坐在塔列朗肩膀上望着英吉利海峡对岸的英国，而法国舰队正在被英国舰队攻击

19 世纪的瓦朗塞城堡

事实上拿破仑很敬重英国人，对英国也没有特别的敌意，他担心的只是英国政府的寡头执政理念。在他眼中，英国人绝不会给大陆真正的和平，他们所谓的和平不过是三四年的短暂休战。在这方面我从来没有说服过拿破仑，而现在拿破仑身边的一些人又在不断地强化这种想法。最终，他们把法国拖入了一场新的大战，一场拿破仑期待已久的大战，一场可以摧毁英国新闻自由和议会自由的大战。

为了在岛国内部掀起同样的政治革命，拿破仑向英国派出了一些密使。我曾无数次和他说过，英国的制度和她的海军一样强大，然而这个人更愿意相信密使们带来的虚假消息。1811 年一整年，他都在忙着推行大陆封锁体系，企图从外部瓦解英国经济；他的密使也在积极地向英国的制造商施加压力。于是乎，短短一年间，英国工厂纷纷倒闭。这极大地打击了英国的信用。密使们向拿破仑报告，英国内部正在遭遇严重的危机，一旦开战，英国肯定承受不起五千多万英镑的经济损失。

英国诺丁汉确实爆发了失业工人运动，暴动的工人们联合起来，摧毁了新的机器。在一个假想队长卢德长官的带领下，他们自诩为卢德主义者①。对拿破仑来说，这只是伤口溃烂的开始。紧接着，爱尔兰、德比、莱斯特相继爆发了工人暴动。可以确定的是，拿破仑政府中的许多人对这些暴动并不陌生，有些人甚至还是这些暴动的挑唆者。

据统计，加上和伦敦暴动里应外合的在法国的各国俘虏，参与暴动的人数达到了五万。这也是拿破仑不愿意交换俘虏的重要原因之一。虽然法国只有两千英国俘虏，但我们却控制着五万三千名西班牙和葡萄牙俘虏。所以拿破仑佯装交换俘虏的条件是：一名英国战俘加上四名西班

① 卢德主义者是 19 世纪英国民间对抗工业革命、反对纺织工业化的社会运动者。在该运动中，常常发生毁坏纺织机的事件。这是因为工业革命运用机器大量取代人力劳作，使许多手工工人失业。后世也将反对任何新科技的人称作卢德主义者。

漫画：卢德主义者煽动失业工人进行暴动

牙或葡萄牙战俘，换回五名法国或意大利战俘。他确信英国不会同意这样的交换条件，事实上，仅仅这种交换比率就惹怒了英国内阁。

此时英国国内的危机越来越严重。拿破仑对英国的经济封锁政策也越来越严苛。他责令瑞典切断同英国的贸易，意图让瑞典在英国和法国间做出选择。对一个中立国提出这样苛刻的要求，源于拿破仑对瑞典国王查理十三世[①]的继承人贝纳多特[②]的不满。在拿破仑的内心深处，他一直对这个昔日与我一道护卫安特卫普城的将领耿耿于怀。他认为当年我和贝纳多特一定有过密谋，也就是说，如果他在德意志受挫，我们两个将联手关上他回法国的大门，并保举贝纳多特为第一执政。所以当贝纳多特前往北方的时候，拿破仑心里非常高兴，正如萨瓦里等人和他说的那样，这样一来他就少了一个可怕的竞争对手。

拿破仑觉得，前往瑞典的贝纳多特一定会贯彻自己的指示，于是他一封接一封地致电查理十三世政府，命其切断同英国的对外贸易。瑞典政府没有立刻执行他的指示。拿破仑因此颇为恼怒，命令海盗船抢夺运载着英国殖民地物资的船只，并占领了波美拉尼亚[③]。就这样双方间的不满悄然滋长，同时拿破仑又担心这个即将由贝纳多特主政的瑞典政府。就这样，在两国的互相怄气与争辩中，1811 年过去了。

以我对贝纳多特的了解，我相信这个人最后一定会加入到英国和俄国的阵营。他这样做有两方面的原因：一方面，他要捍卫瑞典的独立；另一方面，他也要保住自己的王冠。

我和这位瑞典王子的旧交情，成了萨瓦里等人手中的把柄。这位公

① 查理十三世（1748—1818），1809—1818 年任瑞典国王，1814—1818 年任挪威国王。他是瑞典国王阿道夫·腓特烈的次子，瑞典－挪威联合王国的首任君主。

② 1810 年 8 月 21 日，经过瑞典各联邦一致通过，推选贝纳多特为继承人。

③ 波美拉尼亚是中欧一个历史地域名称，现在位于德国和波兰北部，处于波罗的海南岸，主要河流包括维斯瓦河、奥得河和雷克尼茨河。

瑞典国王查理十三世

查理十三世的继承人贝纳多特

安部长认为，是我在幕后指使贝纳多特强硬抵制圣克劳德的指示。很快，我便得知我的一举一动甚至我的信件都受到了监视。对此我不禁想问，和我玩这种小把戏意义何在？我并没有因此和斯德哥尔摩[①]以及整个北欧失去联系，贝纳多特身边的陆军上校维赛随时向我汇报着那里的情况。

1811 年的政治纷争使我们卷入了一场致命的远征——出兵俄国。而此时西班牙的抵抗运动已经发展成一种国民运动。出兵俄国，正是拿破仑在欧洲大陆上发起的针对英国的战争。

① 斯德哥尔摩，瑞典首都和斯德哥尔摩省首府，也是瑞典第一大城市。瑞典王国政府、国会以及瑞典王室的官方宫殿都设在斯德哥尔摩。它位于瑞典的东海岸，濒波罗的海，梅拉伦湖入海处，风景秀丽，是著名的旅游胜地。市区分布在 14 座岛屿和一个半岛上，70 余座桥梁将这些岛屿联为一体，因此享有“北方威尼斯”的美誉。斯德哥尔摩市区为大斯德哥尔摩的一部分。

第 22 章
法俄关系紧张

精彩看点

任命约瑟夫为西班牙军事总指挥——马塞纳将军受挫——半岛战争结束——约瑟夫提交辞呈——沙皇亚历山大一世的觉醒——拿破仑重启对俄计划——马赫出任外交大臣——拿破仑对欧洲重要人物的看法发生改变——斯成诺夫伯爵前往巴黎——12 月 31 日俄国的决定——重回费里耶尔城堡——玛鲁埃的相助——拿破仑巡游荷兰——对俄宣战的利害

从1810年初开始，西班牙战场的局势变得越来越复杂。因为争功，各个将军之间出现了一些恶性竞争。前来参加拿破仑的婚礼时，西班牙国王约瑟夫明确提出，要么法国撤走所有军队，要么所有的法国军队都必须听命于军事总指挥。提及撤军，拿破仑非常谨慎，因此他同意了约瑟夫的请求，任命约瑟夫为军事总指挥。离开巴黎时，约瑟夫带走了儒尔当元帅，任命他为战事大将军。

西班牙战场上的所有将军都必须听命于约瑟夫，并且需要同时向约瑟夫和拿破仑负责。但这些举措收效甚微，战场上依然会同时出现几支军队。需要同时向两边负责的将军们不得不私下协调出兵方案。对这些将军们而言，最重要的就是保住他们从敌人那里攻占的土地。

在英国势力稳固的葡萄牙，我军曾两次被驱赶出境。这些事实似乎都向拿破仑证明，如果我们真的想征服半岛的话，那么我们首先就要拿下里斯本，迫使英国人离岸。在某种程度上，现在的拿破仑是在与整个欧洲为敌，但他却不知道该如何应对这种局面。他自己又怎么会没有意识到，如果半岛战争继续下去的话，那么敌方势必会涌现出一批能人志士，这样一来，西班牙战争的局势以及他的利益势必受到影响。老欧洲并不缺少士兵，他们缺少的是能统率士兵的将领，缺少的是可以率领士兵抵抗法国侵略的将领。然而拿破仑却忽视了这一点。

因此在条件允许的情况下，拿破仑没有亲自出兵葡萄牙，逼退威灵顿[①]，而是派出了马塞纳将军。在所有的将领中，马塞纳最灵活、最勇敢、最执着，然而私下里，这位勇猛的“猎人”却对拿破仑怀恨在心。他也希望像苏尔特元帅[②]一样，用剑戟打出一片江山。对他们来说，拿破仑、缪拉以及贝纳多特是多么具有诱惑力的榜样啊！马塞纳的内心也有着同样的渴望。于是，怀揣着梦想的马塞纳率领着六万大军前往葡萄牙。但当马塞纳在战场上刚刚受挫时，他便接到确切的消息称拿破仑已准备和英国人和谈，如果英国愿意放弃西班牙的话，那么他将放弃葡萄牙。听闻此事后，马塞纳大为沮丧。可怕的是，同征战热情一同消失的还有他的军事才华。在这种危难关头，没有人可以取代拿破仑，但拿破仑一个人却可以决定三四万人的未来。可惜的是拿破仑没有看到这场战争对他和整个欧洲的重要性，这是他缺乏军事洞察力的表现。

后来发生了什么呢？法国输掉了这场战争，威灵顿将军赢得了最后的胜利。经过一个月的恳求后，战败的马塞纳才得到了一次向拿破仑解释的机会。虽然帝国以这样的方式结束了半岛战争，但它却给整个战争局势带来了不安的因素。

单打独斗的苏切特元帅[③]在东部省份赢得了赫赫战功。出征巴伦西

---

① 第一代威灵顿公爵阿瑟·韦尔斯利（1769—1852），英国军事家、政治家，19世纪军事、政治领导人物之一。在半岛战争中，威灵顿获晋升为将军。1814年，拿破仑被流放厄尔巴岛后，威灵顿出任驻法大使，获册封为公爵。在1815年的滑铁卢战役中，他联同布吕歇尔击败拿破仑。从政后，他加入托利党，曾两次出任首相，成为托利党时代最后一位首相。纵使他阻止不了1832年改革法令获得通过，但是，在他退出政坛前，他在皮尔内阁中任职，而他仍是上议院的领导人物之一。他终生担任英国陆军总司令。

② 尼古拉·让·德迪乌·苏尔特（1769—1851），封达尔马提亚公爵，法国军事首领和政治人物，绰号“铁手”，以作战英勇和政治投机而闻名。在法国历史上他是第一帝国18位元帅和6位大元帅之一。他还担任过三任法国首相。

③ 路易·加布里埃尔·苏切特，第一代阿尔布费拉公爵（1770—1826），法国元帅，拿破仑皇帝手下最优秀的将军之一。

马塞纳将军

苏切特元帅

威灵顿将军

亚王国[①]时，他个人的力量已经绰绰有余。当他抵达巴伦西亚时，没能自立为王的苏尔特结束了自己在安达卢西亚[②]的霸权。与此同时，马尔蒙组织起了残余的葡萄牙军队，开始在杜罗河[③]和托尔梅斯河[④]单独行动。

总而言之，拿破仑的将领们以军事化的方式管理着政府工作。约瑟夫不过是一个傀儡国王。如果没有军队护卫，约瑟夫甚至没有办法离开马德里。有那么几次，他都险些被游击队俘虏。虽然约瑟夫是名义上的西班牙国王，但这个王国根本不属于他。被法国军队占领的省份，要么是被我们自己的军队摧残得面目全非，要么就是被西班牙游击队破坏得支离破碎。在我看来，这都和 1810 年那场草率结束的战争有关。

1811 年末的时候，约瑟夫派阿尔梅纳拉出使法国，向拿破仑提交了正式的辞呈。但当时的拿破仑一心想着出兵俄国，并没有及时做出回应。

实际上拿破仑远征俄国是一场纯粹的政治战争。在普通人眼里，这场战争的目的仅仅是为了掠夺资源，恐怕也只有头脑清醒的观察者和政府领袖才能明白其中的原委吧。

---

① 巴伦西亚王国是位于伊比利亚半岛东海岸的一个王国，也是阿拉贡联合王国之一。巴伦西亚王国成立时曾是伊斯兰教的泰法，但在 1237 年被基督教的阿拉贡联合王国占领。西班牙王国成立之后，巴伦西亚王国成为西班牙王国的一部分，曾拥有高度的自治权。但在 18 世纪，由于在西班牙王位继承战争中失败，巴伦西亚王国的自治权被剥夺。现在西班牙的巴伦西亚自治区基本和巴伦西亚王国的范围重叠。

② 安达卢西亚在西班牙南方，北有埃斯特雷马杜拉和卡斯蒂利亚 – 拉曼查，东有穆尔西亚，南有地中海、直布罗陀，西有葡萄牙。

③ 杜罗河是伊比利亚半岛上的一条主要河流。发源于西班牙索里亚省，自东向西，最终在葡萄牙波尔图南约 3 千米处注入大西洋。

④ 托尔梅斯河是西班牙的河流，流经阿维拉省和萨拉曼卡省，发源自格雷多山脉，最终注入斗罗河。

《提尔西特条约》的签订已经埋下了法俄战争的种子。条约规定威斯特伐利亚王国[①]为拿破仑帝国的附属国，德意志北部的大部分邦国都加入莱茵联盟。新建立的华沙公国不过是帝国手中的一把蒲扇——它随时都可以对俄国或者奥地利翻脸，丹麦共和国名义上获得了独立，但却永久隶属于拿破仑，成为拿破仑进攻波罗的海时的实际口岸和补给站。最后，法国军队享有横穿普鲁士的专门通道，而这通道一直延伸到了俄国边境。

当时迫于奥斯曼帝国的压力，俄国不得不接受《提尔西特条约》中的条款[②]。可是对沙皇亚历山大一世而言，签订的这样的条款，与其说是在承认和拿破仑势均力敌平分欧洲大陆，不如说是承认拿破仑是一位胜利的征服者，一位迟早会利用这些优势挑衅俄国的征服者。

不过拿破仑贪婪的目光最先望向的是欧洲南部，是西班牙、葡萄牙，是南美。而对俄国来说，这正是一个休养生息的好时机。可是对拿破仑来说，一边安抚着俄国，一边计划着攻下俄国并非难事。当时我很清楚他对于俄国的看法，我也必须承认，当时的自己也被拿破仑宏伟的计划所吸引。那个时候我希望能建立自由的波兰，拿破仑也故意诱导着柯斯丘什科[③]的想法。我理解他这样做的目的，他希望扩大自己的控制范围。

---

① 虽然官方上威斯特伐利亚是一个独立王国，但实际上是法国的附庸国，由拿破仑的弟弟热罗姆·波拿巴统治。虽然王国有“威斯特伐利亚”一名，但王国只拥有这地区的一小部分。

② 许多普鲁士和俄国的观察家都认为，该条约不但不平等，同时也是污辱。俄军拒绝遵从拿破仑的指令，尤其是在里斯本事件中，他们更向全欧洲表达此意见。俄国皇室阻挡了拿破仑欲与沙皇的姊妹结婚的计划。由于沙皇开始允许中立国在俄国港口停靠，两国的合作在 1810 年急转直下。1812 年，拿破仑横越尼门河，开启俄法战争，终结了同盟的最后希望。

③ 安德热·塔德乌什·博纳文图拉·柯斯丘什科（1746—1817），波兰军队领导人，波兰、立陶宛、白俄罗斯和美国的民族英雄，担任国家武装部队最高司令，领导了反抗俄罗斯帝国和普鲁士王国的柯斯丘什科起义。

柯斯丘什科

但西班牙战场上的血雨腥风却让我不得不对这种行为提高警惕。

沙皇亚历山大一世想要维持和平，因此他不得不尽力取悦拿破仑，尽力取悦拿破仑的内阁、部长、大使，并且时刻维护拿破仑的权威，服从他的意志。

对拿破仑来说，出征西班牙是他建立全面独裁的最后一步。奥地利战败后，拿破仑便迎娶了奥地利公主，之后法国又在北方有了新的动作。这些事情过后，沙皇亚历山大一世开始怀疑法兰西帝国是否会信守承诺，拿破仑是否会与他相安无事地平分欧洲大陆。越来越多的俄国人认为大陆和平终将被打破，大陆体系下的各个国家都不得不面对日渐衰退的贸易、沉重的赋税、庞大的军费支出以及无力保护自己子民的大公。

《提尔西特条约》签订三年后，沙皇亚历山大一世认清了所谓的法俄联盟。他觉得是时候团结其下的各个联邦来捍卫自身的独立主权。得知反法派——或者说老俄国人已经在圣彼得堡内阁中占据上风后，拿破仑决定重新启动他在 1805 年到 1806 年制订的针对俄国的计划。

这个计划指的是分裂，进一步消灭俄国或者迫使沙皇亚历山大一世接受侮辱性的和平条款，也就是说，在重建波兰和解体新月帝国的前提下，法国、俄国和奥地利三国之间达成和平。如此一来，整个欧洲大陆将被纳入大陆体系，而拿破仑将成为整个欧洲的主宰。

所以拿破仑首先需要恫吓俄国，或者与俄国决一死战，让它脱离欧洲、回归亚洲。于是法国把手伸向了波兰，与波兰暗中协商独立事宜。

理顺北方各种复杂的关系后，拿破仑换下了当时的外交大臣帕尼公爵。

在拿破仑看来，能担此重任的只有他的秘书马赫[①]，这也意味着从

① 马赫（1763—1839），法国外交家、政治家、法兰西学术院院士，是拿破仑·波拿巴的心腹，曾担任拿破仑·波拿巴的国务秘书。

此之后，所有的对外事务都将服从他的意志。从这个方面来看的话，马赫确实是拿破仑的不二人选。马赫这个人并不坏，并且他真心实意地崇拜自己的主人，他清楚地知道这个人的想法、秘密和意向。他甚至还是拿破仑信任的作家，可以很好地把拿破仑各种不成文的指令写成语意通顺的政令。这个人还负责着一项非常重要的工作，即整理归纳拿破仑对欧洲重要人物的看法、评价——他们享有的年金俸禄也都记录在册。与此同时，这个人还主持着特使的派遣工作。对于拿破仑所有的骄纵和粗鲁，马赫总是沉稳地妥协。在他看来，忠于拿破仑便是忠于自己的职责，忠于帝国的安危。他从来没有想过反抗拿破仑，这也是他平步青云的原因。

1811年，拿破仑对一些重要人物的评价突然变了，这也意味着新的行动在秘密筹划中。对此有所警觉的沙皇亚历山大一世认为他必须深入

马赫

了解拿破仑的计划，同时他也希望能在拿破仑的政府中拥有更多的内线。当时的俄国大使库卡因[①]已经沉醉在圣克劳德的温柔陷阱中，成为大陆体系的热情拥护者。于是从1月起，沙皇亚历山大一世便派斯成诺夫伯爵前往巴黎。这位年轻的贵族是俄国皇家护卫队的上校。来到巴黎后，风度翩翩的他马上就成为宫廷的宠儿，深得帝国夫人们、小姐们的喜爱。不久之后，他便在巴黎的上流社会中赢得了一席之地。所有的太太、小姐们都希望得到这位沙皇亚历山大一世特使的垂爱。最开始的时候，这位特使还在犹豫不决。最后，当女大公R向他示好的时候，他接受了。公安部竟然丝毫没有察觉到如此明目张胆的阴谋！

最开始的时候，拿破仑觉得此事有些蹊跷。他怀疑这个外表和善的人可能肩负着重要的政治任务。一个月后当这个人再一次出现在巴黎时，拿破仑对他的怀疑便愈加强烈。一方面，萨瓦里对自己主人的怀疑困惑不解；另一方面，为了讨好主人，他还是派艾斯门纳德前往调查。斯成诺夫伯爵回到巴黎的当晚[②]，这位半正式的作家便在《帝国日报》中插入了这样一个故事：

> 一位名叫保尔的特使，受俄国王子波将金的委托，奉命前往巴黎为俄国效劳。到达巴黎后，保尔一会儿找舞伴，一会儿找阿尔巴尼亚[③]的特产，一会儿找阿斯特拉罕[④]的瓜果，一会儿

① 库卡因（1752—1818），俄国政治家、参议员、俄国驻法国大使。是托尔斯泰的《战争与和平》中库卡基尼的原型。

② 1811年4月11日。——原注

③ 阿尔巴尼亚西隔亚得里亚海和奥特朗托海峡与意大利相望，南面则与希腊接壤，东临马其顿，东北是科索沃，北接黑山。

④ 阿斯特拉罕位于俄罗斯南部伏尔加河汇入里海处。这里曾是可萨汗国的首都，名阿提尔，和金帐汗国首都萨莱很接近。这里也曾是阿斯特拉罕汗国的首都。许多来自中亚的商人在此交易，甚至置馆居住，其中有乌兹别克人、亚美尼亚人、印度人。

俄国大使库卡因

又找克里米亚[①]的葡萄。

斯成诺夫伯爵觉得这是对他的侮辱。于是他和俄国大使一道提出坚决的抗议。那时拿破仑并不想贸然和俄国起冲突，因此对于这种暗讽，拿破仑装作非常生气的样子，决定暂时流放艾斯门纳德。可是流放至那不勒斯的艾斯门纳德却受到了帝国的各种封赏。不幸的是两个月后[②]，这位骑着骏马恣意人生的作家头撞岩石，气绝身亡。

与此同时，拿破仑及法国各位部长都在喋喋不休地抱怨12月31日俄国的决定（俄国决定减少通商口岸），指责俄国在为英国提供便利。巴黎的各大日报频繁报道英国的货船被允许经停俄国口岸的事件。从这时起有远见的人都知道，法俄关系将面临巨大的挑战。他们心里清楚这样的争执背后是两大帝国之间的政治较量。1811年秋天，旁观这场争辩的英国内阁有了足够的理由相信，拿破仑的确不会像他的兄弟约瑟夫说的那样增兵西班牙。

也是在那段时间，拿破仑一统欧洲大业的流言传得沸沸扬扬。在将近七八个月的时间里，各个阶层都因这宏图大业而焦虑不已，我自然也不能幸免。初夏时，我觉得我必须重回巴黎。我希望一切还来得及，还来得及向陛下建言献策，改变或者调整他的宏图计划。我的内心隐隐地告诉我，这一次他可能会落败。

然而这谈何容易呢。首先，在拿破仑的眼中，我已经是一个被怀疑的对象。我知道，拿破仑已经多次下令密切监视我的行踪，但鉴于我已经远离朝堂，所以事实上他对我的监视并没有什么作用。一句话，我巧

① 克里米亚半岛，简称克里米亚，是黑海北岸的一个几乎完全被海包围的半岛。东部为刻赤半岛，与大陆隔刻赤海峡相望。

② 1811年6月25日。——原注

妙地躲过了所有的监视。也正因为如此，我才得以通过杜洛克向拿破仑提出我的请求。

我说自己非常不适应南部的气候，并且医生建议我离开南方；而且为了家人，我也希望可以在我的领地方桥暂住一段时间。同时我也表达我对于远离朝堂生活的喜爱。拿破仑马上通过了我的请求。但与此同时，杜洛克建议我回到费里耶尔城堡时一定要小心谨慎，不要给针对我的公安部留下任何把柄。我于是默默地离开了南部。到达费里耶尔城堡后，我过起了完全与世隔绝的生活，拒绝接待任何人。从表面上来看，除了每天疗养之外，我便是忙着教育子女，耕种自己的花园。在这里接见从巴黎来的信使，我必须高度警惕。每一次信使都是在夜深人静、没有任何人知道的情况下，从一个小门（只有我有这个小门的钥匙）进来同我会面。我会在城堡中某个不为人知的秘密角落里接待他，并确保没有任何人能听到我们的谈话。

供职于政府部门的所有官员里，只有玛鲁埃一人有勇气光明正大地来看望我。也是在那个时候，我才真正懂得了这个人身上的珍贵品质。只有他敢于挑战权威，向我这个旧时同窗、少年时代的朋友[①]伸出援手。我被深深地打动了。然而在政治上，我们却有着不同的观点。在这一点上，我们又是如此的不同。他是一个温和的保皇派，而我是一个激进的共和党人，唉！

……回到法国后，玛鲁埃曾经对我做过一些非常中肯的评价。他意识到，我已经不再是年轻时的我，我的经历和思考让我知道，最重要的是化解仇恨和治愈革命的伤口。他同意我的观点，而我将永远铭记这份诚挚的友情。

① 富歇和玛鲁埃曾经在圣托奥理会一起学习过。——原注

互诉衷肠是一件多么难能可贵的事情啊！尽管我们的观点有些不同，但很快我们就站在了同一阵营里。因为我们都相信，欧洲将要面临一场深刻的社会危机。拿破仑出征俄国的野心已经势不可当，而这也是我们经常讨论的话题。从玛鲁埃这里，我听说拿破仑建议沙皇亚历山大一世任命库卡因全权代表俄国和法国进行谈判。谈判主要围绕三个有分歧的方面进行：第一，从法国方面来看，沙皇 12 月 31 日的法令侵犯了《提尔西特条约》的相关规定；第二，法国认为，在处置奥登堡公爵时，俄国没有合法的立场去维护莱茵联盟中大公们的利益；第三，沙皇向摩尔多瓦[①]军队下达命令，逼近华沙公国的国界。觉醒的沙皇亚历山大一世已经清楚地意识到和拿破仑结盟的后果。于是他避开了这些提议，另派一名特使内斯尔罗德伯爵[②]代替罗门佐夫伯爵进行谈判。

所谓的争端，不过是为了掩饰真正的矛盾：靠得太近的两大帝国，恐怕不得不一决高下了。玛鲁埃知道，我写给拿破仑的、关于这场战争危害的报告不会有任何作用，然而他并没有阻止我这样做。他对我说："这是您对国家的责任，也是您对自己的交代，更是您对之前所做工作的交代，所以您应当这样做。"但他也告诉我说："在这件事情上，您不能操之过急，因为法俄关系还没有全面破裂，或者说没有任何正式、明显的迹象表明两国关系已经破灭，如果您贸然提交报告的话，那么您便会给别人落下口舌，使他们有理由指责您窥探国家机密。虽然此事已经火烧眉毛，但这个时机还需要您自己来把握。"玛鲁埃走后，我开始准备行动。

① 摩尔多瓦是一个东欧的内陆国家，首都是基希讷乌。摩尔多瓦西邻罗马尼亚，北面、东面、南面毗邻乌克兰。

② 卡尔·内斯尔罗德（1780—1862）是波罗的海德意志裔俄罗斯帝国外交官。内斯尔罗德于 1816 年至 1856 年 40 年间担任俄国外交大臣，主导了俄国外交，在神圣同盟中起到了关键作用。

内斯尔罗德伯爵

为了巩固在荷兰的地位，9 月初，拿破仑沿着荷兰的海岸线进行了一次巡游。回到巴黎后，他开始着手准备对俄战争。表面上他举行了几场私人听证会，但参会的人都是皇权下的顺民。这一次拿破仑的独裁达到了巅峰，他通过参议院代表控制了参议院，又通过参议院避开了立法集团，并且牢牢控制了各位部长大臣和内阁。他完全不理会大臣们的提议。比起这些人的建议，他更愿意相信自己的密探或是自己的热情。朝堂之上一片谄媚，而从这时起，仰慕也变成了一种耻辱。

出征俄国的传言愈演愈烈，成为所有人私下讨论的话题。终于政府有了公开的动向。12 月 20 日，参议院一位议员提议在 1812 年启用十二万招募军队计划。为了不泄漏更多的消息，该议员的演讲稿以及参议院的报告书没有向公众披露。

此前，我已经系统地整理了我对于这场战争的看法。我认为这场战争不同于以往任何一场战争，并列举了我们可能遇到的所有危险。我知道，是时候把这份报告交出去了。

这份报告分为三部分：在第一部分中，我论证了现在不是出兵俄国的合适时机——西班牙战场的战火越燃越烈。如果我们贸然对俄国开战，那么法国将承担巨大的风险；在第二部分中，我指出了这场战争的艰难之处，我们要面对的是完全陌生的自然环境以及刚烈的民族性格，并且我们也琢磨不透沙皇亚历山大一世的性格；最后在第三部分，我分别论证了战胜和战败这两种情况下战争的后果，如果我们赢得了这场战争，俄国将重新回归亚洲，那么，我们所谓的建立全面君主制也不过是一个幻想，好战的莫斯科人肯定会不屈不挠地向君士坦丁堡[①]发起进攻，从

① 君士坦丁堡是土耳其最大城市伊斯坦布尔的旧名，现在则指伊斯坦布尔金角湾与马尔马拉海之间的地区。它曾经是罗马帝国、拜占庭帝国、拉丁帝国和奥斯曼帝国的首都。

君士坦丁堡打到恒河——在这一点上，前有马其顿的亚历山大大帝，后有恺撒大帝。

人们都认为我这样的陈述应该能够触动拿破仑。

我向拿破仑禀明："陛下，您现在拥有世界上最完美的君主制，难道您希望没有止境地去征战吗？历史已经证明，建立全面的君主制是不可能的。您要当心，千万不要被您的军事才华冲昏了头脑，违背了先人的教训，贸然挑战大自然的极限。是时候停下来了，陛下，您现在所拥有的东西要比您想要拥有的东西珍贵千百倍。现在对您，对不堪负重的法国来说，您所进行的每一次扩张都是切切实实的危险。您的领土每多一分，它的稳固性就减少一分。停下来吧，现在是时候停下来了。请您享受这份安宁，这份当今时代下最卓越的文明。

"您想要的帝国什么样的呢？俄国是一个远在北方，长年累月被冰雪覆盖的国家啊。在这个国家里，一年中只有四分之一的时间可以用来行军作战，并且它严酷的自然环境，贫瘠的土地只能给我们带来痛苦。俄罗斯就像古代寓言中的安泰俄斯①，现在人们常用安泰俄斯的故事来比喻精神力量不能脱离物质基础，或一个人不能脱离他的祖国和人民。想要征服他，只能让自己在他的手臂中窒息而亡。上帝啊！陛下，在没有考虑俄国严酷的气候、贫瘠的土地以及那里广袤的森林和湖泊的情况

① 安泰俄斯，希腊神话中的巨人。在柏柏尔人的神话中有一个相似的形象，两者有可能是同源的。根据神话，安泰俄斯是大地女神盖亚和海神波塞冬的儿子，居住于利比亚。他的妻子叫廷吉斯。安泰俄斯力大无穷，而且只要他保持与大地的接触，他就是不可战胜的（因为这样他就可以从他的母亲那里持续获取无限的力量）。他强迫所有经过他的土地的人与他摔跤，并把他们杀死；这么做的目的是收集死者的头骨好为他的父亲波塞冬建立一座神庙。大力神赫剌克勒斯经过利比亚时，与安泰俄斯战斗。安泰俄斯每次被击倒后只要接触到大地——他的母亲，他的伤口就立刻愈合，力量也会恢复，起来重新战斗。赫剌克勒斯发现了这一点，于是将安泰俄斯举到空中使其无法从盖亚那里获取力量，最后把他扼死了。

下，您怎么能贸然出兵当代斯基提亚[①]呢？您的军队真的能经受得住这样的考验吗？没有人可以阻止您跨过尼曼河[②]冲进沙漠和立陶宛的森林，但您会发现，您前进的路上有比尼曼河更险恶的杜维纳河，而圣彼得堡还在一百里之外。到时候，您将不得不在莫斯科和圣彼得堡间做出选择。上帝啊，到时候您该怎么选！

“不管您是如何赢得了胜利，俄国人一定会步步紧逼，逼您交出占领的土地。到时候，您会发现，军队将得不到任何补给；到时候，您将不得不后撤两百里。当您准备好重新作战时，您会发现，您不得不将一半的兵力用在脆弱不堪的信息沟通和确认上。难道您不担心，您的盖世才华终究抵不过困乏不堪的将士吗？难道您不担心，到时候您不得不退回易北河和莱茵河吗？陛下，我以法国的名义，以您的安危、您的荣耀请求您，放下屠刀吧！请您想想卡尔十二世[③]，诚然，这个国王没有您的实力，不像您坐拥三分之二个欧洲大陆，当时的他只有六十万大军，但当时的彼得一世[④]却只有四十万军队和五万哥萨克人[⑤]。您说过，沙皇

---

① 斯基提亚是古希腊人对其北方草原游牧地带的称呼。这个区域为欧洲东北部至黑海北岸，经中亚草原一直延伸到他们不知道的领土之外，这整块区域都被古希腊人称呼为斯基提亚，包括了东欧大草原、中亚与东欧等地。

② 尼曼河发源于白俄罗斯的山区（在明斯克的西南部），流经白俄罗斯、立陶宛和俄罗斯，河长937千米，最后于克莱佩达注入波罗的海。在俄语中，“德国人”，即“尼曼河人”，因为在中世纪，德国人曾经占领过这个地区。

③ 卡尔十二世（1682—1718）是瑞典在大北方战争时期的国王，终身未婚。他在位期间，因为过度从事军事远征，导致先胜后败，输给俄国的彼得大帝，瑞典由北欧霸主衰退为二流国家。有的学者称其为“18世纪初的小拿破仑”，表示他和拿破仑高度相似，都具有军事天才的能力与征俄失败的命运。

④ 彼得一世（1672—1725）为俄罗斯帝国罗曼诺夫王朝的沙皇及俄国皇帝。在位期间力行改革，使俄国现代化，定都圣彼得堡，人称彼得大帝。彼得大帝发动北方战争，战胜瑞典，取得波罗的海出海口。

⑤ 哥萨克人是一群生活在东欧大草原（乌克兰及俄罗斯南部）的游牧民系，在历史上以骁勇善战和精湛的骑术著称，为支撑俄罗斯帝国于17世纪往东扩张的主要力量。

战斗中的卡尔十二世

彼得一世

哥萨克骑兵

亚历山大一世是一个温和的人，但请您不要大意，在如此重大的利益面前，他骨子里的坚韧，这股与生俱来的，这自然赠予的坚韧一定会显露出来的。况且，现在反对您的是他的整个国家，是他朝中的众多大臣，是他激愤的人民，是他顽强的将士。还有英国内阁也一直对您虎视眈眈，在英国的金钱攻势下，瑞典已经抛弃了您。难道您不担心这个小岛会动摇您的盟国，釜底抽薪吗？难道您不担心您的子民会对您这样的冲动心生怨恨吗？您的实力和荣耀让那些敌对的势力低下了头，但是一次不经意的失败很有可能毁掉帝国的基业。”

第 23 章

出征俄国

精彩看点

面见拿破仑——B贵族事件——法国备战——征兵令——法国同英国的谈判——斯成诺夫伯爵出逃——法俄关系紧张——库卡因出访法国——拿破仑出征俄国——拿破仑军队势如破竹——拿破仑军队跨过斯摩棱斯克大道——火烧莫斯科——拿破仑撤军

写好这篇报告之后，我让人向拿破仑转达了我希望面见他的请求。最后他同意在杜伊勒里宫接见我。见到我后，拿破仑很随意地说道：“您来啦，公爵大人！我知道您为什么来这里。”

“陛下，您是怎么知道的呢？”

“我知道您要向我提交一份报告。”

“这不可能。”

“不管怎么说，我确实已经知道了这件事。给我吧，我会看的。但我知道，出征俄国和出征西班牙一样，它们都不是您乐意看见的事情。”

“陛下，我觉得我们无法同时应对比利牛斯山外和尼曼河外的风险。我希望看到您的江山永固，这也是我为什么有勇气来面见您，当面告诉您出征俄国的巨大风险。”

“没有风险，这只是一场政治战争。您不能站在我的位置，或是整个欧洲的位置上来看待这件事情。从我大婚以来，有些人便以为我睡着了，这次他们会看到我是不是睡着了。只要圣彼得堡里没有了亲英势力，那么西班牙的问题也就迎刃而解了。我需要八万将士，现在我已经有这么多人马了。整个欧洲将会和我站在一起。现在的欧洲已经是一片腐朽的土地，我和我的八万将士将会把这片土地改造成令我满意的欧洲。您以前不是说过，我教会了您无所不能吗？没错，六到八个月之后，您就会看到这支威武之师的厉害。我的决定是军队和人民的决定，而不是您的决定。我知道您担心我们会失败。不用担心，出征俄国的是正义之师，远征俄国是真正重要的事情。我这样做是为了所有人的太平。况且就算是我拥有了全世界，我又能做出什么事情呢？您以及其他指责我的人，不是想让我做一个宽厚的国王吗？我的使命还没有完成，我想要完成我未竟的事业。欧洲需要有统一的法律、统一的朝纲、统一的货币、统一的度量单位，我需要把欧洲各族人民融为一体，我要让巴黎成为世界之都。对，公爵先生，这就是我的宿命。如今您已经帮不上我了，因为在您看来，所有的这一切都没有可行性；一年前，在马朗格之战和奥斯特利茨之战的时候，您还和我有着一样的热情。我告诉您，您会看到比这些战役更好的结果。再见了，公爵先生，不要失去风度，不要抱怨，请多给我一些信任。”

我深深地向拿破仑鞠了一躬，目瞪口呆地退出了他的办公室。我在想拿破仑是如何知道我此行的意图的。毫无头绪的我赶到了玛鲁埃的家里，猜想着是不是他无意中走漏了风声。但听完这个人，这个世界上最正直的人的保证后，我觉得此事越发蹊跷。陛下是如何知道我要呈递一份报告的呢？难道我的身边有内奸？突然我想起了一件事。

我想起，有一天，在侍卫还没来得及通报的情况下，有一个人突然冲进我家，说有事要面见我。把所有的线索连在一起后，我才醒悟到这个人是个间谍。展开调查后，我得知这个叫 B 的人是一个归国的海外流亡贵族。现在他是一个镇长。这个人在我的城堡附近买了一块地，但还没来得及付款。我找人拿到了他的笔迹，原来这个人是我之前安插在伦敦的一个间谍，那时，他负责秘密监视波旁家族的动向，我还有他的联系代码。所有这一切都证明，这是一个忘恩负义且狡诈的人。这个可笑的人啊。我之前的一个雇员查明了此事，以下便是事情的来龙去脉。

拿破仑曾指示萨瓦里：“密切监视前公安部长富歇的动向，并随时

1812 年的拿破仑

向我汇报。”

于是萨瓦里对拿破仑说：“我正在找一个灵活的代理来协助我完成此事，您也知道，想要调查富歇是非常棘手的，因为前公安部长从来不会接待陌生人，包括当地的人都没有办法进入他的城堡。”

经过一番调查，萨瓦里把目光锁定在了B先生身上……他召见了这个身材魁梧，举止优雅，善于辞令，性格细腻、灵活、迂回的人。

他对B先生说：“先生，您是你们镇的镇长。您知道奥特朗特公爵吧，或者说至少在此之前，您和他有过联系吧。所以您一定大致了解这个人的品性。我现在需要知道他在费里耶尔城堡的动向，我必须要知道这一点，因为这是陛下的旨意。”

B先生说:“阁下大人，您给我的任务实在难以完成。您了解这个人，他生性多疑，几乎不相信任何人。况且我根本没有办法接近他，我拿什么理由接近他呢？说实话，我真的做不到。”

萨瓦里说：“无论如何，您都必须做到这件事。陛下非常重视此事，您需要通过这件事来向陛下表达您的忠心。我等您的消息，去吧，不许空手而归，我给您十五天的时间。”

B先生陷入了困境。他只得走来走去，四处打听消息。终于，他间接打听到，我家的一位佃农正在被催租。于是他前去看望了这位佃农，对此事表现出了极大的关切，并从佃农手里拿到了当时的租约。拿到这些文件后，他搭乘一辆两轮轻便马车来到了我的城堡前，告诉门卫说他是隔壁镇的镇长。他希望替一位受到不公待遇的佃农主持公道，所以特来拜访。在被门卫拦下之后，他好言说服了门卫让他在台阶下等候。然而我的贴身侍卫并不允许他靠近我的房间。这个人再三请求，希望我的侍卫能向我通报一声他的到来。当我的侍卫推开我房门的那一瞬间，这个人也跟了进来。当时，我正在书房，手里拿着笔。

这样一个陌生人的造访让我非常吃惊。我问道：“您希望我为您做些什么呢？”

B先生说：“阁下大人，我希望您能为一个可怜的父亲主持公道。如果没有您，这个可怜的人将会家破人亡。“

为了讨好自己的雇主，这个人极尽花言巧语之能事，他向我详细描述了事情的经过。经过一丝犹豫之后，我起身去一个纸箱里找我和这位佃农的契约。然而当我转身在箱子里寻找契约的空档，这个人看似依然在不停地和我聊天，但实际上，他的目光却在窥探我桌上的草稿。从“V.M.I.R”这些大写字母里，他猜测我正在写一篇准备呈给陛下的报告。两三分钟后，我回到了书房，而这个巧言令色的人也功德圆满，可以回去交差了。

谢过他的好意后，我送走了他。从我家出来后，B先生赶紧向萨瓦里报告了他在我家看到的一切。我承认知道这件事的原委后，我非常生气。我无法原谅自己居然被这样一个小丑玩弄于掌心。此前，这个小丑每年都会从我手里接过两万法郎，向我通报伦敦的情况。以后[①]你们会看到，我是绝对不会放过这个小人的。

这件事情让我感到非常耻辱，然而从另一个角度来看，这件事也让我赢得了拿破仑的一些信任，确保了我可以在自己的领地内继续暗中工作。很明显这次面见拿破仑后，他不再那么怀疑我，这也就意味着，在他远征俄国期间，我不会受到任何莫名其妙的审问或盘查。

我知道现在的内阁中，只有唯命是从的贝尔西耶、冈巴塞雷斯和杜洛克还有些分量。人们不禁怀疑，拿破仑排挤塔列朗和我，到底是为了保障政府的利益，还是为了保全他自己的利益。不过经过一番权衡之后，他们都认为现在发动政变是一件不明智且没有意义的事情。首先在政治上，发动政变会使民心过度动荡，也会牵扯到很多领导人的地位问题；

① 1815年。

再者他们现在根本没有力量动摇拿破仑的统治。现在政府上下都在为出征俄国做准备。对于政府来说，最切实的危机就是粮食的匮乏。法国的饥荒越来越严重，有一些地方甚至因此发生了动乱。可是政府竟然动用武力，强行镇压了这些绝望而不幸的人。当得知一位在卡昂遇害的妇女的悲惨遭遇后，所有人都感到震惊和害怕。

德意志北部已经成为备战的前线。为了向陛下提交两项重要报告，参议院召开了特别会议。这两项报告分别来自外交部和战事部。外交部和战事部之所以双管齐下，是因为拿破仑想进一步征兵，号召没有入伍的男性公民加入公民护卫队。

毫不夸张地说，这一次整个法国都是一个巨大的战场，我们的军队将从这个战场扑向欧洲的各个角落。为了美化这条征兵令——这条剥夺原本自由男性的自由的征兵令，政府需要一些新的借口。马赫向参议院提出，应当迫使英国承认荷兰《乌得勒支和约》[①] 中关于法国海上权益的规定（法国曾在《亚眠和约》中主动放弃过这些权益）。

与此同时，我们与奥地利和普鲁士签订了同盟条约，从此出征俄国没有了任何悬念。除了自己的军队外，拿破仑还集结了整个德意志的兵力，以及一些不得不依附于他的小国的兵力。

对俄战争已经成为既定事实。这时拿破仑派自己的一位亲信大臣前往英国，开展了一次迟到并且蹩脚的谈判。法国内阁中的知情人士，以及俄国政府中的法派官员，都以为沙皇亚历山大一世一定会惧怕法国和英国的联盟，再一次向拿破仑屈服，回归大陆体系。然而我的情报人员告诉我，当晚这些俄国人就被赶出了圣彼得堡内阁。

① 《乌得勒支和约》是 1713 年欧洲多国在荷兰乌得勒支签署的和约，旨在结束西班牙王位继承战争。根据和约规定，各国承认法王路易十四的孙子——腓力五世为西班牙国王，条件是法国王位与西班牙王位永远不能由同一个人继承。在北美，根据第 10 到 13 款，法国放弃对英国哈得孙湾公司在鲁珀特、纽芬兰和阿卡迪亚地区领地的要求。

卡昂位于法国中北部，图为 19 世纪的卡昂

马赫致信卡斯尔雷子爵[①]，向他提出了以下几点要求：放弃所有比利牛斯山边缘的城市；承认现在西班牙政府的独立性，并且维护该政府的权威；确保布拉甘萨家族的独立性和葡萄牙的主权完整，同时要保护缪拉在那不勒斯王国的统治以及费尔南多四世[②]在西西里王国的统治。至于剩下的争端，法国内阁的原则是，战后战胜方将享有土地的占领权。在对西班牙的问题上，卡斯尔雷子爵给予了肯定答复，但在费尔南多四世的问题上，他表示自己无能为力。鉴于已经接到了公开命令，他无法在费尔南多四世的问题上做任何妥协。这时我们的内阁才意识到，把俄国逼向这样一种境地，无疑是给我们的外交政策刻上了背信弃义的印章。

所有这一切都只是政府高层间的来往。虽然法国和俄国都在加紧备战，但表面上，两国在民间还保持着友好关系。沙皇亚历山大一世的大使还留在法国，拿破仑的大使也还在圣彼得堡。不过除了大使外，沙皇亚历山大一世还向巴黎增派了另一位亲信外交官斯成诺夫伯爵。

这个讨人喜欢的俄国人一直没有忘记自己的秘密使命。在蹩脚爱情的掩护下，借着女人们的帮助，他渐渐地摸清了拿破仑入侵俄国的真正计划。对此虽然最高警署已经有所警觉，但他们却一直没有拿到确凿证据。最后萨瓦里派人秘密接近斯成诺夫伯爵，向他提供了错误的信息。然而在女人们的帮助下，斯成诺夫得到了及时的提醒。躲过陷阱后，他向马赫抱怨，抱怨有人对他采取如此极端的措施。

在得知斯成诺夫伯爵的真正目的后，拿破仑决定对他提出控诉。然

① 罗伯特·斯图尔特，第二代伦敦德里侯爵（1769—1822），英国爱尔兰政治家，通称卡斯尔雷子爵，曾任外务大臣，于1814年至1815年代表英方出席维也纳会议，后因工作过劳而精神失控，自杀身亡。

② 费尔南多四世，全名费尔南多·安东尼奥·帕斯夸莱·乔瓦尼·奈坡姆切诺·塞拉菲诺·真纳罗·本内迪托·迪·波旁，那不勒斯和西西里的国王，1816年起为两西西里王国的第一任国王。

卡斯尔雷子爵

费尔南多四世（左三）与家人

而斯成诺夫伯爵明确地澄清了自己所有行为的动机，又一次成功通过了考验。之后公安部接到正式命令，取消了对斯成诺夫伯爵的监视。得到自由之后，这个人便可以更加无所畏惧地推进自己的工作。

他对法国军队的动向非常感兴趣。于是他有意识地接近军队的行动负责人米歇尔。在一次工作失误中，米歇尔无意间泄漏了拿破仑的作战计划。此事引起了最高警署的注意。因此他们决定逮捕斯成诺夫伯爵。得到紧急通知后，斯成诺夫伯爵立刻带着这些机密信息紧急逃离了巴黎。当拿破仑下达抓捕斯成诺夫伯爵的命令时，他已经离开巴黎六个小时了；当抓捕他的电报到达斯特拉斯堡①时，这个人已经跨过了凯尔②，离开了莱茵河地区。

百密终有一疏。因为离开得太过匆忙，斯成诺夫伯爵没来得及销毁他藏在卧室地毯下的秘密信件。于是，这些信件成为解密斯成诺夫伯爵动向的重要线索。人们最先发现了这位外交官和拿破仑宫廷里几位太太亲密关系的证据，其中便有女公爵 R。但女公爵成功为自己开脱了，她说自己是在和丈夫联手调查斯成诺夫伯爵的阴谋。在这些信件中，我们发现了一封米歇尔写给斯成诺夫伯爵的信件，最终米歇尔因此而丢掉了自己的性命。

这次搜查翻出了一个奇怪的事件。早在埃尔福特会见③之时，俄国政府便已经预料到他们会和法国产生嫌隙，而那个时候在谈及拿破仑的

① 斯特拉斯堡是下莱茵省的首府，位于法国国土的东端，与德国的巴登－符腾堡州隔莱茵河相望。斯特拉斯堡属于法国，但是在历史上，此地的主权曾多次由德国和法国交替拥有，因而在语言和文化上兼有法国和德国的特点，是这两种不同文化的交汇之地。

② 凯尔，全名为莱茵河畔的凯尔，是德国西南的一个小镇，位于巴登－符腾堡的奥特瑙县，和法国城市斯特拉斯堡隔莱茵河相望。

③ 《提尔西特条约》签订后，拿破仑·波拿巴和沙皇亚历山大一世于 1808 年 10 月 14 日在埃尔福特会见。该会见旨在加强法俄联盟。在塔列朗的协助下，亚历山大大帝没有对法国的要求做出任何妥协。对于拿破仑而言，这次会见可以看作一次失败。

19 世纪的斯特拉斯堡

时候，罗门佐夫伯爵用了这样一句话：“要用尽他。”

斯成诺夫伯爵的逃亡成为沙龙间的热议话题，而这也加快了法俄关系的破裂。拿破仑心意已决，为了赢得民众的支持，他去巴黎四处巡游，检查基础工程。实际上，他是在和巴黎市长、巴黎公安局局长帕斯基耶尔[①]一起作秀。他也经常去郊外狩猎，给人一种正在忙于游乐的形象。在圣克劳德的朝堂上，我见过他一次（请不要误会，我绝对没有想要单独会见拿破仑的意思）。那时朝堂上下弥漫着阴郁的气息，忧心忡忡的大臣们和信心满满的国王形成了强烈的对比。我从来没有见过如此神采奕奕的拿破仑，他是如此的精神饱满，如此的斗志昂扬。然而像是已经知道了可怕的结果似的，我却不自觉的悲从中来。

另一方面，或许是真的希望尽一切可能促进双方的和解，或许只是想打听清楚拿破仑真正的政治意图，圣彼得堡内阁命令库卡因带着沙皇的指示前来巴黎谈判。俄国的底线是，法国要放弃普鲁士，减少在格但斯克[②]的驻军，并且从瑞士的波美拉尼亚地区撤军。只要同意这些条件，沙皇将继续坚持对英国货物征收重税、实行贸易封锁的政策，并同法国在俄国协商新的大陆体系。

库卡因的提议迟迟没有得到回应。十五天后，也就是 5 月 9 日，在拿破仑动身前往德国的当天，马赫问库卡因：“您是否有决定权？库卡因回答说：“作为大使，我拥有所有的决定权。”面对如此迟缓的回应，库卡因要求法国归还自己的通行证。然而他的要求被政府以各种理由搪塞了过去。直到 6 月 20 日，库卡因才拿回自己的通行证。事实上这不过是拿破仑的缓兵之计，他这么做是为了能够在俄国毫无防备的情况下

① 帕斯基耶尔伯爵（1767—1862），第一帝国时期曾担任巴黎警察局局长、司法部部长、外交部部长。

② 格但斯克是波兰波美拉尼亚省的省会，也是该国北部沿海地区的最大城市和最重要的海港。

先发制人。在这段时间里，拿破仑已经率领大军穿过了尼曼河，这一次，他想要给他的对手来个出其不意。

战争一触即发。六十万精锐部队已经穿过了尼曼河。现在，就是拿破仑，这个杰出的疯子奔向失败的时候了。

当他穿过德国，停在德累斯顿[①]的时候，二十个国家向他投以担忧的目光。首先是沙龙里政要们的想法。这里的人和巴黎的人一样，对这种因为快乐而征战的想法，很多人都暗中希望拿破仑败走远方。中间阶层和普通老百姓的心里也有诸多不满，不过这种不满绝对不是敌意。

有些人想过如果元帅和士兵联合起来抵制出兵俄国，最后不过也是落得在拿破仑面前表忠心。我可以确定当时所有不满的将军都没有想过战争的后果。

不过在这所有的不满想法中，有一种情感是共通的：对这个举世瞩目的人热烈的期待和担忧的好奇——所有人都认为他将一如既往地披荆斩棘、战无不胜。

政客们看到了波兰的毁灭、革命的硝烟，以及被两面夹击的德意志——法国和俄国分别从西方和东方对德意志形成包抄。这个谁也无法阻挡的人想要把俄国挤出欧洲，这个人将率领欧洲一半的兵力冲向广袤的俄国大地，这个人将在十九个纬度和三十个经度间游戏自己和整个法国的命运。

拿破仑穿过了尼曼河，挑起了对俄战争。他大喊道：“这是俄国人的命运，这是命运到来的时刻！”

与拿破仑相比，他的对手显得更加沉稳。虽然俄国军队不敢在维尔

① 德累斯顿是德国萨克森自由州的首府，德国东部重要的文化、政治和经济中心。它位于德国的东南方，易北河谷地。

拿破仑率领法国大军渡过尼曼河

19 世纪的德累斯顿（上、下）

纽斯[①]正面迎战，但他们告诉他们的人民，这是在为祖国和自由而战。多么鲜明的对比啊！

战争一开始，俄军的被迫撤退和成片的溃败实际上是战场上常用的诱敌深入策略。拿破仑就这样一马平川地打入了俄国的腹地。

一场激战过后，拿破仑不顾大多数元帅的反对，不顾当时在巴黎同内阁签署的协议，执意要跨过波兰边境唯一一条俄国大道——斯摩棱斯克[②]大道。人们开始恐慌了，这个人完全没有考虑将要面对的意外，没有考虑敌军将士的性格，也没有考虑已经疲惫不堪的士兵，更没有考虑时机以及几个月后莫斯科的严寒气候。他就这样率军冲向了莫斯科。

在莫斯科郊外的战场上，为了满足拿破仑的个人野心，十万大军牺牲在这场惨绝人寰的血战中[③]。拿破仑根本不顾长期露营下疲惫不堪的将士们的心情，他认为摧毁俄国就像他当初摧毁热那亚、威尼斯和卢卡共和国一样容易，因此执意要求推进自己的进攻计划。

撤退的俄军士兵拿起火炬，烧毁了斯摩棱斯克，烧毁了多瑞格尼，烧毁了维亚济马[④]、杰哈、莫扎伊斯克[⑤]。出乎拿破仑意料的是，他们甚至烧毁了莫斯科。这座美丽首都上空的熊熊烈火，照亮了法国的恐怖前程。唉！我看着自己的预感就这样成为现实，也看到了这样的结局：胜

---

① 维尔纽斯位于立陶宛的东南部，距离白俄罗斯边界仅有 40 千米。维尔纽斯位于立陶宛的一角，造成这种情况应归因于几个世纪以来立陶宛这个国家边界形状的改变；过去，维尔纽斯曾经处于立陶宛大公国的地理中心。维尔纽斯位于维尔尼亚河和内里斯河的汇合处。

② 斯摩棱斯克位于俄罗斯西部第聂伯河畔，距离莫斯科 360 千米，是斯摩棱斯克州的首府。

③ 莫斯科或博罗季诺战役开始于 9 月 7 日，两军在距离莫斯科 25 千米的郊外进行了激烈的战斗。——原注

④ 维亚济马是俄罗斯斯摩棱斯克州东部的一个城市。1239 年首见于文献。1494 年被纳入莫斯科大公国。拿破仑和希特勒侵俄时期这里都爆发过激战。有铁路联系莫斯科、圣彼得堡、卡卢加和布良斯克。

⑤ 莫扎伊斯克是俄罗斯莫斯科州的一个城镇，位于莫斯科以西约 110 千米处。在拿破仑入侵俄国时，莫扎伊斯克是守卫莫斯科的重地。著名的博罗季诺战役就发生在距该城 12 千米处。

出征俄国的法军

拿破仑来到焚毁的斯摩棱斯克

抵抗拿破仑入侵的俄国士兵

拿破仑兵临莫斯科城下

者失去了权柄，败者却拿到了和平谈判的资本。

在这样的民族牺牲面前，拿破仑又做了什么？在废墟上，他用了整整四十天来凝望自己的战利品。根本没有考虑过就此和俄国讲和，也没有怀疑过就在他身后一百里的地方，鲍里索夫正率领着两支俄国军队整装待发：一支驻扎在利沃尼亚[①]，一支驻扎在摩尔多瓦。他甚至不知道，在开战前没有任何盟军的俄国，已经和瑞典、英国、加的斯[②]政府签下了三方协议。

在此期间，在卡思卡特伯爵[③]出席的情况下，沙皇亚历山大一世在图尔库[④]接见了贝纳多特。会晤之后，他们认为可以号召莫罗出手反击这个欧洲暴君。当人们把莫斯科的尸体带到莫罗的面前时，莫罗还没有反应过来该如何应对这样一场战争。他希望俄国政府能够给他一个恳切的说明，为此他等了二十二天。这时的拿破仑就这样固守着莫斯科，完全不知道西班牙战场上发生了什么。

10 月 23 日，当致命的冲锋号响起时，拿破仑撤军了。

---

① 利沃尼亚是中世纪后期的波罗的海东岸地区，即现在的爱沙尼亚以及拉脱维亚的大部分领土的旧称。历史上曾先后由圣剑骑士团（通称利沃尼亚骑士团）、丹麦、条顿骑士团、波兰立陶宛联邦、瑞典、俄罗斯帝国、德意志帝国、纳粹德国和苏联统治。

② 今属西班牙。

③ 卡思卡特伯爵（1755—1843），第一任卡斯卡特伯爵。英国军官，外交家。

④ 图尔库位于芬兰西南部，是该国第六大城市，也是最古老的城市（在 1154 年已有记载）。图尔库是芬兰第一个首都（1812 年以前），也是第一个教区（成立于 1300 年，后来成为大主教区）。

第 24 章

马莱特事件

精彩看点

马莱特事件——马莱特其人——马莱特政变的过程——马莱特政变的失败——马莱特政变背后的人——马莱特政变的目的——马莱特政变的结果——拿破仑迅速撤离俄国——拿破仑回到巴黎——表忠心的行动

就在同一天，巴黎爆发了马莱特[①]事件，让拿破仑以及公安部蒙羞的马莱特事件险些葬送了整个帝国。

然而马莱特谋逆事件并非偶然，马莱特此人不是一个疯子，而是一个大胆的人。

1802年，马莱特还只是一个名不见经传的将军。那时他已经参与了所谓的参议院谋反事件。在这次谋反事件中，贝纳多特是事件的灵魂人物，斯塔尔夫人的家是活动的据点，而马莱特则是主要活动人员。后来警察局粉碎了这起阴谋，甚至我自己都因警署局长杜波瓦指认而受到牵连。在当时的情况下，所有的罪责都被推到了马莱特身上。马莱特因此被送进了大牢。后来法国大赦，出狱后的马莱特于1805年加入了意大利军队。这一次，他又开始策划新的针对拿破仑的阴谋。这个人一会儿想要拖布鲁诺下水，一会儿又想要拖马塞纳下水，最后他被关进了文森堡。

也就是在这座大牢里，他开始策划一起双重阴谋：他将联合政府中所有反对拿破仑的势力。不过这起阴谋的策划者并非马莱特一人[②]，保

① 马莱特（1754—1812），1812年政变的策划者。

② 这里值得注意。——原注

皇派是这次阴谋的策划主体，共和党人则是执行主体。事实上这起阴谋要想获得成功，水火不容的两派人必须达成一致。而对于拿破仑压迫的共同仇恨则有可能让他们握手言和。等到万事俱备，所有的努力都取决于一个人的时候，他们开始四下张望：这个人必须是个可靠的、坚决的、勇敢的人，至于剩下的一切就只能看天意了。

他们首先想的是拿破仑不在朝堂时几个大权在握的人。第一个人便是国务大臣冈巴塞雷斯，然而这个人是个十足的懦夫，真正的告密者。在部长大臣中间，公安部长是唯一一个能保守秘密的人，但这个人不过是一介武夫，对政治和国家事务一窍不通。退而求其次，他们把目光投向了巴黎公安局局长帕斯基耶尔，这个人长于市政管理，把市场治理得井井有条，在他的管理下，博彩业、红灯区也有条不紊地发展起来，然而这个人却满口空话，在调查方面没有任何天赋。

这便是政务这边的情况，再看看军队这边。现在大权在握的是巴黎总指挥郝林。这个人是个皮实的大兵，虽然看起来麻木不仁，但在政治上却有些共和的思想。需要指出的是，不管是在政府中，还是在军队里，服从上级已然成为一种不需要思考的习惯，只要摆平了上级官员，那么剩下的人便只会机械地服从。再加上当时玛丽·路易皇后住在圣克劳德，巴黎的驻军已经被换成新招募的国民护卫队，因此巴黎城内已经没有一支拿破仑的铁杆军队。更重要的是在政府上层，已经有人对远征莫斯科表现出了深深的担忧。

皇帝远在千里之外。时断时续的通信让一些人觉得有机可乘，他们蓄意等待着皇帝驾崩的时刻。到那时参议院便可以发出政令，解散现在的皇权政府，组建临时政府。这就是马莱特想要推动的参议院谋反事件。同时他也伪造了参议院代表的发言，宣布解散现有的政府。

但是大家都看到了，根本就没有所谓的参议院政令，也没有所谓的临时政府。皇帝龙体安康，所有的谋逆都不过是一场幻觉。那么马莱特

马莱特

是如何以巴黎主人的身份推动了整场政变呢？

确实参议院没有下达过任何政令，然而谁又能保证，参议院里一定没有一个看形势行事的反对集团呢？在我看来，在参议院的一百三十位议员中，有将近六十位[①]议员是在塔列朗、西蒙维耶[②]或是我的指示下行事的。我相信只要革命的目的是好的、有意义并且可行的，这些人肯定会联合起来支持革命。

这使得临时政府成为一种可能性。这个政府由马修·蒙莫朗西公爵[③]、亚历克西斯[④]、莫罗将军、塞纳省省长弗罗绍[⑤]以及一名待定人员构成。好吧，第五位人选其实是塔列朗。而我则是莫罗将军的候补。整起事件的核心人物马莱特，他暗中把巴黎总指挥的差事交给了当时备受冷落的马塞纳。

你们肯定会质疑这件事情——因为拿破仑并没有死。但是你们一定还记得当年尼禄政权是如何被推翻的吧？虽然我并不想把这两人放在一起做比较。参议院在流言蜚语中失去控制，而皇权就此崩塌。

当马莱特准备发动政变的时候，拿破仑又在哪里呢？他正在撤离莫斯科。是的，他刚刚开始这次毁灭性的撤离。不好的预感已经笼罩了整个军队，而一旦这种预感被做实，那么帝国军队的溃败就在眼前。在这种情况下，以法国安全的名义，替换十五到二十位的政府高层，那么政变会不会成功呢？在当时通信往来已经被阻断的情况下，第二十六封和第二十七封信上的日期是 10 月 23 日，信中报告法国军队开始撤离莫斯

① 18 个月后，即 1814 年 2 月，也是这些人宣布废除拿破仑大帝。——原注

② 西蒙维耶（1759—1839），法国政治家、外交官。

③ 1789 年，马修·蒙莫朗西公爵（1766—1826）在三级议会中出任议员，法国大革命后移民至瑞士。

④ 亚历克西斯（1783—1835），法国政治家。

⑤ 弗洛绍（1761—1828），曾担任塞纳省省长、巴黎市市长。

马修·蒙莫朗西公爵

科，而第二十八封信上的日期已经是11月11日，这期间相隔了十五天！想要发动一场不为人知的政变，十五天的时间绰绰有余。整整一个月，我们得到的都是战场上溃败的消息，仅此一点，法国就可以永远地向拿破仑关上大门了。如果一开始政变的理由是拿破仑已死，那么现在他们便可以以战败的理由废黜复活的拿破仑。从来没有哪一个时期比当时更适合推翻拿破仑的军事暴政，而对于法国来说，也从来没有一个时期比当时更适合成立一个各方利益都得到保证的政府。

现在我们来理一理马莱特没有成功的原因吧。我会告诉你们什么呢？在执行这件事情的时候，执行者顾虑太多，或者说执行者过于心慈手软。身为共和党人的马莱特，以及他的两位同谋吉达尔和拉欧瑞都是兄弟帮的成员。受个人经历的影响，他们非常担心法国会因此而再次陷入暗无天日的血光之灾。正是出于这样的考量，萨瓦里没有就地处死郝林和他的两个助手杜塞和拉铂赫。马莱特认为，他们最好避免流血事件。因此他们选择暂时先拘禁这些人。一开始在公安部内部，这种温和的措施取得了成功：萨瓦里和帕斯基耶尔被拿下后，公安部基本处于瘫痪状态。但当郝林的反抗让马莱特不得不开枪时，他犹豫了，他没有办法同时向郝林和拉铂赫开枪。而这也给了拉铂赫时间，这个人迅速集结起几个人扑向马莱特，解除了马莱特的武装。就这样，马莱特带着我们这个时代最勇敢的秘密，平静地死去了。

夺权这件事情进行得如此顺利，似乎暗示了些什么。市政府已经做好了筹备临时政府的准备。一直到早上十点钟，脸色惨白的国务大臣冈巴塞雷斯都觉得随时会有人来取走他的性命，或者很快他就可以在监狱中见到萨瓦里。

在民众这边，马莱特什么都没有做。确实想要成就这样一件秘密的事业，最开始的时候最好不要惊动民众，当然民众自然会在无形中推动邪恶政府的没落。这起政变虽然以失败而告终，但它却打击了拿破仑帝国的核心，并且揭开了一个残酷的真相：一旦拿破仑倒下，他的帝国也会随之坍塌。

11 月 14 日到 16 日之间，在斯摩棱斯克，正在为大撤退而焦躁不安的拿破仑第一次接到了有关政变的消息，以及对谋逆者的惩处结果。他大惊："在法国，这会造成什么样的影响啊！"

萨瓦里和冈巴塞雷斯请求拿破仑注意军队中是否也有人意图谋反。于是军队上下马上采取了严密的防御措施，形成了以埃曼努尔·格鲁希侯爵[①]为队长，以拿破仑死党为核心的护卫队。然而不久之后，这支精

19 世纪初的斯摩棱斯克

① 埃曼努尔·格鲁希侯爵（1766—1847），法国拿破仑战争期间法国军人和世袭侯爵，法国元帅。

英队伍就被全面解散。这个时候，比起如何收拾战场上的残局，拿破仑更关心的是自己在巴黎的皇帝宝座，因此拿破仑决定快速撤出俄国。最开始的时候，拿破仑躲过了库图苏的追捕，到达别列津纳河[①]后，他又成功地骗过了摩尔多瓦的军队，在损失惨重的情况下抵达了对岸。然而环顾四周，他的身边只剩下一些在严寒中瑟瑟发抖的幸存将士。面对这一惨状，为了保全自己的颜面，拿破仑把军队托付给科兰古之后，独自急匆匆地赶回了巴黎。

到达华沙后，他向自己的大使吐露了自己的情况，并留下这样一句著名的话："显贵到滑稽只有一步之遥。"

事实上在出发之时，拿破仑并不确定自己是否能够顺利返回巴黎。不过，他依然希望能够快速穿过德意志，迅速逃回巴黎。在西里西亚[②]，有人看到他被普鲁士人拘禁；在德累斯顿，他差点儿死于阴谋（在维也纳的沃波尔阁下不敢下达命令）。

一路奔逃的拿破仑似乎得到了幸运女神的垂爱，12 月 18 日，拿破仑回到了杜伊勒里宫。就在前一天，他发布了自己的第二十九封国书，向全国人民表达了他的哀痛之情。然而这不过是他给宽容而又幼稚的法国人民布下的又一个陷阱。沉浸在悲痛中的人民相信，他们的领袖已经做好了准备，马上便能转败为胜，为法国带来永久的和平。就这样，法国又一次准备好为这个野心勃勃的人做出牺牲。他率领士兵夺下了一片废墟，可是他却把十五万盟军葬送在了俄国广袤的土地上。当初跨过尼曼河的四十五万大军中有三分之二的人再也没能看见克里姆林宫。

然而这时拿破仑的心却不在损失惨重的军队上，他更关心的是这起政变，或者说这个政变背后的真相——帝国的脆弱。他被"拿破仑战死"

① 别列津纳河位于白俄罗斯境内，是第聂伯河的一条支流。

② 西里西亚是中欧的一个历史地域名称。

陷入俄国漫天风雪中的法军

在俄国寒冷的天气里艰难跋涉的法军

抵抗俄军追击的法军后卫部队

拿破仑渡过别列津纳河

这样的预言折磨着，终日眉头紧锁。他和冈巴塞雷斯进行过长时间的对谈。那个时候，他不断地试探着这位国务大臣。同时他也不停地指责萨瓦里。对于他来说，政变似乎是一个过不去的坎儿，而他的各位大臣则每天都生活在心惊胆战之中。

对这起事件负有重要责任的公安部则把所有的过错全部推到马莱特身上。当然这也是国务大臣、战事大臣以及内阁中拿破仑亲信们的意见。这更加强了拿破仑脑海中一直以来的执念：共和党人是他最危险的敌人。在得知了塞纳省省长——米拉波分子——曾经纵容过谋逆分子时，拿破仑对着胆小的行政官员大发脾气："这些人摧毁了法律和皇权，我们的父辈曾经大喊国王万岁，这几个字便说明了君主专制的优势。"

政府上下立刻发起了表忠心的行动，参议院发言人拉塞佩德伯爵[①]迅速声明参议院誓死效忠拿破仑，并且马上加了这样一句话："只有在国王同意的前提下，参议院的决定才具有权威性。"

在内阁中，拿破仑不惜一切代价镇压自由思想和哲学精神。他没有明白的是，没有了革命精神，他自己便失去了支撑；而他大肆宣扬君主制，也为后来波旁王朝卷土重来奠定了基础。然而在重大的事件面前，拿破仑依然对波旁王朝心怀芥蒂。在和我讲起大撤退的情景时，纳伊对我说过这样一句话："当时我以为他疯了。在大溃败面前，在离开我们之前，他就像一个没有了任何依靠的人，那时他说'波旁王朝可以趁虚而入了'。"

所以对拿破仑而言，只有自己的帝国能够超越波旁王朝，他才能渡过危机。于是所有人都在根据拿破仑的只言片语揣测着他的心意。有一天，拿破仑说："我要好好思考我们历史上的不同时期。"

于是每个人都开始思考确保继承权的方式。各路演说家都提出了自

① 拉塞佩德伯爵（1756—1825），动物学家，政治家。

己的观点，所有人都只谈继承权，而继承权也成了所有演讲的主题。有人说应当尊重参议院的意见，对罗马王进行加冕，以便让帝国可以早日团结在未来继承人的宝座下。

这就是这位从革命中成长起来之人的真正目的，虽然他从革命中获得了巨大的权力，但如今他却与革命精神背道而驰。

第 25 章

玛丽·路易皇后摄政

精彩看点

玛鲁埃失势——拿破仑组建新理事会——法奥同盟动摇——招募新兵——普鲁士叛变——逃兵事件——拉布歇尔同英国的谈判——塔列朗复出——致信拿破仑——纳博出使奥地利——玛丽·路易皇后摄政——包岑会战——乌尔城会战——茨威格休战协定

在打击革命精神和革命人士时，拿破仑想到了我。况且，他又怎么能原谅我对于出征俄国所做出的正确预言呢？有人警告过我，拿破仑曾经派人暗中调查过马莱特事件。只可惜，关于我不在场的所有报告都完全一致。

因为没有办法惩罚我，拿破仑便把怒气撒到了我的朋友玛鲁埃身上。他不能原谅玛鲁埃，因为他在我失势期间公然探望过我，而且他更害怕有着保皇思想的玛鲁埃和身为共和党人的前公安部长联合。而玛鲁埃也不满拿破仑在政府中的离谱政策，这更让拿破仑怒不可遏。最终玛鲁埃被迫离开了内阁，被流放至图尔。虽然那里的生活很安静，虽然远离了严酷的政治环境，但玛鲁埃却不得不心痛地看着法国日渐衰败。玛鲁埃的失势，不过是深陷泥潭的政府又一个猖狂的印记。

拿破仑的统治已经摇摇欲坠。对很多老练的人来说，这已经不是秘密。然而在其顾问大臣们的协助下，拿破仑尽一切手段来粉饰太平，掩盖惨败的真相。他向周围人灌输这样的思想，战争的失败只是因为俄国极端的自然条件，而这些谄媚的人也自然而然地成为他的宣传工具。这些人附和着他，回应着他，他们相信，只要国家表现出更加强硬的态度，一切问题便能迎刃而解。并且为了维护民族的独立和荣光，即便做出新的牺牲也无须大惊小怪。接着，拿破仑的喉舌开始游说各护卫队队长，随即这些人表示愿意离开法国、奔赴战场。与此同时，为了笼络人心、组建新的军队，保证其他国家能够继续坚守同盟，拿破仑私下里慷慨解囊。我们也可以说，拿破仑用自己的钱买来了一支后备军。

在此期间，拿破仑组建了新的理事会。理事会成员有冈巴塞雷斯、勒布伦、塔列朗、帕尼、马赫和科兰古。刚从柏林回来的马赫确定地说，普鲁士的各位部长以及普鲁士国王将会坚定地站在法国这边，继续坚守同盟条约。他还说，北方局势稳定，对拿破仑来说一片利好。马赫说的或许是实情，不过他这么说也有可能是在有预谋地鼓舞内阁的士气。

拿破仑则表现出了更大的信心，他说自己可以信任奥地利，并且根据目前的情况来看，他也可以信任普鲁士。另外他现在的处境并没有什么大的变化，他的兄弟约瑟夫控制着西班牙，英国人已经被他逼退至葡萄牙。更何况，现在他还有一百支护卫队预备军和1813年即将入伍的新军。所以他决定继续出兵西班牙和俄国。

然而，奥托[①]在信件中开始披露新的真相：为了拆散法国和奥地利的同盟，沃波尔阁下向奥地利开出了非常诱人的条件，德意志很快会暴动；不久之后，法国国内也会发生革命。奥托强调说，对奥地利的叛变，我们要有心理准备。然而在得知法国国内一切平稳，拿破仑重新掌权并且已经发起征兵的时候，奥地利内阁马上派布博纳伯爵[②]前往巴黎。而奥托也马上改了口风，表示同意奥地利的立场，以盟军的身份参与和平的构建。

信心满满的拿破仑在《箴言报》上公开表示：“没有任何力量能够分开法国和奥地利，并且，四千万法国人也无所畏惧……如果有人想要问我和平的条件是什么，那么我会请他们去阅读对俄战争之前巴萨诺公

① 法国驻维也纳大使。——原注

② 布博纳伯爵（1768—1825），奥地利将军。

爵[①]写给卡斯尔雷子爵的信。”在拿破仑的这番话中，人们根本找不到莫斯科溃败的痕迹，他们只是确认了布拉甘萨家族在葡萄牙的统治和费迪南德四世在西西里王国的统治，而法国则不需要做出任何妥协和让步。

不久之后，普鲁士政府叛变的消息传来了，拿破仑大怒道：“今非昔比！”

人们马上明白了该如何应对这样的情况。按照惯例，马赫拟写了一篇抨击英国政府的文章，并建议招募十五万新兵。雷诺则以拿破仑的名义急忙前往参议院，要求参议院同意把一百支国民护卫队交由政府使用。然而当年政府曾对这些年轻的法国人做出过承诺，他们只负责法国境内的备战工作。一位参议院议员却同意了雷诺的要求。接着，拿破仑要求立法集团通过征税的立法。在一次公开演讲中，拿破仑说：“世界需要和平，然而我绝不接受配不上帝国荣耀的和平。”

从当时内务部部长蒙塔里维的报告中，我们可以看到，法国各行各业，人口、农业、制造业甚至海上贸易都达到了前所未有的繁荣。接着国务委员莫莱伯爵做了帝国财务报告。在帝国的繁盛面前，这位翁达斯的得意门生眼花缭乱，以这样一句话结束了自己的报告：“在一个人的努力下，经过十二年的征战，法国便取得了如此大的成就！”于是，拿破仑就这样拿到了十一亿五千万法郎的国库预算。

拿破仑还需要处理另一件事。从六月起，教皇已经被移送至枫丹白露，于是，凭着去狩猎的借口，拿破仑匆忙和教皇签订了和平协议。可惜的是不久之后，教皇就废弃了这份合约，而天主教对拿破仑的敌意也越来越浓。

普鲁士公开叛变意味着欧洲正在形成新的反法同盟。突然之间，腓

① 这里指第一帝国国务秘书，外交部长马赫（1763—1839）。

特烈·威廉三世[①]离开了柏林，在我国大使圣马尔桑，或者说奥热罗将军的保护下逃往布莱斯劳。自从莫斯科溃败以来，我们的大将和大使变得越来越慈悲。得知普鲁士国王出逃的消息后，拿破仑非常后悔，后悔他没有采取强硬措施对待腓特烈·威廉三世，把他像教皇或者费尔南多七世一样软禁起来。他说："这不是第一次了，在政治上宽容绝对是一个不称职的顾问。"宽容？他竟然用宽容这个词来形容自己。

与此同时，从莫斯科的废墟中撤离出来的军队，正在快速向奥得河和易北河转移。欧仁·德·博阿尔内率领的几千人马已经相继撤到了瓦尔达河、奥得河、斯派里河、易北河和萨勒河。德意志的一些秘密组织掀起了暴动，并有燎原之势，反对拿破仑的势力与日俱增。我们的盟军真的靠得住吗？普鲁士的叛变就像是一只打开潘多拉魔盒的手。为以防万一，拿破仑已经在考虑1814年的征兵计划。也就是说，他正在挥霍帝国的人口资源。他还在和自己的亲信们幻想着组建一支由一千个营队构成的大军，幻想着他们能够调动八万步兵、四百个骑兵团以及一万匹战马。

另一方面，为了躲避征战，被征召来的十六万士兵中出现了逃兵，很多人都躲了起来。拿破仑非常害怕军队中的这种沉默反抗。长此以往，等到开战的时候，恐怕军队中就只剩下一些全副武装的将军了。为了阻止这种现象，他做了什么呢？他从法国最富有、最显赫的家族里挑选了一万名年轻人，组成了荣耀护卫队，这些年轻人也成了拿破仑绑架他们父母的人质。

奥地利的调停没有丝毫的进展。于是拿破仑决定派银行家拉布歇尔同英国进行直接谈判。然而与当年我请拉布歇尔前往英国的谈判相比，这一次的谈判结果更加糟糕。刚和俄国结盟的普鲁士提出了停战的协议，

① 腓特烈·威廉三世（1770—1840），或译弗里德里希·威廉三世，霍亨索伦王朝的普鲁士国王和勃兰登堡的选帝侯。

腓特烈·威廉三世与妻子路易

19 世纪的布莱斯劳

他们希望拿破仑能退回到易北河以南，让出奥得河和维斯瓦河。从我们内阁的意见来看，很多人依然认为和平是有可能的。塔列朗认为我们依然有决定停战的主动权，勒布伦和科兰古也认为我们应当以普鲁士提出的条件为契机进行协商。

然而拿破仑认为我们绝对不能妥协，他说："这些人以为我会退缩，但我什么也不会给他们。"他还对自己的报纸说："西班牙是法兰西帝国的一部分，任何人为的力量都不能破坏这件事。"3 月 11 日，得知俄国人已经开始向易北河挺进时，拿破仑依然对这些报纸说："法国绝对不会让出一寸土地。"但当时，拿破仑却接到了来自各方希望和平的建议。

看到塔列朗重新被委以重任，而我还依然待在被人遗忘的角落里时，我承认我很气愤。不过我也知道其中的原委，在拿破仑的眼里，马莱特政变是一起共和党人的叛乱，而我则难逃干系。再加上我曾经劝他不要贸然发动对俄战争，他一定对此怀恨在心。但我相信我的建议迟早会派上用场，于是我希望我能够快速回到政府，为祖国分忧。

2 月 1 日在哈特韦尔，路易十八发表了一篇面向全体法国人民的宣言。在这篇秘密流传的宣言中，路易十八希望参议院能够做一件惠及千秋万代的好事。我知道，对于此事，拿破仑一定有所耳闻，只是在英国，这篇宣言没有引起任何反响，所以他暂时还不能确定它的真实性。我把我得到的复印件递给了拿破仑，让他自己来进行比对。

在写给他的信中，我告诉拿破仑这样一个事实：他的战功让圣日尔曼镇上的人暂时闭上了眼睛，但他在战场上的失败却唤醒了这些人。现在这些人正在改变着整个欧洲的民意，而法国的民意也已经开始发生变化。趁着帝国皇帝的权威正在下降的时候，波旁家族的人已经开始蠢蠢欲动、秘密聚集起来。针对社会上普遍的厌战情绪，我们需要让人民树立起国家荣誉感，让他们知道，新的战争是为了维护国家的和平。并且我们要让人民知道，我们也一直致力于和平谈判。一旦开战，我们便不能过高期待奥地利的表现，过分依赖奥地利会让法国陷入被动的局面。在和奥地利的谈判中，我们要马上答应奥地利向我们提出的条件，保证奥地利和法国的同盟关系。最后我向拿破仑推荐了纳博，希望由他代替奥托来推进这次法奥谈判。在我看来在梅特涅身边的奥托难以胜任如此复杂的政治谈判，而唯有纳博才能真正探听清楚奥地利的真实立场。

大约二十天之后，拿破仑派纳博出使奥地利，这也算是他对我的无声回复吧。我完全没有期待比这更好的结果。接下来只是时间问题，我相信纳博一定可以出色地完成他的使命。

纳博

在欧洲，如果普鲁士遭到身后北德意志联盟人民的反对而出兵德意志的话，那么拿破仑便可以以民族战争的名义进行正当防守。他清楚只要得到民意的支持，只要我们做出一点让步，那么整个防守便可以顺理成章。然而对拿破仑来说，这比牺牲他的生命还要让他为难，因为这样伤害了他的自尊，也制约了他的权力。于是我确定他最多只能同意把奥得河和维斯瓦河让给普鲁士，把蒂罗尔和伊利亚里亚让给奥地利。拿破仑认为，依仗着三十万新军，他可以克服一切困难。与此同时为以防万一——他深陷不测——拿破仑决定赋予玛丽·路易皇后摄政权，允许皇后参与各种国务会议。

拿破仑此举有两方面的考量：一方面是为了讨好奥地利，另一方面也是为了预防政变阴谋。不过拥有摄政权的皇后并不能颁布法律，也不能随意召见参议院议员，在内阁中并没有实际权力。并且她的摄政行为都在冈巴塞雷斯的监视之下，而冈巴塞雷斯又在萨瓦里的监视之下。在摄政期间，作为摄政秘书的前部长帕尼负责撰写所谓的国书，其实也就是不在朝中的拿破仑的决定。

经过几场战役之后，盟军已经做好了跨过易北河的准备。这时候经过三个月的准备后，拿破仑于 4 月 15 日离开巴黎、前往前线。

在欧洲毫无准备的情况下，德意志突然冒出二十万大军，拿破仑可以重新发起反攻。很快，他接连赢得了两场战役的胜利：一场胜仗发生在萨克森的包岑，另一场则发生在斯派里外的乌尔城。这两场战役的胜利大大鼓舞了军心，并且带来了一个直接的效果：垂头丧气的萨克森国王重新成为我们的盟友。

被拿破仑击败的普俄联军继续向奥得河撤退，而拿破仑则亲率大军紧追不舍。然而拿破仑的军队越是深入对方的腹地，对方也就越有机会反击。

就在这时巴黎突然传来消息，拿破仑同意签订休战协定。此时的拿

包岑之战

盟军在包岑之战后休整

破仑一方面需要招募新兵，另一方面他也担心扮演调停角色的奥地利的真实立场。

我们来看看休战协定的内容吧。汉堡和布莱斯劳是双方激烈争夺的两个城市。为了保住西里西亚，普鲁士军队一直在顽强抵抗。拿破仑担心，敌方并没有真正休战的意愿，而休战协定只是对方的缓兵之计。在周围人都仅仅想暂时放下武器的时候，拿破仑选择了放弃奥得河，率军撤至力格尼茨。6月4日，双方在布莱茨威格签署了休战协定：在德累斯顿，拿破仑重新做回了地区将军。

这就是在最开始的两个月内，这场决定欧洲命运的战争中发生的重大事件。莱茵河南北，所有人都屏息关注着这场大战。

普遍来说，人们的内心都渴望着和平。而对于拿破仑而言，这么多年的征战不也是为了能够给世界带来和平吗？然而在观察者们的眼中，时代已经不同了！可是当时，因为缺乏足够的有效信息，我们并不清楚很多事情的真正缘由。

第 26 章

法奥同盟开始动摇

精彩看点

缪拉离开巴黎——贝尔西耶致信缪拉——我写给缪拉的信——德雷斯堡防御工事——维多利亚大溃败——苏尔特元帅出战西班牙——和奥地利的谈判——同梅特涅伯爵的谈判——拒绝奥地利提出的条件

当国务大臣邀请我与他一起参加一个重要会议时，我还在等地区将军的消息。他对我说，受陛下的指示，他要和我商议这么一件事。当时拿破仑正要写信给那不勒斯国王，希望他能够加入自己在德累斯顿的阵营。所以拿破仑希望，在此之前我可以和我这位私交甚好的朋友沟通一下，让他不要拒绝拿破仑的提议。国务大臣向我宣读了拿破仑的来信，并且不停地和我说，陛下之前没有启用我，是因为之前的小事还不需要我亲自出马。于是我答应为拿破仑效劳，动笔给那不勒斯国王写了一封信。

虽然之前的预兆已经告诉我，不久之后我便能够重回朝堂。但我自己也并不清楚这一刻会在何时降临。不管怎么说，我给同样处于棘手位置上的缪拉写了一封信。

缪拉是一位坦率并且正直的将军。但是作为国王，他却缺少一份坚定和果敢。他建立的那不勒斯军政府受到了人民一定程度的欢迎，所以这位国王便觉得自己可以撼动拿破仑的统治了。可是在拿破仑眼中，那不勒斯王国只是法兰西帝国的一个附庸。经过深思熟虑后，缪拉决定率领一万两千名那不勒斯士兵和自己的一部分私人军队加入出征俄国的队伍。当年拿破仑落荒而逃的时候，也是缪拉临危受命，在一片狼藉中带着剩下的军队突围。这时缪拉预感到，欧洲政局将发生变动，因此他决定马上回国，为即将到来的灾难做准备。在波兹南[①]，他离开了部队，十天之后[②]，《箴言报》登出了这样的消息：

> 由于身体原因，那不勒斯国王不得不离开军队，国王助理将代替国王出任军队总指挥一职。在行政工作上，国王助理有更丰富的经验，并且他绝对忠于拿破仑大帝。

这些话深深地伤害了缪拉。尤其是联想到前两年，拿破仑一直明确地暗示他，那不勒斯王国不过是帝国的一个附庸。如果拿破仑重新掌权，奥地利必将重新成为帝国的同盟，而皇后的弟弟路易的命运将危在旦夕。最开始路易通过奥地利的一位部长——米尔伯爵和奥地利宫廷取得了联系。与此同时在西西里岛，他还和英国军队的指挥本廷克勋爵[③]有过几次会谈。在波森岛，缪拉甚至秘密会见过这位本廷克勋爵。只可惜这一切都在拿破仑的秘密监视之下。

当人们得知拿破仑已经攻克了包岑和吕城，并且在萨克森集结了一支人数众多的军队时，皇后凯瑞琳娜写信给自己的弟弟，让他尽快断绝和奥地利以及英国的一切联系，全力支持那不勒斯国王的行动。

一开始，缪拉拒绝了拿破仑让他前往萨克森的要求，于是贝尔西耶以拿破仑的名义，给缪拉写了一封深情款款的信。在信中，贝尔西耶劝缪拉前往萨克森，并向他保证双方很有可能休战。而对缪拉来说，参加和平协商有很大的好处。在我写给那不勒斯国王的信中，我所表

① 波兹南位于波兰中西部，瓦尔塔河沿岸，是波兰最古老的城市之一，也是该国重要的历史中心。

② 1813 年 1 月 27 日。——原注

③ 威廉·亨利·卡文迪许·本廷克勋爵（1774—1839），简称威廉·本廷克勋爵，英国驻马德拉斯（实际上即印度）总督、英国枢密院顾问、陆军中将军衔。

那不勒斯国王缪拉

本廷克勋爵

达的也是这个意思，我称赞他，告诉他前方便是荣耀之地。缪拉因此不再犹豫。

还没收到我的信时，缪拉便收到了来自德雷斯特的急件。急件说拿破仑召我前往萨克森。原来在拿破仑眼里，身在巴黎的我对他的威胁不亚于那不勒斯的缪拉，而他召我们前往萨克森，其实是在变相地控制我们。不久之后我便做好了准备，准备从美因茨前往萨克森。

美因茨是我们在莱茵河的重要关塞，奥热罗负责保卫它。同时在美因河，他集结了一批观察员，秘密监视着周围的动态。

在对俄战争中，美因茨受到了重创。而他的守卫者奥热罗将军自然对此耿耿于怀。我们刚刚在战场上取得胜利，我很难相信这位心怀不满的将军有和平的诚意。路过美因茨的时候，我让人向他转达了这些话：

> 我们的好日子过去了！此前战场上的那点成绩已经完全比不上当年，我们所走的每一步都困难重重。几场战役下来，吕城城中心已经失守，而我们在两翼的援军也难以发力。如果不是这十六支分队和八十架火炮，吕城恐怕早已失守。坦白地说吧，现在我们能依靠的只有火炮军。攻下包岑后，军队紧急渡过了易北河，打开了北方的大门，但我们不得不停在斯派里外的乌尔城。在那里只有用血肉之躯，我们才能保住我们的位置。这次血战之后，我们没有任何突破，没有俘获一个敌人，也没有缴获一支火炮，而我们的对手就这样消失得无影无踪。在赖兴巴赫，我们也遭到了重创，杜洛克被炮弹打倒在地。杜洛克，您的朋友啊！同一天，布吕伊埃雷也被流弹击中。您自己也说过，多么可怕的战争啊！现在，在德累斯顿，您想要做什么呢？您不想要和平吗？您比我更了解拿破仑，继续这样下去的话，

奥热罗将军

19 世纪的美因茨

他会遭到五十万大军的围攻。相信我，奥地利对拿破仑的忠诚不会超过普鲁士。

从那时起我便深信，所有人都迫不及待地希望和平，希望能够早日回到巴黎。

在我看来，德累斯顿不仅仅是一个被城墙包裹着的战场，也是一个重要的城市。然而，德累斯顿周边的森林却遭到了严重的破坏。来到德累斯顿后，我看到到处都是乱砍乱伐、正忙着修建站渠和栅栏的士兵。拿破仑整天都巡游在外，检查各种战事准备工作。在贝尔西耶、苏尔特和地质工程师巴克雷的陪同下，拿破仑整日奔波着检查河堤、马路、棱堡[①]、防御工事等各种战事工程。

德累斯顿所有的防御工事都采用了最先进的技术，易北河两岸的备战工作可以说接近完美，萨克森周围的农民都被叫来参与防御工事的修筑。

在德累斯顿市中心的断墙处，拿破仑命人修建了沟渠和栅栏。城市周围全都修建了先进的棱堡，火光照亮了周围的村庄。

防御工事的修筑并没有局限在德累斯顿周边，整个易北河，一直到汉堡附近，都有骑兵驻扎。科恩斯坦、德累斯顿、托格、维藤伯格和玛德伯格是易北河沿岸重要的据点，在这些重要的据点中，拿破仑都周密部署了相关防御工事。我们可以看出，拿破仑把兵力主要集中在了德累斯顿周围，并希望以此为据点，进可攻退可守。

① 棱堡是由帷幕墙向外凸出一块具有角形结构体的火炮防御阵地。完整的棱堡除了两个前端凸出面外，尚有两个侧面，用以保护帷幕墙，并连接棱堡本体。它常作为堡垒的一个重要组成部分，盛行于16世纪中期至19世纪中期。

巴克雷

布置好这一切后，拿破仑便开始投入到各种协商会谈之中。大部分将军认为，德累斯顿是一个非常理想的攻守据点，以此为中心，他们可以实现拿破仑所有的军事安排。但也有一些人向我坦诚，一旦奥地利宣布退出帝国联盟，那么法国就会面临来自易北河和莱茵河的双面夹击。

敌方的兵力主要集中在三个方向：瑞典王子贝纳多特的兵力部署在北方通往柏林的路上；布吕歇尔的兵力部署在东方通往西里西亚的路上；在波西米亚山后，施瓦岑贝格的兵力正在静待事态的发展。

得知拿破仑已经回到弗雷德里克顿的马克里尼宫[①]后，我赶紧前去觐见。走进他的办公室后，我看到了一筹莫展的拿破仑。

他对我说："您来晚了。公爵先生。"

"陛下，我已经尽力在为您效劳了。"

"和梅特涅谈判时，您知道发生了什么事情吧。"

"陛下，这不是我的错。"

"这些人，不用拔剑，就想让我按他们的意志行事。您知道现在最让我困扰的人是谁吗？是您的两位朋友贝纳多特和梅特涅。这两个人，一个公开向我宣战，另一个在谈判桌上和我暗中周旋。"

"但是，陛下！……"

"去找贝尔西耶吧，他会告诉您所有的情况。之后您再来找我，告诉我您对此次同奥地利谈判的意见。在此事上，我们需要您灵巧应变的能力，需要您来促成这次谈判。但是这次谈判绝对不能有损我们的实力和荣耀！这些人是如此狡猾，他们想不战而胜，就这样拿走我们的钱，拿走我在马背上打下的天下。纳博已经前往奥地利开启谈判了，您可以去问问他的看法。还有，尽快和贝尔西耶取得联系，好好想想对策，两

① 1719年，波兰奥古斯特二世为情妇卡特琳娜建造了这座城堡。如今，马克里尼宫为德累斯顿市政府的一部分。

施瓦岑贝格将军

布吕歇尔将军

天之内来见我。”

然而当天，贝尔西耶根本没有和我说话的时间。自从杜洛克牺牲之后，贝尔西耶整天都和拿破仑待在一起，两人甚至每天都在一起用餐。他让我第二天再去找他。在这期间，政府的一个办事人员和我说了两件不容乐观的事情。我要说的是梅特涅伯爵和拿破仑的政治争端（随后我会具体说明）以及我们西班牙的军队刚到维多利亚便遭遇了大溃败，留下威灵顿执掌半岛。这件事已经传遍了布拉格上下，对谈判的负面影响可想而知。

得知此事后，拿破仑怒斥约瑟夫和儒尔当无能，立刻另找了一位大将弥补此事。拿破仑看中了护卫队里的苏尔特元帅，命其前去增援西班牙军队，守住比利牛斯山。苏尔特没有犹豫，然而不久前刚来到前线的苏尔特的妻子却非常不满，拒绝前往西班牙。在她看来去了西班牙只有死路一条。妻子的话让苏尔特倍感为难，于是他向拿破仑求助。因此，拿破仑召来了公爵夫人，希望能够说服她。公爵夫人坚定地说，自己的丈夫不会回到西班牙战场的，这些年来，他为帝国东征西讨，现在是他休息的时候了。

拿破仑生气地说：“夫人，我召您来不是为了听您的抱怨。我不是您的丈夫，如果我是您的丈夫的话，那么您不敢这样做。要知道，女人应该服从自己的丈夫，去找您的丈夫吧，不要再折磨他了。”

公爵夫人让步了，他们卖掉了当地的马匹和装备，向着西比利牛斯山进发。

在布吕尔宫[①]，我终于见到了贝尔西耶。在此，我闲言少叙，只向大家交代清楚其中重要的部分。首先我们谈到了对奥地利的谈判问题。

① 我们认为布吕尔宫就是马克里尼宫。这座拿破仑的行宫之前属于奥古斯都三世——马克里尼公爵。——原注

苏尔特元帅

四月底，我们接到了纳博的来信。据纳博从梅特涅得到的消息来看，奥地利已经完全靠不住。1812年3月14日和奥地利签订的联盟条约已经不再适用于现在的时局。纳博还特地强调，我们必须重视奥地利的诉求和军事动向。也就是从那时起，拿破仑开始考虑启动两项谈判来中立奥地利的立场。他希望通过公开和秘密的谈判，减轻北方联盟对自己岳父和梅特涅的影响。

当年，作为部长的纳博负责出使奥地利并签下了《维也纳和约》。拿破仑对这位住在巴黎的大使有一些误解。毫无疑问，在欧洲所有的部长中，纳博是最了解拿破仑的朝廷和政府的人。通过高层关系，通过向奥坦丝、宝莉娜·波拿巴，甚至是缪拉的妻子献媚，这个人成功地达到了自己的目的。拿破仑不知道的是，这个外表风流倜傥、好寻欢作乐的外交官，其实有着一颗德意志民族共有的强大的心，一种欧洲精神和君主思想。而拿破仑更没有想清楚的是，在战场上失利的自己，仅通过一些计谋是根本无法动摇国家层面的考量的。而这也是他失败的根源。

在他看来，吕城和乌尔城的刀剑已经斩断了欧洲的各种政治联盟，并且这样的胜利已经足够震慑奥地利，让其重新回到自己的阵营。奥地利派出了使者布博纳伯爵求见他。虽然这位使者在拿破仑面前说尽好话，但他却毫不掩饰地要求拿破仑归还奥地利在伊利里亚的一些省份，增加在巴伐利亚和波兰一边的边界，解散莱茵联盟。在拿破仑看来，以这样的牺牲来换取奥地利的中立非常不值。于是他这样回复自己的岳父：我宁愿在战场上倒下，也不愿这样任人宰割。

停战协定签订后，法奥联盟愈加脆弱。德布姆纳频繁来往于维也纳、德累斯顿和布拉格。最后他宣布俄国和普鲁士将介入协调法国和奥地利之间的关系。从那时起，布拉格将会召开重要会议的消息便广泛传播出去。纳博一直紧盯着奥地利朝廷的动向，当他抵达德累斯顿附近时，他接到了拿破仑的新指示。拿破仑问他："吕城那边有什么消息吗？"

这位舌灿莲花的人回应道："啊！陛下，虽然有的人说您是天使，有的人说您是魔鬼，但所有人都说您非比寻常。"

所谓的秘密谈判有两个条件：法国归还奥地利在伊利里亚的一些省份。为了补偿依然坚持法奥同盟的奥地利（英国内阁出资一千万英镑收买奥地利，并且已经分两次支付了这笔巨款），法国需要向其支付一千五百万英镑的补偿金。

接见过纳博之后，拿破仑决定直接和梅特涅进行谈判，而这个重任则落在了我这个长期关注国际政治的人身上。

当我接到拿破仑的任命书时，梅特涅已经带着奥地利内阁的意见来到了德累斯顿。奥地利内阁认为，此次出访的首要任务是解散无法达成一致意见的法奥联盟。这位奥地利的部长也毫不掩饰奥地利的倾向，他明确指出各大国之间的争端只能通过维也纳大使馆来斡旋。那么这里便出现了第一个难题，拿破仑根本不愿意接受这种罕见的谈判方式。

拿破仑秘密召见了梅特涅伯爵。而梅特涅伯爵也把奥地利国王的信件亲手交给了拿破仑。最开始的时候，拿破仑向梅特涅抱怨法国已经浪费了一个月的时间，而奥地利所谓的调停却带着对法国的敌意。在谈到停战协定和斡旋的时候，拿破仑说奥地利这次来德累斯顿完全是为了阻碍法国前进的步伐。他对梅特涅说："您口口声声说着和平，说着结盟，但这都是幌子，英国人的金钱已经让你们低头。现在你们想用两万人马来让我屈服。您想利用我现在的困顿来收复之前的失地，并且借机勒索法国。好吧！我同意，但我希望把这件事说明白，您想要什么？"

梅特涅回应道："奥地利只想要欧洲各大国能够达到一种平衡，并且能够保障各个国家的独立。"

拿破仑说："请您说清楚点，我同意归还伊利里亚，也同意给出补偿金来换得奥地利的中立，并且我的兵力已经足够让俄国和普鲁士回到正常的轨道上了。"

于是梅特涅坦诚地说，现在事态已经发展到奥地利无法保持中立的地步，奥地利必须明确表明自己的立场——要么反对法国，要么支持法国。

在这种情况下，拿破仑没有任何搪塞，他拿起了一张欧洲地图，强迫梅特涅说清楚。奥地利想要的，根本不是伊利里亚，它想要的是意大利一半的领土，是教皇重回罗马，是重建普鲁士，是让法国放弃华沙、放弃西班牙、放弃荷兰、放弃莱茵联盟。

梅特涅

拿破仑大喊道："你们这样跑来跑去，原来是为了平分欧洲！你们想要的是让帝国解体！你们想要轻轻一笔就推翻欧洲的城墙，推翻我浴血奋战才建起来的城墙！奥地利竟然觉得我会随随便便就答应这种条件！我的岳父竟然会同意这样的要求！一个弱小的帝国如何保护他的女儿和外孙！啊，梅特涅，您到底收了英国多少钱，您居然会如此针对我？……"

听了这些话，梅特涅只能报以骄傲的沉默。困惑不解的拿破仑用相对平静的口气说："对于和平，我还没有绝望，因此，我希望调停会议能够正常召开。"送梅特涅离开的时候，他又补充道："我还没有完全考虑好归还伊利里亚之事。"

这位奥地利的部长并没有马上离开德累斯顿[①]，而是尽力向拿破仑政府争取到了奥地利的调停权，并且把休战协定延长至 8 月 10 日。

当人们问起拿破仑是否愿意支付最后五百万英镑的补偿金时，拿破仑一口回绝了："不行，如果我真的给了他们这笔钱，之后，这些人便会狮子大开口，妄图吞下我们整个法国。"

① 6 月 30 日。——原注

第 27 章

第六次反法同盟战争

精彩看点

同贝尔西耶的谈话——同拿破仑的谈话——出使布拉格——和平大会的召开——奥地利的立场——北部联盟正式向莱茵联盟宣战——秘密会谈——赴任伊利里亚——和平谈判破裂——奥地利背弃法奥同盟——法国在克罗地亚战场上一败涂地——德意志战场获胜——士气低迷的意大利战场——莱比锡之战

这就是我到达德累斯顿时的情况。我没有向贝尔西耶掩饰我的想法，我告诉他说："如果拿破仑不放弃德意志和伊利里亚的话，那么奥地利肯定会加入反法同盟。如果奥地利加入反法同盟的话，那么法国将面临大革命以来最强大的王公贵族的围攻。"

虽然贝尔西耶也同意我的看法，但他还是对我说："可是您不知道，和陛下相处时，我们需要多么的谨慎！如果我直言相劝，他势必会震怒，所以我只能迂回地表达我的意见。就拿奥地利这件事来说吧，自从他们提出和平条件以来，我们就经常讨论，法奥联盟破裂会引起什么样的后果，这也是我的出发点。唉！您能想象得到吗？我根本不敢向他建议放弃易北河，先保证莱茵河的安全。我手中有一位非常有能力的将军[①]拟定的作战计划，这位将军希望我们召集所有易北河外的兵力以及所有零散的兵力，撤退至萨勒河，再从那里撤往莱茵河。很多人都支持这个方案。假如奥地利起兵的话，他们肯定会向反法同盟打开波西米亚的大门，让我们和法国失去联系。但拿破仑根本听不进去这些话，他当时大喊：'即使我吃了十场败仗，我也至多退回到你们刚刚为我规划的那个地方。

① 我们认为这里指的是罗涅将军。——原注

你们觉得我现在根本拿不下德意志，是吗？当年在马朗格、在奥斯特利茨、在瓦格拉姆，难道我就有百分之百的把握吗？现在我占据着易北河和埃尔福特的所有要塞，可你们却觉得我根本拿不下德意志？德累斯顿已经固若金汤，凭着德累斯顿，我可以应付所有的攻击。从柏林到布拉格，虽然敌人的势力在发展，可是我却占据着主动地位。你们以为这么多国家能够长时间地在这样一场战争里保持一致的态度吗？你们等着看吧，迟早我会打他们一个措手不及的。萨克森平原将决定德意志的命运。我再重复一遍，以我现在所处的位置，就算敌人赢我十场，也只能把我逼回到莱茵河，但是，只要我动用了在奥得河和维斯瓦河的驻军，一天之内，我就能攻入敌人的首都。到时候，我就可以逼迫盟军签下无损我荣耀的条约。我已经算好了一切，剩下的就只能等命运的安排了。我是绝对不会同意你们所说的倒退防守这个建议的，因此，你们也不必费心了，现在，你们要做的就是好好执行我给你们的命令。’”

我对贝尔西耶说：“可是，如果所有的将军、所有的军队首领都和您想的一样的话——而且我相信他们的内心的确是这种想法，那么您觉得拿破仑会屈服于这种群体压力吗？”

贝尔西耶回应道：“别做梦了，拿破仑的想法非常坚定。我们赢了太久了，所以他觉得我们还会一直赢下去，因此，他根本看不到局势已经发生了多么大的变化。再看看他周围的人吧：马赫已经完全听命于他了；科兰古算是他身边唯一敢讲实话的人吧，不过这个人也不过是个卑躬屈膝之辈；而对于缪拉和纳伊这两位正直的大将来说，拿破仑只会听取他们在战场上的意见。拿破仑周围的人都鼓动他参战，当然，纳博、富拉奥、杜罗若、杜若斯和贝尔纳上校的意见相对中肯，也更有参考价值。至于他身边的其他人——尤其是巴克雷这个每天拿着地图跟在拿破仑后面的人，和拿破仑一样，他们都期待着敌人能落入他们的陷阱，被他们一举全歼。他们这些人似乎根本不知道反法同盟的存在，根本不愿意正

19 世纪的易北河风光

19 世纪的莱茵河及在莱茵河岸边劳作的人们

视法国在出征俄国之后所面临的困局，甚至不愿意承认我们已经教会了这些人如何应对我们，如何对我们进行反击，如何和我们的炮兵作战，况且在数量上，敌人占据人数优势，远远大于我们的人数优势。”

我补充道：“还有现在的民间组织，这些人也正在觉醒，他们也在起身对抗帝国。”

贝尔西耶继续说：“对，而且我们还缺少间谍和骑兵。”

临走的时候，我对贝尔西耶说：“这下我就清楚了，我会把我们的意见写好的，明天，我就带着这些东西去见拿破仑。就像之前那样，我会告诉他实情的。”

我并不想参与任何军事策略类的会谈，也不想过度介入政治类的谈判。况且我知道，拿破仑也不会给我足够的时间和他详谈，我随时都有可能被命令闭嘴。第一次和他会面后，我便清楚，最让他烦恼的是贝纳多特和梅特涅这两个人。我知道自己可以在这件事上做什么，虽然说服贝纳多特要更困难，但这也是我必须攻克的难关。有人告诉我，在图尔库会谈时，沙皇曾经和贝纳多特说过这样的话：“如果拿破仑没能拿下俄国，如果他失败了，那么法国的王位必将空缺，而在我看来，只有您才有能力登此大位。”

这些话解释了贝纳多特的行为。对于贝纳多特来说，这些话难道不是一种信任和鼓舞吗？在当时的法国政府中，还没有任何人有过这样的想法，实现这样的承诺，基本全无胜算。然而莫斯科大战之后，欧洲内阁基本达成一致，他们认为在欧洲，必须要有人站出来代替拿破仑。于是他们想到了波旁王朝，而继贝纳多特回到欧洲大陆后，莫罗的回归也让这一切更加明朗。

在签订停战协定前，贝纳多特抵达施特拉尔松德[①]后做的第一件事

① 施特拉尔松德是汉萨同盟城，位于德国北边梅克伦堡－前波美拉尼亚州，靠近波罗的海海峡，其位置像是吕根岛的门户。

便是从我们手里夺走了波美拉尼亚。而他这样做的动机又是什么呢？听人们说，他身边一直围着英国的斯图尔特将军、奥地利的文森特将军、俄国的波佐二博尔戈将军和普鲁士的克斯马克将军。没有人知道他的真正来意，所有人都在他身上寄托着将信将疑的希望。

不久之前拿破仑得知，在停战期间，查理曾经拜访过沙皇亚历山大一世和普鲁士总将赖兴巴赫，并且向这些人坚定地提出，只要莱茵河外还有一个法国士兵，那么拿破仑就绝对不会同意签订和平条约。大家可以想象我面临的处境了吧。调整好思路后，我前往马克里尼宫面见拿破仑。拿破仑马上接见了我，看到我走进他的办公室后，拿破仑立刻从一片地图和作战计划书中站了起来，对我说道："好吧，公爵先生，您知道我们现在的处境了吧？"

"是的，陛下。"

"我们会不会腹背受敌，一面是您的朋友贝纳多特，另一面是我的朋友施瓦岑贝格？"

"依我看来，这是毫无疑问的，除非您尽可能地满足了奥地利的要求。"

"绝对不可能。他们休想不动刀兵就让我屈服。我知道，有很多野心勃勃的人正看着我，比如您的朋友贝纳多特，他把我们的战术全部告诉了敌军。"

"可是，陛下，您难道就没有想过尝试着改变一下他对您的敌意吗？"

"怎么尝试？他已经被英国人收买了。不过我让人给他写过信，而且我在他身边有个可靠的人，但这个人依然执迷不悟。"

"陛下，如果事态已经如此严重的话，那么我现在就给他写信。虽然这个人打算去德意志军演，但他绝对不能对法国开战啊！"

"嗯，法国！法国！法国就是我。"

波佐二博尔戈将军

“请陛下允许我在信中这样和他说，我会告诉贝纳多特，他这样做就成了俄国和英国人的工具，就成了推翻您、复辟波旁王朝的元凶。”

拿破仑接过了信，仔细地读着。

“可以，但您准备怎么把这封信交给他？”

“我觉得陛下可以让纳伊元帅出面，一直以来，纳伊元帅和贝纳多特都是亲密的战友，而且纳伊可以让T上校出面……”

“不行，这个人之前是雅各宾派的人。”

“陛下，您也可以选择L中尉，您也了解这个人，他对您忠心不二。”

“好，我这就和他说我的想法，并且即日把他派给纳伊。”

沉默了两分钟之后，拿破仑接着说：“您有没有思考过与奥地利私下谈判的事情？”

“有过，陛下。”

“那么您有没有准备过一些相关的计划书呢？”

“有的，陛下，您看看这份计划。”

拿破仑读过计划书之后说：

“什么？您觉得一切都没用吗？您觉得我现在做的都只是些权宜之计吗？您也同意那些人的意见，觉得我好好做个村长就行了吗？公爵先生，请相信我吧，没有比我更可靠的国王了。”

“陛下，正因为我对此深信不疑，所以我才不想看到您的王冠在枪林弹雨中飘零。但我也不敢向您隐瞒，此前，虽然欧洲在您的赫赫战功下屈服，但如今，如果您想让其继续臣服的话，您就必须有更辉煌的胜利，但这胜利的取得会更加艰难。此前，那些欧洲部长们在您的威严下唯唯诺诺、唯命是从，但现在，他们都站在各自的朝堂上，叫唤着要您给欧洲一个交代。”

“好吧，我就是给欧洲的交代啊。当然，我不会再做让他们不满意的事情了。”

讽刺拿破仑狂妄自大的漫画：拿破仑
正在把欧洲的大小君主铲进焚烧炉

“可是现在，我们需要一个对策。如果奥地利不能保持中立，或者不能站在您这边的话，那么这次您的敌人将是整个欧洲。现在，最好的情况就是和平能够达成，而只要放弃德意志、保住意大利，或者放弃意大利、保住德意志，这个和平便可以达成。陛下，以上帝的名义，我求您不要贸然和奥地利决裂，不要毁掉我们一起打下的江山。试想，如果战场上有任何闪失，那么局势将会大变，那时，您的同盟国会以保卫国家的名义退出联盟，到时候，您的敌人一定会对您群起而攻之的，那些沉睡的阴谋必将苏醒。散布在波尔多、旺代、诺曼、莫尔比昂的英国间谍一定会四处活动，随时准备着复辟波旁王朝。陛下，请您慎重考虑您的安危和荣耀，不要拿王冠和权力开玩笑。一旦战场失利，五十万大军，还有他们身后千百万的人民，一定会马上逼您撤出德意志，到时候，他们根本不会给您任何协商的余地。”

听完这些话，拿破仑抬起了头，挑衅地说道：“我还能和他们打十次，而且只要打赢一次，这些所谓的反法同盟便会马上分崩离析。公爵先生，真是让人难以接受，像您这样优秀的人都泄气了。现在，我们面临的不是让出某个省份的问题，现在，我们面临的问题是如何确保法国至高无上的地位。我有强大的军事力量，也有强大的民意支持，这就是我的神话。不要打破这个神话。为什么有这么多警示？顺其自然吧。至于奥地利，你们不要上了它的当，它不过就是乘人之危，想从我这里获利。从心底讲，我已经决定了。但我不明白，它竟然要加入俄国人的阵营和我开战。这就是我的意思，我希望您能给我提供您的方法。我现在任命您为伊利里亚总督，并派您做个样子，把这片土地交给奥地利。现在，您就动身吧，到布拉格的时候，您的儿子会和您一起去奥地利，去进行秘密谈判。到布拉格后，请您往格拉茨的方向走，在莱巴克观察事态的发展吧。您快点去吧，因为现在那边的朱诺完全不能胜任这项工作，而伊利里亚需要您这样一位坚定而明理的人。”

“陛下，我绝不会辜负您的信任，如果可以的话，我想再确认一下，您的意思是，在交出伊利里亚省份的同时要确保您的统治地位吗？”

“没错，是的！告诉我您需要我为您做什么，我将全力支持您。”

假如我们和奥地利的破裂在所难免，那么现在我能做的便是尽力为祖国争取最大的利益。况且，在拿破仑没有做任何让步的前提下，所谓的秘密谈判根本就是无稽之谈。拿破仑让我出使布拉格、推进秘密和谈，一方面是为了给奥地利一丝虚假的希望，另一方面不过是为了提防我：一旦爆发危机，远离事件中心的我无法对拿破仑造成什么威胁。当然拿破仑此举还有两个目的：首先，他要尽可能地拖住奥地利，同时他也想在奥地利政府里培植一支自己的亲信，这样一来，一旦我们和奥地利的关系破裂，他也可以通过别的手段破坏北方联盟；第二，他也想通过这种方式让我重新回到朝堂，因为他相信，在处理奥地利的事情时，我绝对不会一无所获。

贝尔西耶向我坦白表示，拿破仑确有此意，他甚至希望我能在布拉格尽可能多待一段时间，和纳博一道探查一下奥地利今后的意向。并且任命我为伊利里亚总督的同时，拿破仑也把所有的民事和军事权力一并交给了我，可以说，我拥有了伊利里亚省的至高权力。然而我知道，等待我的只有两条路，要么迎战，要么让出伊利里亚。至于我在布拉格的停留和查探，我比任何人都清楚，我绝不能不合时宜地长居布拉格或者做过多的打探。

我想的是先谨慎行事。因为我知道，盲目行事是最可怕的事情。在没有了解清楚情况的前提下，我先做了几种假设。如果拿破仑在战场上失利，不得不同反法同盟签下退兵协定，那么他的荣耀将不复存在。出于自保，政府中难免会有人盲从局势。如果事态一旦恶化，拿破仑的统治将岌岌可危。到时候，反法同盟的核心——英国——一定会力保波旁王朝。我知道，我的经历不能让我往这个方向去想，我不能去想象帝国的覆亡。人们会和我说，在1813年过去的六个月里，在帝国政府的重要岗位上，波旁家族基本没有一个可以依靠的人。可是事实上，拿破仑的政府已经和拿破仑离心离德，而保皇派则通过各种途径混入帝国政府，在时机成熟的时候，这些人完全有能力撬动帝国基业。

当然，情况也不是完全没有逆转的可能。如果奥地利能够以大公主为核心在法国成立摄政政府的话，那么他们完全有可能去支持一个“有节制”的法国——一个安守在阿尔卑斯山和莱茵河之间的法国，而这也肯定会动摇其朝堂上的亲俄派。基于这个想法，我草拟了一封建议书，建议拿破仑授予皇后更多的摄政权。在我的计划书中，我建议成立包括所有利益方的摄政政府。而在摄政政府中，除了我之外，还有塔列朗、纳博、麦克唐纳、蒙莫朗西，以及另外两位我现在不方便指出姓名的人。各位元帅的想法也会得到考虑，他们也将加入新的摄政政府，而这个以军政政府形式出现的新摄政政府也必将加强各位元帅在国家的影响力。总而言之，我希望我们能够成立一个满足所有人利益的新的摄政政府。这样一来，我们的政府将成为一个温和的、糅合贵族气质和民主气息的政府，而且这个政府将会从一个压迫者重新变回国家的保护者。这个计划可以让法国免除解体和被侵略的危险，因此，那个时候，它无疑是最稳妥的方式。

我非常确信，这个提议会受到深谋远虑的奥地利政府高官梅特涅的欢迎。梅特涅对我的好感要从1809年向奥地利宣战的事情说起。当时拿破仑不顾所有的外交礼节，命我派一队人马押送梅特涅至法奥边境，并强调一定要让这个人吃尽苦头。震惊之余，我私下缓和了拿破仑的命令。我亲自前往大使官邸，向梅特涅解释了我来访的目的，并且表达了我的歉意。经过一席对谈之后，我们达成了谅解。我请莫西元帅派一位温和的护卫队长陪同大使前往奥地利，最后，我还给了他尽可能多的宽裕时间，以便于其进行准备。当我们告别的时候，我能感受到他的感

讽刺拿破仑和路易的漫画：暗讽拿破仑迎娶路易只是为了要一个男性继承人

激——在那种情况下，我居然还会去给他送行。

以上就是我的计划。在拿破仑和贝尔西耶的催促下，我和军队后勤助理沙桑翁一道踏上了前往布拉格的道路。在离开萨克森前，我向萨克森人民表达了深深的敬意。为了法国的事业，他们做出了巨大的牺牲。我能看得出来，在看到自己的国王又一次卷入了拿破仑的事业后，萨克森人民非常痛苦，他们很清楚，这样做只会给他们带来更大的损失。

和平大会即将拉开帷幕的时候，我抵达了布拉格。对于此次大会，我不抱任何希望。在我看来，这次会议中所谓的外交措施，无非是为了证明开战的合理性。梅特涅、俄国政府全权代表、普鲁士政府全权代表，以及奥地利外交部的所有人都到场了。虽然法国也有两位全权大使，但我只看到了纳博。那个时候，他在等他的同事科兰古，并且此前，他也接到了这么一个命令：在没有科兰古的情况下，他不得私自做任何决定。

和平大会开幕前，一些困难已经出现了。首先，拿破仑反对俄国政府任命昂森特为全权代表。在《箴言报》中，拿破仑指出，这个出生于阿尔萨斯的法国人是一个活跃的好战分子。除了这些争辩之外，我们还希望对于和平大会的构成的争论能够拖住事情的进展。拿破仑对纳博的指示和对我的指示是一样的，他说："我不想要的和平就是我的敌人强加给我的和平。相信我，那个一直操控着和平的人绝不会就这样轻易接受和平。如果我放弃了德意志，那么奥地利一定会激烈地反扑，直到它拿下意大利。如果我放弃了意大利，为了保证自己的利益，奥地利一定会逼迫我离开德意志。"

纳博接到的唯一正面指示便是尽量不要把奥地利推向敌人的阵营，我向他谈及了秘密谈判的事情，在这一点上，他非常赞同我的想法。

于我而言，布拉格是一个完全陌生的地方。在此之前，我只是偶尔路过这个地方而已。想要接近奥地利大使团，我需要非常周密的部署，

莫西元帅

19 世纪的布拉格

尤其是在所有人都不信任拿破仑的情况下。比如有人肯定地对我说："从12 月起[①]，拿破仑就向奥地利承诺让出意大利、伊利里亚以及德意志，以此来恢复维也纳朝廷的荣耀。但是不久之后，这个人便准备重新开战，而且只想让出一小部分利益，而在欧洲，这点小恩小惠根本不足以恢复维也纳的辉煌。"

很明显，维也纳政府想利用我们现在的劣势来收复自己在《普雷斯堡和约》和《维也纳和约》中失去的土地。他们完全不在乎我们是否让出伊利里亚。在他们看来，只要出动炮兵，这块土地必将回到奥地利的怀抱。

在布拉格期间，我还得知在和平大会开幕期间，北部联盟正式向莱茵联盟宣战。从 3 月 25 日开始，在卡利施，库图索夫正式宣布莱茵联盟已经解体，还说这是他对那些为我们所用的德意志军队的提前惩罚。我还得知，在日米格鲁德[②]召开的赖兴巴赫会谈中，俄国沙皇、普鲁士国王、瑞典王子、奥地利的斯塔迪翁、英国的阿伯丁以及联军将领等都参与其中。这次会谈的主要议题是商量各方的兵力投入比例——在对拿破仑的战争中，各方各自应该投入多少兵力；在那里，那些人还磋商了具体的军事行动、进攻和防守的方式；最后，他们确定了他们这一阵营——我们的敌方阵营——的三大主力部队。在这样的会谈中，不可避免地，各方也谈及了相关的利益分配问题。

然而为了约束拿破仑的势力范围，他们依然决定召开和平大会。最后，他们心照不宣地聚集在英国的麾下，由英国出面和我们进行谈判。

于是奥地利就这样加入了北方联盟，并且向前线增派了二十万人。

① 1812 年。——原注

② 日米格鲁德是波兰的城镇，位于该国西南部，由下西里西亚省负责管辖。

亚历山大一世、弗朗西斯二世、腓特烈·威廉三世在日米格鲁德会师

虽然我们已经全力以赴地试图挽回奥地利。然而奥地利的答复却是：拿破仑愿意做出的最大让步便是不再扩大侵略，然而他的行动却无法证明他的诚意。

我尽力去推进秘密会谈，然而并没有取得什么成果。至于我想要成立摄政政府的私人想法，虽然奥地利似乎同意成立一个为奥地利利益服务的新政府，然而，只有在这个想法变成现实的情况下，奥地利才愿意做出相关的让步。在当时那种情况下，我没有办法对奥地利做出任何承诺，但我得到了奥地利对我们的承诺，即他们绝不会从内部破坏拿破仑的统治。在这次同奥地利的交涉中，从奥地利大使团那里，我听到了很多对于拿破仑的抱怨，尤其是在其《箴言报》中的一些报道。

离开布拉格的时候，我心中确实有了更多的希望，但对于未来，我依然没有得到任何可靠的保证。相反，我知道，为了欧洲的未来，一百万士兵将在战场上相互厮杀。并且从目前的情况来看，帮助我联合各方利益、组建新的摄政政府的契机还没有出现。

在去往伊利里亚的路上，望着眼前流转着的奥地利君主国的风景，我的内心思绪万千。首先，我不得不承认，这个由多个国家组成的联邦国，管理要比我们想象中的更为完善。另外，生活在这片土地上的人民非常忠于自己的国家，并且坚韧不拔。与此同时，这个古老国家的政策也带有一种张力，在任何时候，他们都会给自己留有余地，而这种处事方式会让他们立于不败之地。在现在这种形势下，在平衡欧洲各国关系时，奥地利的作用非常明显。

在前往格拉茨的路上，我路过了卡尔尼奥拉公爵的领地莱巴克，这个位于阿尔卑斯山下的城市便是伊利里亚的首府了。7 月末，我抵达了莱巴克，并且迅速走马上任。《维也纳和约》规定：伊利里亚地区包括奥地利的弗留利、特里雅斯特港口、富含伊利里亚矿产资源的卡尔尼奥拉港口、维拉赫周边、克罗地亚以及达尔马提亚的一部分。也就是说，在萨瓦河右岸的整个区域，从卡尔尼奥拉港口算起，一直到波斯尼亚边境的地区都属于伊利里亚。众所周知，波斯尼亚包括克罗地亚省、六个克罗地亚军事管制区、里耶卡河和匈牙利海岸线、伊斯特拉半岛以及萨瓦河右岸的所有区域，而其中的塔尔韦格更是意大利和奥地利的边境城市。我们可以发现，虽然伊利里亚地区的这些城市基本没有任何相通之处，但因为达尔马提亚和阿尔巴尼亚的特殊位置，再加上它们长期隶属于法国，所以这个地区的重要性便日渐凸显。

我的到来引起了一片轰动：首先，因为我前公安部长的身份，所以这个地区的人比较熟悉我；其次，我的前任，同时供职于政府和军队的阿布兰特什公爵、拿破仑的亲信朱诺最近发疯而亡。这个可怜的人啊，当年，他曾在葡萄牙战场上受伤，紧接着，在旧伤未愈的情况下，他又去了俄国战场，再加上思乡的情绪，以及因为没有得到帝国元帅勋章而产生的不满，所有这些因素综合起来，渐渐影响了他的健康。六周前，他突然得了疯癫病。那天，他手拿马鞭，亲自驾驭着敞篷四轮马车，从格拉茨的这一边奔驰到了另一边，完全不顾周围民众惊骇的目光。第二天，他用非常荒谬的语言下达了这样一道命令：“总指挥先生，我请求圣保罗，让您成为他的护卫。”

发生了这么一连串让人啼笑皆非的事情之后，可怜的朱诺被送回了法国。十五天后，他的疯癫之症再次发作，这一次，他一股脑地冲向了他父亲城堡的窗户，坠地身亡。这就是我的前任，一个和帝国形象极不相称的人。

上任之后，我首先任命弗雷西亚男爵为军事总指挥，让其协助我的工作。弗雷西亚是个机警并且相当有能力的人，是法国军队里杰出的皮埃蒙特人。当年，拿破仑派他前往伊利里亚时，他还是德雷斯特骑兵队的分队长。

我们所在的伊利里亚地区气候温暖宜人，自然景观多样，即使是原

雕版画：19 世纪的格拉茨

阿布兰特什公爵朱诺

始的风貌也不失壮丽，这里的民众身上也处处透露着远古文明的痕迹。

离开德累斯顿之前，我去和拿破仑道别，他对我说："伊利里亚是奥地利的前卫，乃兵家必争之地。"可是，他从未想过留住这片土地。最开始的时候，他希望用这块土地交换加利西亚[①]，现在，他又想用伊利里亚来换取他岳父的同盟承诺。我很清楚，对于伊利里亚，拿破仑还有很多别的想法。他还和我说："如果奥地利真的向我们宣战，那么我便会派欧仁·德·博阿尔内前往意大利前线，向这些松散的联邦发起进攻。同时，我已经吩咐过了，一旦开战，巴伐利亚的军队、奥热罗元帅所部、米约将军所部将会全力协助欧仁·德·博阿尔内，一举拿下维也纳。"也就是说，对于拿破仑来说，首要任务并不是安抚奥地利，而是继续他的宏图大业。

事实上，一来到伊利里亚，我便觉得那些鲁莽的想法已经过时。虽然奥地利联邦很松散，但我们贸然发起进攻也需要承担相当大的风险。首先，我们在伊利里亚的军事力量并不强，而且自从莫斯科溃败以来，意大利的兵力也几乎耗尽。自 1812 年以来，三次连续性的侦查已然耗尽了法国和意大利所有的干部力量，因此，我们所谓的军队不过是一支空有名号的部队。在这种情况下，欧仁·德·博阿尔内却奉命征兵，组建一支新的军队。于是，有人建议他向靠近意大利的省份征集干部。这项工作进行得非常迅速。很快各级干部就到位了。可是这支号称五万人的部队却没有相应的物资补给。

就在这时候，我接到了纳博的信，和平谈判破裂了。8 月 7 日，奥地利宣布：帝国必须解散华沙公爵领地，将其交由奥地利、俄国和普鲁士三国接管；帝国将重建北方独立国家，以易北河为边境重建普鲁士；

① 加利西亚是中欧历史上的一个地区名。原来被称为加利西亚的地区现在分别属于乌克兰和波兰。

包括特里雅斯特在内的伊利里亚地区必须全部交由奥地利政府。此外，和平谈判还提到了荷兰和西班牙的独立。

8 月 9 日，经过深思熟虑后，拿破仑决定先给出一个初步的答复，他同意了其中的一些要求。8 月 11 日，所有人静候回音。但很快他得到消息说和平大会结束了。同一天，奥地利背弃了法奥同盟，加入了反法同盟的阵营，而波西米亚地区也出现了大批俄国军队。8 月 12 日，当拿破仑愿意接受梅特涅提出的全部要求时，一切都太晚了。奥地利对法国宣战了，并且对于重新开启和平谈判的事情，奥地利方面没有给出任何准确消息。接到这封信后，我立刻便明白了，伊利里亚将成为两国的前沿交战地。

在路过这些松散的联邦时，我不是没有注意到奥地利军队已经在蠢蠢欲动。我得知陆军元帅海勒正在萨拉格布待命，并且弗雷蒙、枋内、莫沙几位大将已经候命多时。这位元帅手握四万人马，奥属克罗地亚的军队也已经整装待发。

和欧仁·德·博阿尔内会合之后，我把这些情况告诉了他。据我从法属克罗地亚得到的消息来看，奥地利的密使们正在这些联邦间流窜，进行着暗箱操作。为了给将来的侵略打开缺口，这些从萨瓦河另一头来的“来访者们”正在鼓动着民间暴动。

事实上，8 月 17 日，也就是德意志停战协定到期的第二天，在没有宣战的情况下，两位奥地利上校便跨过了萨瓦河，挺进到了西塞克和萨拉格布，往卡尔斯塔特和里耶卡方向移动。卡尔斯塔特是法属克罗地亚的首府，虽然驻守在那里的将军震宁进行了抵抗，然而他手下的士兵却四处逃散，再加上当地人民的起义，他不得不独自逃往里耶卡。而克罗地亚总督宫塔德便没有这么幸运了，在逃亡途中，他被人抓住，险些送了性命。后来，虽然他从愤怒的克罗地亚人中死里逃生，但不久之后，他就被纽金特将军俘虏。纽金特将军说：“在没有得到维也纳朝廷的命令之前，我不能给您自由。”

虽然我方在克罗地亚战场上一败涂地，但我并不惊讶，因为我知道这里的人民对奥地利的感情，而伊利里亚其他地区的情况也基本大同小异。尽管法国派出了老将华西、蒙特查尔和高谢尔等大将，但他们也无力扭转意大利兵力薄弱的情况，萨拉、罗格和卡塔托也相继失守。

在战争刚开始的时候，我曾建议我们重点防守莱巴克和特里雅斯特。当我得知奥地利总元帅海勒在克拉根福部署重兵，即将向维拉赫和塔尔维斯发起进攻，并且计划从德拉瓦河进入蒂罗尔时，我马上把这些情报告诉了欧仁·德·博阿尔内。虽然欧仁·德·博阿尔内手下的军队已经向伊利里亚进发了，但皮诺将军还是带着一队人马紧急增援莱巴克，这时，我心里终于有了一点底气。

但我依然不敢有丝毫的松懈。海勒麾下有四万人，并且他还得到了人民的支持。而欧仁·德·博阿尔内麾下不仅兵力不足，而且更重要的是，他麾下的士兵全是没有经验的新兵。为了赢得时间，他决定不再试图夺回萨瓦河，而是以防守为主。然而，奥地利的主要兵力全都在向克拉根福方向集结，维拉赫和塔尔维斯的情况非常危急。一旦这两个城市失守，奥地利人便可以通过德拉瓦河进入蒂罗尔。欧仁·德·博阿尔内决定以阿德尔贝格为据点。在这里，向左他可以增援萨瓦河源头；向右他可以向特里雅斯特派兵。在最左边的位置，他还派驻了一组游击队，命其在蒂罗尔的入口驻防。

敌军一直在猛攻。敌军虽然轻松地攻下了里耶卡和特里雅斯特，可是皮诺将军也轻而易举地夺回了这两座城市。维拉赫也是双方争夺的焦点，双方轮流做东。最激烈的对峙应该是和中尉阁海涅争夺菲尔尼茨的战争了。

整个 9 月的情况大致如此。正如拿破仑所言，德意志战场的胜负将决定奥地利的命运。

欧仁·德·博阿尔内

19 世纪中期的里耶卡

在德累斯顿，和平谈判破裂带来了更大的军事震动。一直以来，德累斯顿都被拿破仑的支持者们看作坚不可摧的堡垒，然而接二连三的噩耗却让他们陷入了困顿和担忧之中。卡兹巴赫、毕戎和海乌诺姆战败的消息不胫而走，引起了巴黎和米兰的不安。通过密探，我了解到，巴黎已经有十八天没有得到前线的消息了，巴黎城内流言四起，人民渐渐开始对拿破仑失去信心，而在旺代和波尔多的保皇派也开始蠢蠢欲动，巴黎的沙龙里，人们到处嘀咕着、窃窃私语着：这是一切结束的开始。

还是回到意大利战场上吧，德意志战场上的捷报大大鼓舞了奥地利人在意大利战场上的士气，而我们阵营中意大利人的斗志却大不如之前。此前为伊利里亚尽心尽力的皮诺将军突然了离开军队，前往米兰等待战场上的消息。

我把这些情况告诉了欧仁•德•博阿尔内，忧心忡忡的王子表示他依然忠于拿破仑。得知和平谈判破裂后，他也很痛苦，而对于拿破仑，他也没有了之前的那份崇拜。他对我说：“在最开始的时候，如果他能连输两场就好了，这样一来，他便可以及时止损，撤回莱茵河。”

我毫不掩饰地对王子坦诚言道：“在德累斯顿的时候，我确实这样建议过，但他根本听不进去。最恼人的是，在第一场战役中，他并没有什么损失。如此一来，在没有他的情况下，欧洲便联手重新规划欧洲政治格局。”

听完我的话，欧仁•德•博阿尔内非常震惊，同时，他也开始思考帝国脆弱的命运，这也许是他第一次开始思考此事。考虑到他周围肯定有密探，所以我没有继续说下去。

终于，当巴伐利亚脱离我们的时候，欧仁•德•博阿尔内向我坦承道：“我认为您的预感是正确的。”面对入侵的奥地利军队，守在边境的巴伐利亚军队没有任何行动，因此，奥地利军队就这样缓缓地通过了德拉瓦河，抵达了蒂罗尔，无法自保的德属意大利撤退到索查河。

卡兹巴赫之战

毕戎之战

我对欧仁·德·博阿尔内说："一旦坚持不下去的话，请您一定要尽力在皮雅芙和阿迪耶这里拖延时间，再等待局势的发展。冬天快到了，毕竟您身后还有米兰、曼图亚和维罗纳。"

欧仁·德·博阿尔内立刻着手准备撤离事宜，我在城堡里留下了一些没有战斗力的人假装卫兵，并任命雷热为他们的首领。等一切都布置妥当之后，我跟着军队离开了莱巴克，抵达了索查河前线。同一天，奥地利军队抵达特里雅斯特，此时，弗雷西亚已经遵照我的指示撤离了城堡中的所有力量，只留下了哈比率领的一支很小的护卫队和敌人周旋。

通过身在格拉迪斯卡的将军，我向拿破仑呈递了我的报告。我向他禀报说："为了谨慎起见，欧仁·德·博阿尔内已经下令撤退至索查河，而这也意味着，伊利里亚就此失守。但意大利这边还会尽力抵抗，我们应该还可以再支撑一段日子。"在报告的最后，我向拿破仑汇报说我已经结束了自己在伊利里亚的使命，因此，我希望拿破仑再派我去其他地方。

就这样，我一边等待着局势的发展，一边等待着拿破仑的回复。在这期间，我不禁又看了一眼这片美丽的土地，美丽的伦巴第啊，她是我事业起步的地方，而如今，她却在皇权专制下呻吟着，她的命运也和拿破仑的命运紧紧相连。

在征服意大利的过程中，我们给这片土地带来了工业、艺术和奢华。米兰可谓是法国大革命最大的受益者，作为首都，她承载了所有的光辉，朝廷、内阁、参议院、外交团体、各部委、各民政单位、各军事单位、法院都在这里。在此期间，米兰的人口也增加了十万多人次，变得越发光彩照人。然而历朝历代以来，好大喜功的统治者总想着以此征服全世界，因此他们总是很快就会耗尽米兰的人力物力。不久之后，在伦巴第人的眼中，欧仁·德·博阿尔内便成了任意妄为的人。

莫斯科溃败之后，和法国一样，意大利政府的威信大减。拿破仑的

19 世纪的米兰

莱比锡之战

神话似乎同他的军事天才一起跌下了神台。在最后的这段日子里，欧仁•德•博阿尔内希望自己能身体力行，恢复拿破仑的威望。然而这位正直的勇士、忠心耿耿的臣子却有些草率，过于顺从迎合他的人，过于亲信一些自大的法国人。无论是在军事上还是政治上，他似乎都有一种与生俱来的迟钝。最近，由于征兵和收税的事情，他激起了米兰人民的不满，而他的处境也变得越来越艰难：意大利独立力量和旧社会的力量向他发起了挑战。和自己的继父一样，欧仁•德•博阿尔内只能在战争中找到依靠，于是他立即开始组建军队。

意大利的情况还不明朗，人们都知道，意大利的周围有三支在德意志的大军。这么说吧，以德累斯顿为据点的拿破仑计划，一旦战事对法国有利，那么这三支军队将聚集在易北河和萨勒之间的德累斯顿防线。人们还知道，在反法同盟的二十万大军里，有十一支步兵、四支骑兵，还有一部分数量可观的后备军。并且，不久前人们刚刚得知，为了免于被敌军包围，拿破仑已经决定放弃德累斯顿的据点，准备前往萨勒和马格德堡。

10 月底的时候，我接到欧仁•德•博阿尔内麾下大将的来信，上面写着：“现在这个不想妥协的人已是一败涂地。”

第二天，关于莱比锡之战[①]的消息传得沸沸扬扬。拿破仑被全欧洲的军队逼到了莱茵河，我所有的预感都变成了现实。我们该何去何从，风雨飘摇中的帝国又该何去何从？不难猜想，战败后，拿破仑手中的巨大权力一定会受到最大程度的限制。而另一方面，我很清楚，帝国内部强大的反对力量已经在蓄势待发，那些在社会上有影响力的人也在摩拳

① 莱比锡战役，1813 年 10 月发生于德国莱比锡附近。因参战国家和民族众多，所以莱比锡战役亦被称为“民族会战”。拿破仑以十八万人与俄国、普鲁士、奥地利及其他各国三十万联军苦战，最后败阵。拿破仑败返莱茵河西岸，后返回巴黎。

莱比锡之战中发起冲锋的波兰骑兵

擦掌。虽然我很欣赏这些人的能力，但我也清楚他们的能耐。现在，我们需要一个有胆识的人，然而这些跃跃欲试的人都不过是些懦夫。有一个才华横溢且天性灵敏的人本可以力挽狂澜，然而这个人最担心的还是脖子上的脑袋。至于我，虽然我不乏决心，但我却远在他乡，更何况，早就有人防范着我的行动。

第 28 章

意大利独立运动

精彩看点

被派往罗马——意大利战场突变——游说缪拉——缪拉决定支持意大利的独立运动——那不勒斯的朝堂——返回罗马——拿破仑拒绝了和平的提议

我不顾一切地想要回到巴黎，为了帝国的未来，我迫切地希望从这些阴谋中理出一些头绪。就在我上路的时候，我接到了拿破仑从美因茨发来的信件，或者说这是他对我之前请求辞去伊利里亚总督之职的回信。

信中，拿破仑命我前往罗马，担任罗马总督。我知道这次任命的原因，但我也没有任何抗拒的理由：这个毁掉帝国的人啊，他仍然觉得自己可以在残兵败将中高枕无忧。于是，我放慢了前行的脚步。一方面，我希望进一步了解战场上的情况；另一方面，我还在等待莱比锡大溃败之后巴黎的消息。然而，我的猜测又是多么的准确啊！参议院里的元老们还深信帝国已经脱离了危险，因为拿破仑还活着！没有一个政府要员相信反法同盟能够跨过莱茵河！面对这样的失败，虽然各个阶层都瞠目结舌，然而他们依然盲目地相信着帝国的权威。当然，有一个人是例外，这是我安排的人，他正静静地等待着这个气数将尽的帝国走完他的最后一段路程。

然而，意大利却发生了巨大的变动，欧仁·德·博阿尔内接连放弃了索查河、塔利亚门托、皮雅芙和布伦塔，刚刚穿过阿迪耶，并把据点移到了维罗纳。奥地利军队一路向前，分别在维琴察、巴萨诺和蒙特贝罗设点驻军，并且在威尼斯、帕尔马诺瓦和奥索波建立了封锁线。我主

19 世纪的维罗纳

持的秘密谈判里，放弃威尼斯和阿迪耶已成为与奥地利和解的基本条件之一，然而现在，帝国已经不知道该怎么满足奥地利这个大国了。意大利南部已成为所有人关注的焦点，在布伦塔和阿迪耶对峙的两军相互观望着，等待着政治协商的结果，筹划着可能的军事行动。在缪拉看来，莱比锡之战后，拿破仑的失败已成定局，因此，他决定赶回那不勒斯，重新规划之后的战事。可以这么说，10月23日，在图林根和米尔伯爵的会晤中，他已经计划着和奥地利结盟。当时，虽然没有任何确凿的证据指明缪拉即将叛变，但我的心里却有一种不祥的预感。我听说，当他从莱比锡和米兰回来之后，在洛迪换马时，几个意大利人曾经围着他的车，问他是否会增援欧仁·德·博阿尔内。他这样回应："当然，不到一个月，我肯定会前去增援你们，带着五万精锐……"

话音未落，他就像闪电一般骑着马离开了。我推测他说的和他想的完全不一样。事实上，当缪拉开始考虑和奥地利结盟的时候，他已经在思考着支持意大利独立运动的事宜了。我还得知，在经过上意大利地区时，他甚至接待了几位意大利的爱国将领，并且承诺支持他们的事业，向波河提供援军。

到达罗马后，我发现驻地将军米奥利斯、行政长官珍妮特对缪拉充满了怀疑，他们对我说，缪拉公开接近反法同盟，并且正在招兵买马。他这支新军融合了那不勒斯军队、叛变的意大利人、科西嘉人和法国人。所有来自那不勒斯的消息都显示，不久之后，缪拉就会抛弃大陆政策，允许各国船只靠岸。还有人确定，在和奥地利谈判的同时，缪拉还和本廷克勋爵进行私下的来往，意图单独和英国签订和解条约。欧仁·德·博阿尔内也同意罗马方面的担忧，因此，他便派他的副将吉夫伦加前往那不勒斯跟进缪拉的动向。虽然这位年轻的副官并不清楚那不勒斯朝堂的情况，但他还是怀着和平与友谊之心出发了。

缪拉发现，在这些罗马联邦里，在这些烧炭党人中间，有一批卓越的法学家和主教，因此，他决定支持意大利的独立运动。在维泰博[①]周围，教士巴塔利亚挑唆人们站起来反抗当地的法国政府，同时，在这些罗马教皇统治下的国家当中，流传着一些煽动性的文书。米奥利斯[②]不得不出动兵力镇压暴动的人群，解散了这些帮派。巴塔利亚被押送回罗马，从他的供认里，人们得知，他是那不勒斯领事朱卡里的代理人，他奉命前来煽动人民起义，反抗法国统治。在我看来，我们需要谨慎处理来自那不勒斯的反叛行动，不能操之过急。

然而，缪拉已经派兵前往上意大利地区。从 12 月初开始，在卡拉斯科萨的率领下，一支那不勒斯步兵分队和一支骑兵分队扛着十六架炮口进入了罗马。尽管拿破仑已经下令我方以盟军的态度对待来自那不勒斯的军队，但米奥利斯将军依然怀疑这些人，并且部署重点防守奇维塔韦基亚和圣昂热城堡。三四支那不勒斯军队相继从布鲁塞尔、安科恩和罗马向托斯卡纳移动，或者向佩萨罗、里米尼和博洛尼亚移动。不久前，缪拉派皮尼亚泰利公爵前往博洛尼亚，坐镇波河，他这么做与其说是为了实现对奥地利的承诺，不如说是为了帮助意大利完成独立大业。

在此期间，我收到了拿破仑的来信，他命我出使那不勒斯，并尽量说服缪拉不要反叛。依照拿破仑的指示，除了要尽力安抚缪拉之外，帝国还向他做出了出让费尔莫和安科恩的承诺。长久以来，缪拉一直希望得到这两个城市，为此，拿破仑三次致信缪拉，并且在第三封信中，他提到了我将前往那不勒斯一事。

12 月中旬的时候，我来到了那不勒斯。

那不勒斯的朝堂，或者说缪拉的朝堂非常奇特，处处透露着一种维

① 维泰博位于意大利中部，是维泰博省的首府所在地。

② 米奥利斯（1759—1828），法国大革命以及第一帝国将领。

绘于 19 世纪的罗马城

19 世纪的圣昂热城堡

苏威火山[①]般的皇家气息。缪拉是一个勇敢但毫无想法的人，那个时候，我从来没有见过像这样隆重却又可笑的朝堂，而他本人也被将士们称作弗兰克尼国王。然而在拿破仑看来，他的妹夫缪拉并不是一个好大喜功之人，他把那不勒斯朝堂上的怪象归罪于自己的妹妹卡罗琳娜•波拿巴，而且，他也认为，在缪拉身后捣鬼的正是这个高傲且野心勃勃的女人。如果不是她，缪拉根本不会想着成为国王。但自从成为那不勒斯的国王以来，缪拉一直不甘心成为帝国的附庸，另外，他想要推行的政策一直和他妻子的想法有冲突。从当时的情况来看，他周围的谋士都建议他反叛，并且认为这是一种不得已的政治策略。

对内，这个朝廷阴谋重重、骄奢无度；对外，这个朝廷风华靡丽、礼仪繁多。恍惚间，我甚至有一种柏拉图来到大狄奥尼西奥斯[②]朝堂的错觉。两个国家的密使都戴着真诚的面具，向我抛出了“橄榄枝”，在这当中，我认出了来自巴黎的密使。当然，这其中也不乏那不勒斯国王的密使，比如一位让我尤为警惕的 G 侯爵。在两次会面中，这个人的名字都只是用拉丁文做了标注，这个人要么是一副戒备森严的态度，要么丝毫没有坦诚之心。在我和缪拉的第一次会面中，我基本没有表露任何私人意见，装作没有得到任何指示的样子，只是请那不勒斯国王向我解释一下当前的情况。他告诉我说他自己的处境非常尴尬：一方面，他的臣民强烈希望断绝和法国的关系；另一方面，拿破仑又没有给他具体的指示，一直以来也从没有正视过那不勒斯，况且现在，欧洲盟军在不停地催促他迅速加入其同盟。而从他自己这方面来说，他更愿意去支持意

① 维苏威火山是欧洲的一座活火山，位于意大利南部那不勒斯湾东海岸，同那不勒斯相距不过 20 千米。

② 大狄奥尼西奥斯，或称为狄奥尼西奥斯一世（前 432—前 367）。古希拉欧瑞西里岛叙拉古的僭主（公元前 405 年至公元前 367 年在位），曾占领西西里岛和南部意大利地区，成为古希拉欧瑞部最强大的城邦。

大利的独立运动。不过，不管是为了服从拿破仑的意志，还是为了自己的考量，欧仁·德·博阿尔内都不会同意这个举措。最后，那不勒斯国王说道："我还在和本廷克勋爵做斗争，在西西里岛，这个人正准备煽动卡拉布莱斯人造反，并且在整个那不勒斯协助烧炭党人的活动。"

我对那不勒斯国王说："我没有权力替您做任何决定，我只能建议您，一旦拿定主意，就全力以赴。"

这次会面之后，那不勒斯国王告诉我，一个月前他曾经给拿破仑写过信。在信中，他向拿破仑表达了自己对奥地利出兵波河的担忧，并且提议借此机会，帝国可以放弃对意大利的控制，这样一来，他们也算是间接支持了意大利的独立运动。

我对那不勒斯国王说，让拿破仑做出这样的牺牲实在是太难了。如果事情真的发展到了那个程度，我也会为法国的利益考虑。然而，在此之前，我已经多次恳求拿破仑不要扩大战争范围，只是所有的请求都无疾而终。

剩下的会谈都是些没有实际意义的形式了，而此刻的缪拉也已经是箭在弦上，不得不发。每天，他的内阁都催促他尽快加入欧洲联盟，而他希望意大利独立的想法却和整个政治背景不相容。我向他指出了这一点，但根本没有任何作用。于是，在一次秘密会谈中，我建议他增加军备力量、加强训练，不惜一切代价完成他的事业。此前，因为他对烧炭党人的做法不合时宜，所以我建议他在之后的时间里更加谨慎行事。最后，我告诉他说："不要过度轻信那不勒斯大公们的嘈杂声音，您应该试图去相信那些真正有能力的人。"

在那不勒斯的这段日子里，我也不是全无乐趣。在一个富丽堂皇的朝廷中，我呼吸着欧洲冬日明媚的空气，然而我的心却时时刻刻牵挂着法国。外侵迫在眉睫，拿破仑将如何应对这些守在国门前的敌人呢？他该如何自保呢，他能否全身而退呢？我知道，这个人根本没有同自己国家一样广阔的胸襟，对于孤立无援的他来说，失败在所难免。然而，对于他的祖国而言，这样一个巨星的陨落将是一道需要很久才能愈合的伤疤。

在这段日子里，我没有收到任何来自巴黎的信件，也没有得到任何关于巴黎方面的明确消息。于是，我决定赶回罗马，和我的信使会合。况且，有消息称奥地利全权代表涅普森伯爵[①]将要抵达那不勒斯，和那

涅普森伯爵

① 涅普森公爵（1775—1829），奥地利将军、外交官、国家领导人。

不勒斯敲定最后的加盟条约。那么我的存在将会使那不勒斯国王非常为难。回到罗马这个基督教的王国时，我马上拆开了所有来自巴黎的信件：军心不稳、哀鸿遍野。盟国肆意侵犯瑞士的中立权利，从东部边境攻入了法国。在一个月内，当拿破仑刚刚集结起六万人，准备反扑时，军队内部却突然爆发了疫情。在这种情况下，拿破仑不顾塔列朗强烈要求和平的意见，依然拒绝签署盟国从法兰克福寄来的和平条款。国家已经没有任何精力承受如此大的损耗了，拿破仑这么做只能是自绝后路。

第 29 章
我在意大利的使命

精彩看点

致信拿破仑——罗马民族运动——会见爱丽莎——缪拉抵达罗马——缪拉反叛——托斯卡纳溃败——与缪拉的谈判——军队撤出罗马和托斯卡纳——与缪拉的密谈——下达撤军的命令

拿破仑到底在想什么呢，对这样明智的建议，他居然置若罔闻？政变，他要自立为独裁者。从革命的血雨腥风中一路走来的拿破仑深信言语的力量，清楚这几个字会产生什么样的效果。他甚至可以不需要任何理由便把参议院的钥匙握在手中，从此之后，参议院也被他秘密监视起来了。

这便是我从巴黎得到的消息，平复了心情之后，我提笔向拿破仑写了这样一封信：

我已经离开了那不勒斯。对于那不勒斯大公的行为，我不能向您隐瞒其中任何一条原因。

第一，在意大利战场上，您没有给予这位大公足够的信任。在最近的两场战役中，那不勒斯国王已经尽力向您展示了他的忠诚和军事能力，他希望得到您的信任。但是您的怀疑、不器重让他觉得他受尽了侮辱。

第二，那不勒斯内阁不停地在国王耳边煽风："如果您想要帮助拿破仑陛下保住意大利，那么您必将抽走国内的兵力，那时，英国很有可能会乘虚而入、登陆那不勒斯，并且掀动内乱，到时候，因为国内没有军队，也因为人民不知道自己的未来，还因为敌人已经跨过了莱茵河，所以，国内势必陷入混乱之中。而那个时候，拿破仑陛下可能还在忙着应对德国、瑞士和西班牙，忙着解决同他们的边境问题。到那时，您该怎么办呢？想想您自己吧，现在，拿破仑陛下甚至都无暇顾及法国的问题了，那么，他又怎么能顾得上那不勒斯呢？如果拿破仑陛下挺过了这一关，但他要求那不勒斯并入法国，到时候，您又该怎么办呢？”

第三，另一方面，陛下，您的敌人向那不勒斯国王提出了优厚的条件：这位大公将保有他的王位，并且可以扩大他的领土。退一步讲，他完全可以选择成为意大利独立运动的功臣，而不是为您的荣耀去做无谓的牺牲。如果他选择继续支持您，那么他面临的将是军备空虚和人民暴动；如果他决定背弃法国，那么他将得到整个意大利的支持。这就是那不勒斯国王每天听到的建议，也许他就是这样动摇了。所有人都希望和平，而在这些人的眼中，敦促那不勒斯国王支持意大利独立运动，是让您放手意大利最有力的保障。

18 日，我抵达罗马。罗马的情况和意大利一样，独立已经是大势所趋。的确，在这面大旗下的人各怀心思，但所有人都希望成立一个地方政府，毕竟对于所有人来说，为了很小的事情而不得不前往巴黎是一件烦琐的事情。对于这些远离首都巴黎的人来说，法国的统治只是加重了他们的各项负担。征兵、税务、掠夺甚至是牺牲，这便是罗马人口中的法国统治。再加上我们根本不允许有任何贸易行为，不管是国内贸易还是国际贸易都是被严令禁止的：我们自己的产品没有销路，而稀少的外来产品也全都是天价。

陛下，如果您现在处于鼎盛时期，那么我一定会告诉您这些事情。今天，在您处于危难的时刻，我也不敢对您有丝毫的隐瞒。如果您在立法集团面前明确说明了您希望和平，并且您会尊重欧洲各国的君主制，那么所有人都会向您臣服。只要您没有明确说明这一点，那么各国就有理由相信，总有一天，您会踏平各国，而法国也会因此而一直生活在警惕当中。

我以为，如果您能够把自己的欲望放在阿尔卑斯山、比利牛斯山和莱茵河之间的话，如果您能够坦率地向各国表明您绝不会越界的话，那么您一定会得到所有国家的拥戴和支持。当然，这样一个法国也绝对是配得上您的荣耀的法国。我很确定，想要获得真正的和平，您必须做出这样的牺牲。

可是，我可能是唯一一个敢和您这样说的人了。您轻信了那些人，而现在您应该懂了。就是那些人让您出兵西班牙、出兵波兰、出兵俄国的，就是那些人让您远离了您真正的朋友——远离了对您忠心耿耿的朋友，现在，也是这些人让您在德累斯顿签下了和平条约。现在，您依然可以重回法国，并且创造一个安宁繁荣的法国，然而除此之外，您已经没有别的可能了，整个欧洲都看着您。

我恳求您听一听我的建议，这些建议全都来自一颗对您忠心耿耿的心。我并不想说自己的建议一定比别人高明，但我恳请您原谅我的坦诚。不管在什么情况下，在《提尔西特条约》签订时，在《维也纳和约》签订时，在您出征俄国前，还是现在，在德累斯顿和平条约签订时，这颗心一直都对您忠心不二。

陛下，我的内心非常悲痛，因为我可能是唯一一个敢对您说真话的人。如果您将来再遭遇任何不测，我也可以对得起自己的心。我以上帝的名义请求您停战吧，还生灵涂炭的欧洲一个安宁吧！

刚刚把信寄出，拿破仑政变的消息便传来了，他宣布解散了立法集团。刹那间，承载着庄严愿景的杜伊勒里宫成了愤怒和丑闻的角斗场，在慌乱中，立法机构里的法官们、公务员们四下逃窜。在国家危难的时候，拿破仑抛弃了这些最能帮助国家渡过难关的人，帝国的未来又在何处呢？五国联军兵临城下，帝国还能撑得过这一年吗？

在这场决定性战役开始的时候，拿破仑认为奥地利一定会退出反法同盟。为了向奥地利施加压力，拿破仑决定在朝内继续维持以玛丽·路易皇后为核心的摄政府，并在军营保有自己的政府。然而很快，或者说在授权玛丽·路易皇后的同时，拿破仑又封自己的兄弟约瑟夫为帝国的副摄政王。很明显，这种荒谬的举动无异于又一次往政府扔了一颗分裂的炸弹。

我不禁想问，在这种情况下，谁才是拿破仑意志的真正代表者？约瑟夫的出现是为了制衡内务大臣冈巴塞雷斯，而玛丽·路易皇后不过是徒有其名。所以，我们可以认为，冈巴塞雷斯是巴黎摄政府的实际掌权人，虽然他的一举一动都在公安部长萨瓦里的监控之下。公安部的权力源于民意，而正因为如此，公安部手握维持国家稳定的重要权柄。然而自从萨瓦里就任公安部长以来，公安部便完全丧失了这项神圣的职能。

通过以上这一切，我们便可看出，政府的行事风格非常谨慎，甚至可以说是异常的谨慎。但有一点不容忽视：所有的政要都认为拿破仑不能继续执掌大权了。可惜的是，在这些老练的政要中，没有一个人敢于说出这些想法，他们都任由摇摇欲坠的法国在外国的阴谋中飘零。

有人或许会说："啊，在如此的危难前，您在哪里？您现在的忏悔难道不是对自己懦弱的悔恨吗？" 当时，我确实不在场，确切地说，我确实应该在场。而且我也预感到，如果我在场的话，革命党人的利益一定会得到保证。

对局势越来越惶恐的我提笔给拿破仑写信，我告诉他说："现在，

玛丽·路易皇后与罗马王

约瑟夫·波拿巴

如果我继续以罗马总督的身份待在罗马的话，那么这就是对您尊严的最大挑战。现在，那不勒斯人已经用大炮打开了罗马的大门，再加上他们的国王也将投靠反法同盟，因此，我们肯定保不住罗马，保不住托斯卡纳，也保不住那些热内亚邦国。我认为，现在我们应当和那不勒斯国王和解，主动放弃那些我们已经保不住的城池，这样一来，那不勒斯国王也间接地加入了法国的事业。鉴于我现在的处境，我只能离开罗马，前往佛罗伦萨待命。

和意大利的其他地方一样，佛罗伦萨也处于焦躁、迷茫之中，人们似乎达成了共识，希望追随缪拉在上意大利地区的事业。拿破仑的追随者们依然坚定地认为，那不勒斯人还坚守着拿破仑的事业，整个部队还在波河等着援助我们，反叛的只是缪拉一个人。然而支持意大利独立的人们则确定，那不勒斯的所谓援军一定会和他们一道对抗法国，挣脱法国的统治。剩下的人则对上意大利地区充满了担忧。在他们看来，这支临时强征的队伍不过是一支弱不禁风的稻秆，一个流浪者和盗匪的集中营。看看这支队伍里都有些什么人吧，卡拉斯科萨，一个夸夸其谈却没有实际能耐的总将；麦克唐纳，一个娶了内阿尔卑斯山老将杜威期妻子的人，因为自己长期以来的不得志，在缪拉的队伍里，他到处胡言乱语；勒奇，一个在西班牙战场上以残忍和横行霸道而出名的人，他曾经被迫前往法国接受军事法庭的宣判。也许人们会提及年轻的拉沃，这个最新得到缪拉青睐的人。不过值得一提的是，1811 年，时任轻步兵首领的拉沃获得了皇后的青睐，而这也招致了人们妒忌的流言蜚语，因此，当年，他便失势了。总而言之，虽然这支由四十支步兵队、二十支骑兵队、两万士兵和五十架火炮拼凑而成的军队身着华服，但他们却毫无纪律性可言。

12 月 10 日，托斯卡纳政府对于未来越来越没有信心。自从英国人登陆瑞吉欧，出现在里窝那以来，大家的担忧更是与日俱增。令人意外

麦克唐纳

的是，英国似乎在向法国主动示好——在驻地法军的长期坚持下，英国人最终撤离了瑞吉欧。

在这种情况下，我来到了长公主爱丽莎的朝堂，并受到了热情的款待。我非常激动，因为这一次，我终于有机会近距离地了解爱丽莎了。爱丽莎是一个很特别的女子，虽然她已经不再年轻貌美，但她却依然善良、睿智，这一点从未改变。然而，爱丽莎缺乏判断力，她经常沉迷于奢靡之事，这是她的一个致命缺点。爱丽莎所做的一切都是在模仿她的兄长拿破仑：骄纵，喜欢排场，军事治国，无视文学、艺术这些和平的治国方式。在托斯卡纳这片以农业和商业著称的土地上，爱丽莎却想着建立一个气势恢宏的王国，因此，她只关注征兵事宜，并且不停地调兵遣将。在爱丽莎这种方式的治理下，除了她所钟爱的小丑表演和鲁特琴演奏活动外，比萨和佛罗伦萨的学术和文艺因得不到重视而发展缓慢，甚至出现了倒退的情况。总而言之，那里的人们只是畏惧爱丽莎，但不爱戴她。

不过，在我看来，爱丽莎是一个热情、慈爱、不畏艰难、不屈不挠的人，因此，我愿意追随她，并愿意为她出谋划策，所以，我决定协助她处理托斯卡纳的政策制定工作。爱丽莎向我吐露了自己对于拿破仑那种蛮干行为的不满——拿破仑不仅输掉了帝国，还连累了整个家族。我完全理解她的心情，也知道她心里有多么害怕失去托斯卡纳。

我对她说："当年，我曾经在德累斯顿竭力劝阻拿破仑放弃战争，让他不要拿自己的王冠与整个欧洲为敌，并劝他退回莱茵河以内，从而号召整个国家一起抵御外敌。然而，他还是醒悟得太晚了，他并没有听从我的劝阻。"

不久之后，缪拉从那不勒斯出发，于1月23日浩浩荡荡地抵达罗马，并受到了独立派的热烈欢迎。当缪拉的队伍抵达目的地——罗马时，手中只有一千八百士兵的米奥利斯封锁了城堡。虽然缪拉的副将拉沃只有五千人马，但他却突然自封为罗马联邦的总指挥，要求和米奥利斯进行和平谈判。但米奥利斯坚决地拒绝了他的要求。

缪拉建议米奥利斯将军和守卫奇维塔韦基亚的拉斯卡尔将军带着他们手下的将士撤回法国，然而，那两位将军并没有听从缪拉的建议。遭到两位将军的拒绝之后，缪拉留下了一支军队，封锁了这两个城市，同时，他还派人前往巴尔布将军控制的昂孔城堡。缪拉虽然没有公开向法国宣战，但他已经率领九千步兵、四千马匹进入了博洛尼亚，并占领了莫得勒、菲若莱和斯托。

缪拉的这些举动，再加上他向帕尔马和托斯卡纳方向行进的那不勒斯军队，都预示着他已经变节。2 月 1 日，缪拉进入了博洛尼亚，任命勒奇为托斯卡纳总督，并让他率领八百人马攻下托斯卡纳。得知此事后，长公主的朝堂乱作一团，但长公主却只能在悲愤中眼睁睁地看着妹夫缪拉夺下托斯卡纳，看着他受到当地民众的热烈欢迎。在这种情况下，我建议长公主暂时离开这个是非之地，前往里窝那或者卢卡避难。长公主听从了我的建议，她准备带着她的丈夫菲利克斯一起撤离托斯卡纳。

对于即将在巴黎上演的大溃败而言，托斯卡纳的溃败不过是一次小型预演。因为托斯卡纳的战场上没有流血，而佛罗伦萨人也只是在口头上嘲笑了一番当局者。比如，在新政府当值的巴乔基认为他自己应当改一改自己的姓，于是他就把巴斯卡尔改成菲利克斯（高兴的意思）。由于在意大利语中，巴斯卡尔这个姓就像笨侬在法国那样滑稽，于是，佛罗伦萨人中就流传着这样一个笑话：当您是菲利克斯的时候，我们是巴斯卡尔；当您是巴斯卡尔的时候，我们将会是菲利克斯。

佛罗伦萨人对当局者的嘲讽是不受地域、职务等限制的，就连佛罗伦萨的省长也不能幸免。这位省长是我的一个密友，在征兵工作中，他要求得非常严格，只要有人需要接受再教育，他就会当场打发这些人离开，并且每次都会加上这样一句话：你只适合走路。于是，当法国政府

长公主爱丽莎

爱丽莎的丈夫菲利克斯

撤离托斯卡纳时，有人在他的门前写下这几个大字：你只适合走路。

当我和长公主撤退到卢卡的时候，巴乔基依然守卫着佛罗伦萨和沃尔泰拉的城堡。至于我，我每天都期待自己能够被委以重任，参与到佛罗伦萨和罗马联邦国的撤退行动中。长公主也希望能够以此来和缪拉进行谈判。但是，她非常不放心小拉加德，因为他是拿破仑派来的警察局长（小拉加德当年的发迹也有我的一份功劳），长公主甚至怀疑他私自向拿破仑汇报我们的行踪。有一天，长公主很坦率地跟我说："我希望我们能尽快拿到这个公安局长的公文包，看看他葫芦里卖的到底是什么药。"由于小拉加德的秘密文件对我具有更大的诱惑，因此，我并不反对长公主想让小拉加德前往巴黎，并暗中派人在路上劫持这位公安局长的想法。此外，我也想看看这个自称坦率和善良的人，该如何应对这种情况。

当小拉加德返回比萨的时候，他被一群蒙面人拦下了，并被迫下车。其中两人挟持他，剩下的人则拿走了他车上的所有东西——珠宝首饰、金银财宝，当然最重要的是公文包里的那些文件。当"劫匪们"返回卢卡，向我们汇报这位公安局长的悲惨遭遇时，我们都禁不住大笑起来。但很快，我们就意识到，我们需要马上冷静地应对此事。然而，我们所有人都被骗了，因为所谓的文件不过是几期《箴言报》，而真正的文件已经被小拉加德藏在马车的底部。所以，除了丢了些珠宝首饰和虚惊一场外，这位小拉加德并没有受到任何损失。

与此同时，缪拉已经准备拿下整个意大利。他不停地给我写信，向我解释说："只有加入反法同盟，我才能保住王位，同时，我也希望你能致信拿破仑，向他汇报一下意大利的情况。"我回复他说："在这一点上你大可以放心，即使你不劝我，我也会向陛下说明实情的，因为在我看来，掩饰就是背叛。至于当下，你一定要抓紧军备建设，因为只有这样，你才能为你争取到最大的利益。既然你心意已决，我衷心地感谢你对我的信任，然而从现在起，任何犹豫都是致命的，因为任何犹豫都会引来猜忌。但是，现在你可以用自己国家的力量来支持意大利的独立运动。不过，由于意大利的乡村还没有起义的动向，所以我建议你不要去煽动人民起义，以免招来不必要的麻烦。这一点，我也希望你能注意一下。对于起草关于自由宪法的邀请，我建议你不要操之过急，毕竟那不勒斯民众还没有准备好接受这样的观点。此外，我担心‘立宪’二字很可能被别有用心的人利用，把‘立宪’当成他们不服从命令的借口。”

到达波河南岸后，缪拉的军队便迅速占领了罗马和托斯卡纳，缪拉还正式宣布支持奥地利，并决定与拿破仑为敌。然而奥地利却没有做出任何表示。因为在 1 月 11 日，缪拉和内伯格伯爵签下的条约还没有得到修改。

在这种情况下，我觉得我有必要亲自和缪拉谈一谈，于是我们决定在摩德纳[①]会面。我想借双方会面的机会让缪拉明白，既然他已经做出了决定，那么他就要明确地表达自己的立场。只要他的性格能够像他的内心一样坚定，有敢闯敢冲的勇气，那么他在意大利的力量就一定会强于盟国。看他还在犹豫，我就告诉他我从巴黎获得的最新消息。听完我说的消息后，他向我透露了宣战书的内容，并且在我的建议下进行了修改。这份在博洛尼亚[②]拟定的宣战书是这样写的：

> 一直以来，我之所以和拿破仑并肩作战，是因为我始终相信拿破仑大帝是为了法国的和平和幸福而战。但今天他打破了我对他的所有幻想，因为拿破仑想要的只是战争。现在，如

① 摩德纳，意大利北部城市，位于波河的南岸。

② 博洛尼亚是一座意大利城市，位于北部波河与亚平宁山脉之间，也是艾米利亚－罗马涅的首府。博洛尼亚也是意大利最发达的城市之一。

果我依然和他站在一起，放弃加入能给你们带来独立的盟国，那么这将背叛我的祖国，也将背叛你们的祖国。

我知道，有人在我们的队伍里不停地散布着虚假的爱国情绪。在这些人看来，似乎只有臣服于拿破仑疯狂的野心，才算得上崇高和骄傲。战士们！现在的欧洲只有两条路可选：一条路是信仰、道德、公正、节制、法律、和平和幸福；另一条路则是迫害、暴力、独裁、战争和千家万户的葬礼。你们选择吧。

我和缪拉还一起处理了一件与我相关的事情。作为罗马总督和伊利里亚总督，我向缪拉提出补偿法国十七万法郎的要求。这是因为在入侵罗马联邦时，缪拉抢走了各联邦国的财政税收，所以现在他应向法国赔偿这笔钱。缪拉同意了这个要求，并马上下达了相关命令。虽然偿还款没有立即到位，但是，当我离开意大利的时候，我可以说，在这场战役中，我没有赔钱。

当我回到卢卡的时候，长公主还在焦急地等待着事情进展的情况。我把缪拉最后的决定告诉了她，同时也表达了我对缪拉实战能力的怀疑——以他的能力，他是否能吸引联军的注意呢，此事真的有待观望。此外，奥地利和英国一直在指责他过于偏袒“法国”，尤其是过于考虑拿破仑的感受。再加上佛罗伦萨还流传着这样一个说法——缪拉是法国的卧底，最后，他一定会背叛意大利。有人还在责怪那不勒斯军队的不作为，认为他们并没有像奥地利所希望的那样出兵对抗欧仁·德·博阿尔内。我告诉长公主：“在我离开摩德纳的时候，缪拉非常难过，他知道自己当下的棘手处境。然而此后，我和缪拉的联系将会越来越困难。”

没过几天，我便接到了战事部长的急件，急件里面包含了拿破仑关于军队撤出罗马和托斯卡纳的指示。而这些指示里还附着拿破仑写给那不勒斯国王缪拉的一封信，并且他命我负责把这封信转交给缪拉。与此同时，我打算和缪拉进行一次私下的会谈，向他传递一些秘密信息（根据实际情况，我可以修改其中的一些内容）。因此，我马上动身前往缪拉所在的博洛尼亚。从卢卡到佛罗伦萨的路上，我基本没有遇到任何问题。但是，当我到达佛罗伦萨后，新政府就向我指出，我既不能继续前进，也不能在佛罗伦萨逗留，还要求我前往普拉托等待国王缪拉的回复。由于当时的普拉托已经爆发了人民起义，所以，一回到卢卡，我就决定派出使者和缪拉进行联络。很快，我便收到了缪拉的回复，他告诉我说，他已经吩咐手下的将士协助我们的撤退。

现在，拿破仑赋予我的权力正好可以派上用场。法国军队大部分都集中在里窝那，而留在比萨的部分军队还在顽强抵抗。那不勒斯大将明铎所部则驻扎在佛罗伦萨和里窝那之间，因为法国军队和那不勒斯大将明铎所部摩擦不断，所以双方的敌意变得越来越重。得知此事之后，我立刻前往比萨前线，和驻守的哨兵说明了情况，并命令比萨所有的法军放弃已经占领的城池，撤回法国。同时，我也下令让里窝那和佛罗伦萨的护卫队撤回热那亚。

几天之后，我和那不勒斯驻托斯卡纳总督勒奇一起商讨关于撤出罗马联邦的具体事宜——法国让出圣天使城堡①和奇维塔韦基亚②，并乘坐轮船撤回马赛，而那不勒斯则需要承担相关的交通费用。

① 圣天使城堡是意大利罗马的一座城堡，该建筑位于台伯河畔，邻近梵蒂冈教廷。圣天使城堡首先作为阻止西哥德人和东哥德人入侵的要塞，然后被当作监狱使用，最后改建成一座华丽的罗马教皇宫殿。公元 6 世纪，教宗格列哥里一世巡游经过此地，见到天使长弥额尔显像，城堡因而得名。现在圣天使城堡已成为一座博物馆，也成为当地的旅游景点之一。

② 奇维塔韦基亚是意大利罗马省的一个海港镇，位于第勒尼安海沿岸。

第 30 章

拿破仑被迫退位

精彩看点

和欧仁·德·博阿尔内的密谈——离开意大利——抵达里昂——里昂政府的例会——抵达巴黎——拿破仑已被迫下台——临时政府——波旁王朝复辟

就这样，我在意大利的使命结束了。一直以来，我都希望这一天尽快到来，这样一来，我就可以回到让我牵肠挂肚的祖国了。我非常担心我的祖国，因为反法联盟已经攻入了我那让人心疼的祖国，并且在慢慢地逼近首都巴黎。在意大利的时候，我一直没有想明白，为什么在罗日耳大败拿破仑之后，联军没有直逼首都巴黎？我觉得，如果联军立即决定拿下巴黎的话，那么流血牺牲的人数便可以减少很多。后来我才明白，原来联军还没有掌握巴黎的情况，而原本反对摄政府的内阁正在四处周旋，同时，内阁也希望能联合其他力量达成其他结果。至于夏第戎大会[①]，我推测，它最后的结果应该会和布拉格大会相差无几。所有这一切都预示着这场悲剧即将落幕。

启程前，我专门拜访了欧仁·德·博阿尔内的总将沃尔特。当时，他正在准备向明乔撤离。得知那不勒斯国王缪拉向法国宣战的消息时，他曾派兵向奥地利发起进攻。我和欧仁·德·博阿尔内有过两次私下会面。在这两次会面中，我对欧仁·德·博阿尔内说："在这里继续发动战争

① 莱比锡之战后，反法联盟针对如何处置战败国法国召开了一系列会议。在夏第戎，英国、俄国和奥地利达成协议，三方不得私下和法国进行任何谈判。同时，反法联盟建立一支十五万人组成的联军，并由英国提供每年一亿两千万法郎的军队补给经费。

第六次反法同盟中的阿诺之战

第六次反法同盟中巴伐利亚步兵

已经没有必要了，巴黎才是最终的战场。依现在的情形，遵照拿破仑的指示，把军队迁至孚日山脉已经完全没有任何必要了。一方面，现在已经为时已晚，另一方面，一旦翻过阿尔卑斯山，你就会永远地失去伦巴第大区。”

欧仁·德·博阿尔内告诉我说：“缪拉曾经私下建议我和他的队伍会合，等法国军队撤离后，一同瓜分意大利，不过我没有同意这个提议。因为缪拉的反叛让我的处境非常尴尬，并且如果缪拉开始积极地为奥地利效力的话，我怕我也坚持不了多久。”

我宽慰欧仁·德·博阿尔内说：“以我对缪拉的了解，此人优柔寡断、游移不定，这也就意味着他不会做出什么出格的事情。况且他支持意大利独立的想法也已经引起了盟军的不满。”

我和欧仁·德·博阿尔内秘密商谈期间，拿破仑的特使、此前和欧仁·德·博阿尔内交情不错的菲普勒抵达了他的驻地。这次，菲普勒是带着拿破仑最新的战报来的——此前不久，在布里[①]和蒙特罗[②]，拿破仑刚刚取得了两场胜利。菲普勒夸张地宣扬了这两场胜利，希望以此来激起欧仁·德·博阿尔内的斗志，并且尽量拖住缪拉替盟军作战的步伐。与此同时，欧仁·德·博阿尔内的副将塔什公爵也前来报信，并转述了拿破仑的原话：

“你快回到欧仁·德·博阿尔内的身边，告诉他我是怎么收拾这些人的——我就是用鞭子抽打这群‘野鸭子’的。”

得知这样的消息，所有人都非常振奋。我把欧仁·德·博阿尔内拉到一边，对他说：“这种言词只能鼓动那些容易冲动的人，稍微有些理智的人都能看出，拿破仑的帝位已经受到了巨大的威胁。目前法国缺的不是可以力挽狂澜的臂膀，而是能够让这些臂膀挥舞起来的情感。拿破

① 布里是法国皮卡第大区埃纳省的一个市镇，属于拉昂区拉费尔县。
② 蒙特罗是法国卢瓦雷省的一个市镇，位于该省东部，属于蒙塔基区。

仑已经和国家渐行渐远，他的独裁和专制已经扼杀了帝国的共和精神。”向欧仁・德・博阿尔内表达了我的观点和一些建议之后，我就动身前往里昂，离开了被四国（法国、奥地利、那不勒斯和英国）军队占领的意大利。因为这一次，本廷克勋爵真的在里窝那登陆了，这也意味着本廷克勋爵既否定了拿破仑在托斯卡纳的地位，也不承认爱丽莎在这个地方的统治。一登陆意大利，英国人就马上和驻扎在博洛尼亚、摩德纳和雷焦的那不勒斯军队会合。

在我离开之后，意大利的处境变得非常尴尬，因为阿尔卑斯山以外基本没有任何法国统治机构。我还很担心欧仁・德・博阿尔内和缪拉，虽然他们两人勇气可嘉，但他们都缺乏一定的政治考量。在意大利人眼中，这两人的政策缺乏连贯性，再加上如今他们两人已经分道扬镳，所以，他们根本无法更好地领导留在意大利的法国力量。

除此以外，我还放心不下法国本土的情况。说到底，意大利的命运还是取决于拿破仑和欧洲各君主国之间的激烈较量。而盟军正在竭尽全力地把拿破仑困在塞纳河和马恩省之间。

在这种情况下，我于三月初抵达了里昂。里昂的人非常担心这场战争的结果，里昂市市长、警察局局长以及几位副将认为保卫里昂便是在保卫巴黎，于是他们决定保卫里昂。很快，他们便沿着里昂筑起了一道城墙，并竭尽全力地想激起市民的爱国热情——比如说里昂市市长邦迪便在民众间四处游说已经被战争折磨得奄奄一息的里昂人，以便能把人数多达四万五千的德意志军队阻挡在帝国第二大城市之外。巴黎也存在这样的情况。

到达里昂的当晚，我便被允许参加里昂政府的例会。每天晚上，里昂政府中的主要工作人员都会聚集在奥热罗将军家里开会。一走进奥热罗将军的家，我便发现这里根本容不下任何消极的抗战情绪。除了市长、阿拉贡麾下的几位将军以及公安局总负责人索勒涅以外，剩下的人都决

19 世纪的里昂

定坚定地为拿破仑效忠。我直言不讳地向大家说明了那不勒斯国王缪拉的决定，以及一百万大军正涌向巴黎的现状。同时，我还指出，按照当前的形势来看，除了动用政治求和手段外，我们已经没有别的办法了。由于我带来的消息和我的观点完全违背了这些政府工作人员的想法，所以他们毫不含糊地谴责我，并且让我立刻离开里昂。那个时候，奥热罗将军下令让我即刻离开里昂，这个坚定的革命者啊，他根本没有听进我所说的保全革命成果的话。尽管我的内心非常痛苦和遗憾，我还是决定离开里昂，离开多芬，前往瓦朗斯，回到我心心念念的巴黎去。

在瓦朗斯，当我得知阿图瓦伯爵刚刚抵达沃苏勒的时候，香槟地区特鲁瓦的保皇派也开始蠢蠢欲动。没过几天，我又陆续得到了昂古莱姆公爵抵达威灵顿勋爵辖区的消息，紧接着便是法国连连溃败的消息——苏尔特在奥塔斯战场上失利，拿破仑在拉昂战场上失利，昂古莱姆公爵已经进入波尔多。而尚距巴黎一百里之外的我，只能眼睁睁地看着即将爆发的政变！很快，奥地利人占领了里昂，奥热罗将军只好带着麾下的将士退到瓦朗斯。而我，则退到了阿维翁，但我时刻牵挂着巴黎，因此，我一直等待着时机。然而，时断时续的信件以及难以为继的沟通和猜测，让我不得不犹豫。如果我当时知道盟军还没有攻破巴黎的话，那么我一定会尽全力回到那里的！

在阿维翁，我没有任何政治身份，只能暂时居住在一间公寓里。一年后，布鲁诺将军也是在同一间公寓被暗杀的。在这里，我发现越来越多的人开始反对拿破仑的独裁统治，而我则尽己所能地向我所遇到的各团体和各立宪机构说明现在的情况——意大利的缪拉正在着手推翻帝制。不像在里昂或者在瓦朗斯，阿维翁的人民都希望拿破仑下台。最终，3 月 31 日事变的消息传到了我这里。由于不得不绕道图卢兹和利摩日，因此直到 4 月初，我才抵达巴黎，而这已经太晚了。我不在的时候，拿破仑已被迫下台，临时政府也已经宣告成立。紧接着，波旁王朝复辟，

拉昂战场上失利的拿破仑

他们当着我曾经冒犯过的大公的面，废除了我之前关于摄政府的所有规划。虽然我知道这些大公肯定会以仁厚之心来面对我曾经的冒犯，但这些人坚守的原则与法理是完全不相容的。

此后，我听到朝中有人议论：如果 3 月 31 日政变时，奥德朗特公爵在场的话，他会不会成为临时政府中的一员呢？如果他是临时政府中的一员，那么 3 月 31 日革命的结果又会如何？

第 31 章

波旁王朝第一次复辟

精彩看点

关于1809年安特卫普事件——写给拿破仑的信——写给阿图瓦伯爵的信——给革命党人的建议——写给路易十八的信——新政府建立新的金融体系——修改宪章

下面，我要向你们坦承一些秘密。我自认为我不能把这些秘密割裂开来，所以我决定在这里跟你们把这些事情讲明白。首先，我要向大家承认一件事，1809 年的奥地利战争以及英国在安特卫普的突袭，不过是为了以法国拯救法国，逼退拿破仑而设计的一些最初方案。第二，我还需要坦承的是，我是这个计划的核心人物，因为当时只有我有能力让法国和欧洲和解，也只有我才能把大家带向一个理性的政府。第三，这次行动还得到了两位政要的协助，这两位政要分别是领导着维也纳内阁的梅特涅公爵和主宰着詹姆斯内阁的威尔斯利侯爵。我曾经派爱尔兰军官法根先生专门拜访了威尔斯利侯爵，因为我认为当时只有这个灵活的人才能担此重任。第四，在推进这项行动的时候，我也必须要和国内另一位公爵里应外合，大家可能已经猜到了，没错，就是塔列朗公爵。在苏瑞尼的沃代蒙公主的家中，我们达成了共识。在这里，我们的政治观点基本一致，并且我们对于未来的期望也不谋而合。然而讽刺的是，我还是没有逃过这位贵族的毒舌。当他的亲信询问他对于我的看法时，我的这位新盟友塔列朗公爵如是说："是的，是的，我知道富歇，他不是一个普通人。"此后，不断有人向我提起这句话。但我并不觉得这句话冒犯了我，因为在我心中，政治的考量远远超过我的自尊心。

另外，我认为我还需要和一位颇有影响力的元老 S 先生建立联系。

通过自己的旧时好友马赫，S 先生和当时的国务秘书走得很近。自从布里安[①]垮台以来，我在内阁的眼线就只剩下一些下属人物，这样一来，我就很容易遗漏掉重要的情报。那么，我该如何才能在内阁中安插我的眼线，并且保证他们能长期为我所用呢？当我发现参议院有一个空缺名额时，我知道机会来了。在我的操作下，S 先生获得了该职务。从此以后，在参议院，我多了一位朋友，同时，在拿破仑的内阁中，我也多了一双眼睛。

行动还缺一个人，这个人便是护卫队统领 M 元帅。要知道，一直以来，M 元帅和我的立场都是相左的。虽然时任加泰罗尼亚部队总指挥的 M 元帅身居高位，但他却没有足够的财力应付军备开支。知道他的困境之后，在一个朋友的建议下，我征得了拿破仑的同意，把自己可支配的 8 万法郎全部寄给了他。

这样一来，在短短几个月之内，所有之前与我为敌的人都成为了我的朋友。目前，我手里有两位大臣——内务大臣和公安部长，有供我差遣的护卫队，还有一批安插在重要岗位上的眼线。在民意方面，我还获得了老共和党人以及一批坚韧的保皇派的支持。在保皇派看来，我是一个信守承诺的人。这就是当拿破仑深陷西班牙和奥地利两大战场无法自拔的时候，我手中所拥有的权力。或许是拿破仑多疑的性格猜到了什么，又或许是有人不小心走漏了风声，总之，我瞬间便垮台了。而在这之后的几年里，因为有这样的内幕护身，所以我获得了民意的支持，也得到了一位德高望重的政府成员的相助，所以我敢说，如果 3 月 31 日我在巴黎的话，我的影响力以及我对这些人底细的了解，会让这场政变的结

① 布里安（1769—1834），外交官、政治家。1785 年，布里安和拿破仑一起进入香槟军事学校学习，成为私人好友。1801 年，在拿破仑远征意大利之时，布里安受到重用，成为国务委员。同年，由于参与走私而被革职。

局呈现另一番模样。

比起迟疑并且神秘的塔列朗，果敢的我才是当时政府需要的人才。而塔列朗这个当时身居要职的人恐怕必须和我搭乘同一辆马车，而我也会告诉他我的政治想法和计划。我会对塔列朗说："即使有萨瓦里经营的公安部，即使有冈巴塞雷斯管理的政府，即使有约瑟夫掌握的军队，即使有懦弱的参议院，只要我们两人联手，就一定可以救活帝国这具已经奄奄一息的革命之身。而那些被贬黜的贵族也只会想着明哲保身。在我们的共同努力下，我们一定可以像我之前一直谋划的那样，在外国势力介入前建立摄政府。也只有这样，革命的成果才能得以保全。"

然而，命运却安排了另一场结局[①]。当时的拿破仑，就连身在巴黎的妻儿也要算计，又怎么会让我回到巴黎呢！不能忘记的是，当时冈巴塞雷斯接到了拿破仑这样的命令——一旦盟军出现在巴黎，他要立马护送皇后和罗马王前往布卢瓦。他这样做没有别的目的，就是为了避免摄政府政变。然而，等到沙皇亚历山大一世攻进帝国首都时，他却还想着摄政府这最后一根救命稻草。可是，一切都已经太晚了。以塔列朗为核心的政客们已经把持了朝堂，临时政府已经宣告成立，而我也已经回到了巴黎。

我的内心受到了巨大的冲击，上帝啊，我该如何自处？他们为何要处心积虑地让我远离朝堂？我怨恨着、自责着。我们将要面对的是一个全新的世界——法国王子回国了，人们夹道欢迎，巴黎各处都飘扬着象征王权的旗帜。我承认，面对这种景象，我的内心也被深深地触动了。我没有掩饰自己的自责和悔恨，就连在参议院，我也没有掩饰自己内心的想法，我还敦促参议院向 S.A.R. 先生派出一支代表团。我知道自己已

① 经过阴谋、战争、欧洲皇室的绞杀，也许天意最终还是垂青了法国的王公贵族们。现在，在查理十世和路易十八的治理下，这一切终于慢慢愈合。——原注

巴黎城里的法国守军

反法同盟军进入巴黎

经无颜成为代表团的一员，我能做的只是尽我所能地说服那些想要束缚、捆绑波旁王朝的同事们。

这一个月来，我的心里还有一种隐隐的担忧——拿破仑还盘踞在易北河厄尔巴岛[①]，而这股力量很有可能会威胁法国的未来。于是，我提笔给他写了一封信。下面是这封信的内容，我想让历史来评判它。

陛下，当法国和欧洲的大部分为您所有时，我不断鼓起勇气想告诉您实情，可如今，我更担心我的坦诚会不会伤害到您。但是，我必须要告诉您实情，因为只有实情才是对您有用的。

您已经答应从此隐退厄尔巴岛，我一直都在注意观察人们对于此事的看法。我认为我有义务告诉您，在欧洲，这样一个岛和您的身份不相配，这几亩地也满足不了一个曾经拥有庞大帝国的您。

因此，我希望您能考虑这两个建议，并且能考量一下它们的可实施性。

厄尔巴岛紧挨着非洲、希腊和西班牙，离意大利和法国的海岸线也很近。风一刮，您就可以搭条小船出现在所有人面前。然而，现在的欧洲还没有彻底和平。在这样动荡的局势下，一旦出现像您这样的天才，那么欧洲各强国必定会恐慌。即使您没有做任何事情，人们也会强加给您各种罪名，他们还会认为您什么都做错了。因为对各国政府来说，引起恐慌就是您最大的过错。

① 厄尔巴岛位于意大利托斯卡纳地区海岸线外，第勒尼安海和利古里亚海之间，是托斯卡纳群岛的主岛，也是仅次于撒丁岛和西西里岛的意大利第三大岛。根据1814年签订的《枫丹白露条约》，法国皇帝拿破仑一世被流放至此，当时此岛为法国领地。

现在的国王希望建立以法度为基础的政府，但您也知道，为了自己的利益，那些围在皇帝宝座周围的人会给真相多少空间。

现在，您虽然已经坐拥厄尔巴岛，但您的内心不会时时刻刻想着夺回您丢掉的大片山河吗？这样的景象，也许只能给您带来无尽的悔恨。但我想说的是，现在的您面临着更大的危险——有人说您甘于退居厄尔巴岛，是因为您想借此东山再起。还有人说，厄尔巴岛的礁石就是您撼动欧洲的杠杆。

我请求您允许我说出我的想法：现在，您最大的安慰和荣耀便是以一个普通人的身份生活下去。对您这样的一位伟人来说，北美各国是最好的庇护所，那里刚刚建国，所有的一切都是崭新的，而且那里的人们只会敬仰您，而不会惧怕您这样的天才。因为北美那边也有很多像您这样的天才，例如富兰克林、华盛顿和杰斐逊[①]。这些人，他们在那片土地上建立了新的王国。在那里，您会得到公正无私的法律的保护；在那里，您可以像他们一样思考，像他们一样投票参政，像他们一样为自由而努力。

给拿破仑写完这封信之后，我也给阿图瓦伯爵写了一封信。而到时候，阿图瓦伯爵会把我写给拿破仑的这封信转交给他。下面是我写给伯爵先生的信：

① 此三人几乎与拿破仑同时，并称为美利坚“开国三杰”，是美国独立战争时期重要的领导人。华盛顿（1732—1799）领导了独立战争，战后为美国首任总统，杰斐逊（1743—1826）为第三任美国总统，富兰克林（1706—1790）为美国独立战争时期重要的领导人之一，与约翰·亚当斯、杰斐逊等人一起起草了美国《独立宣言》。此外，富兰克林还曾出任美国驻法国大使，任大使期间，他成功取得了法国的支持，为美国最终赢得独立战争做出了巨大贡献。——原注

伯爵先生，

您好！我希望我们可以为拿破仑大帝做最后一件事。作为他的部长，我和他一起工作了十年。我刚刚给他写了一封信，我认为您应当知晓。我完全不必费心他的利益问题，因为现在的欧洲各国已经对他心怀怜悯。经过了这么多年的征战和动荡，对于法国和欧洲来说，最重要的就是人民能够得到和平，得到休养生息的机会。然而，想要让人民真正得到和平是非常困难的，即便我们有再强大的根基，只要拿破仑大帝还留在厄尔巴岛，人们的内心就无法得到彻底的安宁。对于意大利、法国和整个欧洲来说，留在厄尔巴岛的拿破仑就像是在那不勒斯旁边守候着的维苏威火山一样。然而，我认为，到了北美新世界后，他就不会再掀起什么风云了。

我想，收到这封信后，只要细心想一想，阿图瓦伯爵便不会把我划入拿破仑的追随者们当中了。

对于希望听到我意见的各位部长们，我一直对他们重复着这样的话：

请你们对所有的错误保持沉默，把这二十五年间发生的所有好事都往自己身上揽。抛开之前政府做的不正确的事情，用你们的品德、智慧和能量去克服困难吧。在政府中，如果新国王没有任何依靠的话，他也就失去了权威，而人们对他的敬仰也会慢慢减弱，直到消失。请谨慎对待党派之争，避免参与其中。这看起来是一个无关紧要的事情，实际上它关系重大，因为它关系着新的国家的施政纲领，而旗帜的颜色将决定执政的方向。

签署退位诏书的拿破仑

签署退位诏书后颓丧的拿破仑

拿破仑与皇室卫队

在我给出的建议里，我毫不犹豫地选择这场革命的领袖、国王。因为对于复辟的王朝来说，这些人的支持几乎和宪章同等重要。我也知道，我在保皇派和革命党人中有很多的支持者，而反对我的人则是拿破仑主义者以及萨瓦里的残余势力。我没能实现我一直以来的夙愿，没能参与推翻拿破仑的专制统治，因为这种遗憾，在面对我曾经忤逆过的庄严皇族时，我的内心颇不平静。我希望自己能尽我所能为新的王朝效力。在我的支持者看来，只有我才能抚平、联合各种政治派别，确保波旁家族的安危。可以毫不夸张地说，圣日尔曼镇上的大多数人都持有这个想法。

我开始和朝堂上的几位重要人士取得联系，其中一位便是我的朋友玛鲁埃。他刚刚接到国王的命令，从图尔赶回巴黎，出任海军部长。他把我给他写过的信件都摆在了国王的面前，就像我给那些王权支持者们建议的那样，我建议他不要将新旧势力对立起来，不要将国家和海外贵族对立起来。当然，我的这些建议可能并没有什么效果，因为大部分人可能只会随波逐流。

第 32 章

百日王朝

精彩看点

厄尔巴岛积极备战——缪拉在意大利称王——缪拉起兵呼应拿破仑——拿破仑的回归——会见艾斯卡尔伯爵——拿破仑重新回到杜伊勒里宫——再次出任公安部长——废除新闻审查制度——恢复拿破仑帝国——昂古莱姆公爵事件

6 月底的时候，路易十八命布拉卡斯前来和我会谈。对这个人的到来，我的心中没有任何波澜，甚至有些许抗拒。我知道这位部长周围都是一些极不受欢迎的人，甚至是与我为敌的人，比如萨瓦里、布里安，还有之前巴黎公安局局长杜波瓦，又比如一些好卖弄是非的女人——如 P 夫人之类。这些人的某些言论一定会影响布拉卡斯的判断。再加上这位新人没有经验，处事生涩，所有这一切加在一起，使得我们之间的沟通变得越发困难。

我很清楚，不久之后，路易十八便会知道我对他的新部长有所不满和保留，于是我决定提笔给布拉卡斯写信。我告诉他，在现在的法国，人们根本就是一盘散沙，比如人民担心重回封建制度，而旧时的封建主们则担心他们的领地，对于那些政治立场鲜明的人来说——如波拿巴主义者和共和党人，他们又担心自己的安危。在军队里，人们难过的是希望、荣耀的破灭，而在立宪党人那里，他们惊讶的却是国王希望他的王位能够世袭。在所有这些问题中，我觉得最严重的就是军队的不满了，我可以向您解释其中的缘由。将士们，尤其是通过征兵入伍的将士们，心里想着的必定是他们曾经所效劳的国家和政府，他们会因为这个政府的强大而高兴，也会因为它的落寞而悲伤。而我更想说的是，在这种不满情绪中，还有他们对拿破仑军事天才的仰望和崇拜。

路易十八

雕版画：路易十八返回巴黎

在信中，我是这样写的："二十五年来，这个国家已经强大到足以去撼动整个世界了。所以，我们需要几代人的努力才能让这样一个国家回归到平淡温和的岁月。不要试图去阻止这种情绪，同时我们还要给这种情绪提供别的出口。现在，我们的国家需要大力发展各种产业、发展贸易、破除所有的经济壁垒，还要发展文艺事业、科学事业和一切可以增强人民智力和能力的事业。十九世纪的帷幕才刚刚拉开，这个世纪，应当是路易十八的世纪，正如十七世纪是路易十四的世纪一般。"

在信中，我还提到了许多关于促进新闻自由、个体自由的事业。在信的最后，我写道："有很多法国人为波旁家族的事业做出了牺牲，现在，随着波旁王朝的复辟，这些人也回来了。他们想要回到自己的领地，看起来，激烈的冲突似乎在所难免，甚至还有可能引发战争。好在，有一位足够明智的部长向两院提出，以经济形式弥补这部分人的损失。我希望两院能够通过他这个提议。"

但是，如果提出这些想法的人并没有实权，那么这些建议也只能是形同虚设。我承认，在保皇派中，我有很多的支持者，而如今这些人也已经成为供职于各个部门的政府人员；我也承认，曾经有人给我机会，让我出任部长、掌握局势，然而，因为布拉卡斯的原因，或者说因为萨瓦里的原因，我和这个机会失之交臂。拿破仑的忠实信徒萨瓦里对我的复出充满了恐惧，而关于我的恶言恶语，朝中也没有一个人站出来为我说话。看到这样的情形后，我决定先带着我的家人回到我的领地菲利埃，在那里等待时机。

我已经提前看清了一点，现在，政府的操控权落在了一些软弱无能的人手里，而这些人将会沿用那些错误的政治理念，使我们的国家再一次走上错误的道路。

关于新政府模糊不清的定位，我做了一些严肃的思考。作为政治家，我清楚地知道波旁家族希望和平复辟，因为政府运作机制并没有改变。

如果非要说有，那大概就是权力变得更加个人化了。另一方面，在这十二年里，社会发生了重大的变化，昔日的教士、贵族、地主都没有逃过社会的巨变。如果说波旁家族复辟是人心所向的话，那么他要权衡的利益却和以前大不相同，而这便是波旁家族需要解决的首要问题。现在的法国，支持和反对复辟的力量可谓是势均力敌。路易十八要面对的是一个分裂的国家，现在，在革命中做出过贡献的人希望和贵族共治天下。这段时间以来，这些人一直都在寻求这样的保障，而他们也确实以为他们从路易十八进城前的宣言中找到了这种保障。

然而，拿破仑的垮台来得太突然了，以致很多身居高位的人都没能来得及转移他们的财产。掌权后，路易十八马上就建立了自己的金融体系。我们完全可以想象，在政府高官那里，这样的举措会产生什么样的反响！当然，新政府将要面临的最大危机依然在军队中。复辟后的波旁王朝没有立刻解散当时的军队，这真的是一个巨大的错误！在他们的内心深处，这些老兵、这些在法国的战俘依然效忠他们之前的君主，也就是拿破仑。

新的政府还修改了宪章。这种行为更加剧了人们的不满，因为自从革命以来，宪章精神已经深入人心。

在这样的情形下，如果说最开始的时候，拿破仑的回归还只是一种海市蜃楼般的想象的话，那么现在，它已经可以称为军队中的主流思想了。于是，各种秘密便悄悄地侵入了军队。不过，对于我这样一个曾经担任过要职、如今依然有众多眼线的人来说，想要弄清楚这些阴谋并非难事。

一天，我收到了一封信。这封信来自一位曾经颇具影响力，如今却也日渐没落的政治家。他希望我能够和他一起加入一个政治团体。我直接在邀请函上写下了我对他的答复——“我不会在温室里工作，对于所有不在阳光下的事物，我都无能为力。”对这句话，想必大家都不陌生吧！

然而，这个秘密团体还是组建成功了。在那里，一些很有影响的人定下了盟约。我非常清楚，国家即将面临一次新的危机，而拿破仑的追随者们就是这次危机的始作俑者。我也知道，如果没有我的参与，这些行动是绝对不会成功的。但鉴于我对这个新政府长久以来的种种不满，所以我一点儿也不想为这个政府做任何事情。于是，带着不同方案的说客，一而再再而三地出现在我的面前。他们的方案无非就是废除现在的国王，由一位大公或一位贵族来执掌政权，或者成立临时共和国。有一位军方代表向我提议说让欧仁·德·博阿尔内担任新政府总统。于是，我写信给欧仁·德·博阿尔内，询问他的意见，然而我得到的却只有一个含糊的回应。在这期间，所有的革命党人都聚集在了我和卡诺身边。艾克斯事件也表明，在巴黎，有一批数目可观的人正在策划着拿破仑的回归。

冬天快到的时候，我回到了首都巴黎。那时，新政府中还有两股势力在坚决反对宪政。这一次，英明的国王派勒阿弗尔公爵前来与我沟通。这位崇高而又坦诚的公爵马上赢得了我的信任，我向他完全吐露内心，倾诉了我隐藏已久的心里话。我可以很负责任地说，在我的一生当中，我从来都没有如此畅快地卸下过心里的包袱。我向这位公爵讲述了那天投票的真实情况，向他讲述了路易十六被送上断头台的事情。我说，我真的非常后悔此事。当时，听到我这番话后，公爵的眼睛里也噙着泪花。有人为我们的政治会谈做了笔录，并将其当作报告呈给国王。但我们仍然没有找到医治国家创伤的良药，危机在所难免了。

当时的我夹在两派人中间，一边是不会给我任何权力和荣耀，对我将信将疑的波旁家族，投靠这一派人的话，我就背叛了我自己的政治立场。另一边是革命党人，因为这些人，我才获得了今天的地位和荣誉。虽然当时的我还在犹豫，希望可以远离党争，但我却不由自主地投入革命党人的阵营。从内心来讲，我并不是很想对波旁家族宣战，我反对的

卡诺

雕版画：路易十六被送上断头台

仅仅是他们对宪章的践踏。然而，在革命党中，有一部分拿破仑的追随者又让我很不舒服，他们控制着军队，也间接控制了所有人。

我之前的一位同事蒂博[①]告诉我说厄尔巴岛正在积极备战，而他也参与了这项行动。我知道现在已经没有多少时间了，因此，我同意了蒂博的建议，开始联络拿破仑的追随者们，并让他参与了由雷诺、冈巴塞雷斯和达沃斯特组成的秘密会议。但我也提出了我的条件，新的政府必须废弃专制统治，建立自由政府。我们也同意了，政变之后，所有人将平分权力。

和蒂博拟好行动方案之后，我马上派出了使者，催促缪拉在意大利称王。与此同时，秘密会议决定派 R 博士前往厄尔巴岛。里昂和格勒诺布[②]成为南方的两大据点，在北方，尔隆和勒菲弗将率领军队和波旁家族一决胜负。大功告成之后，我们将成立由我、卡诺、科兰古、拉斐特和 N 组成的临时政府。

我们此次联盟的目的是在混乱中重新掌权。然而，缪拉却率先起兵了，当时，为了保住他在意大利的地位，他居然罔顾他和奥地利的协定。很明显，缪拉是冲着国王路易十八来的，不久之后，在路易十八的朝堂上，此事便引起了轩然大波。很快，缪拉的三万大军便向阿尔卑斯山和格勒诺布挺进，这可以说是为拿破仑的回归打了头阵。与此同时，拿破仑已经在戛纳[③]登陆了。推翻波旁王朝已经成为公开的秘密，然而，路易十八的朝堂却依然在掩耳盗铃，不愿意承认这一切。

3 月 20 日，拿破仑回到了巴黎。在此之前，我还要记录这么几件事。

---

① 蒂博（1765—1854），法国政治家，曾担任五百人院主席，第一帝国罗讷河口省省长。

② 格勒诺布尔是法国东南部的一个城市，伊泽尔省省会，多菲内以前的首府，也是法国阿尔卑斯地区的首府。

③ 当年拿破仑即是从此处登陆，复辟成功，开始了他的百日王朝。——原注

第六次反法同盟胜利后为庆祝拿破仑被流放厄尔巴岛而创作的漫画，其中不乏讽刺意味

拿破仑离开厄尔巴岛

拿破仑乘坐的“无常”号双桅横帆船

说实话，在最开始的时候，我根本无意造反。我只是希望杜伊勒里宫能够主政新政府，希望有一个强大的人带领大家走上正确的道路。我可以毫不惭愧地说，在当时的情况下，我觉得我是唯一一个能够担此重任的人。不管是在路易十八的朝堂，还是在巴黎或者外省，所有人都支持我成为这个人。当然，我也有一些竞争对手，但我从没有放弃过，直到最后一刻，我依然试图在寻找一个折中的方法，一个可以避免拿破仑回归的方法。正如大家所看到的，我只做了最小范围内的妥协。得知拿破仑在戛纳登陆之后，我才明白，原来这个联盟里也有拿破仑。也就是那时，我才清楚我们联盟的三个目的：迎接拿破仑回朝、赶走国王、营救在维也纳的玛丽•路易皇后和罗马王。考虑到军队已经完全反叛，那么迎接拿破仑回朝便成了最容易实现的目标。营救玛丽•路易皇后和罗马王的难度应该也不算太大，然而赶走国王和波旁家族就没有那么简单了。毕竟，皇室的兵力也不可小觑，而勒菲弗将军能否打赢这场战争还是一个悬念。

得知拿破仑即将抵达里昂时，我觉得我有必要和国王路易十八亲自谈一谈。毕竟自从波旁王朝复辟以来，这个家族一直都很尊重我。然而我的请求并没有得到允许，不过国王路易十八还是派来了两位绅士和我沟通。我告诉他们，路易十八的王位岌岌可危，如果朝廷可以答应我的条件的话，那么我马上就可以阻止厄尔巴岛上的行动。我的提议和当时其他派别的想法不谋而合。和我一样反对拿破仑专制的爱国者也已经开始行动。这些人以德布罗意、拉斐特、阿让森、弗拉格和本杰明为首，他们向国王提出了以下条件：重新选举部长，在两院各增加四十位革命党人的席位，并任命拉斐特为国民战事总指挥。另外，他们建议国王派遣爱国者到外省的军队中去鼓舞士气。对这些计划的内容，我并不陌生，我也知道，事成之后，我会升任部长。但我也清楚，只有联合所有的革命力量，只有唤醒所有人心中对自由的渴望，我们才能够抵挡军政府的回归。当国王的部长向我询问如何抵挡拿破仑时，我什么也没有说，因为这些话，我只向国王本人说。但我可以确定的是，我的方法是可行的。作为交换条件，我提出任命路易十八的长子为国家护卫队首领以及恢复我对国家事务的权力。然而我的请求被拒绝了，我也被迫不得不支持我本来想抗拒的那一派。

拿破仑的军队步步紧逼，杜伊勒里宫告急，人们又一次把目光投向了我。几位保皇派请求我至少见一见国王的兄弟艾斯卡尔伯爵。我答应了，并提出在晚上偷偷前往，毕竟这样的事情会影响我在另一派中的声誉。艾斯卡尔伯爵恳切的话语、殷勤的接待、崇高的情感都让我感到非常后悔，后悔自己没有早些拜访他。我不得不告诉这位坦率而忠诚的亲王，现在已经太晚了，我已经无法再为国王效力了。和亲王告别的时候，我大声说道："请您一定保护好国王，我会保住君主制的。"

但谁又能想到，这次会面之后，立刻就有人下令逮捕我。更奇怪的是，对于此事，国王却毫不知情。布里安的人率领几位巴黎公安局的干事来到了我的住所。因为我已经提前得到了消息，所以当时我正准备逃走。可是就在这时，这些人出现在了我的面前。我们互相看着，这些人是我以前的部下，因此他们并不敢贸然对我下手。我接过他们的逮捕令，一边假装看着逮捕令上的内容，一边坚定地对他们说："我可以证明这份逮捕令有问题。"之后，我站在我的秘书前面，拿起笔假装要写字。最后，趁这些人不注意的时候，我迅速从花园的后门逃走了。

这件事情算是帮我澄清了另一件事，这一下子，那些之前怀疑我是波旁家族支持者的人总算可以放心了。

然而，我知道这件事情和政治考量毫无关系，S.A.R 先生甚至对下议院的人说，他根本不同意逮捕我，并且他还要保证我的安全。

这件事不过是萨瓦里、布里安和 B 先生搞的鬼。不管 3 月 20 日事件的最后结果如何，这三个人都希望我能够彻底离开他们的视线。

拿破仑再次掌握军队

想一想，如果我真的落到了他们手中，他们会怎么对我呢？他们说他们会把我送到里尔。不，那根本就不是里尔，而是索米尔城堡[①]。一旦去了那里，等待我的又将会是什么呢？根据我后来掌握的情报，我确定，这些人是想假借保皇派之手除掉我。

这便是我的处境，所以我只能离开路易十八，只能接受拿破仑的回归，因为只有这样，我才能得到自由。关于国王撤离杜伊勒里宫这件事，

索米尔城堡，绘于16世纪

① 索米尔城堡是位于法国索米尔的一座中世纪时期的法式城堡。城堡最早修建于10世纪。

我是最早的知情人之一。与此同时，我也得知，拉瓦莱特已经派人去通知刚刚回到巴黎的拿破仑，告诉他国王路易十八已经离开的消息。对于拉瓦莱特抢先一步的做法非常不满，因此，翰姆夫人也急忙派人去通知拿破仑。

于是，在将士和民众的欢呼声中，拿破仑重新回到了杜伊勒里宫。当时，皇宫上下一片欢声笑语。然而，我并没有像其他大臣一样出现在杜伊勒里宫。询问了一番国家的情况后，拿破仑派人把我请到了杜伊勒里宫。他对我说："听说有人想要劫持您，阻止您为祖国效力？噢，感谢上帝，您现在还完好地站在这里。您也知道，我们的国家正处于困难时期，但我相信，您和我的勇气一定可以让我们战胜这些困难。现在，我需要您为祖国做一些事情，请您务必再次接受公安部长一职。"

我向拿破仑表明，现在我最希望在外交事务方面为国家效劳，并且请他相信我，这才是我最能为国家效力的地方。

可是拿破仑接着说："不，您还是继续担任公安部长一职吧，因为只有您才能引导、疏通民意，只有您才能掌控突发状况。您了解其中的所有事情，公安部长一职简直就是为您量身打造的。"

我没有了任何推卸的理由，但同时，我也说明了我们国家现在面临的所有问题。似乎是为了激励我更加努力地为政府服务，拿破仑告诉我，为了制衡沙皇亚历山大一世，奥地利和英国方面已经私下里允许了他这次政变。虽然我接过了公安部长一职，但我并没有想要全心全意地为拿破仑服务。

第二天，我从我的心腹雷诺那里得知，拿破仑对我的疑虑根本就没有消除，他根本不愿意看见我出现在政府中。他这么做只不过是对巴萨诺、科兰古、雷诺以及他身边的人的一种妥协。这些人拿出了和我签订的盟约，并且向拿破仑指出，当下，对政府来说，我的支持有着非常重要的意义。

冈巴塞雷斯似乎已经预感到了不祥的未来，犹豫了很久之后，他还是接过了司法部长一职；拿破仑的心腹达沃斯特接过了战事大臣一职；因为已经确定现在无法和任何大国建交，所以科兰古拒绝了外交大臣一职。接着，拿破仑又询问了莫莱伯爵的意见，莫莱伯爵也不愿意接这个烫手山芋。最后，不忍心看到拿破仑为难的科兰古还是接过了外交大臣一职。卡诺担任内务部长，德凯斯担任海军部长，巴萨诺担任国务秘书。因为风评不好，萨瓦里离开了公安部，但莫西却拒绝了护卫队首领一职。在复辟王朝担任要职的帕尼和蒙塔里维自动辞职，此后效力于土木建设工作。伯特兰代替杜洛克成为驻殿大元帅。接着，拿破仑亲自出面请回了所有的殿前工作人员和司仪，很明显，拿破仑依然没有改变自己对于帝王生活的向往。

然而，那些曾经帮助他跨过地中海的人却坚持认为，拿破仑并不排斥建立共和国。但我知道，想要建立共和国，我们还需要很多的努力，需要所有共和党人的坚持。在里昂的时候，虽然拿破仑曾说过会在法国颁布宪法，但这份宣言并非出于自愿。他是样说的：“我回来，是为了保护我们革命的成果。我会给你们一部不容侵犯的宪法，一部有着你们和我共同作品的宪法。”

在里昂的时候，拿破仑迅速下令，宣布废除两院和封建贵族制度。也是在里昂，为了避免引起欧洲各国的恐慌，他派身在瑞士的约瑟夫去和瑞士联邦的部长取得联系，并请这位部长放心，他这次回来只是为了重建法国，绝不会扰乱欧洲秩序。

然而，我可以非常确定地说，拿破仑并没有放弃征服欧洲的想法，在他回到杜伊勒里宫的当晚，他就计划着入侵比利时。不过，幸运的是，在周围人的坚持下，他放弃了这个计划。那时，虽然他已经做好了出征的准备，但他仍旧会依照形势做一些妥协。毕竟，自从里昂政令颁布之后，拿破仑已经不再是以前的拿破仑了。

拿破仑的心腹达沃斯特

德凯斯

3 月 24 日，政令宣布废除新闻审查制度，恢复新闻自由。当然，该政令也提到了恢复拿破仑帝国。法国人民终于重获了“新闻自由”这位自由之母！可以这样说，我在其中做出了很大的贡献，因为在拿破仑看来，波旁家族、雅各宾派完全有可能利用新闻自由替自己辩护。我对他说：“陛下，法国人需要这样的胜利，或者说需要一些自由的养料。”

对于曾经帮助自己重回杜伊勒里宫的爱国者们，拿破仑始终心怀芥蒂。有一天，他苦涩地对我说：“有些人，明明是为了自己的利益，却偏偏要把功劳往自己身上揽。这些人以为是他们为我铺平了回来的路，但我清楚，我真正的恩人是人民，是将士们。”

我知道这番话对我和我所代表的党派意味着什么。所以，拿破仑自然需要一套和我有着不同主张的政治理念。他用重金收买了刚刚成立巴黎警署的瑞尔，并给他许下了美好的未来。他这么做是为了让瑞尔能和萨瓦里联手干涉我的政策。但我早有准备。

在这期间，拿破仑得知，路易十八决定暂时留在比利时观察情况。但是，还有另外一件令他头疼的事情，纳伊、勒古波等一些大将希望拿破仑能承认他们一直以来的付出，因此，他们向他提出了经济补偿。幸运的是，和王室的一次小交火稍稍缓解了拿破仑的燃眉之急。昂古莱姆公爵和公主的气节出乎拿破仑的意料，尤其是这位公主，她在大溃败面前展现出的勇气更是令拿破仑刮目相看。

在这里，我希望替马赫讲几句公道话。当时，拿破仑已经在巴罗德签署了投降书，但和平协议还没有传到前线。格鲁西却擅自做决定逮捕了昂古莱姆公爵。得知此事后，为了向保皇派封锁消息，一直等到晚上，在没有任何电报信号的时候，马赫才向拿破仑报告了这件事情。

第二天，人们就昂古莱姆的事情进行了协商。最后，人们提议用价值四百万的珠宝来交换这位公爵，而我则向拿破仑建议，不妨让维特罗尔斯以高于市场的价格赎回昂古莱姆公爵。不过当时，拿破仑非常生气地拒绝了，他说："不行，这是一个忘恩负义的人，他还是塔列朗的人。当初，就是他向沙皇亚历山大一世出卖了我们，也是这个人给反法同盟打开了大门。现在，我们应该立刻用机枪处死这个一直和我作对的人。"

但我向拿破仑指出，一旦动用军事处罚，法国立刻就会血流成河，况且，对我们来说，这个波旁家族的代理人还有别的用处。最终拿破仑同意了我的建议。

第 33 章

拿破仑帝国的覆灭

精彩看点

盟国反对拿破仑重新掌权——维也纳会议——驱逐保皇派和旺代党人——财产清算令——英国和奥地利孤立拿破仑——针对我的审查——第七次反法同盟战争——颁布宪法修订案——向英国出卖作战计划——拿破仑战败——拿破仑二次退位

同时，还有许多别的问题需要我们去解决。不久前，在杜萨夫人[①]家里，科兰古和奥地利部长文森特男爵进行了会面。这位部长毫不掩饰地告诉杜萨夫人，各联盟国非常反对拿破仑重新掌权。但同时，他也透露出了自己的儿子并不同意欧洲的做法。而我也知道，我可以以此为契机，进一步推动我的计划。

通过奥坦丝，拿破仑致信沙皇亚历山大一世，接着，他又通过自己的妹妹——也就是那不勒斯王国的王后——致信梅特涅，希望以此缓和两大强国的进攻。他派出了欧仁·德·博阿尔内和斯丹芙尼公主[②]，命他们尽可能地拆散反法同盟。同时，他也向英国内阁派出了使节。最后，为了获得议会和英国的支持，他宣布废除黑人买卖制度。

然而，那时，各国政府已经阻断了我们所有的外部通信，杜伊勒里宫的所有人都在焦急地等待着维也纳会议的结果。终于，3 月 13 日，我们获知了维也纳会议的最终决定——各国均不承认拿破仑政府。从那时起，法国便又一次笼罩在了战争的阴影之下。

① 杜萨夫人（1761—1836），法国作家、沙龙主人。

② 斯丹芙尼公主（1789—1860），拿破仑·波拿巴的养女，第一帝国的公主。

斯丹芙尼公主

参加维也纳大会的各国代表

为纪念维也纳大会胜利召开铸造的纪念币，正面为各国君主的头像，背面为与会代表的名字

然而，故作威严的拿破仑却当着议会所有人的面说了这番话："这一次，如果他们赢了，那么欧洲一定会血流成河；如果胜利垂青了我，那么他们就一定会看到一个最可怕的我。我，就是比利时，就是莱茵河以外的所有省份。一旦宣战，三色旗一旦飘起，不出二十四小时，我就能把这些人全部拿下。"

对于这样的大话，我根本就无动于衷。得知维也纳会议的最终决定后，我便毫不犹豫地派人和国王路易十八取得了联系，表达了我希望能尽我所能为他服务的意思，而我提出的唯一条件便是事成之后我能告老还乡，回到我的领地蓬卡尔安度晚年。

抵达根特后，刚刚参加完维也纳会议的威灵顿得知了我的请求，最终，他也同意了此事。这也意味着，我、梅特涅、塔列朗以及盟军之间已经形成了某种契约。

我和威灵顿以及威尔斯利家族的友谊由来已久，当年在我第二次出任部长时，我就曾经帮助这个家族的某位成员逃离过拿破仑的严酷制裁。

3 月 25 日，各大国订立盟约，在条约中，他们一致认为，只要拿破仑在位一天，他们就绝不会放下手中的武器。与此同时，法国和各大国间的私下谈判也全都以失败告终。

亚历山大一世是这样答复奥坦丝的："只要这个人还在，和平就绝对不会存在，休战也是不可能的。"

而派去维也纳的福来奥甚至根本没有办法跨过斯达格，塔列朗也拒绝和拿破仑进行任何谈判。尽管谈判受挫，但拿破仑还是再次向奥地利发起了新一轮的谈判。在派出斯塔萨尔男爵的同时，拿破仑还派出 S.L 和蒙特罗前往游说塔列朗。这两位使节和塔列朗的关系都非常密切，蒙特罗更是这位前外交官的挚友。可是大局已定，纵然有了第二轮谈判，我们也无法改变整个事件的进程。与此同时，拿破仑对我的怨念也越来越深，尤其是我处处针对他提出的专制政策。在他的心腹面前，拿破仑更是不愿提及我的名字，只会说手套部长。

3 月 20 日，在一次冲突中，匆忙之中，布拉卡斯把非常重要的文件留在了自己的办公室。这些文件涉及很多重要任务中的重要信息。得知此事后，3 月 21 日，我马上派公证人赖内前往布拉卡斯的办公室，整理并销毁相关文件。萨瓦里和瑞尔追踪了我的行动，当拿破仑要我交出文件的时候，我把剩下的未销毁文件拿了出来。最后，拿破仑还是没有找到任何可疑信息，但我知道他对我的怀疑越来越深了。

3 月 25 日，他下令驱逐保皇派和旺代党人，让这些人远离巴黎三十里。得知这种大规模的驱逐命令后，我把这些人召集到了我家，向他们表明了我的立场，并且建议他们暂时不要离开巴黎。

我的行为进一步激起了拿破仑的不满，于是，他便颁布了接下来著名的财产清算令。这条政令主要针对塔列朗、拉古萨、阿尔贝格、雅阁、孟德斯鸠主教、伯农维尔、维特罗尔斯以及布瑞安等人。不过，令人吃惊的是，奥热罗将军的名字也出现在了这份名单上，幸运的是，由于他妻子的求情，奥热罗将军的名字被划掉了。在内阁，我曾公开反对这项政令，在我看来，这完全是专制政权的报复行为，是对里昂宣言肆无忌惮的破坏。

那时，英国和奥地利已经相继宣布孤立拿破仑的政策。英国内阁 4 月 25 日的备忘录中有这样一条信息：“英国既没有参与波旁王朝在法国的复辟行动，也没有帮助路易十八重登王位，英国完全没有意向以战争的形式强迫法国接受任何制度的政府。”紧接着，5 月 9 日，奥地利也发布了类似的声明。

在此期间，我险些被牵扯进一件非常严重的政治事件当中。当时，拿破仑抓获了一位和我联系的奥地利密使。在威逼利诱之下，这个人向拿破仑供认，他是我和沃纳之间的信使。于是，拿破仑立刻决定以讨论国事的名义宣我觐见。他首先想到的是从我手中拿到有用的文件，但是

拉古萨公爵，奥古斯特·德·马尔蒙

孟德斯鸠主教

伯农维尔

随后，他便放弃了这个想法，因为在他心里，我是一个不会留下任何痕迹的人。而在没有任何确凿证据证明此人就是梅特涅使者的情况下，我也没有表现出任何慌张的样子。在没有得到任何有效证据的情况下，拿破仑召集所有近臣，告诉这些人我是叛徒，并且决定枪毙我。

然而，他的周围全部都是反对的声音。卡诺是这样说的："是的，您现在是主人，您可以枪决富歇，但明天在同一时间，您就会失去您所拥有的一切权力。"

拿破仑大叫道："什么？"

卡诺继续说："是的，现在不是我们与富歇决裂的时候。革命党人之所以服从您的条件，是因为您能够尊重他们的自由。但是现在，如果您枪决了富歇——他们心中最强大的靠山——的话，那么明天，民意绝对会一边倒的。如果富歇真的有罪，那么您需要做的就是找到明确的证据来指证他，然后交由法庭作出判决。"

人们都赞同这个观点，也就是说，现在，他们最需要做的就是找出我的罪证，拿破仑把这项任务交给了弗勒里。接到任务后，弗勒里马上出发前往巴塞尔，并且以我的名义迅速和沃纳取得了联系。

弗勒里的第一个问题便是询问盟国将如何对付拿破仑。沃纳回答说："我现在还没有得到明确的消息，不过，不到最后一刻，盟国是不会轻易动用武力的。他们希望的是能以不流血的方式让拿破仑下台。"

弗勒里继续追问道："所以，现在只有两种方法了，一种是逼拿破仑退位，另一种是刺杀拿破仑。"

沃纳惊呼道："刺杀！梅特涅和盟国从来都没有过这样的想法。"

虽然使出了浑身解数，但弗勒里仍旧没能从沃纳那里得到任何针对我的证据。或许梅特涅早已有所准备，毕竟在这件事情上，我从来没有向梅特涅有过任何隐瞒。早在 1814 年在巴黎见到他的时候，我就明确地指责他没有把拿破仑囚禁起来，并且告诉他说拿破仑一定会从厄尔巴岛回来的。辞别了沃纳之后，弗勒里回了巴黎，沃纳则去了维也纳，不过，他们相互承诺说八天之内会再次在巴塞尔碰面。

然而，就在弗勒里刚刚踏上去巴塞尔的路时，另一位密使马上和我取得了联系，并且启发了我该如何揭开这件事的真面目。因此，我把梅特涅的信放进公文包，之后出发去面见拿破仑。例行的公事完成之后，我假装突然想起某件事似的说道："啊，陛下，我最近真是忙晕了，我这儿还有一封梅特涅几天前写给您的一封信。这件事需要您来拿主意。我到底该不该按他的要求派出使节呢？他的目的是什么呢？我相信，盟国肯定不愿意落上一个挑起战争的罪名，这样的话，他们一定希望您能把皇位让给您的儿子。而且，我认为这也是梅特涅的想法。或者我斗胆向您说一句，这也是我的想法。我不想向您隐瞒任何事情，我现在依然觉得您不是整个欧洲的对手。"

之后，我默默地注视着他的一举一动，那是一种由内而外的释然和放松，毕竟我这番话能够让他解除他之前对我的怀疑。

弗勒里回来后，拿破仑命令弗勒里前来审问我，并且希望我能够向他坦白一切。这个干劲十足的年轻人费尽心机地想从我这里获得一些信息，然而并没有任何效果。当他第二次回巴塞尔的时候，我也跟着他去了。

同时，从维也纳归来的蒙特罗和布列松给我带来了来自塔列朗和梅特涅方面的重要消息。毋庸置疑，这一举动又一次唤醒了拿破仑对我的疑虑。他分别提审了这两个人，不过直到最后，他仍旧没有得到任何有用的信息。但是，当得知布列松奉达沃斯特之命偷偷从英国购买了一千把火枪时，拿破仑非常的不满。他觉得我和达沃斯特正在密谋暴动，而布列松不过是我们的工具。

我必须牢牢把握住民意支持率，同时，我也要在首都巴黎建立起效忠于我的警力。然而，旺代地区的暴动却打破了我的所有计划。对我来说，保皇派的支持固然重要，但我绝对不能让这些人进入我们的规划中。

雕版画：18 世纪的巴塞尔

在这一点上，我和拿破仑的利益是一致的。于是，我主动请缨，向拿破仑承诺说我会尽快平息这场暴动。拿破仑同意了，他让我带一万两千人前往前线处理暴动。我当然不会让这些人为波旁家族白白送死，因为我还有别的用途。很快，我便说服了朝中的保皇派，我告诉他们说："以现在的情况来看，和拿破仑宣战是非常不合时宜的，它只会造成恐慌，并引起革命党的反抗。现在，我们必须让国王下令停止这场暴动。"同时，我也派出了马拉迪克、菲维涅和拉布罗杰三位使者去说服军队，让他们暂且不要轻举妄动。于是，在几次小型冲突之后，旺代党人便偃旗息鼓了。

还有一件事情让我放心不下。在意大利起兵后，现在，缪拉已是骑虎难下，拿破仑和我都爱莫能助。因此，我再三写信给他以及他的王后，希望他赶紧停下来。当我得知他的部队已经并入奥地利的军队时，我知道，他失败了，他败在了自己挑起的暴动中。五月底，缪拉逃往地中海朱安海峡。

因为拿破仑手里掌握着军队，所以他决意用武力对抗盟军。这一次，法国将成为战场。为了赢得更广泛的民意支持，拿破仑允许成立人民俱乐部以及人民会议，这一切都散发着无政府主义的气息，像极了他当年推翻的雅各宾派。

然而，好景不长。很快，拿破仑便决定颁布宪法修订案。在他看来，颁布新宪法意味着开启一个新的时代。但这次修订并不像他所承诺的那样——他并没有对宪法进行整体修订，而只是修订了其中关于参议院的相关法律。另外，他还决定推行财产清算制度。拿破仑关于宪法的种种行为都不过是在进一步加强集权。尽管所有的国务委员都反对此事，但他依然一意孤行。因此，在萨瓦里和瑞尔组织的民调中，拿破仑的支持率一路下滑。最后，这个人竟然鼓动社会最底层的人来杜伊勒里宫前大喊："拿破仑万岁！"同时，他还宣布，如果欧洲敢发兵法国，他便会亲自带兵前往边境。

这种为人所不齿的行为让我无法平静，因为我知道，如此一来，欧洲各国一定会一致对抗法国，或者说一致对抗拿破仑。第二天一大早，我便前往杜伊勒里宫，再次向他重申，现在的法国根本无力对抗整个欧洲，因此，我们最好尽快与各国讲和，以保住仅有的江山。如果再这样下去，不管是为了祖国还是他自己，他都必须离开法国、前往美国。

拿破仑的回答依旧吞吞吐吐，而且在这吞吞吐吐中，他还高谈阔论着他的各种作战计划。自此，我便知道这个人已经无药可救了。

我非常清楚，战争已不可避免。在国务会议上，达沃斯特再三强调，拿破仑应当快速前往前线坐镇指挥。然而，直到最后一刻，放不下巴黎的拿破仑才下定决心出征比利时。他走了，留下瑞尔处理国家事务，还高价雇人在大街上高喊："要么死，要么拿破仑！"除此之外，拿破仑还给达沃斯特留了一份高度机密的防守作战计划。

我的立场非常艰难：一方面，我极度排斥拿破仑，排斥他的专制统治；另一方面，我又与路易十八有约在先，承诺帮助他复国。况且，梅特涅和威灵顿将军已经向我提出了相当诱人的条件，他们希望我能够交出拿破仑的防守计划。

可是，一想到"叛徒"这两个字，我的心就猛的一揪，奥特朗特公爵前面不应该有这样一个形容词。然而，在当时那种情况下，我又该如何自处呢？一个政治家，又怎么能孤立无援呢？我知道拿破仑将在16日、18日或者稍晚发起突击，并且，他还计划在17日，趁着英军和普鲁士军队分开之际突袭英军。这个计划成功的可能性很大，因为威灵顿收到了错误的情报，他认为，在7月1日前，拿破仑不会有任何动作。也就是说，拿破仑的制胜点在于出其不意。于是，我决定用数字写下拿破仑的作战计划，在拿破仑动身前往比利时的当天，我派D夫人带着这份作战计划去找威灵顿。同时，我又在边境设下严密的关卡，拖延D夫人的

拿破仑检阅军队

行动。这样一来，在突袭结束后，威灵顿才会收到拿破仑的作战计划。

为了胜利，拿破仑已经全力以赴。如果他战败，并认为是我导致了他战败的话，那么我必定会背上叛徒的罪名，他就可以借此开脱。如果有人问我心里的想法，我一定会像老贺拉斯一样大喊，让他去死吧！

除非拿破仑能在这场战争中胜出，否则的话，革命党人是不会向他提供任何帮助的。但是，拿破仑连夜逃回了爱丽舍宫[①]，与此同时，马

19 世纪初的爱丽舍宫

① 爱丽舍宫是法国总统的官邸与办公室所在地，位于巴黎八区圣奥诺雷市郊路 55 号，邻近香榭丽舍大街。其名称“Élysée”来自希腊神话中的至福乐土。爱丽舍宫原为艾威尔伯爵于 1718 年兴建、1722 年竣工的宫殿，拿破仑一世的皇后约瑟芬亦曾在此宫殿居住，1873 年起至今作为法国总统官邸，并供接待重要外宾。

赫在拉昂[1]公开征求意见，然后离开军队、回到了巴黎。当天白天，吕西安支持拿破仑用军事手段解散议会。

就这样，溃败后的拿破仑出现在了巴黎，这激起了所有人的愤怒。我知道，是时候逼他退位了，因此，我决定动用我所有的资源、权力和经验。于是，我立刻向我的朋友们、支持者们发起了动员令。在内阁所有人的面前，我也公开表达了我的想法。

我对议会中那些犹豫不决的人说道："不要说空话了，是时候行动了！拿起武器。这一次，他气势汹汹地回来就是为了解散议会，专制政府又要回来了。"

我对拿破仑的追随者们说道："难道你们不知道大部分议员已经非常不满拿破仑，所以要求他退位吗？如果你们坚持要救他，那么，你们只有一个办法，那就是告诉这些人，拿破仑还能为这个国家做什么，并且要他做出承诺，绝对不会解散议会。"

我又对我身边的革命者们说："你们看到了，他最好的朋友们都无能为力了。几个小时之后，议会将不复存在，危险迫在眉睫，以后，你们恐怕要后悔你们现在的不作为。"

随后，拿破仑召开国务会议，马赫宣读了滑铁卢之战[2]的战况。最后，他告诉我们："为了挽救法国，现在，我们必须建立临时专制政府；当然，我们可以强行推行这个政策，但我们还是希望议会能够赋予我们这项权力。"

① 拉昂，法国北部城市，上法兰西大区埃纳省的省会。

② 滑铁卢战役是 1815 年 6 月 18 日大英帝国、荷兰联合普鲁士王国与法兰西第一帝国在布鲁塞尔南部的滑铁卢进行的一次战役。这是拿破仑战争中的最后一次战役，也是军事史上最著名的战役之一。在这场战役中，大英帝国的威灵顿公爵和普鲁士的格布哈德·列博莱希特·冯·布鲁歇尔指挥的英普联军击败了拿破仑指挥的法军，这场战役的胜负决定了拿破仑所领导的法兰西第一帝国的覆灭。后世也经常将重大的失败代称为"滑铁卢"。

滑铁卢之战中的各国联军

滑铁卢之战：法军与各国联军交战

我知道，议会的同事们一定会极力反对此事，并且和马赫对抗到底。

得知议会发生的事情后，拉斐特提出了永久保持议会的动议。虽然这个动议惹怒了军方，但它却团结了所有的爱国者。

受到议会攻击后，拿破仑不知如何是好。虽然他命令达沃斯特武力解散议会，但他遭到了达沃斯特的拒绝。

第二天，逼退拿破仑激起了所有人的讨论。议会里人来人往，争执声、驳斥声、反对声不绝于耳。人们得出了各种结论，又推翻了各种结论，再继续商量着结论。激烈的争执持续了一天，之后，拿破仑出现了。他宣布："再多的抵抗也无济于事了！"接着，他把头转向我，挖苦地笑着说："让这些先生们休息一下吧。他们会满意的。"

吕西安拿起了笔，按照拿破仑说的，一字一句地写下了退位宣言。

第 34 章

波旁王朝第二次复辟

精彩看点

组建摄政府——协商和平事宜——集体听证会——拿破仑二世的位置不保——盟军兵临城下——拿破仑离开巴黎——放弃防守巴黎——巴黎撤军协议——路易十八执政——写给国王的信——我的醒悟

至此，一切都变了，拿破仑失去了手中的权力。那么谁将接过这权力呢？答案很快就揭晓了，在吕西安的带领下，拿破仑在内阁中的支持者们正筹划着立拿破仑二世为王，组建摄政府。虽然这是我一直以来筹划的摄政府，但这一次，这个摄政府不会和我有任何关系。因此，我只能求助于别的力量，即支持波旁家族摄政。我非常希望他们能够按我的指示组建新的临时政府，因此，在议会上，我不惜牺牲革命原则力挺波旁家族。

在没有援引任何相关条款的情况下，议会接受了拿破仑的退位声明。吕西安焦急地等待着议会立拿破仑二世为王。吕西安那边有拿破仑的支持者们、军官们、下层民众，还有上下两院中的众多议员。而我这边则有两院的一部分议员、国民护卫队、大部分的将军，还有视情况而定的保皇派。

在爱丽舍宫，吕西安让瑞尔以拿破仑的旗帜召集其追随者；而我们则费了很大的努力才得以觐见拿破仑。我们告诉他说我们希望他的退位是纯粹和简单的，只有这样，我们才能保证他的安全撤离和他财产的转移。另外，如果拿破仑二世即位，那么奥地利很有可能做出有利于法国的让步。随后，瑞尔带着拿破仑在巴黎的所有追随者闯进了爱丽舍宫。吕西安则马上跑到上下两院大声呼喊：“皇帝万岁！拿破仑二世万岁！”

最后，至少在表面上，议会的大部分人都同意了这个提议。在上下两院取得初步的胜利后，吕西安马上回到了爱丽舍宫，命令跟随瑞尔而来的人前往上下两院，为拿破仑二世助威。而他则带着自己的哥哥出现在了议会上。这时的拿破仑已经没有了以往的神采，如今，曾经敏锐的眼神也黯然失色，面对那些在自己面前大喊“皇帝万岁、王子万岁”的人，他也只是象征性地挥了挥手。

我并不在乎这种所谓的效忠仪式，我知道这一切都在我的掌握之中。在这些人演这出戏的时候，两会确立了临时执行委员会，而我则是这个临时委员会的幕后控制人。

此时，瑞尔命令这些人前往立法集团游行示威，然而一切都太迟了。当这些人浩浩荡荡地出发时，刚刚确立了临时执行委员会的立法者们已经闻讯而迅速离开了立法集团。随着夜幕的降临，这些人也渐渐散去了，可怕的呐喊声充斥着巴黎的大街小巷，那些不愿意承认拿破仑二世的人听着胆战心惊。

最后，晚上的各种密谋结束了白天的躁动。第二天一早，我和我的同事们科兰古、卡诺、吉奈特以及阁海涅掌权了。正当我们如愿以偿地开始组建新政府的时候，议员贝朗热却要求临时执行委员会的成员对刚发生的一切负责。为了更清楚地表明他的观点，他还说了这样一句话：“如果这些人是不可侵犯的，那么一旦他们叛变，你们便没有任何能力抵抗他们。”

我完全不害怕这样隐晦的攻击。

莫尔特·布雷（拿破仑的心腹）对我们进行了猛烈地抨击，他这样做是为了提醒拿破仑的支持者和保皇派，在争夺权力的战场上，新的第三方党派出现了。

对我来说，第三党比专制政府和反革命政府更加符合我一直以来坚持的立场和原则。预感到拿破仑二世很难保住王位后，我决定支持这支

拿破仑二世（罗马王）

新出现的第三党。布雷抨击临时执行委员会的首要目的是要议会尽快立拿破仑二世为王。不过我这方早就有了对策，可是，为了避免受到反击，我们还需要一些技巧来推进这件事。曼努埃尔担负起了这个敏感的使命，在议会上，他的演说得到了大部分人的支持，而很明显，演说的内容有我参与的痕迹。在这篇演说的最后，他表明了他反对波拿巴家族的任何人参与摄政府组建的态度。议会的默许成为我们有力的保障，就此，在这关键的一刻，我把自己推向了权力的高峰。

6 月 23 日，摄政府成立，我们做的第一件事情便是向各国宣战，并派出五位大使[①]全权协商和平事宜。我们可以接受任何形式的政府重组，但我们无法接受波旁王朝的复辟。同时，这些人也接到了秘密指示——力挺在议员和将军中更受欢迎的萨克森国王或者奥尔良公爵。我承认，在这次谈判中，我做出了最大程度的让步。但我们能否达成目的呢，我也没有信心。而且，在我的内心深处，我似乎觉得波旁家族的事业还没有就此结束。事实上，不久之后，我就收到了密报，路易十八已经抵达康布雷[②]，并且给我带来了皇家宣言。

我当时的处境可想而知！拿破仑的党羽还在顽强地抵抗着，伺机行动。可以这么说，这些人已经在巴黎城下组织起了一支两万人的大军。同时，盟军正大步向巴黎进军，一路上可谓是所向披靡。一方面，我要满足爱国者们的各种要求，并且保证各位将军可以各就其位，同时迅速灭掉拿破仑的各种企图，另一方面，我还需要抑制守在首都门口、迫不及待想要进来的保皇派。

在此期间，大家可以想象究竟发生了多少阴谋、争斗和权力的变动吧！

① 这些全权代表是拉斐特先生、拉佛雷先生、蓬特古拉、德昂格森和塞巴斯蒂尼。本杰明·康特恩先生陪同。——原注

② 康布雷位于法国斯海尔德河畔，是北部－加来海峡大区北部省的一个城镇。

盟军与法军交战

盟军中的普鲁士军队与法军交战

拿破仑退位之前，我需要战胜的是那些时而支持我、时而反对我的拿破仑的追随者，比如马赫、布雷；现在，我还要面对第三党，甚至我还不得不和我的一些同事反目成仇，比如卡诺这位从共和党人成为拿破仑忠实支持者的同事。为了保住拿破仑的帝位，他曾经在我的面前流下热泪。

我知道，只有保证了这些高官的人身和财产安全，我才能堵上他们的嘴。

首先，由于我并不清楚盟军的倾向，因此我派出了一位朋友（正直的G先生）去见威灵顿，并让他分别给国王路易十八和奥尔良公爵带去了密信。我的使者很快就见到了威灵顿，后来，当他表达了他希望威灵顿能引荐他去见奥尔良公爵时，威灵顿对他说："奥尔良公爵根本不在这里，但您可以去见您的国王。"

于是，G先生便出发前往康布雷面见国王路易十八。不过，因为没有等到G先生的消息，所以我又派出了T将军。在他临走之前，我要这位忠心耿耿并且足智多谋的将军问清楚威灵顿的意向，并且让他告诉威灵顿我现在的艰难处境。如果他们执意要把路易十八推向王位的话，我一定会动用所有力量，即便巴黎血流成河也在所不惜。这一次，我得到了盟军的否定回答，他们说："确保波旁王朝复辟，答应路易十八重回朝堂掌政才是谈判的基础。"至于奥尔良公爵，根据威灵顿的说法，他不过是一个篡位者。我小心翼翼地向我的同事们隐瞒了这个答复，而这让我的处境更加艰难。

7月1日，我们派出的使者抵达了阿格诺[①]。欧洲各国认为单独召见使者有所不妥，于是他们决定举行集体听证会。在会上，他们向使者们提出了一个我早就想过的问题："国家有什么权力驱赶自己的国王而另

① 阿格诺是法国下莱茵省的一个市镇，位于该省北部，是该省的一个副省会，下辖阿格诺－威森堡区。

寻他主呢？”我们的使者援引了英国历史上的例子。

不过这个问题也让使者们明白，拿破仑二世的位置保不住了。于是，他们给出了立奥尔良公爵或萨克森国王为法国国王的提议。经过几番没有意义的争论之后，盟国辞退了这些人，并提出了流放拿破仑的提议——鉴于三月份发生的事情，这一次，盟军将负责看管拿破仑。这样一来，拿破仑二世以及奥尔良公爵都很难登上王位。还没等五位使者返回法国，我就知道了这个结果。

从这时开始，我能做的只有顺势而为了，也只有这样，我才能最大程度地保全我的祖国和我自己。盟国的军队正涌向巴黎，于是，我们派出使者[①]，请求盟国停战。仔细研究过我们的提案之后，威灵顿和布吕歇尔反对立拿破仑二世为王，强调路易十八才是王位的唯一人选，同时，他们还反对拿破仑继续留在巴黎。从爱丽舍宫搬到马尔梅松宫后，对于重归帝位，拿破仑已经不寄希望，但他还想着能够以将军的身份留在巴黎。在一些狂热的支持者的鼓动之下，他向临时执行委员会提出了正式要求。这个时候，我公开写下了这句话：“这个人肯定是疯了，他想让我们跟他一起毁灭吗？”

可以肯定地说，和我一样，卡诺也投了反对票。那时，拿破仑已经被我们严密地看管了起来，达沃斯特也阻断了他和军队的所有联系。然而，我们的敌对方驻扎在马尔梅松宫附近，准备伺机带走拿破仑。所以，当时，我们需要认真讨论关于拿破仑的流放事宜，并派出一位将军来主持此事。剩下的事情大家都清楚了，我这个简短的解释应该可以澄清那些对我的恶意猜测和中伤，让他们闭上嘴巴。

拿破仑离开之后，我们希望盟国可以与法国停战。这时候，我给每一位驻守将军写了那两封众所周知的信。由于形势所迫，同时也为了让

① 安特华西、波瓦西、弗拉格、瓦朗西和拉贝斯。——原注

各方放松警惕，在这两封信中，我力挺拿破仑二世。事实上，我希望通过帮助路易十八复辟来让这位新国王对法国做出新的妥协。如果在路易十八这里得不到承诺，我会转而依靠新的力量。

这段时期，在夜间，我和维特罗尔斯以及几位重要的保皇派碰过几次面。同时，我也向国王路易十八、威灵顿以及塔列朗派出了密使。我知道，离开维也纳后，塔列朗辗转去了法兰克福和维斯拜得，其目的就是参与在根特或者巴黎召开的协商。回到巴黎后，这个激烈反对拿破仑的人想要跟我和解，并且保证我在波旁家族复辟后的利益。滑铁卢之战后，波旁王朝的复辟已是大势所趋。我想，他当时应该是和国王路易十八待在一起的，而且一定正在极力争取整件事的主导权。按照他的要求，我流放了布拉卡斯，但我的举动怎么可能不引起周围人的怀疑呢！我的一举一动都受到了监视，而且我也时不时地受到革命党人和波拿巴分子的公开挤兑。我冷静地处理着这一切，这就是我当时的处境。我必须考虑到所有人的利益，然后去和各方协商、妥协，但我做的一切都是为了国家。我知道，我的行为必然会引起各方的怀疑甚至是血淋淋的仇恨，然而最可怕的便是揭开所有阴谋的那一天。

对我来说，议会对我的指控、人民和军队的狂怒才是最危险的。我写信给威灵顿，对他说："现在，你必须要停下来，否则的话，我将没有任何回旋的余地。"然而威灵顿根本无法说服他的同事布吕歇尔，这个粗鲁而狂热的普鲁士人一心想着光复波旁王朝，扬言要一路打进巴黎，在巴黎的城墙下签订休战协定。他的回信让我们非常气愤，但我们又能怎么办呢？我们要么迎战，要么投降。拿破仑退位之后，军队的态度一直是犹豫不决，将士们不知道未来在哪里。战事部长达沃斯特写信告诉我，现在唯一的办法就是承认路易十八，承认波旁王朝。在临时执行委员会面前，我回复了这封信。但临时委员会认为我过于偏向路易十八，给了达沃斯特过多的自主权。事实上，达沃斯特是一股非常重要的力量，

拿破仑离开法国，望着渐行渐远的法国海岸线陷入沉思。他的眼神是灰暗的，完全一副英雄末路的神态

拿破仑流放途中经过英国港口普利茅斯

为了进一步稳住达沃斯特，通过维特罗尔斯，我在国王路易十八面前为他争取到了免责通行证。

形势越发紧张，在我的建议下，我们征求了作战经验丰富之人的意见——所有的大将都出席了两院的咨询会。卡诺本人作了关于巴黎情况的报告，他指出，塞纳河左岸的空地可以作为主战场，也可以作为联军的驻守地。我承认，我并不希望巴黎保卫战持续下去，现在巴黎国库空虚，政局混乱，就像是一座一触即发的活火山，在这样的情况下，胜利是毫无希望的。一旦战败，我们将没有任何协商的可能。抵抗的结果只能是重演莱比锡之战和滑铁卢之战的悲剧，而所有的革命成果都将付之东流。然而，这恰恰是一些疯狂者的提议。

面对这样的危机，难道承认路易十八不是解决问题的最佳方式吗？终于，我说服了之前那些不可动摇的人们。

第二天晚上，我们决定，由达沃斯特主持讨论是否防守巴黎。如果投降，虽然我们保住了巴黎，但革命毁灭了；如若开战，一旦战败，巴黎将血流成河。

讨论非常激烈，最后，人们一致决定放弃防守巴黎，向盟军投降。然而布吕歇尔要求我们解散军队，这个过分的要求是要把巴黎置于水深火热之中啊。在没有通知临时执行委员会的情况下，我马上派人致信托梅岭和马西罗[①]这两位敌人的将军，在信中，我说道："军队非常不满这样的要求，如果你们善待这些人，那么他们会听命于你们。议会也是一样，他们会为你们服务的。善待所有人，人们也会将心比心，向着你们。我们会让军队撤出巴黎，议会也会在宪章中加入针对国王的特殊条款。请不要在三天之内打进巴黎来，这样所有人都会满意——议会会认为自

① 马西罗（1788—1846），缪拉的最后一任副将。1817 年，马西罗踏上南美大陆，参与了解放西班牙殖民地的战斗。

己是独立的，而我们也会得到议会的支持。对议会，使用武力是没有用的，要用道理说服它。”

布吕歇尔同意了我的意见，7 月 3 日，我们在圣克劳德签订了巴黎撤军协议。我拒绝用“投降”这两个字来定义这个协定，我认为，对我们来说，这只是一个更容易接受的协定而已。

因为还有一些陷入绝望的团体在挣扎，所以暴动和纷乱四起。人们马上把出卖巴黎的罪名盖在了将军们和临时执行委员会的头上。为了澄

布吕歇尔

清政府的行为，我向法国人发表了公开演说，并号召大家团结起来，只有这样，我们才能结束所有人的痛苦。

和各国政府签订和平协议之后，我们还需要和军队签订休战协议。正昂首冲向卢瓦尔河的各国联军要求我们赔偿巨额军饷，银行家拉菲特向我们预支了几百万法郎，最终我们和军队达成了和解。与此同时，我和各位特使——包括维特罗尔斯在内的国王的使者以及达沃斯特召开了秘密会议，确保了国王路易十八重新执政的前提是不再追究过去的事情。当我试图用这份保证去说服别人时，议会发布了来自康布雷的国王诏谕，这份诏谕再一次把我逼向了一个尴尬的境地。很快，我们得知，威灵顿和布吕歇尔已经公开宣布，议会的存在不合法，要求议会所有议员辞职并宣布路易十八复位。

在卡诺的提议下，临时执行委员会计划集结卢瓦尔河的军队和议会共同抵抗。我强烈反对这项提议，因为这无疑是在挑起新的欧洲大战。我认为这种方式只会给法国带来更大的损失，而且我也相信，大部分将军也不会同意这项提议。最后，在我的理智分析和劝说下，临时执行委员会决定留在巴黎观察后续事件。

巴黎协定签订之后，威灵顿希望就协定的执行情况听取我的意见。幸运的是，临时执行委员会没有反对我们的会晤，因此，我们顺利见面了。在纳伊城堡，我重申了路易十八复辟的前提是不再追究过去发生的事情。此外，我还谈及了现在巴黎动荡的局势，并且毫不避讳地揭示了保皇派在政治格局中的劣势地位。我要求英国和奥地利答应，他们将不会以战争的形式强迫法国承认路易十八或者任何其他政府。盟军驳斥了我的这一要求，他们坚持认为巴黎协定签订的目的在于防止战争，而拿破仑则是危害国家安全的重要因素。威灵顿直截了当地指出，盟军支持路易十八复辟，并且他将于 7 月 8 日正式入主巴黎。波佐二博尔戈以沙皇的名义向我表达了同样的意思，他向我转交了梅特涅和内索罗伯爵的来信，信中，他们也表明了绝对支持路易十八的立场。在这种情况下，我不得不同意接受路易十八执政，但我依然有一个前提，那就是保障我的荣誉和权利。盟军答应疏远布拉卡斯，成立以我和塔列朗为核心的内阁，并任命我为公安部长。但他们的条件是他们接管拿破仑，军队归国王掌管，同时，他们还要处罚几位将军。尽管我反对此事，但我所有的反对都被驳回了。我知道我已经无能为力。公爵向我宣布，他决定第二天向我引见 S.M 先生，或者至少会带我去阿尔维尔城堡[①]。我对他说，我的本意是希望把这封信带给国王的。以下便是这封信的内容。

陛下，您的归来只能给政府带来更大的撕裂，我想告诉您法国人民的真实情感和想法。

人们害怕的不是您本人，相反，所有人都知道您是一位明智并且阅历深厚的国王，十一个月来，您的温和和公正带给了法国人民新的信心。您了解法国，了解这个时代，了解民意的力量。但是，您可能过于偏向那些在苦难中支持过您的声音了。

从那时起，法国就出现了两种人。对您来说，不断地撤回决议想必是非常痛苦的，您一定不止一次地怨恨国家的法律。

如果您继续推行之前的体系，只承认世袭的财富和荣誉，那么法国必将再次陷入迷茫的纷乱中。法国人民会在对祖国的爱和对您的爱之间犹豫不决，会在理智和情感之间摇摆。人民对您的服从只能建立在他们对您本人的信任之上，只要您能够赋予人民这份信心，那么一切危险都将迎刃而解。

陛下，您知道，一旦权力越界，那么它便失去了被支持的根基。人民获得的权利越少，为了争取自己应得的权益，他们

① 阿尔维尔城堡位于法兰西岛大区。1815 年，路易十八曾在这里短暂居住过一段时间。

路易十八再次复辟

的反抗就会越激烈，那时，他们对您的爱戴也就会越来越少，最后，革命也就在所难免了。

陛下，这一次，我们请求您不要只顾及您自己的公正和想法，被自由洗礼过的法国人民认为自由和生命同等重要。如果皇权和人民之间没有法律的保障，那么人民也不会感受到真正的自由。

陛下，如果等到事情变得一发不可收拾时，您这样明智的人才做出让步，那么您的利益必将受到损害。如今，您的让步可以团结人心，为王权正名，之后，您的退让只会被看作软弱。

第二天，这封信交到了国王路易十八的手中。回到巴黎后，我向临时执行委员会宣布，波旁王朝的复辟已成定局，路易十八将于后天回到巴黎。在很多人的眼中，我出任公安部长不是为了保护革命党人，他们认为那是我背弃国家拿到的酬劳，人们对我的辱骂和诅咒声不绝于耳。

接着，我前往阿尔维尔城堡，和国王路易十八进行了第一次会面。靠着内阁总理的关系，我被引进了国王内阁。我请求国王保证所有人的安全，这位国王也能够理解，对于现在的法国来说，对和平和安宁、团结和安定是多么迫切。

我并没有向国王掩饰巴黎混乱的局势，如果巴黎人民看到国王带着白色国徽出现在巴黎的话，那么，届时，国王的安全将很难保证。所以我建议国王保留议会，解散军队。一句话，如我一直以来所希望的那样：国王能成为革命的护卫者。

在国务会议上，针对这些问题，人们进行了讨论。我的提议以一票之差被否决：军队得以保留，议会将会解散。第二天，他们便会武力驱逐所有议会成员。

7 月 7 日晚上，保皇派武力打开了杜伊勒里宫的大门，占领了议会。

我的同事卡诺——这个对我敌意最重的人——给我写下了这样一句话：“叛徒，你现在想让我去哪里？”

我用同样的方式回应了他：“蠢货，去你想去的地方。”

第二天早上八点，议员们如往常一样来到了杜伊勒里宫门前准备议事。然而，这时的杜伊勒里宫已经成了重兵把守之地。与此同时，在保皇派的热烈欢迎下，路易十八回到了巴黎。我承认，在某种程度上，我受到了欺骗，我所提出的要求并没有全部得到落实。自此，百日王朝[①]结束，波旁王朝再次掌权。然而，摆在这个新的政权面前的又是什么呢？是愤怒、纷乱、仇恨！我不能在这样的情况下丢下我的祖国！

拿破仑的追随者们开始放下武器，国王开始接管一座又一座城市，然而，这并不意味着和平与安宁开始垂怜法国。

和对拿破仑一样，我向路易十八建议：只有“宽大”才能医治这个国家的创伤，只有“宽大”才能避免引发新的革命。然而并不是所有人都同意我的看法，人们纷纷叫嚷着要树立典型，要赏罚分明。自 7 月 24 日以来，这十五天在路易十八的政府中有五十七位高官受到了处罚。有人问我，我怎么可以对自己的同志——那些和自己一道走来的人下手，我怎么会在判决书上签字呢？但你们可曾知道，从 7 月 8 日到现在，从圣日尔曼镇上的沙龙到杜伊勒里宫，各个阶层的保皇派都在清算这些年来的恩怨，他们已经向公安部递交了一份几千人的名单。摆在我面前的只有两条路：成为复仇者的同谋或者辞去部长之职。然而，我既不能向前者低头，也不敢贸然离开现在的位置。我想到了第三种可能：尽量减

① 百日王朝是指拿破仑一世在被流放后重返法国，试图重建法兰西第一帝国的一连串事件。1815 年 3 月 20 日，拿破仑从厄尔巴岛逃到法国，集结军队，把刚复辟的波旁王朝推翻，再度称帝；6 月 28 日，因为滑铁卢战役的失败，拿破仑再被流放到圣赫勒拿岛，波旁王朝再度复辟。拿破仑战争至此结束。拿破仑重返帝位总共 101 日，因此史称“百日王朝”。事件也被称为第七次反法联盟之战。联盟包括英国、俄国、普鲁士、瑞典、奥地利与数个德意志邦国。它们都宣称拿破仑是罪犯，而不是法国皇帝。

少名单上的受害者，仅留下那些在最近事件中活跃的人的名字。同时，我希望我尽可能地为那些留在名单上的人争取最温和的处罚方式。

然而愤怒的潮水还是冲破了我的防线，我以为自己可以成为国王与爱国者之间的调停者，然而很快，我便意识到，我不过是一个被利用的工具而已：无节制的王权政府不能给革命者提供任何保证。当国王连续诏谕选举委员会成员，并让选举委员会组建 1815 年议会的时候，我知道自己的预感没有错。

我清醒过来了，但在这个时候，我写给路易十八的那封信，以及我和盟国之间的通信被披露出来了。虽然很多明理之人理解我的苦衷，但在极端保皇派[①]的眼中，这些文件却成了我准备削弱王室威严的证据，甚至国王本人也对此颇有微词。那时，我不仅被维特罗尔斯欺骗了，也开始遭到内阁的排挤，除非我能实现我对于议会和国家的规划，实现我自己心中的理想，否则的话，我的没落不可避免。

我保证，我所说的都是事实。我写下的一切文件都是为了团结因战争而支离破碎的各党派，尤其是想提醒欧洲政府，人民的暴动是不可避免的。我希望欧洲政府能够对此心存忌惮，能够赋予人民自由——我一直以来所呼吁的自由。历史会证明一切，我这一生是为了革命而奔走的一生，而最终，革命也住进了我的心里。

① “极端保皇党”这个词是富歇的首创。之后，我们也开始使用这个词。——原注

专有名词对照

Archevêque de Sens	桑斯大主教
Necke	内克尔
Mirabeau	米拉波
Le duc d'Orléans	新奥尔良公爵
Adrien Duport	阿德里恩・达波特
Chauderlos-Laclos	肖代洛・德拉克洛
les Staël	斯达尔家族
les Larochefoucauld	拉罗什富科家族
les Beauveau	博沃家族
les Montmorency	蒙莫朗西家族
les Noailles	诺瓦耶家族
les Lameth	拉姆斯家族
les La Tour-du-Pin	拉图迪潘家族
Lefranc de Pompignan	勒弗朗家族
Mont-Rouge	红山区
Le club breton	布雷顿俱乐部
Besenval	贝森瓦尔
Broglie	布朗威尔
Gracques	格拉古兄弟
Scipion Nasica	西庇阿・纳西卡
le temple de Janus	雅努斯神庙
Condorcet	孔多塞
Vergniaud	韦尼奥
Arras	阿拉斯
Maximilien Robespierre	罗伯斯庇尔

Girondins	吉伦特派
Brutus	布鲁图斯
Marius	马略
Sylla	苏拉
Legendre	勒让德
Tallien	达连
Dubois de Crancé	杜波瓦
Daunou	达努
Chénier	舍尼埃
Bourdon de l'Oise	布东
Collot-d'Herbois	高罗
Carnot	卡诺
Billaud de Varennes	瓦雷纳
Appius	阿皮乌斯
Couthon	库东
St.-Just	贾斯丁
Henriot	昂里奥
Barras	巴拉斯
Lombard-Taradeau	隆巴德
La faction Baboeuf	巴贝夫派
Rewbel	韦伯
Sambre-et-Meuse	桑布尔和默兹地区
Hoche	罗石
Augereau	皮埃尔 · 奥热罗
Merlin de Douai	默林 · 德 · 杜埃
François de Neufchâteau	弗朗索瓦 · 纳弗莎特
Barthélémy	巴泰勒米
Cisalpine	阿尔卑斯山南共和国
Campo-Formio	《坎波福尔米奥条约》
Lombardie autrichienne	奥地利的伦巴第
Modenois	莫德内塞
Massa	马萨
Carrara	卡拉拉
Bolonais	博洛尼亚
Ferrarais	费拉拉
Romagne	罗马涅
Bergamasque	贝尔格玛
Bressan	不勒森
Cremasque	克瑞马斯克
Brune	布律纳

Treilhard	特里尔
Albion	阿尔比恩
évêque d'Autun	欧坦主教
l'Escaut	斯海尔德
Deux-Nèthes	德塞夫勒
Malines	梅赫伦
Bruxelles	布鲁塞尔
Mantouan	曼图亚
Voghère	沃盖合
Piémont	皮埃蒙特
Gènes	热那亚
Milan	米兰
Adelasio	阿德莱修
Luosi	罗斯
Soprensi	索普内斯
Brunetti	布鲁内提
Sabatti	萨巴提
Sinancini	希纳斯尼
Naples	那不勒斯
Adige	阿迪杰河
Joubert	儒贝尔
Rivaud	里沃
Monza	蒙扎
La bataille de Marengo	马伦哥战役
Pichegru	皮什格鲁
Sinnamary	锡纳马里
Moreau	莫罗
Bernadotte	贝纳多特
Championnet	尚皮奥内
Stockach	施托卡
Rastadt	拉施塔特
Schoerer	舍雷尔
Joseph Bonaparte	约瑟夫·波拿巴
Lucien Bonaparte	吕西安·波拿巴
Boulay de Meurthe	布雷·莫尔特
Duval	杜瓦尔
Sieyes	西哀士
François de Nantes	弗朗索瓦·德·南特
Chalmel	夏米尔
Texier-Oliviere	塔克西埃·奥利维尔

Beriler	伯捷
Baudin des Ardennes	巴丁
Cabanis	卡巴尼斯
Régier	雷尼尔
Bertrand du Calvados	贝尔特朗 · 杜 · 卡尔瓦多斯
Poulain-Grand-pré	普兰达
Destrem	德斯
Garrau	贾洛
Arena	阿瑞纳
Salicetti	萨利斯提
Bailleul	巴约勒
Bertrand du Calvados	伯特兰
Rapinat	哈比内
Faipoult	法比乌
Roger-Ducos	罗杰·杜克
Moulins	穆棱
Gohier	高杰
Guillaume	纪尧姆
Léopold	利奥波德
Toscane	托斯卡纳
duc de Brunswick	德·布伦瑞克
Cabanis	卡巴尼斯
Garat	嘉禾
Lombard de Langres	隆巴德·德·朗格勒
Roederer	罗德若
Bourguignon	布吉尼翁
Alquier	阿尔杰
le pacte social de l'an III	第一共和国宪法
la société du Manége	木马集团
Delbrel	戴尔布莱尔
Clemanceau	克莱蒙梭
Grandmaison	格朗姆
Briot	布瑞尔
Marbot	马尔博
La rue du Bac	巴克街
Haute-Garonne	上加龙地区
Novi	诺维
Jourdain	儒尔当
Fréjeville	弗雷热维尔
Masséna	马塞纳

Joséphine	约瑟芬
Aboukir	阿布吉尔
Aix	艾克斯
Avignon	阿维尼翁
Valence	瓦伦西亚
Vienna	维也纳
Berthier	贝尔西耶
Regnault de Saint-Jean d'Angely	雷诺
Roederer	罗德尔
Réal	瑞尔
Bruix	布瑞克斯
Talleyrand	塔列朗
Lemercier	勒玛
Saint Cloud	圣克劳德
Dumouriez	迪穆里埃
Sémonville	西蒙维尔
Beurnonville	伯农维尔
Lannes	让・拉纳
Murat	缪拉
Marmont	马尔蒙
Serrurier	索绪尔
Moncey	莫塞
Chazal	沙扎尔
Lebrun	勒布伦
Courtois	库尔图瓦
Cornet	高尔奈
Fargues	法尔格
Baraillon	巴拉庸
Villetard	韦乐鞑
Goupil-Préfeln	古皮尔
Vimar	威玛
Bouteville	布特维尔
Cornudet	尼岱
Herwyn	爱尔威
Delcloy	德克鲁
Rousseau	卢梭
Jarry	雅里
Émile Gaudin	埃米尔
Récamier	雷加米埃
Mme Tallien	达连夫人

Gros-bois	格罗斯布瓦
Lagarde	拉加德
Santerrre	桑德尔
Saint-Antoine	圣安东尼
Point du jour	布湾
Bigonnet	毕高内
Destrem	德斯姆
Robert Lindet	罗波尔
Forfait	弗尔菲
Quinette	吉奈特
Laplace	拉普拉斯
Reinhard	瑞阿尔德
Monck	蒙克
la bataille de Fleurus	夫勒吕斯战役
Irma	《伊尔玛》
Jaqueminot	雅克米诺
Cambacérès	冈巴塞雷斯
Toustain	杜桑
Comte de Frotté	福若特伯爵
Armand Séguin	阿尔芒
Vanderberg	范登堡
Hinguerlot	安格鲁
Ouvrard	乌瓦尔
les frères Michel	米歇尔兄弟
Bastide	巴斯提尔德
Marion	马里昂
Haller	哈勒
Morfontaine	莫尔丰坦
Le curé Bernier	贝尼埃主教
Mittau	米塔
Montesquiou	孟德斯鸠主教
Guiche	吉什
Annibal	汉尼拔
Saint-Bernard	大圣伯纳德
Melas	梅拉斯
Virgile	维吉尔
Portalis	波尔达耶
Clarke	克拉克
Champagny	帕尼
Fleurieu	菲尔

Duchâtel	杜塞
Jollivet	乔莉佛
Benezech	比内
Emmery	艾美瑞
Cretet	克戴尔
Chaptal	夏波多
Dufresne	杜弗兰
Duroc	杜洛克
Parrain	巴林
Lombardie	伦巴第
Juvenot	儒尔诺
Malmaison	马尔梅松
Fion	菲雍
Dufour	杜福尔
Rossignol	罗希诺
Talot	塔罗
Laignelot	莱涅罗
Metge	梅特格
Harel	阿海尔
Bourienne	布里安
Cerrachi	赛哈市
Diana	笛安纳
Topino-Lebrun	多笔诺
Barrère	巴亥
Demerville	德梅尔
Horaces	奥拉斯
Saint-Julien	圣于连
Vercy	瓦尔塞
Blanc-Manteaux	布朗克大街
château d'Arnouville	阿尔维尔城堡
Morbihan	莫尔比昂
Mercier la Vendée	麦卡锡 · 旺代
Bar	巴赫
de Sol de Grisolles	格瑞索
Guillemot	吉约姆
Limolau	里姆罗
Saint-Régent	圣瑞昂
Joyaux	华西
la Haie-Saint-Hilaire	希拉里
Saint-Nicaise	圣尼凯斯

Humbert	航博
Chapelle	希贝尔
Hohenlinde	霍亨灵顿
les lignes de l'Inn	因河防线
les lignes de Salsa	萨拉防线
les lignes de Traun	特劳恩防线
les lignes de l'Ens	昂镇防线
Steyer	施泰尔
Isnard	伊斯纳尔
Benjamin Constant	本杰明
Ginguené	吉克内
Lunéville	吕内维尔
Helvétique	赫尔维蒂
Batave	巴达维亚
Livourne	里窝那
Abruzze	阿布鲁佐
Otrante	奥特朗托
Rode	罗德
Boulogne	布洛涅
Elbe	易北河
Weser	威悉河
Ems	埃姆斯河
hanovrien	汉诺威
Hyde-Parker	海德帕克
Nelson	尼尔森
Humbert	亨伯特
Quiberon	基贝龙
Saint-Helens	凯伦斯
Brest	布雷斯特
le duc de Marckof	马可夫公爵
Alentejo	阿连特茹
Salamanque	萨拉曼卡
Badajoz	巴达霍斯
Menou	莫奴
Otto	奥托
Hawkesbury	霍克斯
le comte d'Antraigues	奥托戈公爵
Journal des débats	《讨论日报》
Hambourg	汉堡
le marquis de Cornwallis	康沃利斯侯爵

专有名词对照

Saint-Domingue	圣多明戈
Malouet	玛鲁埃
Santhonax	桑德若
Trinité	特里尼达
Ceylan	锡兰
Élisa	爱丽莎·波拿巴
Gonsalvi	贡萨尔维斯
Auguste	奥古斯都
Fournier Sarlovèse	福尔涅
Donnadieu	多纳德
la constitution de l'an XIII	共和十三年宪法
Elbe	厄尔巴岛
Savary	萨瓦里
Verninac	维尔尼
Rapp	哈勃
Ney	纳伊
Demeunier	德穆尼尔
Ratisbonne	雷根斯堡
Pas-de-Calais	加来海峡
Peltier	贝尔蒂埃
Parme	帕尔马
Ligure	利古里亚共和国
Louisiane	路易安那
Sébastiani	塞巴斯提亚尼
Ostende	奥斯坦德
Rochefort	罗什福尔
Douvres	多佛尔
Sussex	塞萨克斯郡
Kent	肯特郡
Haugwitz	霍格沃茨
Meyer	梅耶
Georges Cadoudal	乔治·卡杜达尔
Querelle	戈海勒
Desmarets	德马雷
Enghien	昂吉安公爵
Caulaincourt	科兰古
Ordener	澳德内尔
le duc de Berri	贝里公爵
le comte d'Artois	阿图瓦伯爵
le château de Vincennes	文森堡

Dessoles	迪索尔
Cadix	加德斯
Suétone	苏埃托尼乌斯
Hortense	奥坦丝
Bessières	贝希埃尔
Davoust	达沃斯特
Soult	苏尔特
Pérignon	佩里尼翁
Kellermann	凯勒曼
Mortier	莫何耶
Pelet de la Lozère	佩雷
Miot	弥永
Perrein l’aîné	沛函
Mayence	美因茨
Georges Rumboldt	安伯特
Mallet	马莱特
Lorient	洛里昂
Toulon	土伦
Decrès	德凯斯
Villeneuve	维尔纳夫
Gantheaume	甘斯特
Rosily	罗西
Bruix	布鲁斯
le comte de Stadion	斯达雄伯爵
Oubril	吴布瑞尔
Sardaigne	撒丁岛
Moniteur	《箴言报》
le comte de Cobenzel	科本茨尔伯爵
Bavière	巴伐利亚
Sardaigne	萨丁王朝
Machiavel	马基雅维利
Mack	马克
Ulm	乌尔姆
la bataille d’Alvenzi	阿尔维战役
la bataille de Wurmser	乌木兹战役
Schulmeister	舒尔迈斯特
Alexandre	亚历山大
Trafaldar	特拉法尔加战役
Collin-d'Harleville	科林
Barbé-Marbois	巴比

Wurtemberg	符腾堡
Austerlitz	奥斯特利茨
M. Hyde de Neuville	海德·德·诺维尔
Chevalier de Coigny	切尔瓦里·德·科尼尼
Talon	塔隆
M. Royer-Colard	罗耶·科拉尔
Larochefoucauld	拉洛施男爵
Débat	《论战日报》
Mercure	《文雅信使》
Publiciste de Suard	《宣传员》
Décade philosophique de Ginguené	《哲学十年》
Presbourg	普雷斯堡
Lucques	卢卡
Guastalla	瓜斯塔拉
Plaisance	普莱斯公爵
Neuchâtel	纳沙泰尔公国
la Dalmatie	达尔马提亚
l'Istrie	伊斯特尔
le Frioul	弗留利
Cadore	卡多雷
Bellune	贝鲁诺
Conegliano	科尼利亚诺
Trévise	特雷维索
Feltre	费尔特
Fleury	弗勒里
Bâle	巴塞尔
Malartic	马拉迪克
Favigny	菲维涅
Laberaudière	拉布罗杰
Juan	朱安海峡
Manuel	曼努埃尔
Hauguenau	阿格诺
Wisbad	维斯拜得
Vitrolles	维特罗尔斯
Tromeling	托梅岭
Macirone	马西罗
Lafayette	拉斐特
Reveillère-Lepaux	雷维耶·勒博
Leclerc	勒克莱克
Eugène Beauharnais	欧仁·德·博阿尔内

Bassano	巴萨诺
Vicence	维琴察
Padoue	帕多瓦
Rovigo	罗维戈
Bénévent	贝内文托
Williams Pitt	小威廉·皮特
Charles Fox	查里·福克斯
Montgaillard	蒙加亚尔
Eylau	埃劳战役
Dracke	德雷克
Spencer-Smith	斯宾塞·史密斯
Howick	霍威克子爵
Perlet	佩莱
Vitel	维特尔
le traité de Tilsitt	《提尔西特条约》
Bragance	布拉甘萨
Frédéric	弗雷德里克
Charles-Quint	查理五世
le grand-duc Constantin	君士坦丁大公
Baïonne	巴约纳
du château de Marrac	马拉克堡
Pradt	阿布·德普拉特
Pignatelli	皮内特里
Erfurt	埃尔福特
Brind	布兰德
Charlotte	夏洛特
Anvers	安特卫普
Valladolid	巴利亚拉多利德
Montagnes Noires	黑山
Tann	泰恩
Abensberg	阿本贝格
Eckmülh	埃克米勒
Ratisbonne	拉蒂斯邦
Schill	席尔
Saxe	萨克森
Essling	艾斯林战役
Danube	多瑙河
Laubo	罗博岛
Saint-Pierre	圣皮埃尔
Savone	萨沃纳

Miollis	米奥利斯
Radet	夏代
la bataille de Wagram	瓦格拉姆战役
Escaut	艾斯考河
Philadelphes	兄弟帮
Guidal	吉达尔
Gindre	冉德
Picquerel	哥海尔
Oudet	伍德
Schoenbrunn	舒特布伦
Cassius	盖乌斯
Louis de Narbonne	纳博
M.de Metternich	梅特涅
le comte de Schwartzemberg	施瓦岑贝格大公
Mme de Staël	斯塔尔夫人
lord Castlereagh	卡苏里子爵
M.Caning	坎宁先生
le marquis de Wellesley	威尔斯利侯爵
le comte de Liverpool	利物浦伯爵
Hawkesbury	霍克斯
Ocana	奥卡尼亚
Andalousie	安达鲁西亚
Ouvrard	奥维尔
Fagan	法根
Fesch	费持
Middlebourg	米德尔堡
Flessingues	弗利幸恩
Breda	布雷达
Ninive	尼尼微
Desmarets	德马雷
Ferrières	费里耶尔城堡
Straford	斯特拉福
Maillocheau	马洛
Étrurie	伊特鲁里亚
le comte de Molé	莫莱伯爵
Piombino	皮翁比诺
Lahorie	拉欧瑞
Marie-Louise	玛丽・路易
Cambray	康布雷
Surêne	苏瑞尼

Caroline	卡罗琳娜·波拿巴
Camille Borghèse	卡米耶公爵
L'île de la Tortue	龟岛
Artémise	阿尔特米希亚
Britannicus	塔尼库斯
Esculape	埃斯科拉庇俄斯
Ptolémées	托勒密
Gratz	格拉茨
grand duc de Berg	贝尔格大公爵
M. Labouchère	拉布歇尔
Mackensie	麦肯锡
Morlaix	莫尔莱
Marsan	马尔桑
Némésis	复仇女神涅墨西斯
Brème	不来梅
Lubeck	吕贝克
Holstein-Gottorp	奥尔登堡王朝
Duen of Oldenbourg	奥登堡公爵
Rambouillet	兰布莱
Cherbourg	瑟堡
Esmenard	艾斯门纳德
Kolly	科里
Ferdinand VII	费尔南多七世
Lavalette	拉瓦莱特
Valançay	瓦朗塞
Ludd	卢德
Derby	德比
Leicester	莱斯特
Flaugergues	弗拉格
Poméranie	波美拉尼亚
Wellington	威灵顿
Suchet	苏切特
Duero	杜罗河
Tormès	托尔梅斯河
Almenara	阿尔梅纳拉
Westphalie	威斯特伐利亚
Maret	马赫
Kourakin	库卡因
Lecourbe	勒古波
Macdonald	麦克唐纳

le comte de Czernitscheff	斯成诺夫伯爵
Bower	保尔
Potemkin	波将金
Pont-Carré	方桥
Moldavie	摩尔多瓦
le comte de Nesselrode	内斯尔罗德伯爵
le comte de Romanzoff	罗门佐夫伯爵
Antée	安泰俄斯
Scythie	斯基提亚
Dwina	杜维纳河
Caen	卡昂
le traité d’Utrecht	乌得勒支和约
Castlereagh	卡斯尔雷
Ferdinand IV	费尔南多四世
Michel	米歇尔
Kehl	凯尔
Pasquier	帕斯基耶尔
Dantzick	格但斯克
Dresde	德累斯顿
Wilna	维尔纽斯
Smolensk	斯摩棱斯克
Dorigobni	多瑞格尼
Viazma	维亚济马
Ghiat	杰哈
Mojaisk	莫扎伊斯克
Borisow	鲍里索夫
Livonie	利沃尼亚
le comte de Cathcart	卡思卡特伯爵
Hullin	郝林
Semonville	西蒙维耶
Mathieu de Montmorency	马修・蒙莫朗西公爵
Alexis de Noailles	亚历克西斯
Frochot	弗罗绍
Néron	尼禄
Doucet	杜塞
Laborde	拉铂赫
Grouchy	格鲁西
Kutusow	库屠苏
Bérézina	别列津纳河
Walpore	沃波尔

le duc de Lacépède	拉塞佩德伯爵
Bubna	布博纳
Frédéric-Guillaume	腓特烈·威廉三世
Saint-Marsan	圣·马尔桑
Breslaw	布莱斯劳
Oder	奥得河
Wartha	瓦尔达
Sprée	斯派里
Saale	萨勒河
Vistule	维斯瓦河
Hartwell	哈特韦尔
Bautzen	包岑
Wurtchen	乌尔城
Leignitz	力格尼茨
Plessevig	布莱茨威格
Posen	波兹南
Miër	米尔伯爵
lord Bentinck	本廷克勋爵
Lutzen	吕城
Mein	美因河
Reichembach	赖兴巴赫
Bacler d'Albe	巴克雷
Koenigstein	科恩斯坦
Torgau	托格
Wittemberg	维藤伯格
Magdeburg	玛德伯格
Friederichstadt	弗雷德里克顿
Marcolini	马克里尼宫
M. de Bubna	德布姆纳
Stralsund	施特拉尔松德
Stewart	斯图尔特
Pozzo-di-Borgo	波佐二博尔戈
Krusemarck	克斯马克
Laybach	莱巴克
Junot	朱诺
Chassenon	沙桑翁
Anstett	昂森特
Kutusoff	库图索夫
Kalisch	卡利施
Trachenberg	日米格鲁德

Stadion	斯塔迪翁
Aberdeen	阿伯丁
Carniole	卡尔尼奥拉
Trieste	特里雅斯特
Idria	伊德里亚
Willach	维拉赫
Save	萨瓦河
Bosnie	波斯尼亚
Fiume	里耶卡
Istrie	伊斯特拉半岛
Thalweg	塔尔韦格
le duc d'Abrantès	阿布兰特什公爵
Gallicie	加利西亚
Milhaud	米约
Hiller	海勒
Agram	萨拉格布
Frimont	弗雷蒙
Fenner	枋内
Morshal	莫沙
Sissek	西塞克
Carlstadt	卡尔斯塔特
Jeanin	震宁
Contades	宫塔德
Nugent	纽金特
Zara	萨拉
Raguse	罗格
Cattaro	卡塔托
Willach	维拉赫
Travis	塔尔维斯
Tyrol	蒂罗尔
Montalivet	蒙塔里维
Palud	巴罗德
Mme de Souza	杜萨夫人
Stéphanie de Bade	斯丹芙尼
Gant	根特
Flahaut	福来奥
Stuttgard	斯达格
Monteron	蒙特罗
Lainé	赖内
Saumur	索米尔城堡

Pino	皮诺
Clagenfurt	克拉根福
Drave	德拉瓦河
Adelberg	阿德尔贝格
Grenier	阁海涅
Felnitz	菲尔尼茨
Katsbach	卡兹巴赫
Gross-Beeren	毕戎
Culm	海乌诺姆
Isonzo	索查河
Fresia	弗雷西亚
Rabié	哈比
Gradisca	格拉迪斯卡
Leipsick	莱比锡
Tagliamento	塔利亚门托
Brenta	布伦塔
Bassano	巴萨诺
Montebello	蒙特贝罗
Palma-Nova	帕尔马诺瓦
Osopo	奥索波
Thuringe	图林根
Lodi	洛迪
Janet	珍妮特
Gifflenga	吉夫伦加
Carbonari	烧炭党人
Viterbe	维泰博
Battaglia	巴塔利亚
Zuccari	朱卡里
Carascosa	卡拉斯科萨
Civita-Vecchia	奇维塔韦基亚
Saint-Ange	圣昂热城堡
Abruzzes	阿布鲁塞尔
Ancône	安科恩
Pesaro	佩萨罗
Rimini	里米尼
Pignatelli Strongoli	皮尼亚泰利公爵
Fermo	费尔莫
Ancône	安科恩
Vésuve	维苏威
Calabres	卡拉布莱斯人

Neipperg	涅普森
Trivulzi	杜威期
Lecchi	勒奇
Lavauguyon	拉沃
Via-Reggio	瑞吉欧
Lasal	拉斯卡尔
Barbou	巴尔布将军
Ancône	昂孔城堡
Modène	莫得勒
Ferrare	菲若莱
Félix Baciocchi	菲利克斯
Baciocchi	巴乔基
Volterra	沃尔泰拉
Lagarde	小拉加德
Modène	摩德纳
Prato	普拉托
Minutolo	明铎
Château Saint-Ange	圣天使城堡
congrès de Châtillon	夏第戎大会
Volta	沃尔特
Mincio	明乔
Vosges	孚日山脉
Faypoult	菲普勒
Brie	布里
Montereau	蒙特罗
Tacher	塔什公爵
Reggio	雷焦
Bondy	邦迪
Aragon	阿拉贡
Saulnier	索勒涅
Valence	瓦朗斯
Dauphiné	多芬
Vesoul	沃苏勒
Troyes	特鲁瓦
Angoulême	昂古莱姆公爵
Vaudémont	沃代蒙公主
Tullerie	杜伊勒里宫
Fontanes	翁达斯
Beurnonville	伯农维尔
Werner	沃纳

Blois	布卢瓦
M. de Blacas	布拉卡斯
L'affaire d'Excelmans	艾克斯事件
Thibaudeau	蒂博
Erlon	尔隆
Lefèvre-Desnouettes	勒菲弗
Broglie	德布罗意
Argenson	阿让森